제3판

법학개론

박영수 · 김학범 공저

法學槪論

法 文 社

제3판 머리말

제2판을 출간한 지 벌써 3년이 지났다. 그동안 현행법령의 일부가 다시 개정되었다. 그 중 검·경 수사권 조정 관련 형사소송법이 개정되었다. 즉, 2018년 6월 21일 법무부장관과 행정안전부장관이 발표한 「검·경 수사권 조정 합의문」의 취지에 따라 검찰과 경찰로 하여금 국민의 안전과 인권 수호를 위하여 서로 협력하게 하고, 수사권이 국민을 위해 민주적이고 효율적으로 행사되도록 하려는 취지에서 2020. 2. 4. 법률 제16924호로 형사소송법이 일부 개정되어 본서 제2편 제5장의 수사기관과 수사종결 부분을 수정·보완하였다.

또한, 경비업법에서도 경비지도사의 시험 및 교육에 관한 업무를 위탁받은 기관 또는 단체의 임직원은 그 업무를 수행함에 있어 공무원과 유사한 정도의 공정성과 청렴성이 요구되므로 「형법」 제129조부터 제132조까지의 규정에 따른 벌칙을 적용할 때 공무원으로 의제하려는 취지에서 2019. 4. 16. 법률 제16316호로 경비업법 일부가 신설되어 제2편 제9장 제7절 위임 및 위탁 부분에 추가하였다.

개정법률의 주요내용은 다음과 같다.

〈형사소송법 분야〉

가. 검사와 사법경찰관은 수사, 공소제기 및 공소유지에 관하여 서로 협력하도록 함(제195조 신설).

나. 경무관, 총경, 경정, 경감, 경위가 하는 모든 수사에 관하여 검사의 지휘를 받도록 하는 규정 등을 삭제하고, 경무관, 총경 등은 범죄의 혐의가 있다고 사료

하는 때에 범인, 범인사실과 증거를 수사하도록 함(제196조).

다. 검사는 송치사건의 공소제기 여부 결정 또는 공소의 유지에 관하여 필요한 경우 등에 해당하면 사법경찰관에게 보완수사를 요구할 수 있고, 사법경찰관은 정당한 이유가 없는 한 지체 없이 이를 이행하도록 함(제197조의2 신설).

라. 검사는 사법경찰관리의 수사과정에서 법령위반, 인권침해 또는 현저한 수사권 남용이 의심되는 사실의 신고가 있거나 그러한 사실을 인식하게 된 경우에는 사법경찰관에게 사건기록 등본의 송부를 요구할 수 있고, 송부를 받은 검사는 필요한 경우 사법경찰관에게 시정조치를 요구할 수 있으며, 검사는 시정조치 요구가 정당한 이유 없이 이행되지 않은 경우에 사법경찰관에게 사건을 송치할 것을 요구할 수 있도록 함(제197조의3 신설).

마. 검사는 사법경찰관과 동일한 범죄사실을 수사하게 된 때에는 사법경찰관에게 사건을 송치할 것을 요구할 수 있고, 요구를 받은 사법경찰관은 지체 없이 검사에게 사건을 송치하도록 하되, 검사가 영장을 청구하기 전에 동일한 범죄사실에 관하여 사법경찰관이 영장을 신청한 경우에는 해당영장에 기재된 범죄사실을 계속 수사할 수 있도록 함(제197조의4 신설).

바. 검사가 사법경찰관이 신청한 영장을 정당한 이유 없이 판사에게 청구하지 아니한 경우 사법경찰관은 관할 고등검찰청에 영장 청구 여부에 대한 심의를 신청할 수 있고, 이를 심의하기 위하여 각 고등검찰청에 외부 위원으로 구성된 영장심의위원회를 둠(제221조의5 신설).

사. 사법경찰관은 범죄를 수사한 때에는 범죄의 혐의가 인정되면 검사에게 사건을 송치하고, 그 밖의 경우에는 그 이유를 명시한 서면과 함께 관계 서류와 증거물을 검사에게 송부하도록 함(제245조의5 신설).

아. 사법경찰관은 사건을 검사에게 송치하지 아니한 경우에는 서면으로 고소인·고발인·피해자 또는 그 법정대리인에게 사건을 검사에게 송치하지 아니하는 취지와 그 이유를 통지하도록 함(제245조의6 신설).

자. 사법경찰관으로부터 사건을 검사에게 송치하지 아니하는 취지와 그 이유를 통지받은 사람은 해당 사법경찰관의 소속 관서의 장에게 이의를 신청할 수 있고, 사법경찰관은 이의신청이 있는 때에는 지체 없이 검사에게 사건을 송치하도록 함(제245조의7 신설).

차. 검사는 사법경찰관이 사건을 송치하지 아니한 것이 위법 또는 부당한 때에는 그 이유를 문서로 명시하여 사법경찰관에게 재수사를 요청할 수 있도록 하고, 사법경찰관은 요청이 있으면 사건을 재수사하도록 함(제245조의8 신설).

카. 특별사법경찰관은 모든 수사에 관하여 검사의 지휘를 받음(제245조의10 신설).

타. 검사가 작성한 피의자신문조서는 공판준비 또는 공판기일에 그 피의자였던 피고인 또는 변호인이 그 내용을 인정할 때에 한하여 증거로 할 수 있음(제312조).

〈경비업법 분야〉

제27조의3(벌칙 적용에서 공무원 의제): 제27조 제2항에 따라 위탁받은 업무에 종사하는 관계전문기관 또는 단체의 임직원은 형법 제129조부터 제132조까지의 규정을 적용할 때에는 공무원으로 본다(본조 실설).

앞으로도 법이 새로 개정될 때마다 그 내용을 수록하여 법학을 공부하는 학생들과 각종 시험을 준비하는 수험생들에게 도움을 주고자 한다.

끝으로 본서의 출간에 도움을 주신 법문사 사장님과 편집부 김제원 이사님 그리고 영업부 김성주 과장님에게 깊은 감사를 드린다.

2020년 7월

저자 씀

제2판 머리말

법학개론 초판을 출간한 지 벌써 1년이 지났다. 그동안 현행법령의 일부가 개정되었다. 그 중 민사본안사건 가운데 법원의 접수량이 가장 많은 소액사건의 소가(訴價)가 많이 상향되었다. 이에 따라 2017년 1월 1일부터 시행된 소액사건의 범위를 3,000만원으로 수정・보완하였고, 초판에서 발견된 오타의 수정과 이울러 본 교재 각론의 내용 중 최근 현직 대통령의 탄핵과 관련, 권한대행의 사유 등을 좀 더 구체적으로 살펴 보았으며, 아울러 헌법재판소의 직무와 심판절차 등의 내용을 보완하였다. 또한 최근 보안산업의 확대로 경비업법의 게재가 필요하다고 생각되어 제 9 장에 경비업법을 추가하였다.

제2판 개정의 주요내용을 소개하면 다음과 같다.

먼저, 민사소송법 특별절차에서, 소액사건심판절차와 관련 소액사건심판법은 지방법원 및 지방법원 지원에서 소액의 민사사건을 간이한 절차에 따라 신속하게 처리하기 위하여 민사소송법의 특례를 규정하고 있다. 1998년 3월 1일부터 "소액사건의 범위는 2,000만원을 초과하지 아니하는 금전 기타 대체물이나 유가증권의 일정한 수량의 지급을 목적으로 하는 제1심의 민사사건"으로 유지되어 오다가 그 사이 물가와 국민소득 수준 등이 크게 상승하였고 민사사건 평균 소송목적의 값도 크게 증가하였으며, 한정된 사법자원의 효율적 활용・배분을 통하여 국민의 재판받을 권리를 충분히 보장하기 위해 소액 민사사건의 적용범위를 확대할 필요가 있음을 이유로 2017년 1월 1일부터 소액사건의 범위를 과거의 2,000만원에서 3,000만원까지로 인상하게 되었다. 따라서 앞으로는 금전 기타 대체물이나 유가증권의 일정한 수량의 지급을 목적으로 하는 제 1 심 민사사건의 경우 소송목적의 값, 즉 소가(訴價) 3,000만원까지는 민사사건의 특례로 규정된 소액사건심판절차에 따라 청구가 가능하게 되었다.

아무쪼록 본서가 법학을 처음 접하는 학생뿐만 아니라 경비지도사 시험을 준비하는 수험생, 그리고 비전공자에게도 법학의 기초이론과 실정법의 실질적인 지식을 습득하는데 많은 도움이 되었으면 좋겠다.

끝으로 본서의 출간에 도움을 주신 법문사 최문용 차장님과 김성주님께 깊은 감사를 드린다.

2017년 2월
세명대학교 학술관에서
저자 씀

머리말

사람이 사는 곳에는 반드시 법이 있으며, 사회가 발전함에 따라 법도 그에 부응하여 새로이 제정되기도 하고 개정 또는 폐지되기도 한다. 사회가 발전하고 복잡해질수록 법은 더욱 세밀하게 우리 생활 속에 자리잡고 여러 가지 기능을 하게 된다. 우리 법은 "권리위에 잠자는 자는 보호받지 못한다"는 말이 있듯이 법을 모르면 손해를 보게 되고 사회생활에서 법적인 피해를 입을 수도 있다. 따라서 문명이 발달한 현대사회에서 기본적인 법률상식은 최소한의 생활수단이라고 해도 과언은 아니다.

이 책은 법학에 관한 기초적인 입문서이다. 즉, 법학을 처음 접하는 학생들에게는 법학 전반에 대한 이해를 돕고자 노력하였다. 또한 일반인에게는 법에 대한 기초적인 법률지식을 습득하여 기본적인 법적 대응을 할 수 있도록 하는데 관심을 두었다. 특히 민법분야에서 친족·상속법 부분을 상세히 서술하여 혼인, 친권, 상속, 유언 등을 이해하는데 도움을 주고자 하였다.

본서의 구성내용은 먼저 총론과 각론으로 구분하여 총론에서는 법의개념, 존재형식, 법의 목적, 법의 효력, 법의 적용과 해석 그리고 권리·의무 등 법의 기초이론을 체계적으로 설명하고자 하였으며, 각론에서는 국가의 최상위법인 헌법을 비롯하여 민법, 형법, 상법, 민사소송법, 형사소송법, 행정법 등 기초적인 법률과목뿐만 아니라 최근 관심의 대상이 되고 있는 노동법과 사회보장법 등의 사회법과 국가영역에 관한 해양법과 국가간의 분쟁을 해결하는 국제법까지 법체계 전반에 걸쳐 기본적인 내용을 이해하는 데 도움을 주고자 하였다. 그럼에도 불구하고 새 학기를 의식하고 서둘러 저술을 하다 보니 미흡한 부분도 많이 있으리라 믿는다.

이는 추후 개정을 통하여 계속 보완해 나갈 것이다.

아무쪼록 본서가 법학을 처음 접하는 학생 뿐만 아니라 비전공자에게도 법학의 기초이론과 실정법의 실질적인 지식을 습득하는데 많은 도움이 되었으면 좋겠다.

끝으로 본서의 출간을 허락하여 주신 법문사 사장님과 세심하게 지원해 주신 편집부 최문용 차장님 그리고 영업부 김성주님에게 깊은 감사를 드린다.

2016년 2월 18일
용두산 학술관에서
저자 씀

차 례

제1편 총 론

제2편

각 론

제 1 편

총 론

제 1 장

법과 사회

제1절 법의 개념

법에 대하여 "사회있는 곳에 법이 있다"[1]라는 말이 있다. 그만큼 사회적 존재로서의 인간과 법이 서로 관련성이 있다는 의미일 것이다. "법이란 무엇인가"에 관하여 정확하게 정의를 내리기는 어렵다. 역사적으로도 많은 학자들이 여러 가지 정의를 내려왔지만 다양한 시각에 의하여 이렇다 할 정의를 내리지 못하고 있는 실정이다.

학자에 따라서는 "법이란 정치적으로 조직된 사회의 강제력을 수반하는 사회규범"[2] 또는 "법은 인간의 사회생활을 규율하는 사회규범의 하나로써 조직화된 국가공권력에 의하여 강제되는 사회적 · 실천적인 행위규범이다"[3] 라고 이해하기도 한다. 특히 법은, 1) 당위를 명하는 규범이며, 2) 사회적 규범이고, 3) 정치적으로 조직된 사회의 강제규범이라고 한다.[4]

법의 어원과 법학자들의 주장을 종합해보면 법이라는 개념은 다음과 같은 공통적인 요소를 가지고 있다(김영규 외, 2013).

---

1) 김용한 · 정조근, 법학통론, 1976(초판 1973), 16면.
2) 박병식 · 이용박, 경비 법학개론, 1996, 26면.
3) 함순용 · 김광선 · 남현우, 생활 법학개론, 1999, 5면.
4) 박병식 · 이용박, 경비 법학개론, 1996, 25-26면.

1) 법은 규범이다

사물을 지배하는 법칙에는 자연법칙과 규범(규범법칙)이 있다. 자연법칙은 "밤이 지나면 아침이 온다", "태어난 자는 모두 죽는다" 등과 같이 원인이 있으면 일정한 결과가 반드시 지배하는 필연의 법칙이다. 이에 비하여 규범은 "빌린 돈을 갚아라", "사람을 살해하지 말아라" 등과 같이 사람에게 작위(作爲) 또는 부작위(不作爲)를 명하는 당위의 법칙이다. 자연법칙은 예외가 없다. 이에 비하여 규범은 사실의 발생을 예견하고 있는 법칙으로서, 법은 자연법칙이 아닌 규범이다.

2) 법은 사회규범이다

규범에는 개인규범좌 사회규범이 있다. 개인규범은 좌우명 · 생활신조 등과 같이 개인이 자신의 사생활을 위하여 정한 것으로서 그 개인에게만 적용되는 규범이다. 이에 비하여 사회규범은 사회가 유지되기 위하여 사회일반에게 적용되기 위한 규범이며 법은 개인규범이 아닌 사회규범이다. 여기서 사회는 사람과 사람이 서로 결합하여 공동생활을 영위하는 집단으로서, 가정으로부터 학교 · 회사 등의 공사의 단체 · 국가 · 국제사회 등을 포함한다. 이 중 국가는 가장 통일된 조직과 이를 뒷받침하는 권력을 가진 영향력 있는 사회라고 할 수 있다.

3) 법은 강제규범이다

사회규범에는 비강제규범과 강제규범이 있다. 비강제규범은 도덕 · 종교 등과 같이 규범에 위반하는 행위에 대하여 외부적 제재가 가해지지 않는 규범이다. 이에 비하여 강제규범은 규범에 위반하는 행위에 대하여 그 실효성을 확보하기 위해 외부적 제재가 가해지는 규범이다. 법은 국가권력에 의하여 승인되고 그 위반행위에 대하여 일정한 제재를 가하여 집행된다. 즉 법은 그 위반행위가 있을 때에는 손해배상 · 강제이행 · 형벌 · 과태료 · 징계 등과 같은 제재가 가해지므로, 법은 강제규범이다.

제2절 법과 다른 사회규범

1. 법과 도덕

1) 법과 도덕의 구별

도덕은 사람이 사회생활을 영위함에 있어서 마땅히 지켜야 할 행위나 그 도리가 되는 규범으로서, 법과 가장 가까운 사회규범이다. 법과 도덕은 강제성 여부에 의하여 구별된다. 이 밖에 스스로 자각에 의하여 실천되는 도덕의 자율성과는 달리 법은 외부의 강요에 의하여 규율되는 타율성을 띤다. 또 규범의 형식이 표시되지 않은 채 의무만을 규율한다는 점에서 도덕이 일면성을 띠는 것과는 달리, 법은 대부분 문자로 표시되고 권리와 의무 양자를 모두 규율하는 양면성을 띤다. 이와 같이 도덕이 비강제성·내면성·자율성·일면성을 띠고 문자로 표시되지 않는 규범인데 비하여 법은 강제성·외면성·타율성·양면성을 띠고 문자로 표시되는 규범이다.

그러나 이러한 성질상의 차이에 의하여 법과 도덕을 구별하는 것은 일반적인 경우를 기준으로 한 것일 뿐이고, 구체적으로는 양자를 구별하기가 매우 어려운 경우가 많다(김영규 외, 2013).

2) 법과 도덕의 관계

법과 도덕의 관계는 내용과 효력에 관한 것으로 나누어 살펴볼 수 있다. 먼저 법과 도덕의 내용에 관한 것은 "법은 도덕의 최소한이다"는 Jellinek의 말에 잘 나타나 있다. 즉 법의 내용은 도덕으로부터 비롯되는 것이고, 법이 실제에 있어서 잘 행하여 짐에 있어서는 도덕을 그 기본으로 하여야 한다. 또한 법과 도덕의 효력에 관한 것은 "법은 도덕의 최대한이다"는 Schmoller의 말에 잘 나타나 있다. 즉 도덕이라는 사회규범 중 가장 중요하고 필요한 것은 법에 의하여 강제함으로 실제적인 효력을 가지게 되는 것이고, 법이라는 사회규범의 실효성은 법의 준수라는 도덕에 의하여 뒷받침되게 된다(김영규 외, 2013).

2. 법과 종교

법과 종교는 사회규범이라는 점에서는 동일하지만 내용에서는 차이가 있다. 법은 조직화된 국가권력에 의하여 강제되며, 종교율은 국가권력에 의하여 강제되지 아니하고 종교를 믿는 신자의 신앙심을 바탕으로 하여 신자들을 규율하는 규범이다. 따라서 종교율은 신앙심이 없는 자에게 강제할 수 있는 방법이 없다는 점에서 법과 종교는 차이가 있다.

법과 종교와의 구별은 법이 강제성이 있는 반면에 종교는 도덕과 같이 비강제성이 있다는 점이다. 종교가 정치가 분리된 국가사회에서는 법규범이 국가권력에 의하여 지지되고 보장되는 만큼 종교규범의 실천은 강제되지 아니한다는 점이다.

또한 법은 외면성이 있는 반면에 종교규범은 어떤 절대자에게 귀의하는 신앙심에 의해서 준수하는 것이므로 법에 비하여 내면성이 더 강하다. 물론 종교규범도 신자의 외부적 행위를 규율하기도 하지만 법보다는 외면성의 정도가 약하다는 점에서 양자는 차이가 있다.

법은 타율성이 있지만 종교는 도덕과 마찬가지로 자율성이 있다. 종교규범은 신자가 신앙심에 의해서 스스로 준수하지 않으면 다른 방법이 없기 때문이다. 그리고 법은 단일성이 있지만 종교는 병존성이 있다. 종교는 한 나라에서도 신자의 수에 따라 두 개 이상이 있을 수 있으며 국제적으로도 종교사회가 확대될 수도 있기 때문이다.[5)]

이와 같이 종교는 도덕과 마찬가지로 법처럼 사회규범임에 틀림 없으나 그 내용면에서 서로 차이가 있다(조만형, 2013).

3. 법과 관습

관습도 도덕이나 종교와의 관계에서와 같이 사람의 사회생활 속에서 하나의 준칙이 되고 있다. 관습은 일정한 행위가 특정한 주민·민족 또는 사회집단의 현실생활 속에서 반복된 실행이 그 집단의 행동준칙으로 된 것이다. 관습은 이 같은 생활 속에서 무의식적으로 생기는 것이므로 법의 일종

5) 헌법 제20조 ① 모든 국민은 종교의 자유를 가진다.
② 국교는 인정되지 아니하며, 종교와 정치는 분리된다.

인 관습법과는 차이가 있다.

관습은 특정한 사회생활 속에서 그 집단 구성원의 반복·모방으로 자연스럽게 생긴 생활준칙이므로 그 관습에 위반해도 그 사회의 구성원으로부터 비난을 받는 정도에 그치게 된다. 따라서 법과 관습과의 관계는 법이 관습을 바탕으로 형성되는 경우가 많기 때문에 양자는 밀접한 관계가 있는 것이다. 또한 관습법도 관습의 실체로 하여 형성된다. 관습법은 법의 일종으로 관습이 국가권력에 의하여 승인되고 강행될 수 있으면 법으로 된다.

법과 관습의 차이는 법은 강제성이 있는 반면 관습은 사회적 비난을 받게 될 뿐 강제성이 없다는 점이고, 법은 국가사회의 규범임에 반하여 관습은 특정사회의 관행으로 성립된 한정적 사회의 규범이라는 점이며, 내용을 변경하기 위한 수단으로서 법은 일정한 형식을 갖추어 인위적으로 개정 또는 폐지하는 방법을 취하는데 반하여 관습은 형성과정과 마찬가지로 내용의 변화도 인위적인 절차없이 자연히 변한다는 점에서 양자의 차이가 있다(조만형, 2013).

제2장

법의 존재형식

제1절 법원과 법의 존재형식

1. 법원의 개념

법원(法源)이란 법의 연원(淵源)의 준말로 법의 존재형식을 의미한다.법원이란 의미는 법을 형성하는 원동력 또는 법의 타당근거 및 법의 연구자료 등 여러 가지로 사용되고 있다. 법은 실천적 사회규범으로서 어떤 소재를 통하여 인식할 수 있는 형식으로 존재해야 하므로 법원을 여기에서는 법의 존재형식의 의미로 사용한다. 법이 실정법의 형태로 등장하게 된 이후로 그 형식과 종류도 다양해졌다.

법원을 내용상으로 구분하면 실질적 법원과 형식적 법원으로 분류할 수 있다. 실질적 법원은 법규의 내용을 형성하는데 실질적 근원이 되는 모든 사회적 현상이나 가치요소를 의미하고, 형식적 법원은 어떤 구체적인 법규가 객관적으로 존재하거나 제정되는 형식을 의미한다. 여기서 실질적 법원의 문제는 법철학의 대상이며 법원은 법의 존재형식으로서 실질적 법원만을 의미한다. 법원 제정과정을 바탕으로 법의 존재형식을 구분하면 성문법(written law)과 불문법(unwritten law)으로 분류할 수 있다(조만형, 2013).

2. 형식적 법원과 법의 존재형식

종래 법원의 의미로 사용되어 온 것은 법의 존재형식인 바, 이는 법이 존재하고 있는 모습을 말한다는 점에서 형식적 법원이라고 할 수 있다. 이는 성문법과 불문법으로 나누어진다.

제2절 성문법과 불문법

1. 성문법

1) 성문법의 의의

성문법(成文法)은 일정한 형식과 절차에 따라 문자로 만들어진 법으로서, 제정법(制定法)이라고도 한다. 이러한 성문법의 모습으로는 최고법인 헌법을 비롯하여 법률·명령·조례·규칙·조약 등을 들 수 있다.

2) 성문법의 분류

(1) 헌법

헌법은 국민의 기본권과 통치기구 및 그 작용에 관한 것을 규율하는 최고기본법이다. 모든 법의 제정은 헌법에 그 근거를 두고 있으며, 헌법을 만드는 힘은 오직 국민이 갖는다. 또한 헌법은 가장 강한 효력을 갖는 최고법이므로, 성문법주의를 취하는 입장에서는 일반적으로 그 개정을 가장 까다롭게 한다. 우리 헌법도 헌법개정은 국회의원 재적 과반수 또는 대통령의 발의로 제안하고 이를 공고한 후, 국회재적의원 3분의 2 이상의 찬성을 얻어 국회의 의결을 거친 헌법개정안은 다시 국회의원 선거권자 과반수의 투표와 투표자 과반수의 찬성을 얻어 비로소 확정되도록 그 절차를 규정하고 있다.[1)]

우리나라의 헌법은 1948년 7월 12일에 제정되어 같은 해 7월 17일에

1) 헌법 제128조 ①, 헌법 개정은 국회 재적의원 과반수 또는 대통령의 발의로 제안된다. ② 대통령의 임기연장 또는 중임변경을 위한 헌법개정은 그 헌법개정 제안 당시의 대통령에 대하여는 효력이 없다.

공포 · 시행한 이래 9차례에 걸쳐 개정되면서 오늘에 이르고 있다.

(2) 법률

법률은 입법기관인 국회가 제정한 성문법이다. 국회의원과 정부는 법률안을 제출할 수 있고, 국회에서 법률안이 국회재적의원 과반수의 찬성과 출석의원 과반수의 찬성으로 의결된다.[2] 의결된 법률안은 정부에 이송되어 15일 이내에 대통령이 이를 공표하며, 법률에 특별한 규정이 없는 한 공포한 날로부터 20일이 경과함으로써 효력을 발생하게 된다.[3]

(3) 명령 · 규칙

명령은 국회의 의결을 거치지 않고 행정기관에 의하여 제정된 성문법으로서, 그 형식적 효력이 법률의 하위에 존재한다. 명령은 그것을 발하는 주체에 따라 대통령령 · 총리령 · 부령으로 나누어지고, 그 성질에 따라 위임명령 · 집행명령으로 나누어진다.

규칙은 헌법에서 행정부 이외에 특별한 독립적 국가기관에 의하여 제정케 한 명령으로서의 성격을 띠는 성문법이다. 이는 명령과 같은 효력을 갖는 것이라는 점에서 조례와 더불어 자치법규로서 다루어지는 규칙과는 구별된다. 규칙은 헌법상 독립적 국가기관이 내부규율과 사무처리에 관하여 자율권을 위하여 인정되는 것으로서, 이의 모습으로는 국회 · 대법원 · 중앙선거관리위원회 · 헌법재판소가 헌법에 근거하여 제정하는 국회규칙 · 대법원규칙 · 중앙선거관리위원회규칙 · 헌법재판소규칙을 들 수 있다.[4]

(4) 자치법규

자치법규는 지방자치단체가 법령의 범위 안에서 제정하는 성문법이다. 헌법 제117조 제1항은 "지방자치단체는 주민의 복리에 관한 사무를 처리하

---

2) 헌법 제49조, 국회는 헌법 또는 법률에 특별한 규정이 없는 한 재적의원 과반수의 출석과 출석의원 과반수의 찬성으로 의결한다. 가부 동수인 때에는 부결된 것으로 본다.

3) 헌법 제53조 ①, 국회에서 의결된 법률안은 정부에 이송되어 15일 이내에 대통령이 공포한다.
② 법률안에 이의가 있을 때에는 대통령은 1항의 기간내에 이의서를 붙여 국회로 환부하고, 그 재의를 요구할 수 있다. 국회의 폐회중에도 또한 같다.
⑦ 법률은 특별한 규정이 없는 한 공포한 날로부터 20일을 경과함으로써 효력을 발생한다.

4) 헌법 제64조 ①, 국회는 법률에 저촉되지 아니하는 범위안에서 의사와 내부규율에 관한 규칙을 제정할 수 있다.

고 재산을 관리하며, 법령의 범위 안에서 자치에 관한 규정을 제정할 수 있다"고 규정하여 지방자치단체의 자치입법권을 인정하고 있으며, 이에 따른 자치법규에는 조례와 규칙이 있다. 이중 조례는 지방의회가 법령의 범위 안에서 그 사무에 관하여 제정한 것이고(지방자치법 제22조), 규칙은 지방자치단체의 장이 법령 또는 조례가 위임한 범위 안에서 그 권한에 속하는 사무에 관하여 제정한 것이다(지방자치법 제23조).

(5) 조약

조약은 문서에 의한 국가와 국가 사이의 합의를 말하며, 그 명칭이 조약은 물론이고, 헌장·협약·의정서·결정서·협정·약정·교환공문·잠정협정 등의 어떠한 명칭에 의하든지 국가 사이의 합의는 모두 조약이다. 조약은 대통령이 국무회의의 심의를 거쳐 체결하며(헌법 제89조 제3호), 상호원조 또는 안전보장에 관한 조약 등은 국회가 체결·비준에 대한 동의권을 갖는다(헌법 제60조). 헌법에 의하여 체결·공포된 조약은 국내법과 동일한 효력을 가지므로(헌법 제6조 제1항), 조약은 성문법으로서 법원이 된다(김영규 외, 2013).

2. 불문법

1) 불문법의 의의

불문법(不文法)은 일정한 형식과 절차에 따라 문자로 만들어지지 않은 법을 말한다. 이러한 불문법의 모습으로는 관습법·조리·판례법 등이 있다.

2) 불문법의 분류

(1) 관습법

관습법은 일상생활 속에서 자연적으로 발생하여 반복적으로 행하여온 관행(慣行)이 불특정 다수인에 의하여 법적 인식(확신, 지지)을 수반하게 된 것을 말한다. 불문법주의를 취하고 있는 국가는 물론이고 성문법주의를 취하는 국가에서도 그 단점을 보완하기 위하여 관습법을 법의 존재형식으로 인정하게 된다(김영규 외, 2013).

관습법은 원칙적으로 성문법의 규정이 없는 사항에 관해서만 보충적 효력이 인정된다. 따라서 관습법은 성문법에 대한 보충적·제2차적 효력을 가진다. 즉 「민사에 관하여 법률의 규정이 없으면 관습법에 의하고 관습법에 없으면 조리에 의한다」.[5]고 민법이 규정하고 있으며, 「상사에 관하여 본법에 규정이 없으면 상관습법에 의하고 상관습법이 없으면 민법의 규정에 의한다」.[6]고 상법이 규정하고 있다. 이는 상관습법이 민법의 규정에 우선한다는 규정인데, 상법은 민법에 대한 특별법이기 때문에 「특별법은 일반법에 우선한다」는 원칙에 입각한 것이다(조만형, 2013).

(2) 판례법

판례법(case law)은 사법기관인 법원의 판결 형태로 존재하는 법이다. 판례는 최고 법원이 특정한 소송사건에 대하여 법을 해석 적용하여 내린 판단을 말한다. 판례법은 법원에서 형성된다는 점에서 관습법과는 다르다.

판례법은 불문법의 법원이며 제1차적 법원으로 삼기 때문에 판례는 성문법이 갖는 동등한 정도의 법적 구속력을 갖는다. 따라서 최고법원의 판례는 모든 다른 법원을 구속한다. 이를 선결례의 원칙이라 한다. 이는 영미법의 근간을 이루는 보통법(common law)과 형평법(Equity law)에서 비롯된 것이다.

이에 반하여 대륙법계에 있어서는 법전주의에 입각하기 때문에 법원은 동급 또는 상급법원의 판결에 구속받지 않는 것이 원칙이다. 우리나라의 경우 모든 법관은 독립적으로 심판할 수 있기 때문에(헌법 제103조) 판례의 법적 구속력이 제도적으로 보장되어 있지 아니하다. 다만 법제상으로 대법원의 심판에서 예시한 법령의 해석은 당해 사건에 관하여 하급심을 기속할 뿐이다(법원조직법 제8조). 그러나 상급법원의 판례와 다르게 재판을 하면 상급심에서 파기되는 경우가 많으므로 하급법원은 스스로 대법원의 판례를 따르게 되는 것이 현실이다(조만형, 2013).

(3) 조리

조리(nature of things)는 사람의 건전한 상식으로 판단할 수 있는 자연의 이치 내지 사물의 본질적 법칙[7]을 말한다. 이는 경험법칙, 사회통념, 공

---

5) 민법 제 1조(법원), 민사에 관하여 법률에 규정이 없으면 관습법에 의하고 관습법이 없으면 조리에 의한다.

6) 상법 제 1조(상사적용법규), 상사에 관하여 본법에 규정이 없으면 상관습법에 의하고 상관습법이 없으면 민법의 규정에 의한다.

7) 박병식·이용박, 경비 법학개론, 1996, 38면 참고.

서양속, 신의성실의 원칙 등으로 표현되기도 한다.

조리는 성문법과의 형식적 관련에 관하여 법규범이 없을 때 이를 보충하는 해석상 또는 재판상의 표준에 불과하고 법 그 자체로는 볼 수 없다.고 하는 주장이 있다. 그러나 조리의 법원성을 인정하고 있는 것이 다수의 태도이다. 즉 법관은 법이 없다는 이유로 재판을 거부할 수 없다. 그리고 성문법이나 관습법이 없는 때에는 조리에 따라서 재판을 할 수 밖에 없기 때문에 조리를 하나의 법규범으로 인정하게 된다는 것이다. 민법 제1조는 「관습법이 없으면 조리에 의한다」고 규정하여 법원성을 인정하고 있다.

제3장

법의 목적

제1절 정 의

모든 법에 공통되는 목적은 정의(正義, Justice, Gerechtigkeit)이다. 예술이 아름다움(美)을, 도덕이 착함(善)을 그 이념으로 하는 데 비해 법은 정의를 이념으로 하고 있다. 법은 바른 것이어야 하며, 정의의 이념이 결여된 법은 가치 없고 폭력이라고 할 수 있다(김향기, 2013).

정의는 시대와 사회적 배경에 따라 견해를 달리할 수 있기 때문에 진리와는 다른 개념이다. 정의의 개념에 관한 학자들의 견해를 살펴보면 다음과 같다.

1) 플라톤은 정의를 인간의 이성에서 구하려고 하였으며 그는 덕을 지혜·용기·절제·정의로 나누고, 정의의 본질은 공동생활 속에서 각자가 자신의 분수를 지키는 것이라고 보았다. 이러한 플라톤의 정의관은 계급적 정의이며, 정의란 각 계층간의 정당한 관계이고, 이성이 지배하여 각자가 자기의 직분을 다하고, 하층계급도 이성의 지휘를 따르도록 하는 것이라 하였다.

2) 로마의 키케로와 울피아누스는 정의를 각자에게 그의 것을 주는 것이라고 보았다.

오늘날은 국가의 권력관계가 무시할 수 없는 비중을 차지하게 되었으므로 정의론의 표현도 변화가 있다.

3) 칸트(Kand)는 사람의 생활관계를 승인관계, 공동사회, 권력관계, 투쟁관계 등으로 나누어 보았으며,

4) 코잉(Helmut Coing)은 정의의 개념을 평균적 정의, 배분적 정의, 보호적 정의로 구분하여 보았다.

5) 로올스(John Rawls)는 그의 「정의론」에서 사회의 기본적 구조를 위한 정의의 원칙은 시초적 계약(original agreement)의 대상이라는 것이 그의 기본적인 생각이다. 이 시초적 입장에서 기본적인 정의의 원칙은 각자는 다른 사람을 위한 동일한 자유와 병립할 수 있는 가장 광범위한 자유를 가진 명백한 권리를 가지고 있다는 것과 사회적·경제적인 불평등이 있다고 하더라도 이것은 모든 사람의 이익에 이바지할 수 있도록 마련되어야 하며, 또한 특권은 모든 사람에게 문호가 개방된 그런 지위에 귀속되도록 마련되어야 한다는 것이다. 이와 같이 원칙은 자기 자신의 이익을 증진시키려고 하는 자유롭고 합리적인 사람들이 자신들의 결합의 기본적인 조건을 결정하는 것으로서 최초의 평등한 입장에서 받아들일 수 있는 원칙들이다. 이 시초적 입장은 모든 구성원이 평등한 위치에 서 있으며 이런 입장에서 비로소 구성원 스스로가 결합할 수 있는 그런 상황을 말하는 것으로 해석할 수 있다. 이것을 「공정성으로서의 정의」라고 부르고 있다.

6) 아리스토텔레스(Aristoteles)는 윤리학적 견지에서 고찰하여 정의는 사람이 이행해야 할 최고의 덕목이라 하였고, 정의는 단순한 개인의 도덕이 아니고 각자가 다른 사람과의 관계에서 실현하여야 할 사회적인 도덕이라고 하였다. 그는 정의의 개념을 최초로 이론화하였으며 그의 정의론은 오늘날까지 정의론의 지주를 이루고 있다.

정의는 평등과 밀접하게 관계를 가지는 것이 보통이다. 예컨대 개인간의 관계에서 형식적 평등이나, 단체 또는 국가의 개인에 대한 관계에서 실질적 평등에서는 정의와 평등은 분리할 수 없으나 일반적 정의에 있어서 정의는 평등과 관계가 없는 경우가 있다. 예컨대 단체 또는 국가의 위난을 구하기 위하여 희생정신을 발휘하는 것은 정의이지만 평등과는 관계가 없는 것이다(조만형, 2013).

제2절 합목적성

정의는 추상적 이념이므로 구체적·개별적인 경우에 내용적으로 무엇이 정당하다고 가르쳐주지 않는 것이기 때문에 법에서 구체적인 정당성을 실현시킬 수 있는 두 번째 이념 내지 가치로서 합목적성이 필요하다.

합목적성(合目的性)은 목적에 맞추어 방향을 결정하는 것이며, 법에서 합목적성이란 국가의 법질서가 그 목적에 합치되게 일정한 표준과 가치에 의하여 구체적으로 제정·실시될 것을 요구하는 원리를 말한다. 합목적성의 이념은 법의 내용을 개별화·구체화하는 것으로, 개별 실정법이 요구하는 가치관에 따라 정의의 이념을 현실화하는 것이다. 이러한 법의 목적은 국가나 세계관에 따라 달라진다.

라드브루흐는 정의의 내용은 법의 목적에 따라 정해진다고 하면서, 법목적과 관련한 가치관의 종류로 개인주의, 단체주의, 문화주의를 들고 있다. 개인주의는 인간이 궁극의 가치로 지향되며 개인의 자유와 행복이 최대한 보장되도록 노력한다. 따라서 국가를 포함한 단체는 개인보다 하위의 가치에 서게 되며, 모든 개인이 평등하게 존중되도록 평균적 정의가 강조된다. 단체주의는 국가 등의 단체를 최고의 가치로 신봉하고, 개인의 인격은 단체의 부분으로서 단체의 가치를 실현하는 범위 안에서 존중된다. 여기서는 단체를 유지·발전시키기 위하여 단체의 입장에서 개인들에게 비례적인 평등을 실현하면서 배분적 정의에 중점을 두게 된다. 문화주의는 개인도 단체도 아닌 인간이 만든 문화 혹은 작품을 최고의 가치로 신봉한다. 라드브루흐는 이 세 가지 중에서 어느 하나의 선택과 결정이 이루어지면 그것을 절대적인 것으로 믿고 끝까지 밀고 나가야 한다는 것이 상대주의(Relativismus)라고 한다.

오늘날 법의 합목적성의 관점에서 논의되는 대표적인 사항은 법의 목적에서 대립되는 두 가치관인 공익(公益)과 사익(私益)을 어떻게 조화시킬 것인가 하는 문제이다(김향기, 2013).

제3절 법적 안정성

법적 안정성(法的 安定性)이란 법에 따라 안심하고 생활할 수 있는 것을 말한다. 즉, 법적 안정성은 법에 의하여 보호되는 사회생활의 질서와 안정을 말한다. 질서야 말로 인간사회에 있어서 안정성과 상호교섭의 최저한의 기준이며 인간의 번영과 문화창조의 출발점이다. 따라서 질서는 법의 생명이라고 할 수 있다. 법의 제1차적 기능은 질서를 유지하고 분쟁이 발생한 경우에 평화를 회복하고 유지하는데 있다.

이러한 법적 안정성을 보장하기 위한 법원칙으로 사법상의 점유의 보호, 법률불소급의 원칙, 시효제도(공소시효 포함), 신뢰보호의 원칙, 입증책임 등이 있다.[1)]

법적 안정성은 법적으로 보장된 사회질서의 안정성이라기 보다는 법 그 자체의 안정성을 뜻한다. 법의 안정성이 보장되어야 사회질서의 안정성도 보장되기 때문이다. 그러므로 법적 안정성은 우선 법의 실정성(제정법으로 되는 것)을 요구하고, 다음으로 모든 법의 실효성을 요구하는 한편, 법의 자의적인 변경의 금지를 요구한다. 따라서 법적 안정성이 유지되기 위해서는 다음과 같은 것들이 요청된다.

첫째, 법의 내용이 명확해야 한다. 법의 내용이 명확해야 일반인이 무엇이 법인지를 미리 알고 자신의 행동을 법의 내용에 맞출 수 있다. 이러한 법적 예측 가능성의 보장을 위하여 많은 나라들의 법이 성문의 형식을 채택하고 있다. 이와 같이 법적 안정성의 추구는 성문법의 발달을 가져왔다.

둘째, 법이 함부로 자주 변경되어서는 아니된다. 물론 법은 사회현실의

---

1) 예컨대 법률불소급의 원칙은 새로운 법률로 과거에 소급하여 적용하면 기존의 안정된 법질서를 깨뜨려 불안감을 주게 되므로 법률의 제정은 장래에 대해서만 효력을 갖게 함으로써 법적 안정성을 기하려는 것이다. 시효제도의 경우 진실한 권리자의 권리를 소멸시키므로 정의를 희생시킬 수 있으나 기존의 지속된 사실관계를 존중함으로써 법적 안정성을 꾀한다. 즉 법은 원래 진실한 권리관계에 기반을 둠이 일반적이나, 일정한 사실상태가 계속된 경우에는 이에 기초하여 사회질서가 형성된다. 이 경우 그 사실상태가 번복되면 그 사실상태를 기초로 형성된 법률관계가 매우 불안정한 상태에 놓이게 되므로 기존의 지속된 사실관계를 존중하는 것이다. 공소시효의 경우에도 범법행위에 대한 처벌이 정의에 부응하나, 기소하지 않고 불안한 상태를 무한정 계속하기 보다는 적당한 기간이 경과하면 그 불안정한 상태를 해소시켜 주려는 것이다.

변화에 따라 그 내용의 변동이 가능해야 하는 것은 당연하다. 그러나 부당하게 조령모개식(朝令暮改式)으로 함부로 변경하면 그 내용을 미처 숙지하지 못할 수도 있고, 또 언제 개정될지 불안하여 안심하고 사회생활을 할 수 없게 되고 법의 권위도 상실하게 된다.

셋째, 법이 실제로 실행 가능한 것이어야 한다. 법이 실제로 행해지지 않으면 불법을 행하는 사람들이 많아져 사람들은 안심하고 생활할 수 없게 된다.

넷째, 법은 국민의 의식(법의식)에 합치되는 것이어야 한다. 법이 너무 준엄하다거나 국민의 정의감에 반하면 사회질서가 문란해지고 국민이 불안감에 떨게 되며, 법의 정당성에 회의를 일으키게 되고 법의 실효성도 상실되어 안심하고 생활할 수 없게 된다(김향기, 2013).

제4절 법이념 상호간의 관계

법은 정의, 합목적성, 법적 안정성이라는 이념의 상호작용을 통하여 법으로서의 가치를 갖게 된다. 법이 법으로서의 가치를 갖기 위하여 이 세 이념은 서로 조화를 이루어야 하나 각자가 지향하는 관점이 다르므로 위 세 이념은 서로 충돌하고 모순되기도 한다.

법이념의 지향하는 관점을 보면, 법적 안정성은 법질서의 정립이라는 법 기능에 관한 이념이나, 정의와 합목적성은 법내용에 관한 이념이다. 법적 안정성은 법의 형식에 중점을 두나, 정의와 합목적성은 법의 실체에 중점을 둔다. 그리고 정의는 윤리라는 가치관념을 바탕으로 하나, 합목적성은 공리(功利)라는 가치관념을 바탕으로 한다. 정의는 일반화하는 경향이 있는데, 합목적성은 개별화하는 경향이 있다.

라드브루흐는 정의·합목적성·법적 안정성의 법이념은 시대에 따라 각기 달리 적용된다고 한다. 자연법시대에는 정의의 이념이 강조되고, 경찰국가시대에는 합목적성의 이념이 강조되며, 법실증주의시대에는 법적 안정성의 이념이 강조된다고 한다. 또한 법체계에 있어서도 형법에서는 정의의 이념이 강하게 작용하고, 행정법에서는 합목적성의 이념이 강하게 작용하며,

민법이나 소송법에서는 법적 안정성의 이념이 강하게 작용한다고 한다.

정의 · 합목적성 · 법적 안정성의 세 이념은 상호보완의 관계에 있으면서도 상호모순의 입장에 있기도 하다. 극단적으로 정의만 강조하면 "세상은 망하더라도 정의는 세우라"(Fiat justitia preat mundus)고 하고, 합목적성을 강조하면 "민중의 행복이 최고의 법률이다"(salus populi suprema lex est)고 하며, 법적 안정성을 강조하면 "악법도 법이다"(dura lex, sed lex)라고 한다. 정의만 강조하면 법적 안정성이 깨지고, 법적 안정성만 강조하면 정의를 망각하게 되어 부정한 법도 법으로서 고집하게 된다. 실정법이 아무리 안정적으로 시행되더라도 그것이 정의롭지 못하면 그것은 시체의 정숙과 묘지의 평화에 지나지 않는다. 법적 안정성은 법에서 조장된 현재의 사회질서를 유지하기 위하여 법의 내용이 비록 정의나 목적에 부합하지 않더라도 강제성을 띠고 자기를 고집하게 되므로 정의 · 합목적성과의 사이에 모순 · 상극이 생기게 된다.

괴테(Goethe)는 "무질서한 것보다는 오히려 불평등한 것이 낫다"고 하였다. 질서야 말로 인간사회의 안정성과 번영 및 문화창조의 출발점이라는 점에서, 질서의 안정을 법의 제1차적 목표로 삼되 그 질서는 정의의 기준에 비추어 정당하다고 판단되는 것이어야 한다. 사회발전에 따른 정의의 요구와 구체적 타당성에 따라 법질서도 변화할 수 있는 유연성을 가져야 오히려 장래의 법적 안정성에도 유리하다고 할 수 있다.

이와 같이 법이념 사이의 모순 · 충돌이 있는 경우에는 이들의 조화적인 조정을 원칙으로 하여 그들 상호간에 비교교량을 통하여 조정하여야 한다. 즉, 법이념 상호간에 희생을 적게 하는 방법으로 조정하되, 선택이 불가피할 경우 그 사회 일반의 법감정에 비추어 희생되는 법이념에 비하여 훨씬 중시되고 정당화되며 보다 더 필요한 법이념이 선택되어야 할 것이다. 그러나 법이념간의 우열이 크지 아니한 경우에는 궁극적으로 정의의 이념에 최우선적 지위를 인정하는 것이 타당할 것이다.

법이 선 · 정의(善 · 正義) 내지 국민의 법의식의 기준에 비추어 정당하다고 판단되는 것이어야 법적 안정성도 유지될 수 있기 때문이다. 따라서 법은 정의의 내용을 실현하는 구체화된 형태이어야 하며 정의의 이념에 부합하지 못하는 법은 이른바 악법(惡法)으로서 더 이상 구속력을 가질 수 없다고 하겠다. "악법에 복종하는 것은 범죄행위이다"라고 한 라드브루흐의 말은 이러한 의미를 강조한 것이라고 하겠다. 여기서 법적 안정성을 넘어서는 저항권의 문제가 대두된다(김향기, 2013).

제4장

법의 효력

법의 효력이란 법이 구속력을 가지고 국민의 행동을 규율하는 규범으로서 그 법의 의미내용대로 사실상 실현할 수 있는 힘을 말한다. 법은 현실의 사회생활을 지배하는 규범이기 때문에 법의 생명은 법규범에 정한 내용대로 현실사회에서 시행되어지는데 있다고 할 수 있다.

만약 법이 사회에서 실현되지 않는다면 그 법은 생명을 잃고 존재가치를 상실하게 될 것이다(김향기, 2013).

법의 효력은 실현하고자 하는 사상의 선택에 관한 실질적 효력과 형식적 효력으로 구분하여 설명할 수 있다. 실질적 효력은 다시 타당성과 실효성으로 나누고, 형식적 효력은 때에 관한 효력, 사람에 관한 효력, 장소에 관한 효력으로 나누어 설명한다(조만형, 2013).

제1절 법의 실질적 효력

1. 법의 타당성

법은 행위규범으로서 사실상의 적용여부를 불문하고 그 법규범 내용대로 실현되어야 한다는 욕구를 충족시켰을 때 그 효력이 있는 것이다. 이러한 법의 규범적인 측면을 법의 규범적 타당성이라고 한다. 그러므로 법이 타당성이 있다는 말은 법이 수범자를 구속할 수 있는 정당한 자격 내지 권능이 있다는 것이다. 그렇다면 법은 왜 타당성이 인정되어야 하느냐가 문제이다. 법의 타당성의 근거에 관하여 법에 선행하는 초월적인 것 즉 법의 외적인 것에서 타당성의 근거를 구하려는 견해와 법 자체의 내재적인 것에서 그 근거를 구하려는 견해로 구분할 수 있는데, 그 중에서 주요한 몇 가지 견해를 보면 다음과 같다.

1) 자연법설은 법의 타당성의 근거를 자연법에서 구하려는 견해이다. 그런데 자연법의 내용은 시대적으로 그 해석을 달리하고 있다. 즉 고대에는 「있는 그대로의 자연질서」를, 중세에는 「신의 의사에 의해 정하여진 법」을 법의 타당성의 근거로 생각하였다. 따라서 자연법은 매우 관념적인 것이므로 법의 타당성을 설명하기에는 적합하지 아니하다.

2) 사실의 규범력설은 사실 속에 규범으로 바뀔 힘이 내재하고 있다는 사상에 근거한다는 견해이다. 엘리네크는 사실상의 관행이 오랫동안 반복되면 그것이 나중에는 법으로 성립된다고 주장하고, 또한 혁명이라는 사실에 의하여 종래의 법체계가 부정되고 새로이 창설된 규범체계가 효력을 가지게 되는 것을 사실의 규범이라고 설명하고 있으나 이 설은 법의 타당성 근거로는 불충분하다.

3) 실력설은 법은 실력을 가진 자의 명령이며 최고지배자의 지배형식이라는 견해이다. 법은 실력의 지지를 받음으로써 유효하게 행하여지며 실력의 뒷받침을 잃게 되면 붕괴되고 만다는 것이다. 이 설은 법의 기원이 혁명의 경우처럼 권력에서 나온다고 할 수는 있겠으나 그것은 법의 역사적 근거는 될지 몰라도 법의 타당성 근거는 되지 못하므로 타당하다고 할 수 없다.

4) 근본규범설은 국가의 모든 법규는 평면적으로 병존하는 것이 아니라 입체적으로 상하의 질서를 이루면서 법전체의 질서를 수호하고 하위법규의 타당성은 하위법규에서 구한다는 견해이다. 이 설은 켈젠(Kelzen)의 주장으로 법질서는 근본규범 · 헌법 · 법률 · 명령 · 처분 등의 순서로 상하의 단계를 이룬다 하여 법단계설이라고도 한다. 근본규범이란 법을 제정할 수 있는 국가의 정치적 근본원리를 말한다. 이 설에 의하면 실정법의 존재기반과 그 타당성의 근거는 근본규범에 있다고 하나 법의 타당성 근거를 설명하기에는 만족스럽지 못하다.

5) 목적설은 법의 타당성 근거를 법의 목적에 있다는 견해이다. 예링

(Jhering)은 그의 저서 「법에 있어서의 목적(Der Zweck im Recht)」에 「목적은 모든 법의 창조자」라고 하면서 법의 타당성 근거를 법의 목적에서 구하였다. 또한 라드부르흐(Radbruch)는 법의 목적으로 정의·법적 안정성·합목적성을 들면서 법을 달갑게, 법관을 법관답게 하는 근거라고 하였다.

이 설은 법이 현실사회에서 규범 내용대로 실현되기를 요구하는 것은 법 속에 목적이 내재하고 있기 때문이라고 한다. 따라서 법에 있어서 목적이 없는 법은 무의미하며, 목적이야말로 법의 존재이유이고 법이 타당성을 갖게 되는 근거로 보는 것이 무방하다. 이 설이 가장 타당하다고 본다(조만형, 2013).

2. 법의 실효성

법의 실효성이란 법이 강제규범으로서 국가권력에 의하여 실현되는 것을 말한다. 즉 일정한 명령·금지 등을 요구하는 행위규범에 위반하는 일이 현실적으로 발생할 때, 그 위반자에 대해 강제집행이나 형벌 등 강제규범을 발동하여 그 법의 내용을 실현하는 것을 뜻한다. 이와 같이 법의 실효성을 보장하는 것은 국가권력에 의한 강제성이다.

예를 든다면 형법각칙의 각 조문은 일정한 금지를 나타내는 행위규범과 만약 이에 위반하는 자가 있을 때에는 일정한 형벌을 부과하겠다는 강제규범을 동시에 규정하고 있는 것이다. 그럼으로써 일정 행위에 의해 침해된 행위규범으로서의 법이, 강제규범으로서의 법에 의해 회복됨으로써 그것은 법으로서 실효성을 갖게 되며, 이러한 실효성은 정도의 차이는 있으나, 형법이외에 민·상법과 같은 사법, 행정법·헌법은 물론 나아가 국제법상에도 존재한다고 할 수 있다.

이러한 실효성의 보장은 오늘날 경찰, 법원 등을 통한 「국가권력」에 의해 행해지며, 법의 실효성을 보장하는 수단으로서 「사인의 실력」이 용인되는 것은 미처 국가권력이 미치지 못하는 예외적인 경우에 한한다. 정당방위나 긴급피난 등이 이에 해당한다(김향기, 2014).

제2절 법의 형식적 효력

1. 시간에 관한 효력

1) 법의 시행과 폐지

법의 시간에 관한 효력이란 법의 효력에 대한 시간적 범위를 말하는데, 법의 효력은 법의 제정과 동시에 무제한 하게 발생하는 것이 아니라 시행일로부터 폐지일까지만 계속되는 것이 원칙이다. 이 기간을 법의 시행기간이라 한다.

관습법은 성립과 동시에 효력을 가지나, 제정법은 성립된 후 시행에 앞서 「공포」를 하여야 한다. 「공포」는 법의 성립과 내용을 관보에 게재하여 국민에게 주지시키는 것을 말한다. 공포와 동시에 법을 시행하는 것은 법정책상 여러 가지 폐를 가져오는 것이므로 공포일과 시행일 사이에는 얼마간의 기간을 두는 것이 근대 각국의 상례인데 이 기간을 주지기간, 또는 시행유예기간이라고 한다. 헌법은 제53조 제7항에 "법률은 특별한 규정이 없는 한 공포한 날로부터 20일을 경과함으로써 효력을 발생한다"고 규정하고 있다. 대개는 법의 시행기일을 「공포한 날로부터 시행한다」, 「몇 년 몇 월 몇 일부터 시행한다」하는 식으로 부칙에 특별히 정하고 있다.

법의 폐지란 법이 그 구속력을 잃는 것을 말하며, 명시적 폐지와 묵시적 폐지의 두 가지가 있다.

명시적 폐지란 명문의 규정에 의해 법이 폐지되는 것으로, 법령에 그 시행기간(유효기간)이 정해진 경우 및 그 기간종료로 그 법령이 어느 특정사항을 목적으로 하여 제정된 때 그 목적 사항의 소멸에 의해 폐지되는 경우와, 입법기관에서 신법을 제정하여 명문규정으로 구법의 일부 또는 전부를 폐지하는 경우에 생긴다.

묵시적 폐지는 명문에 의한 폐지가 아닌 것으로, 신법과 구법이 동일한 사항에 관하여 모순·저촉되는 내용을 갖는 경우, 그 저촉의 한도에서 구법이 당연히 폐지된 것으로 보는 경우('신법이 구법을 개폐한다'는 원칙이 지배한다)와 사회실정과의 괴리(乖離) 때문에 법의 규정이 사문화되는 경우 등이 있다.

2) 법률불소급의 원칙

법은 시행한 날로부터 효력을 발생하며, 시행기일 이전에 발생한 사항에는 소급하여 적용되지 아니함을 원칙으로 한다. 이 원칙을 법률불소급(法律不遡及)의 원칙이라 하는데 법률생활의 안정과 기득권존중의 요구에 기해서 생겨나는 것이다. 만일 법의 소급효를 인정한다면 법적 안정성을 해하고, 국민에게 불안감과 법에 대한 불신감을 일으키게 할 염려가 있기 때문이다. 헌법 제13조 제2항은 소급입법을 금지하고 있고 동조 제1항은 직접적으로는 죄형법정주의(罪刑法定主義)를 선언하고 있는 것이지만 그 토대는 법률불소급의 원칙이다.

그러나 이 원칙은 절대적인 것이 아니다. 소급시키는 것이 오히려 정의·형평에 적합한 때는 예외로서 법의 소급효를 인정하는 경우가 있다. 민법부칙 제2조, 상법시행법 제2조 제1항과 같은 것은 명문으로 법의 소급을 인정하고, 이 원칙이 가장 엄격히 적용되는 형법에 있어서도 신법이 구법보다 형사피고인에게 유리한 경우에는 신법의 소급효를 인정하고 있다.

법률불소급의 원칙에서 파생되는 원칙으로서 사후법제정 금지원칙과 기득권존중의 원칙이 있다. 법률불소급의 원칙은 법적용상의 원칙이지 사후법제정까지 금하는 입법상 원칙은 아니다. 전자는 형법의 영역에 있어서 만은 입법상 원칙으로 확립되어 행위시에 범죄로 되지 않는 것은 사후에 제정된 법률에 의해 범죄가 된다고 할 수 없다는 것으로서 죄형법정주의의 내용을 이루고, 헌법 제13조 제1항과 형법 제1조 제1항에 선언되어 있다.[1)]후자는 법률불소급의 원칙이 인정되는 결과 구법에 의해 생긴 기득권은 신법의 시행으로 인하여 당연히 불이익하게 변경 또는 박탈되지 않는다는 원칙이다. 이것도 절대적인 것은 아니고 입법상 제한할 수 있으나, 국민생활의 법적 안전을 보장해 준다는 의미에서 가능한 한 기득권을 존중하도록 해야 할 것이다(김향기, 2013).

---

1) 헌법 제13조 제1항, 모든 국민은 행위시의 법률에 의하여 범죄를 구성하지 아니하는 행위로 소추되지 아니하며, 동일한 범죄에 대하여 거듭 처벌받지 아니한다.
형법 제1조 제1항, 범죄의 성립과 처벌은 행위시의 법률에 의한다.

2. 사람에 관한 효력

사람에 관한 효력은 사람에게 법을 적용할 때 그 적용범위를 정하는 문제이다. 이 적용범위에 관하여 원칙과 예외로 구분하여 설명한다.

1) 원칙

사람에 관한 법의 효력에 관해서는 속지주의와 속인주의를 원칙으로 하고 있고, 이 양주의를 병용하고 있는 것은 근대국가의 법률적용에 원칙으로 되어 있다.

(1) 속인주의란 대한민국의 법령은 대한민국 국민에게 적용된다는 원칙이다. 물론 지방자치단체의 조례와 규칙은 우리나라 중 그 지역에만 적용된다. 이는 국민주권을 실현하기 위하여 국내에 있는 한국인에게 적용됨은 물론 국외에 있는 한국인에게도 적용된다는 것을 의미한다.

(2) 속지주의란 대한민국의 법령은 대한민국의 영토 내에 있는 외국인에게도 적용된다는 원칙이다. 이는 영토주권을 실현하기 위하여 국적여하를 불문하고 대한민국 영토내에 체류 중인 외국인에게도 대한민국의 법령이 적용되는 것을 원칙으로 한다는 의미이다.

2) 예외

속인주의와 속지주의 원칙에 대하여 특수한 신분을 가진 사람에게는 예외를 두는 경우가 있다.

(1) 속인주의의 예외란 국가는 특별한 공익상의 이유로 특수한 신분을 가진 사람에게만 적용된다는 것으로 그들 이외의 사람에게는 적용되지 아니한 경우를 말한다. 예컨대 공무원법은 공무원에게만, 군형법은 군인에게만, 노동법은 노동자에게만, 변호사법은 변호사에게만 적용된다.

또한 국가정책상 특수한 신분을 가진 자에게 국법의 적용을 배제하는 경우가 있다. 예컨대 대통령에게 임기 중 형사소추를 받지 않는 특권, 국회의원에게 회기 중 불체포특권을 인정하는 등이다.

(2) 속지주의의 예외란 대한민국 영토 안에 있는 외국인에 대하여 대한민국의 법령 적용이 배제되는 경우를 말한다.

① 치외법권

국제법상 특수한 신분을 가진 외국인은 체류국의 법을 적용받지 아니하고 그 본국법의 적용을 받는다. 이를 치외법권이라고 한다. 치외법권을 가지는 자는 외국의 원수, 외교사절 및 그의 가족, 수행원, 군함의 승무원, 일정한 책임 있는 지휘관의 인솔하에 있는 군대 등이다. 이들은 체류국의 법을 적용받지 아니하고 그들 본국법의 적용을 받게 된다. 치외법권은 국제법상 인정되고 있는 것이다. 따라서 치외법권은 접수국의 재판권·경찰권 및 과세권으로부터 면제된다.

② 법상의 권리 · 의무

자국에 체류하는 외국인들에게는 공법상 권리 의무인 참정권·청원권·국방의무 등은 배제된다.

③ 신분 · 능력

자국에 체류하는 외국인에게는 신분이나 능력에 관한 사항도 자국법의 적용을 받는 것이 보통이다. 예컨대 혼인 및 이혼의 요건, 친족 및 상속, 유언 등은 나라마다 풍속 관습 등이 다를 것이므로 이에 관한 법은 자국내의 외국인에게는 적용되지 않는 것이다. 이에 관한 법률로 국제사법이 있다.

3. 장소에 관한 효력

장소에 관한 효력은 법이 어떠한 지역적 범위에서 적용하느냐의 문제이다. 이는 원칙과 예외를 구분하여 설명한다.

1) 원칙

장소에 관한 효력은 국가의 전영토에 미치는 것이 원칙이다. 전영역이란 영토·영해·영공 모두를 의미한다. 따라서 그 영역 내에 있는 사람은 내국인이든 외국인이든 불문하고 모든 사람에게 적용된다는 것이다.

2) 예외

법의 효력이 전영역에 미치는 것이 원칙이지만 예외적으로 영토 외에 미치는 경우와 영토 내의 일부 지역에만 미치는 경우가 있다.

(1) 영토 외에 미치는 경우

외국의 영역 내에 있는 자국의 원수, 외교사절과 그 수행원, 군함·선박 및 항공기 안에서는 공해는 물론 외국의 영역 내에서도 자국법의 효력이 미치게 된다. 또한 영사 재판권이 행하여지는 지역, 점령지 등은 한 나라의 법의 효력이 외국영토에 미치는 경우이다.

(2) 영토 내의 일부 지역에만 미치는 경우

도시계획법이나 지방자치단체가 제정하는 조례와 규칙 등은 그 도시나 그 자치단체에 한하여 법의 효력이 미치는 경우이다.

제5장

법의 적용과 해석

제1절 법의 적용

법규범은 인간의 사회생활 관계를 규율하기 위한 것이기 때문에 실생활에서 구체적으로 실현됨으로써 그 효력을 다 발휘하는 것이 된다. 이처럼 법이 실생활에서 구체적으로 실현된다는 것은 사회에서 발생하는 구체적 사실에 적용됨을 의미한다. 따라서 법의 적용이란 꼭 사법기관인 법원에 의해서만 행사되는 것이 아니고 기타의 국가기관에 의해서도 행해질 수 있으나, 법적용의 전형적인 장소는 법원이므로 법규의 적용은 법원에 의한 재판과정에서 가장 명확히 나타난다.

이상과 같이 법적용이란 주로 법원에 의해서 법의 내용 내지 효력을 구체적 사실에 관해 실현케 하는 것을 의미한다. 다시 말하면 실제 사회생활에서 발생한 일정한 구체적 사실에 일반적 · 추상적인 어떤 규정을 맞추어 넣음으로써 소정의 법률효과를 이끌어 내는 것을 말한다.

그러므로 법적용에서는 구체적 사실을 확인하고 그 사실에 어떠한 법규를 적용하여 어떠한 효과를 나타내게 할 것인가 하는 판단이 주된 내용을 이루게 된다.

1. 사실의 확정

사실이 확정되지 않으면 법을 적용할 수 없으므로 사실의 확정은 법의 적용여부를 결정하는 중요한 문제이다. 사실의 확정이 어떻게 되느냐에 따라 재판의 결과가 다를 수 있기 때문이다. 사실의 확정문제에 관하여 원칙과 예외를 구분하여 설명한다.

1) 원칙

사실의 확정 근거가 되는 것은 증거이다. 사실의 확정은 다시 법률적 가치판단의 기초이기 때문에 증거는 가치판단의 중요한 요소가 된다. 따라서 사실의 인정은 증거에 의하여야 한다는 증거재판주의를 원칙으로 하고 있다.

사실을 인정하는데 필요로 하는 증거는 증거로 채택될 수 있는 자격인 증거능력이 있어야 하고, 증거의 실질적 가치인 증명력이 있어야 한다. 그러나 증거의 증명력은 법관의 자유재량에 의하여 판단된다. 따라서 증거능력이 있다고 해서 모두 증명력을 갖는 것은 아니고, 법관이 증거의 실질적 가치를 인정할 때 비로소 증명력을 갖게 되는 것이다. 이를 자유심증주의라고 한다. 이와 같이 사실의 인정은 증거에 의하는 것을 원칙으로 하고 있으며 증거의 증명력은 법관의 자유재량에 맡기고 있다. 그런데 실질적으로 입증이 곤란하거나 불가능한 경우가 있다. 이러한 경우에 증거재판주의에 대한 예외로서 정한 제도가 있다.

2) 예외

증거재판주의에 대한 예외로서 정하고 있는 제도는 사실의 확정과 사실의 의제이다. 이 사실의 의제를 간주라고도 한다. 따라서 여기서는 추정과 간주에 관하여 설명한다.

(1) 추정

추정이란 어떤 사실이 불명확한 경우에 공익상의 이유나 주위의 사정으로 인하여 사회의 통상적인 상태를 기준으로 일단 그 사실의 존재여부를 가정하고 그에 상당한 법률효과를 부여하는 것이다. 이와 같은 사실의 추정은 사실의 존재여부가 불명확하기 때문에 사회의 통상상태를 기준으로 하여 내린 결정에 불과한 것이다. 따라서 반대의 사실을 주장하는 당사자의 반증이 있을 경우에는 그 확정을 번복시킬 수 있다.

법률상 추정사실은 반증을 들어 그 사실을 부정할 수 있다고 규정하고 있다.

예컨대 「처가 혼인 중에 포태한 자는 부의 자로 추정한다」.[1]고 규정하고 있는 것은 혼인 중에 아내가 임신을 하면 일단 남편의 아이로 보는 것이 사회의 통상상태를 기준으로 판단한 것이고, 다른 남자의 아이로 보기에는 입증이 곤란한 경우이므로 그 남편의 아이로 추정하는 것이다.

그러나 「부부의 일방은 제844조의 경우에 그 자가 친생자임을 부인하는 소를 제기할 수 있다」.[2]고 규정하고 있는 것은 부부의 일방이 자기의 아이가 아니라는 사실을 입증하게 된다면 그 추정사실을 번복할 수 있다는 것이다. 따라서 법규에 추정 사실은 「…을 추정한다」라고 규정하고 있다.

(2) 간주

간주란 공법상 기타의 사유로 일정한 사실의 진실여부를 당사자의 의사와는 관계없이 법이 목적으로 하는 바를 사실로 확정하는 것을 말한다. 따라서 간주는 법이 의제하는 사실을 기초로 하여 법을 적용하기 때문에 그 사실의 진실여부를 불문하고 반증을 들어 이를 부인하는 것도 허용되지 아니한다. 즉 사실의 의제는 반증을 들어도 번복할 수 없는 것이다. 예컨대 「민법에 주소 없는 자에 대하여는 국내에 있는 거소를 주소로 본다.」[3]라고 규정하고 있으며, 「본장의 죄에 있어서 관리할 수 있는 동력은 재물로 간주한다.」[4]라고 규정하고 있다. 따라서 법규에 간주, 즉 사실의 의제는 「…으로 본다」 또는 「…으로 간주한다」라고 규정하고 있다(조만형, 2013).

2. 재　　판

재판은 법을 적용하는 절차이다. 사회생활에서 우리는 여러 면으로부터 법에 의한 지배를 받고 있으므로 우리 생활에 대하여 끊임없이 법이 적용

1) 민법 제844조 제1항(부의 친생자의 추정), 처가 혼인 중에 포태한 자는 부의 자로 추정한다.
2) 민법 제846조(자의 친생부인), 부부의 일방은 제844조의 경우에 그 자가 친생자임을 부인하는 제기할 수 있다.
3) 민법 20조(거소), 국내에 주소없는 자에 대하여는 국내에 있는 거소를 주소로 본다.
4) 형법 제346조(동력), 본장의 죄에 있어서 관리할 수 있는 동력은 재물로 간주한다.

되고 있다고 하겠다. 구체적으로 보면 행정기관이 세금을 부과·징수함으로써 세법을 적용하고 법률안을 제출함으로써 헌법을 적용하는데, 이를 보통 법의 「집행」이라고 한다. 그러나 법적용이 가장 명확하고 전형적으로 나타나는 것이 사법기관인 법원에 의한 재판절차이다. 그러므로 여기에서는 주로 재판절차에 관한 법의 적용을 살펴 보기로 한다.

법원은 사실인정과정을 거쳐 확정된 사실에다가 법해석과정을 통해 당해 사실에 해당하는 법규를 찾아내고 이를 당해 사실에 맞추어 넣어 합리적인 결론을 이끌어 내는 것이다. 이와 같이 재판에 의한 법의 실현과정은 판결삼단논법, 즉 적용될 추상적 법규범을 「대전제」로 하고 사회에서 발생한 구체적 사실을 「소전제」로 하여 「결론」인 판결을 하게 된다. 예를 들어 설명해 보면 형법 제250조의 "사람을 살해한 자는 사형, 무기 또는 5년 이상의 징역에 처한다"라는 추상적인 법규를 「대전제」로 하고 사회에서 발생한 구체적 사실을 「소전제」로 하여 「결론」인 판결을 하게 된다. A가 B를 살해했다는 구체적 사실을 「소전제」로 하여 여기에서 A를 사형, 무기 또는 5년 이상의 징역에 처한다는 판단의 형식을 취한다. 판결문에 「주문」, 「사실과 쟁점」, 「이유」 등을 드는 것은 추상적으로는 이같은 판결삼단논법을 전제로 한 것이라고 볼 수 있다.

재판에 의한 법의 적용은 대개의 경우 권력적 강제인 강제집행에 의해 끝맺음을 하게 된다. 예컨대 위의 예 중 A를 사형이나 10년의 징역에 처한다는 판결이 확정되면 사형을 집행하거나 교도소에 수감하는 등 형을 집행하는 절차에 의해 법의 적용이 끝나게 되는 것이다. 그러나 이 때도 강제집행은 구체적으로 집행의 내용을 정하는 것이 주된 부분을 이루는 것이므로 법의 적용 중 가장 명확하고 의식적인 법적용은 재판에 의해 행해지는 것이라고 할 수 있는 것이다.

이 경우 법원의 재판과정에서 사실의 인정이나 법적용이 공정하게 행해지지 않고, 왜곡되거나 다른 국가권력 등에 의해 영향을 받게 된다면 법적용을 통한 정의 등 법의 이념은 제대로 실현되기가 어렵게 된다. 따라서 재판은 공정하게 행해져야 하며 이를 위한 제도적 보장으로서 사법권독립제도가 마련되어 있는 것이다. 우리헌법 제103조는 "법관은 헌법과 법률에 의하여 그 양심에 따라 독립하여 심판한다"고 규정함으로써 사법권독립을 제도적으로 보장하고 있다(김향기, 2013).

제2절 법의 해석

법의 해석방법에는 여러 가지 종류가 있다. 이를 크게 나누면 유권해석과 학리해석의 두 가지가 있다. 학리해석은 문리해석과 논리해석으로 구분하고, 논리해석은 확장해석·축소해석·반대해석·이론해석·보정해석·연혁해석·유추해석 등의 방법이 있다.

1. 유권해석

유권해석은 국가기관에 의하여 법규의 의미·내용이 확정되고 설명하는 방법이다. 이는 구속력이 있는 해석이며 공권해석이라고도 한다. 유권해석은 다시 입법해석·사법해석·행정해석으로 나눈다.

1) 입법해석

입법해석은 입법기관이 입법으로서 특정의 법규에 관한 용어를 해석하는 방법이다. 예컨대 민법 제98조에서 「본법에서 물건이라 함은 유체물 및 전기, 기타 관리할 수 있는 자연력을 말한다」고 규정하여 물건의 개념을 정의하고 있다. 부정경쟁방지법 제2조에서 「"부정경쟁행위"라 함은 그 목적여하를 불문하고 다음 각목의 1에 해당하는 행위를 말한다」고 하여 14가지의 행위에 대해 정의를 하고 있는 경우 등이다.

이는 법규 자체가 법으로서 당연히 구속력을 가지고 있으므로 실질적으로는 법의 해석이 아니라 입법이라고 할 수 있다. 따라서 입법해석은 법규해석 또는 강제해석이라고도 한다.

2) 사법해석

사법해석은 법원이 판결의 형식으로 법을 해석하는 방법이다. 이에 대하여 영미법계의 불문법주의와는 달리 대륙법계의 성문법주의를 취하고 있는 우리나라의 경우에 판례가 법원에 대하여 절대적 구속력을 가지지 못하므로 유권해석으로 볼 수 없다는 견해도 있다. 그러나 대륙법계의 국가에서도 상급법원에 의하여 내려진 법의 해석은 어느 정도 하급법원을 구속하는 것이 사실이고, 우리나라의 법원조직법 제8조는 「상급법원의 재판에 이어서 이 판단은 당해 사건에 관하여 하급심을 기속한다」라고 규정하고 있다. 따라서 사법해석도 구속력이 있는 유권해석으로 볼 수 있고 이를 '재판해석'이라고도 한다.

3) 행정해석

행정해석은 행정관청이 법규를 해석하는 방법이다. 이는 행정관청이 법을 집행함에 있어 그 법규의 의미를 해석하거나 또는 하급관청의 법규해석에 관한 질의에 대해 상급관청의 회답·지령을 내리는 방법과 질의없이 내리는 훈령 등의 방법이 있다. 행정해석도 사법해석과 같이 절대적인 구속력이 없기 때문에 유권해석으로 보는 것이 타당하다. 행정해석에 있어서 절대적 구속력이 없다는 것은 법규에 대한 행정관청의 해석에 대하여 행정소송을 통해 법원의 사법해석으로 취소될 수 있기 때문이다.

2. 학리해석

학리해석은 국가의 권한있는 해석방법이 아니고 법조문자체와 입법취지 및 적용대상 등을 바탕으로 하여 어학적·논리적으로 해석하는 방법이다. 어학적·논리적으로 법규의 내용을 해석하므로 학설상의 해석이라고도 하고, 유권해석처럼 구속력이 없다고 하여 무권해석이라고도 한다. 학리해석은 각자 주관과 능력이 다르기 때문에 동일한 법규에 대한 해석도 학설에 따라 다른 해석이 나올 수 있는 것이다. 학리해석은 다시 문리해석과 논리해석으로 구분할 수 있다.

1) 문리해석

문리해석은 법규의 자구에 나타난 보통의 의의에 따라 법규의 의미를 확정하는 해석의 방법이다. 성문주의를 취하는 국가에서 법규는 문자로 표시되어 있으므로 법의 의미를 자구에 의하여 해석하여야 할 것이다. 따라서 문리해석은 법규 해석의 첫 단계이다. 그러면서도 같은 법전에 같은 언어라 할지라도 의미가 다르게 사용되고 있으므로 문리해석만으로는 법규해석을 완벽하게 할 수 없다. 같은 언어라도 의미가 다른 경우를 예를 들면 살인죄에 있어서 「사람」과 명예훼손죄에 있어서의 「사람」은 언어상 「사람」은 같지만 의미상으로 보면 서로 달라 살인죄(형법 제250조)의 경우의 사람은 자연인을 의미하며, 명예훼손죄(형법 제307조)의 경우는 자연인과 법인을 모두 포함하는 개념이 된다.

2) 논리해석

논리해석은 법령의 자구에 구애됨이 없이 법 제정 당시의 사회적 사정, 입법의 취지, 목적, 사회생활의 필요성, 법의 적용효과 등으로 법규의 의미를 해석하는 방법이다. 따라서 법의 해석은 문리해석 이외에 논리해석의 필요성이 있다.

논리해석은 확장해석, 축소해석, 반대해석, 물론해석, 보정해석, 연혁해석, 유추해석 등으로 구분된다.

(1) 확장해석

확장해석은 법문의 자구를 그 의미보다 확장하여 해석하는 방법이다. 예컨대 「공원의 수목을 꺾지 마시오」라고 게시한 경우 확장하여 화초도 포함된다는 의미로 해석하고, 「마차통행금지」라고 게시한 경우도 포함시켜 「우마차통행금지」의 의미로 확장하여 해석하는 방법이다.

(2) 축소해석

축소해석은 법문의 의미를 통상의 의미보다 축소하여 해석하는 방법이다. 예컨대 재물에는 동산과 부동산을 포함하여 말하는 것이 보통인데, 절도죄(형법 제329조)의 객체인 재물에는 부동산을 포함하지 아니하고 동산만으로 제한하여 축소 해석하는 경우로서 제한해석이라고도 한다.

(3) 반대해석

반대해석은 법문에 일정한 사항이 규정되어 있는 경우에 그 규정에서 빠져 있는 기타 사항에 대하여 법문과 반대의 의미로 해석하는 방법이다.

예컨대 「성년에 달한 자는 자유로 약혼할 수 있다(민법 제800조)」라고 규정한 사항에 대하여 성년에 달하지 않은 자는 자유로 「약혼할 수 없다」고 해석하는 경우이다. 또한 「차통행금지」라고 게시된 경우에 사람은 통행해도 무방하다고 해석하는 경우이다.

(4) 물론해석

물론해석은 법문에 일정한 사항을 규정하고 있는 경우에 그 법문에 명기되어 있지 않은 사항이라도 성질상 어떤 사항은 당연히 포함된 것으로 해석하는 방법이다. 예컨대 「자전거통행금지」라고 게시된 경우에 그 취지는 위험하기 때문에 금지하고 있는 경우로 보아 더 위험한 자동차는 당연히 통행이 금지된다는 의미로 해석하는 경우이다.

(5) 보정해석

보정해석은 법문의 용어에 명백한 착오나 오류가 있는 경우에 법문의 자구를 통상의 의미와는 달리 변경하거나 보충하여 법의 목적에 맞도록 해석하는 방법이다. 예컨대 민법 제287조의 「청구」는 「고지」의 뜻으로 해석하는 경우이다. 청구는 쌍방행위이지만 고지는 상대방의 승낙이 필요없는 일방행위로 해석되는 경우에 법문의 자구를 변경・보완하여 법문의 의미에 맞도록 해석하는 경우이다.

(6) 연혁해석

연혁해석은 입법과정에서 표시되어진 여러 가지 의사를 자료로 하여 법규의 의미를 해석하는 방법이다. 예컨대 법안의 이유서, 제안자의 의견, 의사록, 외국법의 내용 등을 참작하여 법규의 의미를 보충하여 해석하는 경우이다.

(7) 유추해석

유추해석은 어떤 특정한 사항에 관하여 법규가 있으나 이와 유사한 다른 사항에 관하여는 규정이 없는 경우에 그 공통적 요소를 발견하여 동일한 법리가 타당하다고 생각될 경우에 유사한 사항에 대하여 동일한 법규를 적용할 수 있도록 해석하는 방법이다. 예컨대 「유치권의 행사는 채권의 소멸시효의 진행에 영향을 미치지 아니한다(민법 제326조)」고 규정하고 있으나, 이와 성질이 유사한 질권의 경우에는 법에 명시적인 규정이 없다. 따라서 질권에 대하여도 유치권의 소멸시효의 규정을 유추적용하는 경우 등이다. 그러나 형법에서는 죄형법정주의의 원칙에 따라 피고인의 이익을 해치지 않기 위하여 유추해석을 금지하고 있는 것이 원칙이다(조만형, 2013).

제6장

권리 · 의무

제1절 법의 개념

법률관계(Rectsverhaltnis)라고 하는 것은 법이 규율하는 사람과 사람과의 생활관계(Lebensverhaltnis)를 말한다. 그러나 사람의 사회생활 관계는 매우 복잡다양하며 그 대부분은 법 이외에 도덕, 예의, 종교 등에 의해 규율되고 있는데 이를 사실관계라고 한다.

어떤 사항이 법의 지배에 속하는가 아닌가 하는 한계 문제는 어느 정도 상대적이라 할 수 있다. 그것은 각 시대의 사회상태, 문화발달의 정도에 따라 달라지게 된다. 법의 지배를 받는 법률관계는 생활관계가 다양해짐에 따라 그 종류가 다방면에 걸친다. 즉 부부관계 · 친자관계처럼 자연적으로 존재하는 생활관계를 기초로 하기도 하고, 혹은 매매 · 고용처럼 순전히 인위적인 관계를 그 기초로 하여 성립하기도 하는데, 전자의 기초가 되는 생활관계는 소위 사회학자 퇴니스(Tönnies)가 말한 협동체(Gemeinschaft)이고, 후자는 사회체(Gesellschaft)인 것이다. 또 전자인 자연적 생활관계를 기초로 하는 법률관계는 영속적이나, 후자의 인위적 관계를 기초로 하는 것은 일시적이다. 그리고 법률관계는 이에 따른 사정변경의 원칙(clausula rebus sic stantibus)의 적용을 받게 된다.

이와 같이 다양하게 존재하는 법률관계의 중심은 권리 및 의무이다. 권리란 어떤 자에게 법률상 적극적으로 부여된 일종의 힘(Machtbefugnis)이며, 의무란 어떤 자가 소극적으로 부담하게 되는 구속(Gebundenheit)을 말한다. 이러한 권리·의무는 법률관계의 양측면을 이루고 있으며 법률관계를 권리·의무관계라고 부르는 까닭이 여기에 있는 것이다.

그러나 사회발전과정에 입각하여 볼 때 법률관계의 내용은 상당한 변화를 겪고 있음을 알 수 있다. 중세까지에는 법률관계의 내용으로서 윤리관념이 강조된 결과 권리의 개념은 인정되지 않고, 구속으로서의 의무관념만 인정되었다. 그러다가 17·18세기 자연법학파가 대두되고 인간의 기본적 인권을 수호하려는 자유주의적, 민주주의적 사상이 발전함에 따라 인간의 권리의식이 강조되고, 이리하여 근대법은 의무관념보다는 오히려 권리관념을 더 존중하기에 이르렀다. 그 후 권리를 위한 투쟁(대헌장·권리청원·권리장전·프랑스 인권선언 등)을 거치면서 무제한의 권리행사는 오히려 그 자신의 파멸을 가져올 수 있다는 것을 느끼면서 그 권리에 대응한 의무의 필요성도 인식하게 되었다. 20세기에 들어와 복리국가의 이념이 나타나고 사회사조가 개인중심적인 사고에서 사회중심적인 사고로 발전됨에 따라 권리와 더불어 의무의 중요성이 강조되기에 이르렀다. 바이마르(Weimer)헌법은 "소유권은 의무를 수반한다"고 규정함으로써 이러한 사상을 반영하고 있으며, 우리 헌법도 제23조 제2항에 "재산권의 행사는 공공복리에 적합하도록 하여야 한다"고 규정하고 민법 제2조도 "권리의 행사와 의무의 이행은 신의에 따라 성실히 하여야 한다. 권리는 남용하지 못한다"고 함으로써 이에 따르고 있다.

요컨대 법률관계는 의무본위에서 권리본위로, 거기에서 다시 권리·의무 융합본위로 옮아가고 있는 것이다.

끝으로 법률관계와 구별할 것으로서 법률제도(Rechtsinstitut)가 있다. 법률제도라는 것은 법질서 중에 존재하는 다수의 같은 종류의 법률관계로부터 공통점을 찾아내어 이들에게 공통적으로 적용할 수 있는 다수의 규정을 설정하고 이를 일정한 순서에 따라 배열한 것을 말한다. 예컨대 매매, 어음, 보험 등이 법률제도에 해당한다. 그러나 법률제도라는 것은 단순히 추상적인 법률관계만이 아니라 무능력, 대리, 시효와 같은 하나의 목적에 관계된일단의 법규정을 가리키는 용어로도 사용된다(김향기, 2013).

제2절 권리 · 의무의 본질 및 개념

1. 권리의 본질 · 개념

1) 법과 권리

법질서는 일정한 경우에 어떠한 작위 또는 부작위를 사람에게 명한다. 법이 이와 같은 것을 명하는 것은 그것이 정의의 요구인 동시에 사회의 이익도 되기 때문이다. 사회의 이익은 반드시 특정한 개인의 이익과 일치하는 것은 아니다. 개인이 자기의 이익을 옹호하는 것은 반드시 사회 전체의 이익에 반하는 것이 아니며 보통의 경우에는 오히려 사회의 진보에 공헌하게 된다. 법이 어떤 자에게 일정한 작위 또는 부작위를 명하는 경우에, 그것이 특히 어떠한 자의 이익으로 될 때에는 이를 청구하는 것을 그 자의 권리라고 인정하게 된다. 즉 법의 명령 또는 금지가 특정인에게 이익을 부여하는 성질의 것인 경우로서 그 자에게 법률상 이익을 허용하는 때에는 그 자는 권리를 갖는다고 말하게 된다.

그러므로 권리는 추상적인 법질서의 구체적인 반영이라고 할 수 있다. 법질서는 보편적 · 추상적인 것이고 불특정다수인을 위한 것이다. 그리하여 이 법질서가 특정한 경우에 개별화하고 구체화하여 법률관계로 되고 그 법률관계에서 특정의 자를 위하여 권리가 부여된다. 그 때문에 권리는 추상적인 법이 주관적이고 구체화된 것이라 할 것이다. 독일어에서 법을 객관적법(Objektives Recht) 또는 객관적 의미에서의 법(Recht im objecktiven Sinne)이라고 하고, 권리를 가리켜 주관적법(subjecktives Recht) 또는 주관적 의미에서의 법(Recht im subjektiven Sinne)이라고 하는 것은 법 및 권리가 근본에 있어서 다름이 없다는 것을 나타내는 것이다.

법과 권리가 동일물인 이상, 이 양자는 논리적으로 상관적(correlative) 관계에 있고 양자간의 선후관계를 논한다는 것은 무의미하다. 법질서의 주요부분은 그 단위를 구성하는 무수한 권리의 집합체로 이루어졌다고 해도 과언은 아닌 것이다.

2) 권리의 본질

그러면 법률관계의 중핵을 이루는 권리란 과연 어떠한 것인가? 이에 관하여는 종래부터 다음과 같은 설의 대립이 존재한다.

(1) 의사설

이것은 위로는 Kant나 Hegel, 그리고 사비니(Savigny, 1779~1861)를 거쳐 빈트샤이트(Windscheid, 1817~1892)에 의해 주장된 것으로서 권리의 본질을 법률에 의해 주어진 의사의 힘(Willensmacht) 또는 의사의 지배(Willensherrschaft)라고 하여 권리의 본질을 의사(Wille)에서 찾으려고 한다.

그러나 이 설은 첫째, 의사력(意思力)이라는 것이 권리행사의 수단임에 불과하고 권리의 본체는 아니라는 점을 간과하고 있다. 둘째로는, 이 설에 의하면 「의사」를 갖지 않는 태아와 같은 의사무능력자는 권리를 가지지 못하게 되는데 이는 현행법(민법)[1]과 모순된다. 이를 해결하기 위해 빈트샤이트는 여기의 「의사」가 권리자의 의사가 아니라 법률의 의사라고 설명하나 의사는 심리적인 것이므로 자연인이 아닌 법률이 의사를 갖는다고 하는 것은 우스운 얘기일 뿐 아니라 그럴 바에야 차라리 「의사」라는 개념을 끄집어 내지 말고 다음의 법력설처럼 법률에 의해 주어지는 힘이라고 하는 것이 옳다는 비판을 받는다.

(2) 이익설

예딩(Jhering, 1818~1892) 및 데른부르크(Dernburg, 1829~1907)는 권리란 「법에 의하여 보호되는 이익」(rechtlich geschutztes Interesse)이라고 함으로써 권리의 본질을 이익(Interesse)에서 구한다. 따라서 권리의 주체는 의사의 주체와 일치하지 않고 이익주체와 일치하는 것이므로 의사무능력자도 권리의 주체로 될 수 있다고 하여 의사설의 결함을 보충하고 있다.

이는 법이란 모두 목적의 소산이며 법이 어떤 자에게 권리를 부여하는 것은 그 자의 권익을 보호하기 위한 목적이라고 하는 목적법학(Zweckjurisprudenz)의 이론에 입각하여 주장된 것이다. 이에 대하여는 다음

---

1) 민법 제762조, 태아는 손해배상의 청구권에 관하여는 이미 출생한 것으로 본다.
제1000조 제3항, 태아는 상속순위에 관하여는 이미 출생한 것으로 본다.
제1064조, 1000조 제3항, 제1004조의 규정은 수증자에 준용한다.

과 같은 비판이 가해진다. 첫째로, 이익이란 권리의 목적 또는 권리행사로 인한 결과이며 권리 그 자체는 아닌데 이를 혼동하는 것은 타당치 못하다. 둘째, 권리를 행사하더라도 아무런 이익을 얻지 못하는 친권이 있는 반면 관세법규에 의하여 국내생산업자가 이익을 받는 것처럼 권리가 없으면서도 법이 일정 사항을 규정하고 있는 반면의 효과로서 「반사적 이익」을 얻는 경우가 있고, 이익설에 따른다면 이를 권리하고 하지 않을 수 없는 모순이 생긴다.

(3) 이익의사설(절충설)

이 설은 권리란 법에 규정된 의사의 힘에 의해서 보호되는 이익이라고 하는 것으로, 엘리네크(Jellinek)가 주장하였으나 위 양설에서 지적한 결함이 모두 나타나는 것으로서 정당하다고 볼 수 없다.

(4) 법력설(rechtliche Machttheorie)

독일의 메르켈(Merkel, 1836~1897)이나 레겐스베르거(Regensberger, 1831~1910)가 주장한 것으로서 「권리란 일정한 이익을 향유할 수 있게 하기 위하여 부여된 법률상의 힘(또는 가능성)」이라고 한다. 여기서 힘(Macht)은 법률상 주장할 수 있는 힘, 즉 지배능력을 의미하는 것으로서 사실상의 힘(예: 완력 등)과는 구별된다. 즉, 법률상의 힘이란 법의 배경 하에 타인을 구속하고 타인에 대하여 행위 또는 불행위를 강요하는 것으로써, 법원에 소송을 제기할 수 있고 국가권력에 의해 보호받을 수 있는 것을 말한다. 이익 「그 자체」가 권리는 아니다. 권리는 일정한 이익을 향유하게 하기 위한 수단으로서 법에 의하여 정당하다고 시인되어진 가능성을 말한다. 이처럼 권리란 이익의 향유를 주장할 수 있는 힘(가능성)이므로 현실적으로 이익을 받는 것을 요하지 않는다. 이 학설은 다른 학설에 비하여 권리의 실질면보다는 법상의 힘이라는 형식면에 중점을 둔 점이 특색인바, 오늘날의 통설이다.

(5) 결론

위 설 중 권리의 본질을 법률상 주어진 힘이라고 하고 이 힘을 주장하는 수단을 각 개인의 의사로 하며 이 힘을 인정하는 목적을 이익으로 하는 법력설이 의사설과 이익설의 결점을 보충한 것으로서 가장 타당하게 보이며 현재의 일반적 견해이다(김향기, 2014).

3) 권리의 개념

(1) 권리의 의의

법력설에 따라 권리의 의의를 살펴보면 다음과 같다.

① 권리는 법률상 부여되는 것이다. 즉 권리와 법은 상관관계가 있는 것으로서 양자의 선후를 논할 것은 못되나, 그렇다고 법률이 없는 곳에 권리가 존재할 수는 없다. 따라서 법률에 없는 권리는 여기에서 말하는 권리는 아니다. 예컨대 자연법학자들이 주장하는 천부(天賦)의 권리라고 하는 것은 강력한 권력을 갖는 국가로부터 개인의 생명, 자유 및 재산을 보호하기 위해 국가의 정당한 세력범위에 일정한 구획을 지어 놓은 것 뿐이지 권리라고 할 수 없다.

② 권리는 법률상의 힘이다. 힘이라 함은 특정이익의 향유를 위해 필요한 행위를 할 가능성을 말한다. 법률상의 힘은 법률에 의해 주어지는 것이므로 자연적인 힘(예; 권력, 지혜의 힘)과는 다르다.

③ 권리는 특정이익의 향유를 목적으로 한다. 특정의 이익이라 함은 사회생활 가운데 필요한 이익으로서 물질적, 경제적 내용을 가진 일정한 범위의 재산적 이익은 물론 생명, 신체, 자유, 명예, 비밀, 정조 등 비재산적 이익도 포함한다. 법은 권리를 부여하는 것에 의하여 위와 같은 일정한 이익을 특정인으로 하여금 법의 보호하에서 향유하게 하는 것이다. 이런 의미에서 권리는 특정이익을 전제로 하여 존립하는 것이므로 특정이익에 관해 권리를 갖는 자는 특정 또는 불특정의 상대방(자기 이외의 사람 또는 단체)에게 당해 이익을 자기이익으로서 주장할 수 있는 힘을 법에 의하여 부여받고 있는 것이다.

(2) 권리와 구별되는 개념

① 법률관계: 예컨대 매매, 어음관계, 회사관계 등의 법률관계는 권리발생의 연원이긴 하나, 권리는 아니다. 이런 점에서 양자는 구별되는 개념이다.

② 권한(Zustandigkeit, Kompetenz): 권한은 법인의 내부에서 법인의 기관이 갖는 일의 범위를 말한다. 권리와 권한의 구별은 공법의 범위에서는 비교적 명료하게 인정되고 어떠한 사람도 공무원이 국민으로서 갖는 권리와

국가기관을 구성하는 자로서의 자격에서 갖는 권한과는 혼동하지 않으나, 예컨대 합명회사에서 사원이 회사구성분자로서 회사에 대해 갖는 이익배당청구권과 같은 권리와 회사기관으로서 갖는 업무집행권 등의 권한에 속하는 것과의 구별은 명료하지 아니하다.

그러나 권리의 행사가 직접으로는 권리자의 이익으로 됨에 반해, 권한에 있어서는 이러한 것들이 절대적인 것이 아니고 단체의 이익을 위해 행사되지 아니하면 안 된다고 하는 것, 즉 회사와 이해상반하는 사항에 관하여는 사원은 의결권과 같은 권한행사에 제약을 받는 등의 효과가 생겨난다고 하는 점에서 그 구별의 실익이 있다.

③ 권능(Befugnis): 권능은 권리 속에 포함되어 있는 개개의 작용을 가리킨다. 따라서 한 개의 권리로부터 여러 가지 권능이 나온다. 예를 들면 소유권이라는 권리로부터 사용의 권능 · 수익의 권능 · 처분의 권능 등이 나온다.[2] 이들은 흔히 사용권, 수익권 등으로 불리우기도 하며, 권리와는 내용적으로 상당히 유사하다고 할 수 있다.

④ 권원(title Rechtstitel): 권원은 어떠한 법률상 또는 사실상 행위를 정당화시키는 법률상의 근거를 말한다. 예컨대 타인의 토지에 물건을 부속시킬 수 있는 권원은 지상권, 임차권 등인 것과 같다.

⑤ 대리권(Vertretungsmacht): 어떤 자가 대리인으로서 본인의 이름으로 제3자와 법률행위를 하고 그 효과가 본인에게 귀속되는 경우의 권한은 법이 이를 「권」이라고 부르더라도 권리는 아니라고 함이 일반적 견해이다.

⑥ 반사적 이익(반사권): 법률이 특정인 또는 일반인에게 일정한 행위를 명함으로써 다른 특정인 또는 관계인이 그 법률의 반사적 효과로서 받게 되는 사실상의 이익을 말한다. 예컨대 도로교통법규에 의해 음주운전 등을 단속함으로써 다른 일반인이 교통안전의 효과를 받는 것이 그것이다. 권리인 경우에는 그 실현을 위한 일정한 청구권이 인정되고 그 침해에 대해 소송을 통해 구제받을 수 있으나, 반사적 이익은 법이 보호하는 이익이 아니라 그 법의 실현의 결과로서 간접적으로 관계인에게 사실상의 이익을 주는 것에 그치고, 그것이 침해되더라도 소송 등 자기의 이익을 위하여 주장할 수 있는 법상의 힘이 없다(김향기, 2013).

2) 민법 제211조, 소유자는 법률의 범위내에서 그 소유물을 사용, 수익, 처분할 권리가 있다.

2. 의무의 개념

1) 의의

법에 있어서의 일체의 구속을 의무(義務)라 할 수 있다.[3] 구체적으로 의무란 "자기 의사 여하에 불문하고 작위 또는 부작위를 하도록 강제당하는 법률상의 구속"[4]이라 하겠다.

의무는 그 내용을 기준으로 행위자가 어떤 적극적인 거동인 작위를 하여야 할 작위의무와 어떤 행위를 하지 않을 것인 부작위를 하여야 할 부작위의무로 나누어진다. 예컨대, 물건을 산 매도인이 물건 값을 주어야 할 대금지급의무는 작위의무이나,[5] 의료인이 태아의 성감별을 위한 목적으로 임산부를 진찰 또는 검사를 하지 않아야 할 태아성감별 금지의무는 부작위의무이다.[6] 또한 의무는 목적 달성에 필수불가결한 의무이냐의 여부를 기준으로 필수불가결한 의무인 본체적 의무(주된 의무)와 필수불가결하지 않은 의무인 부수적 의무로 나누어진다. 예컨대 매도인에 있어서 매도인의 재산권이전의무와 매수인의 대금지급의무는 본체적 의무이나, 매도인이 목적물을 인도할 때까지 부담하는 선량한 관리자의 주의로써 보존하여야 할 의무와 매수인이 부담하기로 하는 공과세 부담의무는 부수적 의무이다.[7]

관련판례

채무불이행을 이유로 매매계약을 해제하려면, 당해 채무가 매매계약의 목적 달성에 있어 필요불가결하고 이를 이행하지 아니하면 매매계약의 목적이 달성되지 아니하여 매도인이 매매계약을 체결하지 아니하였을 것이라고 여겨질 정도의 주된 채무(주된 의무)이어야 하고 그렇지 아니한 부수적 채무(부수적 의무)를 불이행한 데에 지나지 아니한 경우에는 매매계약 전부를 해제할 수 없다(대판 1999.4.7, 97다575).

---

3) 노병호・이영진, 신법학개론, 2001, 145면 참고.
4) 남궁승태, 법학개론, 2005(초판1996), 26면.
5) 민법 제568조 제1항, 매도인은 매수인에 대하여 매매의 목적이 된 권리를 이전하여야 하며 매수인은 매도인에게 그 대금을 지급하여야 한다.
제2항, 전항의 쌍방의무는 특별한 약관이나 관습이 없으면 동시에 이행하여야 한다.
6) 의료법 제219조의 2 제1항, 의료인은 태아의 성감별을 목적으로 임부를 진료 또는 검사하여서는 아니되며, 같은 목적을 위한 다른 사람의 행위를 도와주어서는 아니된다.
7) 김영규 외, 신법학개론, 2013, 44면 참고.

2) 권리와 의무의 대응관계

(1) 원칙

권리와 의무는 서로 대응하는 관계로 나타나는 것이 일반적이다. 예컨대, 매도인의 대금지급청구권에 대응하여 매수인에게 대금지급의무가 존재하고, 소유권 등 물권자의 물권에 대응하여 물권 이외의 자에게 불가침의 의무가 존재한다. 또 부모의 친권에 대응하여 미성년자에게 복종의무가 존재하고, 국가의 조세징수권인 조세채권에 대응하여 국민에게 납세할 의무인 조세채무가 존재하게 된다.

(2) 예외

법률관계의 내용 중에는 대응하는 의무 없이 권리만 있는 경우도 있고, 반대로 대응하는 권리 없이 의무만 있는 경우도 있다. 예컨대, 취소권 · 해제권 등의 형성권은 그 권리행사로 법률관계를 소멸시킬 뿐 이에 대응하는 의무가 없고,[8] 책임무능력자의 불법행위와 관련하여 감독자는 감독의무만 있을 뿐 이에 대응하는 권리는 없다.[9]

제3절 권리 · 의무의 분류

1. 권리의 분류

한 나라의 법의 모습을 공법과 사법 및 사회법으로 대별하여 볼 수 있듯이, 법률관계에서 존재하는 권리도 크게 공법상의 권리인 공권(公權)과 사법상의 권리인 사권(私權) 및 사회법상의 권리인 사회권(社會權)으로 구별할 수 있다.

---

8) 민법 제141조(취소의 효과), 취소된 법률행위는 처음부터 무효인 것으로 본다. 다만, 제한능력자는 그 행위로 인하여 받은 이익이 현존하는 한도에서 상환할 책임이 있다.
제543조 제1항(해지, 해제권), 계약 또는 법률의 규정에 의하여 당사자의 일방이나 쌍방이 해지 또는 해제의 권리가 있는 때에는 그 해지 또는 해제는 상대방에 대한 의사 표시로 한다.

9) 민법 제755조 제1항(감독자의 책임), 다른 자에게 손해를 가한 사람이 제753조(미성년자의 책임능력) 또는 제754조(심신상실자의 책임능력)에 따라 책임이 없는 경우에는 그를 감독할 법정의무가 있는 자가 그 손해를 배상할 책임이 있다, 다만, 감독의무를 게을지 하지 아니한 경우에는 그러하지 아니하다.

1) 공권

공권은 공생활관계(공법상의 생황관계)에서 당사자가 갖는 권리로서 크게 국제법상의 공권과 국내법상의 공권으로 나눌 수 있고, 또 국내법상의 공권은 국가공권과 국민공권으로 나눌 수 있다.

(1) 국제법상의 공권

국제법상의 공권은 국제법의 주체인 당사자가 갖는 권리이다. 이의 대표적인 것으로는 독립권 · 평등권 · 자위권 · 교통권 등을 들 수 있다.

(2) 국내법상의 공권

① 국가공권: 국가공권은 통치관계를 핵심으로 하는 공생활관계에서 국가 또는 공공단체가 국민에 대하여 갖는 권리이며, 국가적 공권이라고도 한다. 이는 그 작용에 따라 입법기관이 갖는 입법권, 사법기관이 갖는 사법권, 집행기관이 갖는 행정권으로 나눌 수 있고, 그 목적에 따라 조직권, 형벌권, 경찰권, 재정권 등으로 나눌 수 있다.

② 국민공권: 국민공권은 통치관계를 핵심으로 하는 공생활관계에서 국민이 국가 또는 공공단체에 대하여 갖는 권리이며, 개인적 공권이라고도 한다. 이는 종래의 평등권, 자유권, 수익권, 참정권 등으로 구분되어 왔다.

2) 사권

사권은 사생활관계에서 당사자가 갖는 권리로서 크게 내용을 기준으로 인격권, 가족권, 재산권, 사원권 등으로 나누어지고, 작용(효력)을 기준으로 지배권, 청구권, 형성권, 항변권 등으로 나누어진다. 이 밖에 의무자의 범위를 기준으로 하여 절대권, 상대권, 권리와 주체의 긴밀성의 정도를 기준으로 일신전속권, 비전속권, 권리의 독립성을 기준으로 하여 주된 권리 · 종된 권리, 권리의 성립요건의 실현 여부를 기준으로 기성의 권리와 기대권으로 각각 나눌 수 있다.

(1) 내용을 기준으로 한 분류

① 인격권: 인격권은 권리주체인 사람과 운명을 같이 하는 생명 · 신체 · 성명 · 명예 · 초상 · 정조 · 신용 등 각종의 인격적 이익의 향수를 그 내용으로 하는 권리이다. 이는 거래의 객체가 될 수 없고, 그 침해시 불법행위

를 구성하게 된다.[10)]

② 가족권: 가족권은 부부 · 친자 · 형제자매 등 가족관계에 있는 자들 사이에서 그 지위에 따르는 이익을 향수하는 것을 내용으로 하는 권리이다. 예컨대, 부부 사이의 배우자권과 이와 관련하여 다루어지는 동거청구권 · 부양청구권 및 이혼에 의하여 다루어지는 재산분할청구권 · 면접교섭권 등과 부모의 자녀에 대한 친권이 가족권의 대표적인 모습이다. 이는 크게 친족권과 상속권으로 나누어지며, 의무적 색체가 짙은 권리로서 거래의 객체가 될 수 없다.

③ 재산권: 재산권은 금전으로 가치를 평가할 수 있는 각종의 재산적(경제적) 이익의 향수를 그 내용으로 하는 권리이다. 재산권은 종래 사람이 물건을 직접 지배해서 사용 · 수익 · 처분 등의 이익을 향유하는 것을 내용으로 하는 권리인 '물권'과 특정인이 채권자가 또 다른 특정인에게 특정의 행위를 청구하는 권리인 '채권'을 2대 지주(支柱)로 다루어 왔다. 이 중 물권은 소유권을 중심으로 점유권 · 지상권 · 지역권 · 전세권 · 유치권 · 질권 · 저당권 등이 있다. 또 채권은 채권발생에 대한 당사자 사이의 합의인 계약에 의하여 발생하는 것이 주된 발생원인이나 법이 정하는 사무관리 · 부당이득 · 불법행위에 의해서도 발생한다. 그러나 오늘날은 이외에도 저작 · 발명 · 의장 · 상표 · 실용신안 등 사람의 정신적 · 지능적인 창작물을 독점적으로 이용하는 것을 내용으로 하는 권리인 무체재산도 재산권으로서 중요하게 다루어지고 있다. 이의 구체적인 모습으로는 각 창작물을 기준으로 저작권 · 특허권 · 의장권 · 상표권 · 실용신안권 등이 있다. 무체재산권은 지적재산권 · 지적 소유권이라고도 하며, 저작권 이외에 뒤의 4가지를 가리켜 산업재산권 · 공업소유권이라고도 한다(김영규 외, 2013).

④ 사원권: 사원권은 단체의 구성원인 사원의 지위에 기인하여 가지는 권리이다. 이는 단체 전체의 이익을 위하여 인정되는 공익권(共益權)과 사원 자신의 이익을 위하여 인정되는 자익권(自益權)으로 나누어진다. 공익권은 비영리사단법인의 사원이 갖는 중심적 권리로서 대표권 · 사무집행권 · 의결권 · 감독권 등이 그 대표적인 모습이다. 또 자익권은 주식회사의 주주와 같이 영리사단법인의 사원이 갖는 중심적 권리로서 이익배당청구권 · 잔

10) 민법 제750조(불법행위의 내용), 고의 또는 과실로 인한 위법행위로 타인에게 손해를 가한 자는 그 손해를 배상할 책임이 있다.

여재산분배청구권 등이 그 대표적인 모습이다.

(2) 작용을 기준으로 한 분류

① 지배권: 지배권은 권리자가 권리객체를 직접 지배하고 타인의 침해를 배제하는 것을 통하여 이익을 향수하는 권리이다. 이의 대표적인 모습으로는 물권・인격권・무체재산권 등을 들 수 있다.

② 청구권: 청구권은 특정인이나 특정인에 대하여 일정한 행위(작위 또는 부작위)를 청구하는 권리이다. 이는 대인권(對人權)이라고도 하며 채권의 본질적 내용을 이룬다. 그러나 청구권은 채권 이외에 물권・친족권・상속권・무체재산권 등으로부터도 나올 수 있고, 청구권이 채권 그 자체는 아니다. 청구권은 그 기초가 되는 권리와 불가분적으로 결합하고 있으므로, 기초가 되는 권리와 분리해서 청구권만을 양도하지 못한다.

③ 형성권: 형성권은 권리자의 일방적 주장(의사표시 또는 소에 의한 법원의 판결)에 의하여 법률관계의 발생・변경・소멸을 일어나게 하는 권리이다. 이는 상대방의 협력이 없어도 권리자의 주장에 따른 법률효과의 형성을 가능케 한다는 점에서 가능권(可能權)이라고도 한다. 형성권 중에는 동의권・철회권・해제권.[11] 등과 같이 권리자의 의사표시만으로 효력이 발생하는 것과 채권자취소권・재판상이혼권・친생부인권[12] 등과 같이 법원의 판결에 의하여 비로소 그 효력이 발생하는 것이 있다.

④ 항변권: 항변권은 상대방의 청구권의 행사에 대하여 그 작용을 저지할 수 있는 효력을 가지는 권리이다. 이는 권리자 자신에 대한 타인의 공격을 방어하는데 그친다는 점에서 반대권(反對權)이라고도 한다. 항변권에는 쌍무계약 당사자의 동시이행항변권・보증인의 최고 검색의 항변권[13] 과 같이 상대방의 청구권 행사를 일시적으로만 저지할 수 있는 연기적 항변권과 상속인의 항정승인항변권[14]과 같이 영구적으로 저지할 수 있는 영구적 항

---

11) 민법 제543조 제1항(해지, 해제권), 계약 또는 법률의 규정에 의하여 당사자의 일방이나 쌍방이 해지 또는 해제의 권리가 있는 때에는 그 해지 또는 해제는 상대방에 대한 의사표시로 한다.

12) 민법 제846조(자의 친생부인), 부부의 일방은 제844조의 경우에 그 자가 친생자임을 부인하는 소를 제기할 수 있다.

13) 민법 제536조 제1항(동시이행의 항변권), 쌍무계약의 당사자 일방은 상대방이 그 채무이행을 제공할 때 까지 자기의 채무이행을 거절할 수 있다. 그러나 상대방의 채무가 변제기에 있지 아니하는 때에는 그러하지 아니하다.

14) 민법 제1028조(한정승인의 효과), 상속인은 상속으로 인하여 취득할 재산의 한도에서

변권이 있다.

3) 사회권

사회권은 사회법상의 생활관계에서 당사자가 갖는 권리이다. 사회법이 공법과 사법의 혼합적인 성격을 지니는 것과 같은 맥락에서 사회권도 공권과 사권의 혼합적인 성격을 띠는 특성이 있다. 이의 가장 대표적인 것으로는 노동법상 근로자에게 인정되는 노동3권을 들 수 있으며, 이 밖에 경제법 · 사회보장법 · 사회복지법 등에서 인정되는 권리도 사회권이다.

(1) 근로자의 노동3권

① 단결권: 단결권은 근로자가 자주적으로 단결하여 근로조건의 유지 · 개선 기타 근로자의 경제적 · 사회적 지위의 향상을 도모하기 위한 단체인 노동조합의 결성을 위하여 단결할 수 있는 권리이다.[15] 단결권에 의하여 근로자는 자유로이 노동조합을 조직하거나 이에 가입할 수 있으나, 공무원과 교원에 대하여는 법률에 의하여 일정한 제한이 가하여진다.

② 단체교섭권: 단체교섭권은 근로자가 근로조건의 유지 · 개선 기타 근로자의 경제적 · 사회적 지위의 향상을 도모하기 위하여 사용자와 단체적으로 교섭할 수 있는 권리이다. 노동조합의 대표자는 그 노동조합 또는 조합원을 위하여 사용자나 사용단체와 교섭하고 단체협약을 체결할 권한을 가지며, 단체협약이 유효하기 위하여는 반드시 서면으로 작성하여 당사자 쌍방이 서명 · 날인하여야 한다.

③ 단체행동권: 단체행동권은 근로자가 근로조건의 유지 · 개선 및 단체교섭을 실질적으로 관철하기 위하여 파업 · 태업 등의 쟁의행위를 할 수 있는 권리이다. 단체행동권은 쟁의권이라고도 하며, 쟁의행위는 그 목적 · 방법 및 절차에 있어서 법령 기타 사회질서에 위반하지 않아야 하고, 조합원은 노동조합에 의하여 주도되지 않는 쟁의행위를 할 수 없고 폭력행위는 금지된다.

(2) 그 밖의 사회권

경제법상 인정되는 권리도 사회권에 속하며, 그 대표적인 모습으로는 소

피상속인의 채무와 유증을 변제할 것을 조건으로 상속을 승인할 수 있다.

15) 헌법 제33조 제1항, 근로자는 근로조건의 향상을 위하여 자주적인 단결권 · 단체교섭권 및 단체행동권을 가진다.

비자의 권리로서 다루어지는 안전할 권리 · 정보제공을 받을 권리 · 선택할 권리 · 의견을 반영시킬 권리 · 적절한 피해보상을 받을 권리 · 교육을 받을 권리 · 알 권리 · 단결권과 단체행동권 · 환경권 등 소비자의 기본적 권리를 들 수 있다. 또한 사회보장법 · 사회복지법상 인정되는 사회권으로는 사회보장에 관한 관계 법령이 정하는 바에 의하여 사회보장의 급여를 받을 권리인 사회보장수급권과 생활무능력자의 생계급여수급권 등을 들 수 있다 (김영규 외, 2013).

2. 의무의 분류

의무는 원래 권리와 대응관계에 있으므로 의무의 종류도 권리의 분류에 대응하여 다음과 같이 나누어 볼 수 있다.

1) 공의무 · 사의무

공의무란 공권에 대응하는 의무이며, 조약 등에 의해 국가가 국제법상의 주체로서 지는 국제법상의 공의무와 국내법상의 공의무가 있다. 후자에는 다시 국가가 개인적 공권에 대응하여 부담하는 국가적 공의무와 납세 · 국방의무 등 국가적 공권에 대응하여 개인이 부담하게 되는 개인적 공의무가 있다.

사의무란 사권에 대응하여 존재하는 것이다. 즉, 私人 상호간에 존재하는 의무 및 국가나 공공단체가 경제적 이익만을 내용으로 하여 사인과 대등한 재산권의 주체로서 행위를 한 경우 국가 · 공공단체와 국민 사이에 존재하는 의무를 뜻한다. 채무나 부양의무 등이 그 예에 해당한다.

2) 적극적 의무와 소극적 의무

적극적 의무는 의무의 이행에 의무자가 어떤 행위를 하는 것이 요구됨을 내용으로 하는 의무이며, 작위의무라고도 한다. 금전급부 등이 대표적이다. 소극적 의무란 의무자가 아무런 행위를 하지 않을 것을 내용으로 하는 것이며, 부작위의무라고도 한다. 소극적 의무에는 경업피지의무(競業避止義務)와 같이 단순히 일정 행위를 해서는 안 되는 경우와 민법의 상린관계(相隣關係) 규정의 경우처럼 채권자나 기타자가 일정 행위에 대항하지 말고 참아야 할 인용의무를 지는 경우가 있다.

3) 간접의무 · 직접의무

의무이행의 경우 강제이행을 할 수 있는 것을 직접의무, 강제이행이나 손해배상청구가 불가능한 경우를 간접의무라고 한다. 상법 제61조에 규정된 보험계약시의 보험계약자나 피보험자가 지게 되는 중요사항에 대한 고지의무가 간접의무의 예에 속하는 것이다. 간접의무는 강제할 수 없어도 의무자가 이를 게을리 했을 때는 법규 소정의 일정한 불이익을 입게 된다.

제4절 권리 · 의무의 대상

1. 권리 · 의무의 주체

각 개인은 법질서의 범위내에서 자유롭게 행동하고 이익을 향유하며 그에 따른 의무를 부담한다 고 할 때, 법질서는 「인(人)」을 전제로 하고 권리 · 의무는 그 「인」에게 속하고 있는 것인데, 이와 같이 권리 · 의무가 속하고 있는 주체, 즉 권리를 갖거나 의무를 부담할 수 있는 자격을 가진 자를 권리 · 의무의 주체라 한다.

권리 · 의무관계가 법률관계의 전부는 아니므로 권리 · 의무의 주체라고 하는 말은 좀 협소하고 「인」또는 「인격자」(人格者)라는 관념으로 표현하여도 좋을 것이나, 권리 · 의무가 법률관계에 있어서 가장 중요한 요소라는 점에서 볼 때 「인」을 권리 · 의무의 주체라고 하여도 무방하다.

오늘날 권리 · 의무의 주체는 법적 인간(homo iuris)라고 말한다. 법적 인간이 되는 능력 또는 자격, 즉 권리 · 의무의 주체로 될 수 있는 능력 또는 자격을 인격이라고 하고 이를 가진 사람은 법적 인격자라 한다. 이와 같이 법적 인격자라는 것은 법질서 전체의 근저에 존재하는 관념으로서 무한의 개성을 갖는 인간의 법적 생활의 면을 절단하여 이것을 상징화한 것이다.

근세 여러 국가의 법에서는 모든 인간이 인격자로 널리 승인되어 성 · 연령 · 직업을 불문하고 권리 · 의무를 취득하고 부담할 수 있는 자격, 즉 권리능력 · 의무능력을 갖는다. 그러므로 인간이 모두 인격자라고 인정되는 것은 별개의 법규를 기다리지 않더라도 근세 각 문명국가에서는 당연한 자명의 이치인 것이다.

법적 인격자는 개개의 인간만에 한정되는 것이 아니다. 즉 인간 외에 법인도 권리 · 의무의 주체가 된다. 인간의 법생활은 인간만이 아니라 권리 · 의무에 관하여 고유의 목적과 작용을 갖는 사람(인) 또는 설비 및 관리자의 집단인 국가의 도 · 시와 같은 공공단체나 회사 등에 의해서도 영위되어진다. 이와 같이 구성원인 사원들로부터 법률상 독립하여 존재하고 독자적 기관과 재산을 가지고 활동을 하는 자연인 이외의 권리 · 의무의 주체를 법인이라 한다.

법인의 본질에 관하여는 무수한 학설이 대립하나 그 중에서도 의제설(Fiktionstheorie)과 실제설, 단체설(Genossenschaftstheorie) 또는 유기체설(organische Theorie) 등을 들 수 있다. 그러나 어느 설에 의하더라도 이는 순리론의 문제에 그치는 것이고, 사회적 필요에 의하여 인(人) 또는 물(物)의 집단에 독립한 사회활동 단위로서의 자격을 인정하고 이에 법률상 권리능력이 인정되어지는 것이라는 실제 문제에는 하등 영향을 미치지 못한다. 권리 · 의무의 주체인 법인은 국가의 경우를 제외하고 구체적인 법령 및 그 법인의 근본규칙인 정관, 설립행위 등에 의해 정해지는 목적의 범위내에서 권리를 갖고 의무를 부담한다.

2. 권리 · 의무의 객체

권리 · 의무의 객체(客體)는 권리 또는 의무의 목적을 위해 자비하고 또는 지배되는 것을 가리킨다. 권리의 목적은 권리의 내용을 이루는 이익이고 이 목적을 위해 존재하는 권리의 대상을 권리의 객체라고 한다. 예를 들면 물권에서는 일정한 물건을 직접 배타적으로 지배하는 것이 목적이며, 그 대상이 되는 물건이 객체가 된다. 의무의 객체는 의무의 내용을 가리키는 것인데 불이익으로 되는 경우가 많다.

권리의 객체는 반드시 물(物), 즉 유체물에 한하지 않고 전기 기타 energy, 사상내용, 권리자체 등도 있을 수 있다. 그것은 사회의 문화상태에 따라 다르고 첫째로는 법제도가 정하는 바에 의한다. 오늘날 사회생활이 복잡하고 문화가 진보함에 따라 인류의 법적 생활 중에 들어오는 이익, 법의 보호를 필요로 하는 이익이 증가하고 있다. 다음에 각종 권리객체에 관하여 간단히 살펴본다.

첫째, 자기 자신의 유지, 불가침, 그 개성을 모든 방면으로 자유롭게 활동함에 관한 인격권에 있어서는 주체와 분리할 수 없는 생명 · 신체 · 명예 등을 이익으로 하므로 권리주체 자신이 권리의 객체다.

둘째, 타인도 또한 권리의 객체이다. 이것은 과거에 존재한 노예가 권리의 객체란 의미가 아니라 친족법상의 권리 및 채권이 사람에 향해진 것이라는 의미에서이다.

셋째, 인간을 제외한 자연의 일부분인 물은 권리객체 중 중요한 것이다.

넷째, 현대의 경제적 및 정신적 생활에 있어서는 무형의 정신적 소산, 예컨대 사상, 발명 등도 또한 그것이 표현되는 서류 또는 발명품으로부터 독립하여 권리의 객체로 되고 법의 보호를 받는 것이다.

다섯째, 권리도 또한 권리의 객체로 된다. 예를 들면 채권 기타의 재산권은 질권의 객체로 할 수 있고 주주의 권리인 주식에 대한 질권설정은 가장 빈번히 행해지는 것이다.

여섯째, 기업(gewerbliches Untrmehmen)은 영리의 목적에 제공한 인적 · 물적, 유형 · 무형의 힘(力) 및 수단의 총체로서 독립의 경제적 가치를 갖는 존재물로서, 법은 기업유지(Erhaltung des Untemehmens)의 목적에서 일반적으로는 이를 권리의 객체로 인정하지 않으나(상속, 합병 이외에는 이를 인정하지 않는다), 최근에는 기업을 새로운 사회적 필요에 기해 권리의 객체 중에 넣으려는 방향으로 나아가고 있다(김향기, 2013).

제5절 권리의 행사와 의무의 이행

1. 권리의 행사

권리의 행사란 권리자가 권리내용을 실현하여 일정한 이익을 누리고자 하는 행위를 말한다. 권리행사는 지배권의 경우 객체의 지배라는 사실행위로 나타나고 청구권과 형성권은 의사표시로 행해지며 민법상 채권자취소권과 같이 재판의 형식으로만 행사되는 경우도 있다.

역사적으로 볼 때 「자기의 권리를 행사하는 자는 누구에 대하여도 불법을 행하는 것이 아니다」라는 법격언도 말하듯이 권리의 행사는 각자가 자유로이 행할 수 있는 것이 원칙이었다. 그러나 20세기에 이르러 고도자본주의의 폐해를 시정하기 위하여 개인주의·자유주의 사상에 기초한 개인본위, 권리본위로 되어 있던 법체계가 사회본위, 의무본위로 바뀌고 이런 요망은 권리행사의 제한으로 나타나게 되었다. 권리 중 기본이 되는 재산권 중에서 소유권행사의 제한 문제가 제기되고 1919년의 독일 바이마르헌법은 제153조 3항에서 "소유권은 의무를 부담한다. 그 행사는 동시에 공공복리에 적합하도록 하여야 한다"고 규정하기에 이르렀다. 우리 헌법 제23조 2항도 "재산권의 행사는 공공복리에 적합하도록 하여야 한다"고 하여 궤를 같이 한다.

이러한 헌법 이념에 입각하여 민법 제2조에는 "권리의 행사와 의무의 이행은 신의에 아 성실히 하여야 한다. 권리는 남용하지 못한다"고 하여 신의성실의 원칙 및 권리남용금지의 원칙을 규정하고 있다.

신의성실(Treu und Glauben)의 원칙이란 각 개인은 사회의 일원으로서 질서유지를 위해 법률상 상대방의 신뢰를 배반하지 않고 성실히 행동해야 한다는 것으로서 수령지체(受領遲滯)에 대해서는 신의칙에 의해 채권자가 책임을 지게 되는데 이는 곧 권리남용이 됨을 뜻한다.

다음 권리남용이란 형식상 권리행사로 보이지만 성질상 법의 목적에 반하여 법이 권리를 인정한 취지와 모순되어 정당한 권리행사라 할 수 없는 것을 말한다.

권리남용금지원칙에 위배한 경우는 일정한 경우 권리행사가 정지되거나 그 효과가 부인되고 심한 경우 권리를 박탈당한다.

권리남용에 대한 외국의 입법 예를 보면, 독일 민법 제226조는 "권리의 행사는 타인에게 손해를 가하는 것만을 목적으로 하는 때에는 이를 허용하지 아니한다"고 규정하고, 스위스 민법 제2조 제1항은 "권리의 명백한 남용은 법률의 보호를 받을 수 없다"고 규정하고 있다.

2. 의무의 이행

의무이행이란 의무자가 자기가 부담하는 일정의 작위 또는 부작위의무의 내용을 실현하는 것을 말한다.

권리행사의 자유와는 달리 의무는 꼭 이행되어야 하며 위반시는 책임을 지는 것이 보통이다. 책임은 강제이행이나 손해배상 또는 형법상 처벌의 형태로 나타난다.

민법 제2조에 따라 의무이행에도 신의성실원칙이 적용되며 따라서 이에 위반한 의무이행은 효과가 없으며 의무불이행의 책임을 지게 된다.

제6절 권리 · 의무의 변동

1. 권리 · 의무변동의 의의 및 종류

권리 · 의무의 변동이란 권리 · 의무의 발생 · 변경 · 소멸을 가리킨다. 이러한 변동은 행위와 자연적 사실에 의해 야기된다. 현실사회에서의 유동적이고 복잡한 생활관계는 바로 권리 · 의무를 끊임없이 변동시키는 과정이라고 하겠다. 권리 . 의무의 변동은 권리 · 의무의 취득(발생), 변경, 상실(소멸)로 나누어 볼 수 있다.

1) 권리 · 의무의 취득(발생)

이는 특정의 권리 · 의무가 법적 원인에 의하여 특정인에게 결합귀속한 것으로 주체인 권리자 · 의무자의 입장에서 파악한 것이고 객관적으로 볼 때는 권리 · 의무의 발생이 된다.

여기에는 원시적 취득과 승계적 취득이 있는데 전자는 가옥을 신축하는 경우처럼 권리 · 의무가 어떤 사실(법적 원인)에 의해 종전의 권리 · 의무와 상관없이 특정주체에 결합하는 것이고, 후자는 가옥 매매처럼 어떤 사실에 의해 타자(他者)가 이미 가지고 있던 권리 · 의무가 본질적 변화없이 다른 주체에 결부되는 것을 말한다.

2) 권리 · 의무의 변경

권리 · 의무의 변경이란 권리 · 의무의 본질을 변경치 않고 주체 · 목적 · 태양을 변경하는 것을 가리킨다. 본질이 변경된다면 그것은 기존의 권리 · 의무의 소멸과 새로운 권리 · 의무의 발생이지 변경은 아니다. 1인에 전속하였던 권리 · 의무를 다수인의 공유로 한다거나 그 반대의 경우는 주체의 변경이고 지연이자에 의한 채권액 증가나 물건인도를 내용으로 하는 채권이 물건의 멸실로 이행불능이 되어 손해배상채권으로 바뀌는 것은 목적이 수량적 · 질적으로 변경되는 것이며 조건부채권이 조건 없는 채권으로 바뀌는 것은 태양의 변경이다.

3) 권리 · 의무의 상실(소멸)

이는 권리 · 의무가 그 주체로부터 분리되는 것인데 이를 주체적 입장에서 보면 상실이고 객관적으로 보면 소멸인 것이다.

일단 주체로부터 분리된 권리 · 의무가 그 후 누구에게도 속하지 않고 없어져 버리는 절대적 상실과, 아주 없어져 버린 것이 아니라 다른 특정인을 위해 그에게 속하게 되는(이는 주체의 변경을 다른 관점에서 관찰한 것이다) 상대적 상실이 있다.

물건의 멸실에 의한 소유권의 소멸은 전자의 예이고, 매매 등에 의한 소유권 상실은 후자의 예이다.

2. 권리 · 의무변동의 원인

권리 · 의무의 변동은 법에서 정한 어떤 사실에 의하는 것인데 이것이 권리 · 의무변동의 법적 원인으로서의 법률사실인 것이다. 그러므로 법률사실이 없으면 권리 · 의무의 발생 · 변경, 소멸이라고 하는 법률상효과변동은 생겨나지 않는다. 법률사실에는 자연사실(사건)과 사람의 정신 작용을 요소로 하는 행위가 있다.

1) 자연사실(사건)

자연사실이란 사람의 정신작용을 요소로 하지 않는 외계적 사실로서 권리 · 의무변동을 가져오는 것을 말한다. 홍수 · 화재 등에 의해 토지 · 가옥의 소유권의 전부 또는 일부가 소멸되는 것 등이 이에 속한다.

2) 행위

행위는 사람의 정신작용을 요소로 하는 법률상 효과변동(권리 · 의무변동)을 가져오는 법률사실을 말한다.

이에는 적법행위와 위법행위가 있다. 전자는 법규에 따라서 행함으로써 그 효과실현이 법규상 보장된 행위인데, 이는 다시 법적 효과의 발생을 의욕하는 효과의사인 정신작용을 요소로 하는 법률행위와 효과의사 이외의 정신작용을 요소로 하는 준법률행위로 나눌 수 있다. 임대차 계약은 법률행위, 주주총회소집통지는 준법률행위이다.

후자는 법규에 위반한 행위로서 이의 제거를 위한 법률효과를 발생케 하는 행위이다. 행정상 월권행위, 채무불이행 등이 그 예인데 손해배상 등의 법적 효과를 발생시키게 된다(김향기, 2013).

제2편

각 론

제1장

헌　법

제1절 헌법총론

1. 헌법의 의의

헌법이라 함은 국가의 기본법, 즉 국가의 통치체제의 원리를 정한 법이다. 헌법이란 용어는 영어의 constitution과 독일어의 Verfassung을 번역한 것으로 이는 국가의 조직·구조·해체라는 의미를 가지며, 헌법의 개념은 관점에 따라서 다양하게 정의될 수 있으며, 그 개념정의를 한다면 1)"국가적 공동체의 존재형태와 기본적 가치질서에 관한 국민적 합의를 법규범적인 논리체계로 정립한 국가의 기본법",[1] 2) "국민의 기본권을 보장하고 국가의 통치조직과 통치작용의 원리를 정하는 기본법",[2] 3)"국가의 기본법으로서 국가의 통치조직과 통치작용의 원칙을 정하고, 국민의 기본권을 보장하는 최고법",[3] 혹은 "국가의 법적 기본질서를 의미하며 국가의 최고기관의 창설방법, 상호관계와 권한, 그리고 국가권력에 대한 국민의 기본적 지위를 정하는 규정을 포함"[4]하는 것이라 할 수 있다. 이것은 '정치적 사실로서의 측면' 및 '법(규범)으로서의 측면'이라는 이중성을 가진다.[5]

---

1) 권영성, 헌법학원론, 2001, 3면.
2) 최종고, 법학통론, 1994, 251면.
3) 나달숙, 헌법 I, 2008, 27면.
4) 박은정 외 11인, 법학입문, 1999, 75면 참고.

2. 헌법의 분류

1) 성문헌법과 불문헌법

헌법은 그 표현형식을 기준으로 하여 성문헌법과 불문헌법으로 구별된다. 성문헌법(成文憲法)이라 함은 국가의 기본질서에 관한 주요한 부분이 헌법전(憲法典)이라는 형식으로 존재하는 국가의 기본법을 의미한다. 원래 근대적 입헌주의적 헌법은 역사상 국민이 그의 권리와 자유를 보장하고 그것을 확실히 하기 위하여 문서로써 성문의 형식을 취하는 것이 요구되었다. 이리하여 미국의 독립선언, 각주의 성문헌법이 제정된 이래 대다수 국가가 성문헌법을 갖게 된 것이다. 불문헌법(不文憲法)이라 함은 이에 반하여 그 주요부분이 관습으로 성립된 것으로 헌법전의 형식으로 존재하지 아니하고 불문법의 형식으로 존재하는 국가의 기본법을 의미한다. 그 대표적인 것이 영국의 헌법이다.[6)]

2) 경성헌법과 연성헌법

헌법은 개정절차의 신중성을 기준으로 하여 경성헌법과 연성헌법으로 구별된다. 경성헌법(硬性憲法)이라 함은 다른 보통의 법률에 비하여 특히 신중한 개정절차를 요하는 헌법을 의미한다. 모든 나라의 헌법은 대부분이 경성헌법인데 그 경성의 정도에는 차이가 있다. 연성헌법(軟性憲法)이라 함은 보통의 법률과 동일한 절차로써 개정할 수 있는 헌법을 말한다.

3) 흠정헌법 · 민정헌법 · 협약헌법 · 국약헌법

헌법은 제정의 절차와 형식을 기준으로 흠정헌법 · 민정헌법 · 협약헌법 · 국약헌법으로 구별된다. 흠정헌법(欽定憲法)은 군주주의 사상에 따라서 군주가 단독으로 제정한 헌법이다. 1814년의 프랑스헌법이 한 예이다. 민정헌법(民政憲法)은 국민주권의 사상에 따라서 국민이 직접 또는 그 대표자를 통하여 제정한 헌법이다. 대다수의 국가의 헌법이 여기에 속한다. 협약헌법(協約憲法)은 군주주권과 국민주권의 타협에 의하여 군주와 국민의 대표자와의 계약의 형식으로 제정된 헌법이다. 협약헌법은 흠정헌법에서 민

---

5) 남궁승태 · 이철호, 헌법강의, 2009, 9면 참고.
6) 김향기, 2013, 135면 참고.

정헌법으로 이행되는 과도기의 산물이므로 19세기에 많이 있었다. 1830년의 프랑스헌법이 여기에 속한다. 국약헌법(國約憲法)은 다수의 국가가 연방을 조직할 때에 그들의 합의로 제정하는 헌법이다. 1878년의 미국헌법, 1871년의 독일연방헌법이 여기에 속한다.

4) 규범적 헌법 · 명목적 헌법 · 장식적 헌법

규범적 헌법(規範的 憲法)이란 헌법규범과 그의 현실이 항상 일치되는 경우를 의미하며, 명목적 헌법(名目的 憲法)이란 법적으로는 타당하지만 그 사회의 정치적 현실은 헌법에 의하여 규율되지 아니하는 경우를 의미하며, 장식적 헌법이란 헌법의 효력이 오로지 그때 그때의 집권자의 이익만을 위하여 작용하는 경우의 헌법을 의미한다. 따라서 법치지배(法治支配)의 사상이 국민 일반에게까지 보편화된 선진국은 규범적 헌법을, 그렇지 못한 신생국들은 대개 헌법 혹은 장식적 헌법을 갖고 있는 것이 현실이다.[7)]

3. 헌법의 특성

헌법의 특성으로 1) 헌법의 최고규범성, 2) 헌법의 정치규범성, 3) 헌법의 조직규범성, 4) 헌법의 생활규범성, 5) 헌법의 권력제한규범성, 6) 헌법의 역사성 등을 들고 있다.[8)]

헌법은 국가권력을 조직하는 규범으로서 국회에는 입법권, 정부에는 행정권, 법원에는 사법권, 헌법재판소에는 헌법재판권을 부여하는 수권규범이다. 헌법은 국가기관을 분립하여 상호견제를 통하여 그 권한을 제한하는 규범의 역할을 수행한다. 헌법은 국민의 기본권을 보장하는 인권보장규범으로서 기능을 하며, 국가의 안전보장 및 질서유지 또는 공공복리를 위하여 필요한 경우에만 이 기본권을 법률로써 제한이 가능하다. 헌법에 위배되는 법률이나 명령 · 처분 또는 재판은 그 효력을 상실한다. 헌법은 헌법제정권력의 주체와 헌법개정권력의 주체를 규정하고 있으며, 이들에게 헌법제정권력과 헌법개정권력을 부여하고 있다.[9)]

---

7) 김향기, 법학개론, 2013, 136면 참고.
8) 허영, 한국헌법론, 1990, 24－34면 참고.
9) 김철수, 헌법개설, 2006, 10－11면 참고.

제2절 대한민국헌법 총설

1. 대한민국의 구성요소

국가란 일반적으로 「일정한 지역을 지배하는 최고권력에 의하여 결합된 인류의 집단」이라고 할 수 있다. 따라서 국가에는 주권과 국민과 영토가 필요하다. 이 주권과 국민과 영토를 국가의 3요소라 한다. 우리 헌법도 국가의 3요소로서 주권·국민·영토를 규정하고 있다.

1) 주권

'주권(主權)'이라는 말은 라틴어 superanus로부터 유래하였으며, 보댕은 "주권이라 함은 국가의 절대적이고도 항구적인 권력이다"[10]라고 하였다. 현재의 국민주권론은 자연법학자들에 의하여 주장된 것이다. 제1차 및 제2차 세계대전을 거치면서 국민주권론의 전성기를 맞이하고 있다. 주권은 (1) 국가의사를 결정하는 최고의 원동력, (2) 국가의 정치형태의 최고결정권, (3) 국가권력 자체의 의미, 4) 국가권력의 최고독립성 등을 나타낸다.

주권은 (1) 실질적 내용에 따라 자주조직권, 영민고권 및 영토고권으로 나눌 수 있으며, (2) 형식적 내용에 따라 입법권, 행정권 및 사법권으로 나눌 수도 있다. 주권은 최고성, 독립성을 가지는 국가의 최고권력에 해당하며, 그 내용을 '통치권'이라 볼 수도 있겠다. 다만 통치권은 주권처럼 유일불가분의 권력은 아니며, 제한이 가능한 상대적 권력에 해당한다.[11]

우리나라 헌법은 제1조 제2항에 "대한민국의 주권은 국민에게 있고, 모든 권력은 국민으로부터 나온다"고 규정되어 있다.

2) 국민

우리나라 헌법 제2조 제1항에 국민이 되는 요건은 법률로 정하도록 규정되어 있으며, 이러한 국민의 요건을 헌법에서 규정하고 있는 것을 국적헌법주의라 한다. 국적의 취득과 상실은 단일국적주의, 부모양계활동주의 및

10) 김철수, 헌법개설, 2006, 38면 참고.
11) 김철수, 헌법개설, 2006, 38－40면 참고.

부부개별국적주의 등이 원칙이다. 그러나 이중국적자의 경우 국적선택제도에 의한다.[12] 외국인의 국적취득으로는 (1) 인지, (2)귀화, (3)국적 변경에 다른 경과 조치로 대한민국의 국적을 취득한 날로부터 6개월 이내에 기존의 외국국적을 포기하여야 한다.[13]

우리나라 헌법 제2조 제2항에 "국가는 법률이 정하는 바에 의하여 재외국민을 보호할 의무를 진다"라고 규정되어 있다. '재외동포의출입국과법적지위에관한법률'이 이를 뒷받침하고 있다.[14]

3) 영역

국가는 일정한 영역을 가지고 있어야 한다. 영역이란 국가권력이 미치는 공간을 의미한다. 이 영역은 육지(영토)뿐만 아니라 그 육지에 인접한 해면, 즉 영해 및 영토의 상공인 영공을 포함한다. 우리 헌법은 제3조에서 "대한민국의 영토는 한반도와 부속도서로 한다"고 규정하고 있다. 여기서 부속도서가 어느 것이냐 하는 것은 역사적·지정학적인 개념으로 파악하여야 하며 북한지역도 당연히 대한민국의 영토이다.

헌법은 영해에 대하여 규정이 없으나 우리나라에서는 법률로 영해의 범위를 12해리로 규정하고 있다. 그리고 대한해협에 관하여는 국제해협이란 특성과 일본 측의 대응조치를 고려하여 3해리를 잠정적으로 적용하고 있다. 대륙붕에 대해서는 국제조약과 국제관습에 의존하고 있다.[15]

2. 헌법의 기본질서

1) 기본질서의 의의

헌법은 한 국가의 생활영역 전반을 규범적으로 주도하고 규율하는 국가질서에 관한 기본적 사항을 규정한다. 이러한 헌법에 의거하여 형성되고 국가적 생활 전반의 준칙이 되는 질서를 헌법의 기본질서라고 하며, 헌법형성의 기초가 되는 원리를 헌법의 기본원리라고 한다. 우리 헌법의 기본질서는 법적 기초로서 민주질서, 정치적 원리인 정치질서, 경제적으로 사회적 시장

12) 김철수, 헌법개설, 2006, 40－41면 참고.
13) 전광석, 한국헌법론, 2009, 159－161면 참고.
14) 김철수, 헌법개설, 2006, 42면 참고.
15) 김향기, 법학개론, 2013, 144면 참고.

경제질서, 사회·문화적으로 사회·문화질서, 국제적으로 평화적 국제질서라고 할 수 있다. 구체적으로 민주, 정치질서는 국민주권주의, 자유민주주의, 법치주의가 있고, 사회적 시장경제질서에는 사회적 시장경제주의가 있다. 그리고 사회·문화질서에는 사회국가원리, 문화국가원리가 있고, 평화적 국제질서로는 국제평화주의, 평화통일주의가 있다(김영규 외, 2013).

2) 국민주권주의

국민주권주의라 함은 주권이 국민에게 있다는 원리로, 국가적 의사를 전반적·최종적으로 결정할 수 있는 최고의 권력인 주권을 국민이 보유한다는 것과 모든 국가권력의 정당성의 근거를 국민에게서 찾아야 한다는 것을 내용으로 하는 원리를 말한다.

헌법 제1조 제2항은 “대한민국의 주권은 국민에게 있고, 모든 권력은 국민으로부터 나온다”라고 규정하고 있다. 이는 국민주권을 선언한 규정으로 국가권력의 정당성이 국민에게 있고, 모든 국가통치권력의 행사를 최종적으로 국민의 의사에 귀착시킬 수 있다는 뜻이다.

국민주권원리는 우리 헌법에 담겨있는 최고이념이며 모든 국가기관과 국민이 존중하고 지켜나가야 하는 최고의 가치규범이다. 따라서 이 원리는 헌법전을 비롯한 모든 법령해석의 기준이 되며, 입법형성권 행사의 한계와 정책결정의 방향을 제시한다. 또한 이는 헌법의 핵심조항으로 헌법개정의 한계사항이기도 하다(김영규 외, 2013).

3) 자유민주주의

자유민주주의는 국가권력의 간섭을 배제하고 개인의 자유와 자율을 존중할 것을 요구하는 자유민주주의와 국민에 의한 지배 또는 국가권력이 국민에게 귀속되는 것을 내용으로 하는 민주주의의 양자가 결합된 정치원리이다. 이 자유민주주의는 인민민주주의와 사회민주주의와 구별되는 개념이다.

헌법은 전문에서 “자유민주적 기본질서를 더욱 확고히 하여”라고 하고, 제4조에서 “자유민주적 기본질서에 입각하여”라고 하며, 제8조 제4항에서 “정당의 목적이나 활동이 민주적 기본질서에 위배되어서는 안되며” 라고 하여 우리 헌법이 자유민주주의를 기본이념으로 하고 있음을 명시하고 있다(김영규 외, 2013).

4) 법치주의

'법치주의'란 "국가가 국민의 자유와 권리를 제한하든가 국민에게 새로운 의무를 부과할 때에는 국회가 제정한 법률에 의하거나 그 근거가 있어야 하고, 그 법률은 국민만이 아니고 국가권력의 담당자도 규율한다"는 것이다.[16] 현대에서는 '실질적 법치주의'가 등장하게 되었으며, 이는 "법률의 목적이나 내용은 헌법에 합치되고 정당할 것을 요구하는 것으로, 법적 안정성과 더불어 인간의 존엄이라든가 실질적 평등과 같은 정의의 실천을 내용으로 하는 법에 의한 통치의 원리"를 의미한다. '법치행정의 원칙'이란 "행정권의 행사는 법률에 의해서만 할 수 있고, 헌법과 법률에 위배된 행정처분의 효력을 법원에서 부인하여 취소할 수 있는 것"[17]을 의미한다. 우리나라 헌법상 법치주의에 관한 명문규정은 없다. 그러나 헌법 전반에 걸쳐서 그 이념을 선언하고 있다고 보여진다.

5) 사회적 시장경제주의

사회적 시장경제주의는 자본주의적 자유시장경제를 근간으로 하면서 사회복지 및 사회정의를 실현하기 위한 범위 내에서 사회주의적 계획경제나 통제경제를 가미한 경제주의를 의미한다. 시민적 법치국가(근대입헌주의국가)의 자유방임주의는 자유시장경제주의를 원칙으로 하여 산업발달의 원동력이 되었으나, 빈부격차의 심화, 독과점의 폐해 등 자본주의의 모순과 위기를 초래하였다. 그리하여 자본주의적 시장경제질서의 내재적 모순을 해결하기 위해 자본주의적 자유시장경제질서를 기본틀로 하면서 점진적 개량정책을 통한 부분적 사회화를 도모하는 경제질서가 독일에서 등장한 사회적 시장경제질서이다.

우리 헌법은 자유시장결제질서를 기본으로 하면서 경제정의와 경제민주화를 위하여 국가의 시장경제에 대한 개입을 허용하는 사회적 시장경제주의를 지향하고 있다. 그러나 이러한 국가의 시장경제에 대한 간섭은 어디까지나 필요 최소한에 그치는 예외적인 것이어야 하며, 사회주의적 계획경제 내지 전면적 사회화는 허용되지 않는다.

---

16) 김철수, 헌법개설, 2006, 71면 참고.
17) 김철수, 헌법개설, 2006, 72면 참고.

6) 국제평화주의

우리 헌법은 전문에서 "안으로는 국민생활의 균등한 향상을 기하고 밖으로는 항구적인 세계평화와 인류공영에 이바지함으로써 우리들과 우리들의 자손의 안전과 자유와 행복을 영원히 확보할 것을 다짐하면서"라고 규정하고 있으며, 또한 헌법 제5조 제1항에서는 "대한민국은 국제평화의 유지에 노력하고 침략적 전쟁을 부인한다"고 규정하여 평화수호에의 결의를 표시하고 있다. 여기서 침략전쟁은 자위전쟁에 대한 개념으로서 자위전쟁은 적의 직접적인 공격을 격퇴하기 위한 전쟁을 말하며, 이 자위전쟁이 아닌 전쟁은 침략전쟁이라 할 수 있다.

또한 우리 헌법은 무력에 의한 실지회복을 포기하고 조국의 평화적 통일을 염원하고,[18] 나아가 대통령은 조국의 평화적 통일을 성실하게 수행할 의무를 지고 있다.[19] 평화적 통일정책의 수립에 있어 민주평화통일자문회의를 두어[20] 평화통일에의 기원을 규정하고 있다.

7) 평화통일주의

우리 헌법은 전문에 조국의 평화적 통일의 사명을, 제4조에 평화적 통일정책의 수립과 추진을, 그리고 제66조 제3항에 대통령의 조국의 평화적 통일을 위한 성실한 의무를 규정하고 있다. 또한 제69조에서 대통령취임선서에서 조국의 평화적 통일에의 노력을, 제92조 제1항에서 민주평화통일자문회의를 규정하고 있다. 또한 제72조에 통일에 관한 중요정책을 국민투표에 붙일 수 있게 하여 통일정책에 대한 민주적 정당성을 확고하게 하고 있다.

이러한 평화통일에 관한 규정들은 국민적 합의에 바탕을 둔 국민의 정치적 결정을 규범화한 것으로, 우리의 국가적 목표이자 민족의 지상과제로서의 평화통일의 책무를 헌법에 규정한 것이다.[21]

---

18) 헌법 제4조, 대한민국은 통일을 지향하며, 자유민주적 기본질서에 입각한 평화적 통일정책을 수립하고 이를 추진한다.
19) 헌법 제66조 제3항, 대통령은 조국의 평화적 통일을 위한 성실한 의무를 진다.
20) 헌법 제92조 제1항, 평화통일정책의 수립에 관한 대통령의 자문에 응하기 위하여 민주평화통일자문회의를 둘 수 있다.
21) 김영규 외 8, 신법학개론, 2013, 71-72면 참고.

3. 제도적 보장

제도적 보장이란 전통적으로 확립된 객관적 제도를 헌법에 보장함으로써 당해 제도의 본질을 유지하려는 것이다. 이는 중요하고 가치가 있다고 인정되어 헌법적으로 보장할 필요가 있다고 생각되는 국가제도를 헌법에 규정함으로써 장래의 법발전·법형성의 방침과 범주를 미리 규율하려는 데 있는 것이다.

기본권은 본질적으로 전국가적·자연권적인 것으로 최대한의 보장을 필요로 하나, 제도적 보장은 당해 제도의 본질을 유지하기 위한 최소한의 보장이라는 점에서 기본적인 차이가 있다. 제도적 보장은 기본권과 관련이 있는 경우도 있지만 반드시 필수적인 관련이 있는 것은 아니다.

우리 헌법상 기본권과 제도적 보장을 구분하는 것이 다수설의 견해이며, 헌법재판소는 의무교육제도, 대학의 자율권, 직업공무원제도, 지방자치제도 등을 제도적 보장으로 보고 있다.[22]

1) 정당제도

대의제민주정치에서 정당제민주정치로 변모하게 되었다.[23] 정당법 제2조에 "정당이라 함은 국민의 이익을 위하여 책임 있는 정치적 주장이나 정책을 추진하고, 공직선거의 후보자를 추천 또는 지지함으로써 국민의 정치적 의사형성에 참여함을 목적으로 하는 국민의 자발적조직"이라고 정의하고 있다.

정당의 헌법상 지위에 관하여 학설로는 (1) 헌법기관설, (2) 제도적 보장설, (3) 사법적 결사설 등이 있다. 정당법 제2조에 의하면 국민의 이익을 위하여 책임 있는 정치적 주장이나 정책을 추진하며, 공직선거의 후보자를 추천 또는 지지하여 국민의 정치적 의사형성에 참여하는 권능을 가진다. 정당의 자유는 (1) 정당 조직에 있어서 국가로부터 자유, (2) 외부적 압력에서의 자유, (3) 침해에 대한 구제 등이다. 정당은 국가의 보호를 받으며, 특히 평등의 보장에 있다. 정당의 의무로는 (1) 국민의 정치적 의사형성에 참여하는데 필요한 조직을 가지며, (2) 목적과 조직 및 활동이 민주적이어

---

22) 김영규 외 8, 신법학개론, 2013, 72면 참고.
23) 김철수, 헌법개설, 2006, 60면 참고.

야 하고, (3) 재산 및 수입·지출에 관한 명세를 선거관리위원회에 보고 및 법에 정한 일정한 자 또는 단체로부터 기부금을 받을 수 없으며, (4) 민주적 기본질서를 준수할 의무 및 국가를 긍정할 의무가 있고, (5) 기타 법률상 많은 행정적 의무를 지고 있다. 헌법 제8조 제2항에 의하면 '정당은 그 목적·조직과 활동이 민주적이어야 하며, 국민의 정치적 의사형성에 참여하는데 필요한 조직을 가져야 한다'라고 규정되어 있다. 헌법 제8조 제3항에 의하면 '정당은 법률이 정하는 바에 따라 국가의 보호를 받으며, 국가는 법률이 정하는 바에 따라 정당운영에 필요한 자금을 보조할 수 있다'고 한다. 정당은 자진해산, 등록취소 및 헌법재판소의 심판에 의한 해산으로 소멸된다. 위헌정당은 헌법재판소의 심판에 의하여 해산될 수도 있다. 정당이 해산되면 무소속으로 국회의원의 자격이 남으며, 전국구비례대표제 국회의원의 경우 해산에 있어서도 의원직은 유지하게 된다.[24)]

2) 선거제도

선거란 "다수의 선거인에 의한 공무원의 선임행위"를 말한다. 물론 선거를 통하여 주권행사의 기회를 가지게 된다. 선거는 국민의 대표자를 선출하는 행위이나 그 법적 성격에 관하여는 여러 가지 학설이 대립되어 있으며, 선거 자체는 국회의원이나 대통령의 당선결정이라는 선임행위이고, 국민의 권리의 위임행위는 아니다. 보통선거는 사회적·재산·교양 등에 따른 자격제한을 두지 않고 일정연령 이상의 모든 자에게 원칙적으로 선거권을 인정하는 제도를 말한다. 평등선거는 선거인의 투표가치가 평등하게 취급되어지는 선거를 말한다. 직접선거는 의원의 선거가 일반유권자에 의하여 직접 행하여지는 경우를 의미한다. 비밀선거는 선거인이 누구에게 투표하였는가를 알 수 없는 상태로 투표하는 것을 의미한다. 비밀투표를 보장하기 위한 제도로 무기명투표, 투표의 비밀유지와 그 침해에 대한 처벌, 투표용지관급주의 및 투표에 관한 증언의 거부 등을 들 수 있다. 자유선거는 직접적이거나 간접적인 압력이 없이 자유롭게 투표가 행해 지는 선거제도를 의미한다. 대표제에는 다수대표제, 소수대표제, 비례대표제 및 직능대표제 등이 있다. 선거구는 '대표자를 선출하는 단위인 지구'를 의미한다.

우리나라 국회의원에 대한 지역구 선거는 1선거구에서 1인의 국회의원

24) 김철수, 헌법개설, 2006, 62－65면 참고.

을 선출하는 소선거구제와 다수대표제를 채택하고 있다. 비례대표국회의원 선거에서 유효투표 총수의 100분의 3이상을 득표하였거나 지역구국회의원 총선거에서 5석이상의 의석을 차지한 정당에 대하여 비례대표국회의원선거에서 얻은 득표비율에 따라 비례대표국회의원의석을 배분하는 저지조항을 두고 있다(김영규 외, 2013).

3) 직업공무원제도

우리나라 헌법 제7조에 의하면 "① 공무원은 국민 전체에 대한 봉사자이며, 국민에 대하여 책임을 진다. ② 공무원의 신분과 정치적 중립성은 법률이 정하는 바에 의하여 보장된다"고 규정되어 있다. 이는 공무원의 근로3권을 제한하고, 동법 제29조 제1항에는 공무원의 불법행위책임을, 동법 65조에서는 위헌불법행위를 한 공무원에 대한 탄핵소추를 규정하고 있다. '공무원이'란 "직접 또는 간접으로 국민에 의하여 선출되며, 국가나 공공단체의 공무를 담당하고 있는 자"를 말한다. 국가공무원법은 공무원을 (1) 경력직공무원과 (2) 특수경력직공무원으로 구분하고 있다. 전자는 일반직공무원·특정직공무원(교육공무원·법관·검찰관)·기능직공무원이 있으며, 후자는 정무직공무원·별정직공무원·계약직공무원·고용직공무원 등이 있다. '국민 전체에 대한 봉사'란 국민 전체의 이익을 위한 봉사이며, 일부의 국민이나 한 정당·당파의 이익을 위해서 봉사해서는 안 된다는 것이다. 공무원은 국민 전체에 대한 봉사자로서 국민에 대한 책임을 진다. 이러한 책임으로는 선거를 통한 책임, 탄핵에 따라 책임, 해임건의에 의한 책임, 국가배상책임 및 징계책임 등이 있을 수 있다.

공무원이 엽관제도에 빠지는 것을 방지하기 위하여 헌법 제7조 제2항에 직업공무원제도에 관하여 제도적으로 보장하고 있다. 직업공무원제의 확립을 위해서는 (1) 공무원의 과학적 직렬과 계급제, (2) 성적주의, (3) 인사의 공정성 등의 확보가 필요하다.[25]고 보여진다. 헌법 제78조에 의하면 대통령은 헌법과 법률이 정하는 바에 의하여 공무원을 임면하도록 규정되었다.

4) 지방자치제도

지방자치제도란 일정한 지역을 중심으로 주민이 독자적인 자치기구를

25) 김철수, 헌법개설, 2006, 73-74면 참고.

설치하고 그 자치단체의 고유사무를 그들의 책임하에 자신들이 선출한 기관을 통해 직접 처리하게 하는 제도를 말한다.

헌법은 제117조 제1항에서 "지방자치단체는 주민의 복리에 관한 사무를 처리하고 재산을 관리하며, 법령의 범위 안에서 자치에 관한 규정을 제정할 수 있다"고 하여 지방자치단체가 자치행정권, 자치재정권, 자치입법권의 권한을 갖고 있음을 규정하고 있다(김영규 외, 2013).

5) 교육제도

모든 국민은 기본적 인권으로서 '교육을 받을 권리가 있으며, 이 권리의 보장을 위하여 교육의 기본을 법률로 정하고, 균등한 교육을 받을 기회를 부여하고 있다.

헌법은 교육제도에 관한 기본조항인 제31조에서 교육을 받을 권리를 규정하고 교육의 기본원칙과 대학자치제를 핵심으로 하는 교육제도를 보장하고 있다. 또한 헌법 제31조 제4항에서 교육의 지주성 · 전문성 · 정치적 중립성 등을 교육의 기본원칙으로 명시하고, 동조 제6항[26]에서 국가에 의한 교육의 자의적인 규제를 배제하기 위하여 교육제도를 비롯한 그 운영 · 교육재정 · 교원의 법적 지위 등의 법정주의를 규정하고 있다(김영규 외, 2013).

제3절 기 본 권

1. 기본권 총론

헌법상 국민의 인간다운 생활의 보장을 강화해 가는 기본권의 사회화경향을 볼 수 있다. 예를 들면 1946년 10월의 프랑스 제4공화국 헌법 전문, 1946년 11월의 일본헌법 등에도 생존권의 규정이 들어 있다. 제2차 세계대전 이후 세계 각국의 헌법들은 기본권이 전국가적인 자연권임을 강조하고, 기본권의 불가침 · 불가양성을 강조하고 있는 상황이다(고시면, 2011).

---

26) 헌법 제31조 제6항, 학교교육 및 평생교육을 포함한 교육제도와 그 운영, 교육재정 및 교원의 지위에 관한 기본적인 사항은 법률로 정한다.

1) 기본권의 의의

헌법상 일반적으로 사용되는 '기본권'이라는 용어는 1794년 프랑스대혁명을 계기로 성문화된 헌법상의 용어로 인권을 상징하는 의미로 사용된다. 우리나라에서 기본권으로 칭하는 것은 독일의 용어를 계수한 것이며, 프랑크푸르트 헌법초안(1849년)과 바이마르공화국 헌법(1919년) 및 본 기본법(1949년)에서 사용되어 왔다.[27]

'인간의 권리'란 "인간이 인간으로서 당연히 누리는 권리"[28] 혹은 인간이 인간이기 때문에 당연히 갖는 것으로 생각되는 생래적이며 기본적인 권리,[29] 혹은 "인간이 태어나면서 가지고 있다고 생각되는 권리, 인간이 인간으로서 생활해 가는데 있어서 당연히 인정되어야 할 기본적 권리"[30]를 말한다. 보통 '기본적 인권'은 '인권' 및 '기본권'과 동일시 된다.[31] 기본권은 (1) 인종·성별·신앙·사회적 신분 등에 구애받지 아니하고 모든 인간이 보편적으로 누리는 권리이며(인권의 보편성), (2) 인간이 인간으로서 생존하기 위해 당연히 누려야 할 인간에게 고유한 권리이고(인권의 천부성), (3) 일정기간에만 보장되는 권리가 아니라 영구히 보장되는 것으로 항구성이 있으며(인권의 항구성), (4) 인간이 향유하는 불가침의 권리에 해당한다(인권의 불가침성).[32] 또한 "인간은 출생과 함께 남에게 양도하거나 빼앗길 수 없는 일정한 권리를 가졌다"는 '천부인권사상'은 근대 민주주의의 핵심이며, 루소와 로크 등에 의하여 이론화 되었고, 미국의 버지니아 권리장전, 프랑스 인권선언, 세계인권선언 등에 채택이 되었다.[33]

2) 기본권의 법적 성격

기본권의 성격에 대한 논의는 기본권이 국가이전의 권리인 자연권인가 아니면 국가가 부여하는 경우에 인정되는 실정권인가라는 점에서 다루어지고 있다.

---

27) 김백유, 헌법학, 2009, 3면 참고.
28) 이상철·김성주, 헌법학개론, 2009, 105면
29) 김철수, 헌법개설, 2006, 94면.
30) 박병식·이용박, 경비법학개론, 1996, 76면.
31) 김백유, 헌법학, 2009, 4면 참고.
32) 고문현, 헌법학, 2009, 38면 참고.
33) 오경식, 법과 사회생활, 1994, 171-173면 참고.

우리 헌법에는 기본권의 성격에 대한 명시적인 규정은 없지만 기본적으로 자연권설에 입각해 기본권을 파악할 수 있는 것으로 본다. 그 대표적인 것으로 헌법 제10조의 "모든 국민은 인간으로서의 존엄과 가치를 가지며 국가는 개인이 가지는 불가침의 기본적 인권을 확인하고 이를 보장할 의무를 진다"라는 규정, 헌법 제37조의 "국민의 자유와 권리는 헌법에 연결되지 아니한 이유로 경시되지 아니한다"라는 규정 등을 들 수 있다. 또한 기본권은 국가의 침해를 방어 또는 배제할 수 있는 개인이 누리는 주관적 공권성을 가지며, 국가는 개인의 기본권을 보호할 의무를 지니므로 공동체질서를 위한 객관적 가치질서로서의 의미를 함께 갖는다(김영규 외, 2013).

3) 기본권의 주체

'기본권의 주체'란 "헌법이 보장하고 있는 기본적 인권의 향유자"[34]를 말한다. 기본권의 주체를 국민이라고 하는 경우에도 (국민은 신분과 지위 등에 있어서 다르기 때문에) 기본권보장의 대상 내지 기본권 주체인 국민의 법적 성격 또는 그 범위가 문제될 수 있다. 나아가 외국인과 법인이 기본권의 주체가 되는지 논란이 있기도 하다.[35] 오늘날의 법인은 자연인보다 더 큰 활동과 역할을 수행하고 있으므로 성질상 가능한 범위 내에서 법인에게도 기본권의 주체성을 인정해야 한다고 본다.[36]

4) 기본권의 효력

(1) 대국가적 효력

기본권은 모든 국가권력을 구속한다. 이에 관한 명문규정이 없더라도 기본권은 당연히 입법, 사법, 행정과 같은 제국가권력을 구속하며, 헌법개정권력도 구속한다. 따라서 입법권은 기본권 보장에 반하는 입법을 제정할 수 없고, 사법권도 기본권에 반하는 판결을 내릴 수 없다.

(2) 대사인적 효력

사회가 발전함에 따라 국민의 기본권은 국가권력 이외의 세력들에 의하여도 침해되는 현상이 나타나게 되었고, 따라서 기본권의 효력이 국민의 대

34) 김철수, 헌법개설, 2006, 103면.
35) 이상철 · 김성주, 헌법학개론, 2009, 113면 참고.
36) 조만형, 법학개론, 2013, 106면 참고.

국가적 관계(공법관계)에 국한할 것인지 아니면 국민의 대사인적 관계(사법관계)에도 타당할 것인가가 문제되었다. 이것이 곧 기본권의 대사인적 효력의 문제이다.

(3) 기본권의 경쟁과 상충

기본권의 경쟁이란 동일한 기본권주체가 자기의 일정한 행위를 보호받기 위하여 동시에 여러 기본권을 주장한 경우 이들 기본권 상호간의 관계를 말한다. 기본권의 상충이란 서로 다른 기본주체가 이해관계의 다툼에서 서로 다른 기본권을 주장하는 경우의 기본권 상호간의 관계를 말한다.

사례 **기본권의 충돌, 예**

흡연자들이 자유롭게 흡연할 권리를 흡연권이라고 한다면, 이러한 흡연권은 인간의 존엄과 행복추구권을 규정한 헌법 제10조와 사생활의 자유를 규정한 헌법 제17조에 의하여 사생활의 자유뿐만 아니라, 생명권에까지 연결되는 것이므로 혐연권이 흡연권보다 상위의 기본권이라 할 수 있다. 이처럼 상위의 위계질서가 있는 기본권끼리 충돌하는 경우에는 상위기본권우선의 원칙에 따라 하위기본권이 제한될 수 있으므로, 결국 흡연권은 혐연권을 침해하지 않는 한에서 인정되어야 한다(헌재 2004.8.26, 2003헌마457).

(4) 기본권의 제한

헌법은 기본권의 존엄과 가치, 행복추구권을 비롯하여 개별적 기본권을 보장하고 있으며, 국가에서 국민의 기본권을 최대한으로 보장할 의무를 부과하고 있다. 그러나 헌법에 규정된 기본권이라 하여 아무런 제한없이 절대적으로 보장될 수는 없으며, 국가의 존립이나 헌법적 가치질서의 보호를 위하여 필요한 경우에는 기본권을 제한할 수 있는 방법을 마련해 놓고 있다. 즉, 헌법적 한계, 기본권의 내재적 한계, 법률유보에 의한 제한 등이 있다(조만형, 2013).

사례 **과잉금지의 원칙, 예**

국가작용 중 특히 입법작용에 있어서의 과잉입법금지의 원칙이라 함은 국가가 국민의 기본권을 제한하는 내용의 입법활동을 함에 있어서 준수하여야 할 기본원칙 내지 입법활동의 한계를 의미하는 것으로서, 국민의 기본권을 제한하려는 입법의 목적이 헌법 및 법률의 체제상 그 정당성이 인정되어야 하고(목적의 정당성), 그 목적의 달성을 위하여 그 방법이 효과적이고 적절하여야 하며(방법의 적정성), 입법권자가 선택한 기본권제한의 조치가 입법목적달성을 위하여 설사 적절하다 할지라도 보다 완화된 형태나 방법을 모색함으로써 기본권의 제한은 필요한 최소한도에 그치도록 하여야 하며(피해의 최소성), 그 입법에 의하여 보호하려는 공익과 침해되는 사익을 비교형량할 때 보호되는 공익이 더 커야 한다(법익의 균형성)는 법치국가의 원리에서 당연히 파생되는 헌법상의 기본원리의 하나인 비례의 원칙을 말하는 것이다(헌재 1992.12.24, 92헌가8).

2. 인간의 존엄과 가치 · 행복추구권 · 평등권

1) 인간의 존엄과 가치 · 행복추구권

인간의 존엄과 가치는 국제연합헌장이나 세계인권선언, 유럽인권협정, 국제연합인권규약 등에서도 규정되었으며, 행복추구권은 미국의 독립선언과 프랑스의 인권선언 등에서 보장되고 있다. 헌법 제10조에 의하면 “모든 국민은 인간으로서의 존엄과 가치를 가지며, 행복을 추구할 권리를 가진다.”라고 규정되어 ‘인간으로서의 존엄과 가치 · 행복추구권’을 보장하고 있다. 그 법적 성격을 살펴보면 (1) 반전체주의적 성격, (2) 근본규범성, (3) 전국가적 자연권성의 선언, (4) 포괄적 주기본권성 등이 나타나 있다.[37]

인간의 존엄과 가치 혹은 행복추구권에 대하여 논란이 없는 개념정의는 어렵지만 향유주체는 ‘모든 국민’이라고 하겠다. 인간존엄의 주체는 내 · 외국인을 불문하는 자연인이다.[38]

넓은 의미의 인간의 존엄과 가치 · 행복추구권은 ‘주기본권으로서 국민의 기본권 전반’을 말하며, 파생하는 것들 중에서 중요한 것은 평등권 · 자유권 · 생존권 · 청구권 · 참정권 등이라 하겠다. 좁은 의미의 인간의 존엄과 가치 · 행복추구권은 ‘생명권과 일반적 인격권 · 자기결정권 · 알 권리 · 들을 권리 등 인격형성권, 행복추구권, 일반적 행복자유권, 신체의 불훼손권 및 평화적 생존권 등을 포함한다.

37) 김철수, 헌법개설, 2006, 121, 124－126면 참고.
38) 이상철 · 김성주, 헌법학개론, 2009, 139－140면 참고.

협의에 있어서의 인간의 존엄과 가치·행복추구권은 제한할 수 있으나 그 중 인간의 존엄과 가치·행복추구권의 본질적인 내용은 침해할 수 없다. 헌법 제10조 후문에 "국가는 개인이 가지는 불가침의 기본적 인권을 확인하고 이를 보장할 의무를 진다"고 함으로써 국가에 기본권보장의 의무를 부과하고 있다. 기본권은 입법권, 행정권, 사법권, 헌법개정권, 지방자치권 등의 모든 국가권력을 직접적으로 구속한다. 인간의 존엄과 가치·행복추구권은 국가의 행위를 규제하고, 국가의 과업과 목적을 규정하며, 제한한다. 국가권력이나 공권력에 의한 인간의 존엄과 가치·행복추구권의 침해는 불법행위를 형성하며, 이로써 손해를 입힐 경우에는 손해배상의 책임을 져야 할 것이다. 사권으로서의 인격권 등은 사법의 일반원칙을 통하여 사인간에도 적용된다고 보아야 할 것이다. 따라서 인격권에 대한 침해행위는 민법상 사회질서에 위배되는 행위로 무효에 해당된다. 좁은 의미의 인간의 존엄과 가치·행복추구권에 대한 침해행위로서는 노예제도, 인신매매, 고문, 강제노동, 집단학살, 인종차별, 등이 있다. 국가공무원의 침해행위에 대해서는 국가가 배상을 해야 하며, 사인의 침해행위에 대해서는 그 행위자가 손해를 배상하여야 한다.[39]

2) 평등권

(1) 평등권의 의의와 법적 성격

평등권은 "국가에 의하여 불평등한 취급을 받지 아니함과 동시에 또한 국가에 대해서 평등한 취급을 요구할 수 있는 공권"[40]을 말한다. 평등권은 국가에 대한 주권적인 공권이며, 헌법에 현존하고, 헌법에 의하여 확인된 초실정적인 천부인권이며, 자연권이라 하겠다. 평등권은 개인 및 법인과 법인격 없는 단체에도 인정되는 권리이다.

(2) 평등권의 효력

평등권은 대국가적 효력을 가지며, 입법권·사법권·행정권 등 모든 국가권력을 구속하고, 헌법개정권력도 구속한다. 평등권의 대사인적 효력은 기본권의 제3자적 효력이 간접적용설에 따라 인정되어야 한다. 나아가 사적 제한에 한계가 설정되어야 할 것이다.

39) 김철수, 헌법개설, 2006, 128-131면 참고.
40) 김철수, 헌법개설, 2006, 133면.

(3) 평등권의 내용

헌법은 차별을 해서는 안되는 사유로 성별·종교·사회적 신분 등을 들고 있지만 예시에 불과하기에 인종·족별·재산 등 어떠한 것도 차별의 사유가 되지 않는다[41]고 보았다. 남녀의 성에 따른 차별은 금지되고 있고, 남녀동권을 선언한 규정이다. 종교를 차별하는 것은 중세에 의미가 있었을 것이다. 그러나 오늘날 한국에서의 종교에 의한 차별은 거의 없다[42]고 생각한다. '사회적 신분'이란 "사람이 사회에 있어서 일시적이 아니고 장기적으로 차지하고 있는 지위"[43]를 말한다. 헌법에 예시하지 않은 여러 가지 기준들에 의하더라도 불합리한 차별대우는 허용되지 아니한다.

(4) 평등권의 제한

우리 헌법은 헌법의 개별유보를 통하여 일정한 평등권의 제한을 인정한다. 예를 들면 대통령과 국회의원의 특권을 예외적으로 인정하며, 공무원의 근로 3권과 군인·군무원에 대한 국가배상청구권의 제한 등 예외적 제한이 있다. 평등권을 법률로 제한하는 경우 헌법 제37조 제2항[44]에 따라 국가안전보장·질서유지·공공복리를 위하여 필요불가결한 경우에 한정되며, 합리적인 제한만이 가능하고, 불합리하거나 자의적인 제한은 금지된다고 하겠다. 평등권을 침해한 경우에는 비례원칙에 따른 엄격한 위헌심사가 행하여진다.

3. 자유권적 기본권

각국의 헌법은 국민의 각종 자유권을 일반적으로 보장하고 있으며, 이러한 점은 근대자연법사상의 '자연권'에 기초한 것이다. 자유권적 기본권은 1215년 영국의 대헌장 제39조 '신체의 자유'에서 처음으로 성문화가 되었다.[45] '자유권적 기본권'은 "국민이 그의 자유영역에 대해서 국가권력으로부터 침해를 받지 않을 소극적인 권리"[46]를 말한다. 만약 국가가 자유권을 침

41) 박병식·이용박, 경비법학개론, 1996, 81면 참고.
42) 김철수, 헌법개설, 2006, 135면 참고.
43) 김철수, 헌법개설, 2006, 136면.
44) 헌법 제37조 제2항, 국민의 모든 자유와 권리는 국가안전보장·질서유지 또는 공공복리를 위하여 필요한 경우에 한하여 법률로써 제한할 수 있으며, 제한하는 경우에도 자유와 권리의 본질적인 내용을 침해할 수 없다.
45) 이상철·김성주, 헌법학개론, 2009, 148면 참고.

해할 때 그 침해를 배제하여 줄 것을 청구할 수 있으므로 '대국가적인 침해배제청구권'이기도 하다. 자유권적 기본권의 법적 성격에 대하여는 여러 학설들이 있으며, 그 중에서 (1) '자연권이냐 실정권이냐', (2) '포괄성을 가지느냐 개별성을 가지느냐' 및 (3) '공권이냐 반사적 이익이냐' 등에 논란이 있다. 자유권은 자연권으로서 성질상 인간의 권리이기 때문에 자유권은 국민뿐만 아니라 외국인에게도 인정되며, 법인의 경우 사회적·경제적 자유권의 주체가 된다. 자유권은 국가에 대한 방어권으로서 모든 국가권력을 구속하며, 직접적으로 국가권력을 구속하기도 한다.

1) 생명권

생명권은 인간의 육체적, 인격적 존재로서 생명을 유지하고 보호받을 생존에의 권리를 의미한다. 인간 존재의 생명에 대한 권리인 생명권은 인간의 생존본능과 존재목적에 바탕을 둔 자연법적인 권리로, 헌법에 규정된 모든 기본권의 전제가 되는 기본권이라 할 수 있다. 생명은 모체의 착상으로 시작되므로 태아도 생명권의 주체가 된다. 다만 생명권의 주체가 되는 시기에 대해서는 논란이 있다.

생명권은 생명처분이나 박탈 및 단축의 금지를 핵심적 내용으로 하므로 생명에의 제한은 생명권을 침해하게 된다. 다만 생명권의 본질적 내용을 침해하지 않으면서 필요한 최소한의 범위 내에서는 그 제한이 예외적으로 허용되고 있다. 생명권의 제한과 관련하여 구체적으로 문제가 되는 것이 사형제도와 낙태 그리고 안락사 등이다.

2) 신체의 자유

신체의 자유는 모든 사회적, 경제적 및 정신적 자유의 근간이 된다. 신체의 자유란 "적법절차에 의하지 아니하고는 신체의 자유의 제한과 박탈이 금지되는 것" 혹은 "신체적 행동의 자유, 곧 신체적 구속을 받지 아니하는 것을 내용으로 하는 자유"[47]를 의미한다.

(1) 실체적 · 절차적 보장

신체의 자유의 실체적 보장으로는 이미 제정된 정당한 법률에 의하지

46) 김철수, 헌법개설, 2006, 140면 참고.
47) 김철수, 헌법개설, 2006, 140면 참고.

아니하고는 처벌받지 아니한다는 죄형법정주의, 형사판결이 확정되어 기판력이 생기면 동일한 사건에 대하여 거듭 심판할 수 없다는 이중처벌금지원칙, 그리고 자기의 행위가 아닌 친족의 행위로 인한 불이익한 처우는 받아서는 안된다는 연좌제금지가 있다.

신체의 자유의 절차적 보장으로는 ① 입법·사법·집행 등 모든 국가작용은 정당한 법률을 근거로 정당한 절차에 따라 발동되어야 한다는 적법절차원칙, ② 수사기관이 형사절차에 있어서 체포·구속·수색 등 강제처분을 하는 경우에 법관이 발부한 영장에 의하도록 하는 영장주의, ③ 피의자와 피의자 가족에게 체포 또는 구속의 이유, 일시, 장소, 변호인의 조력을 받을 권리가 있음을 고지하는 체포·구속이유 등 고지제도, ④ 체포 또는 구속을 당한 때에는 적부의 심사를 법원에 청구할 체포·구속적부심사제도 등이 있다.

(2) 형사피의자와 형사피고인의 권리

우리 형법 제27조 제4항에 의하면 형사피고인은 유죄의 판결이 확정될 때까지는 무죄로 추정된다. 이처럼 무죄추정규정을 정한 이유는 형사피의자나 형사피고인의 명예와 신체를 보호하기 위한 것이라 하겠다. 헌법 제12조 제2항에 의하면 '모든 국민은 고문을 받지 아니하며, 형사상 자기에게 불리한 진술을 강요당하지 아니한다'고 규정되어 있다. 이는 고문제도를 금지함은 물론 형사상 묵비권을 보장한다는 것이다. 또한 제12조 제7항에 '피고인의 자백이 고문·폭행·협박·구속의 부당한 장기화 또는 기망 기타의 방법에 의하여 자의로 진술된 것이 아니라고 인정될 때 또는 정식재판에 있어서 피고인의 자백이 그에게 불리한 유일한 증거인 때에는 이를 유죄의 증거로 삼거나 이를 이유로 처벌할 수 없다'고 규정되어 있는데, 이는 자백의 증거능력과 증명력을 제한하는 것이다.

우리 헌법 제12조 제4항에 의하면 누구든지 체포 또는 구속을 당한 때에는 즉시 변호인의 조력을 받을 권리를 가진다. 따라서 변호사의 법률적 조언 등으로 유리한 입장에 자신의 권리를 보장하기 위한 것이라 하겠다. 우리 헌법 제27조 제3항에 '모든 국민은 신속한 재판을 받을 권리를 가진다'고 규정되어 있다. 이는 신속한 재판을 통하여 실체적 진실을 발견하고, 육체적 혹은 정신적 고통을 덜어 주어 인권보장에도 기여하려는 취지라 할 수 있다. 우리 헌법 제28조에 의하면 '형사피의자 또는 형사피고인으로서 구금되었던 자가 법률이 정하는 불기소처분을 받거나 무죄판결을 받은 때에는 형사보상법에 따라 형사보상을 청구할 수 있다'고 규정되어 있다. 예를 들면 불법수사 등으로 손해를 입은 경우 형사피의자 등은 국가를 상대로 손해배상을 청구할 수 있다는 것이다.

3) 양심의 자유

우리 헌법 제19조에 "모든 국민은 양심의 자유를 가진다"라고 규정되어 있으며, 이는 양심의 자유를 보장하고 있는 것이라 하겠다. 국회의원의 양심에 따른 직무수행[48]과 법관의 양심에 따른 심판[49]도 규정하고 있다. 양심의 자유는 정신적 기본권 중에서 근원적이자 내심의 자유로서의 일반적인 자유를 의미한다. 양심의 자유는 (1) 내면적인 사상과 양심을 외부에 표명하도록 강재되어지지 않는 자유와 (2) 자기의 사상 및 양심에 반하는 행위를 강제당하지 아니할 자유를 의미한다. 양심의 자유는 그것이 내심의 자유로 머무르고 있는 한 절대적이며, 외부로 표시되는 경우 표현의 자유의 한계를 넘어설 때 제한이 가능하다.[50]

사례 양심의 자유와 양심적 병역거부, 예

이 사건의 경우 헌법 제19조의 양심의 자유는 개인에게 병역의무의 이행을 거부할 권리를 부여하지 않는다. 양심의 자유는 단지 국가에 대하여 가능하면 개인의 양심을 고려하고 보호할 것을 요구하는 권리일 뿐, 양심상의 이유로 법적 의무의 이행을 거부하거나 법적 의무를 대신하는 대체의무의 제공을 요구할 수 있는 권리가 아니다(헌재 2004.8.26, 2002헌가1).

4) 종교의 자유

헌법 제20조에 "① 모든 국민은 종교의 자유를 가진다. ② 국교는 인정되지 아니하며, 종교와 정치는 분리된다"라고 규정되어 있으며, 이는 종교의 자유와 정교의 분리를 선언하고 있는 것이라 하겠다. 종교의 자유는 과거 근대국가 성립의 초기에 교회의 권위와 결합되었던 국가권력의 압제에

48) 헌법 제46조 제2항, 국회의원은 국가이익을 우선하여 양심에 따라 직무를 행한다.
49) 헌법 제103조, 법관은 헌법과 법률에 의하여 그 양심에 따라 독립하여 심판한다.
50) 김철수, 헌법개설, 2006, 158-159면 참고.

대한 투쟁의 산물로서 획득된 것이라 보여진다. 종교의 자유에는 (1) 신앙의 자유, (2) 종교적 행위의 자유, (3) 종교적 집회·결사의 자유 등이 있다. 종교적 행위의 자유나 종교적 집회·결사의 자유는 외부적 표현이기에 '표현의 자유'라는 영역에 포함된다면 이에 대한 제한도 가능하다고 보여진다. 정교분리의 원칙은 종교의 자유와 밀접한 관계를 가지지만 전자가 후자에 당연히 포함되는 것은 아니다. 종교의 자유는 원칙적으로 대국가적 자유이지만 사인에 의한 침해까지도 배제하는 제3자적 효력을 가진다[51]고 하겠다.

5) 언론·출판·집회·결사의 자유

헌법 제21조는 언론·출판·집회·결사의 자유를 규정하고 있다. 언론·출판의 자유라 함은 사상이나 의견을 표명하고 전달하는 자유를 말하며, 오늘날에는 알권리·엑세스권·반론권·언론기관설립의 자유 등의 자유도 포함한다. 알권리는 정보원으로부터 일반적으로 정보를 받아들이고, 취사·선택하고, 수집할 수 있는 권리를 말하며, 엑세스권은 일반국민이 언론매체에 접근하여 언론매체를 이용할 수 있는 권리를 말한다. 반론권은 언론보도로 인하여 피해를 입은 자가 제기하는 권리를 말하며, 언론기관의 설립의 자유가 인정되나 언론기관설립의 남용에 대한 폐해를 방지하기 위해서 통신·방송의 시설기준을 요구하는 언론기관설립의 자유에 제한을 두고 있다.

헌법에 의해 공동의 목적을 가진 다수인이 일시적으로 일정장소에서 회합하는 집회의 자유와 다수의 자연인 또는 법인이 공동의 목적을 위하여 단체를 결성할 수 있는 결사의 자유가 보장된다. 이러한 집단적 표현의 자유인 집회·결사의 자유는 개인적 표현의 자유인 언론·출판의 자유와 구별된다.

6) 학문·예술의 자유

'학문의 자유'란 "진리탐구의 자유로서 학문의 활동에 관하여 간섭이나 방해를 받지 아니할 자유"[52]를 말한다. 여기서의 '학문'은 자연이나 사회현상에 대한 새로운 사실과 진리를 탐구하고 인식하는 행위를 의미한다. 학

51) 이상철·김성주, 헌법학개론, 2009, 173면 참고.
52) 김현석, 헌법, 2001, 364면.

문의 자유는 17세기 영국의 Bacon, Milton 등에 의하여 주장되었다. '학문의 자유'는 독일에서는 대학의 자치에서 유래하였으며, 영미에서는 시민의 자유로 나타났다. 학문의 자유에 대한 법적 성격으로 영국, 미국, 일본 등은 자유권이라고 한다. 다만 독일은 제도보장으로 보는 것이 지배적이다. 한국의 다수설은 자유권으로서의 측면과 제도보장적 측면을 함께 고려하고 있다.[53)]

'예술의 자유'는 미의 추구의 자유이다. 물론 예술 창작의 자유와 예술표현의 자유 및 예술적 결사의 자유를 내포하는 것이다. 학문의 자유에는 과학기술의 연구의 자유가 포함되어 있다. 물론 위험성 등을 고려하여 법률에 의한 제한이 가능하다. 저작자 · 발명가 · 과학기술자 · 예술가의 권리는 학문과 예술의 연구 및 발전을 도모하고, 문화적인 창작을 장려하기 위하여 각종 법률들에 의하여 보호된다.[54)]

7) 주거의 자유

주거는 인간이 거주와 활동을 하기 위한 장소로 타인에게 개방되지 않은 사적 공간이다. 주거의 자유란 이러한 자신의 주거의 평온과 안전을 국가권력이나 제3자로부터 침해당하지 아니할 권리를 말한다. 주거의 자유는 개인에게 있어서 자유로운 인격의 발현을 위한 공간적 생활영역의 기초를 보장해 준다.

헌법 제16조가 보장하는 주거의 자유는 사생활이 전개되는 공간영역으로서 주거의 불가침을 그 내용으로 한다.

주거의 자유를 제한함에 있어서는 영장주의가 원칙이다. 주거의 자유를 제한하는 경우에도 법률이 규정한 목적의 달성을 위해 필요한 최소한에 그쳐야 하고, 그 본질적 내용은 침해할 수 없다.

8) 거주 · 이전의 자유

거주 · 이전의 자유란 국가권력의 간섭을 받지 않고 자신이 원하는 곳에 거주지나 체류지를 정하거나, 그곳에서 자유로이 이전 · 체류 · 변경하거나 거주지를 변경하지 않을 자유를 말한다.

헌법 제14조가 보장하는 거주 · 이전의 자유는 국내에서의 거주지와 체

53) 김현석, 헌법, 2001, 363－364면 참고.
54) 김철수, 헌법개설, 2006, 163－165면 참고.

류지를 자유롭게 정할 수 있는 자유를 보장하며, 국외에로의 이주의 자유, 출국과 입국의 자유, 해외여행의 자유를 포함한다. 거주・이전의 자유는 대한민국의 국적을 가진 사람이 한국국적을 포기하고 외국국적을 취득할 수 있는 국적변경 내지 국적이탈의 자유를 보장한다(다수설). 그러나 국가 간의 관계에 있어서나 개인의 이익보호의 차원에서 무국적의 자유까지 보장한다고 볼 수는 없다(김영규 외, 2013).

9) 직업선택의 자유

직업선택의 자유란 사회적・경제적 생활수단을 얻고 유지하기 위하여 행하는 계속적・경제적 활동인 직업을 자유로이 선택하고 종사하는 직업에 관한 종합적이고 포괄적인 자유를 말한다. 인간이 생활하는 데 필요한 생활의 수요를 충족시킬 수 있는 생활수단을 보호해주는 직업의 자유는 개인이 직업에 종사함으로써 직업을 통해 사회에 기여하게 되고 개인에게는 자신의 능력을 발휘함으로써 인격형성을 이룩하게 하는데 중요한 의의가 있다고 할 수 있다.

헌법 제15조의 직업의 자유는 직업선택의 자유와 직업행사의 자유로 구분되며, 무직업의 자유를 포함한다.

직업선택의 자유란 개인이 외적 영향을 받지 않고 자유로이 원하는 직업을 선택할 수 있는 자유를 말한다. 직업행사의 자유란 직업이나 영업활동의 모든 자유를 말하는 것으로 영업의 자유, 경쟁의 자유를 포함한다.

이러한 영업 및 기업의 자유를 근거로 누구나 자유롭게 경쟁에 참여할 수 있다. 직업행사의 자유는 직업선택의 자유에 비해 상대적으로 폭넓은 법률상의 규제가 가능하다.

직업의 자유의 제한에도 단계적 제한이 필요하다고 보고 있다. 직업의 자유에 대한 제1단계 제한은 그 침해가 가장 경미한 직업행사의 자유를 제한함으로써 그 제한의 목적을 달성하는 것이다. 제2단계 제한은 직업선택의 자유를 제한하는 경우에 일정한 주관적 허가조건을 근거로 이를 제한하여 목적을 달성하는 것이다. 이는 직업의 성질상 전문적 자격, 기능요건, 교육과정의 이수, 시험의 합격 등을 갖춘 자에게만 직업을 선택할 수 있게 제한하는 것이다. 제3단계 제한은 개인의 자격이나 능력 등에 관계없이 제한의 목적달성을 위해 객관적 사유에 따라 직업선택의 자유를 제한하는 것이다(김영규 외, 2013).

사례 직업행사의 자유의 제한, 예

학교경계선으로부터 200미터 이내의 학교환경위생정화구역 안에서만 노래연습장 시설을 금지하는데 불과하므로 기본권제한의 정도가 그다지 크지 아니한 데 비하여, 학생들을 노래연습장이 갖는 오락적인 유혹으로부터 차단하는 효과가 상당히 크다고 할 것이고,학교환경위생정화구역 중 상대정화구역 안에서의 노래연습장 시설은 허용되므로, 이사건 시행령에 의한 직업행사 자유의 제한은 그 입법목적 달성을 위하여 필요한 정도를 넘어 과도하게 제한하는 것이라고 할 수 없다. 따라서 이 사건 시행령조항은 직업선택의 자유와 행복추구권으로부터 파생되는 일반적 행동자유권을 침해한 것으로 볼 수 없다(헌재 1999.7.22, 98헌마480).

4. 참정권

1) 참정의 의의

참정권은 국민이 국가기관으로서 공무에 참여하는 권리를 말한다. 참정권은 오늘날의 민주정치에 있어서는 국민이 국가의사의 형성과정에 참여하거나 국가기관을 구성하며, 국가권력행사를 통제 내지 견제할 수 있는 등 필수적인 제도적 장치로 되고 있는 민주적·정치적 권리이며, 개별적인 국민의 능동적인 공권이다. 참정권을 민주정치의 필수불가결한 권리라고 하여 자연권이라고 하는 설도 있으나, 참정권의 주체는 국가기관으로서의 국민의 권리이기 때문에 국가내적 기본권이라고 보아야 하겠다(김향기, 2013).

2) 참정권의 법적 성격

참정권은 정치적 기본권이며, 개별적인 국민의 능동적 권리이다. 이 기본권은 국민 개개인의 불가양·불가침의 권리로서 대리행사시킬 수 없는 극히 개인적인 권리라고 하겠다.

3) 참정권의 내용

(1) 선거권

헌법 제24조는 "모든 국민은 법률이 정하는 바에 의하여 선거권을 가진다"고 규정하고 있다. 이 규정은 공무원선거권의 연령요건을 포함한 모두를 법률의 규정에 위임하고 있다. 현행헌법상 국민의 선거권에는 대통령선거권, 국회의원선거권, 지방의회의원선거권, 지방자치단체장선거권 등이 있다.

(2) 피선거권과 공무담임권

헌법 제25조는 "모든 국민은 법률이 정하는 바에 의하여 공무담임권을 가진다"라고 규정하고 있다. 공무담임권은 행정부 뿐만 아니라, 입법부 · 사법부 · 지방자치단체와 기타 일체의 공공단체의 직무를 담임하는 권리를 말한다. 이는 피선거권보다 더 넓게 해석해야 할 것이다. 공무를 담임하기 위하여는 "법률이 정하는 바에 의하여" 또는 선거에서 당선되거나, 임명에 필요한 일정한 자격을 구비하여야 한다.

공무담임권은 능력에 따라 균등하게 공무원으로 될 수 있는 권리를 말하며, 피선거권에 불합리한 제한을 받지 않는다는 것을 말한다. 공무담임권 중에서도 가장 중요한 것은 선거직 공무원에 있어서 피선거권을 가지는 것이라고 하겠다. 공무원으로서의 피선거권에는 국회의원피선거권, 대통령피선거권 등이 있다.

(3) 국민투표권

우리 헌법은 대통령이 회부한 안건과 헌법개정안에 대해서만 국민투표권을 인정하고 있다. "대통령은 필요하다고 인정할 때에는 외교 · 국방 · 통일 기타 국가안위에 관한 중요정책을 국민투표에 붙일 수 있다." 이때의 국민투표에 관하여는 그 의결정족수에 관한 규정이 없고 국민투표에 회부할 필요성의 판단이 전적으로 대통령의 재량에 달려 있다. 헌법개정안이 국회에서 의결되면 "의결 후 30일 이내에 국민투표에 붙여 국회의원선거권자 과반수의 투표와 투표자 과반수의 찬성"을 얻어 확정되도록 하고 있다.[55)]

(4) 참정권의 제한

참정권은 국가내적인 공권으로서 헌법 제37조 제2항[56)]에 따라 법률에 의한 제한을 받는다. 또한 선거권이나 피선거권 등 참정권은 외국인에게는

55) 헌법 제130조 제2항, 헌법개정안은 국회가 의결한 후 30일 이내에 국민투표에 붙여 국회의원선거권자 과반수의 투표와 투표자 과반수의 찬성을 얻어야 한다.

56) 헌법 제37조 제2항, 국민의 모든 자유와 권리는 국가안전보장 · 질서유지 또는 공공복리를 위하여 필요한 경우에 한하여 법률로써 제한할 수 있으며, 제한하는 경우에도 자유와 권리의 본질적인 내용을 침해할 수 없다.

인정하지 아니한다.

공직선거법은 제18조에서 선거권결격자로서 ① 금치산 선고를 받은 자 ② 금고 이상의 형의 선고를 받고 그 집행이 종료되지 아니하거나 그 집행을 받지 아니하기로 확정되지 아니한 자 ③ 선거법, 「정치자금법」제45조(정치자금 부정수수죄) 및 제49조(선거비용 관련 위반행위에 관한 벌칙)에 규정된 죄를 범한자 또는 대통령·국회의원·지방의회의원·지방자치단체의 장으로서 그 재임중의 직무와 관련하여 「형법」(「특정범죄가중처벌등에관한법률」제2조에 의하여 가중처벌되는 경우를 포함한다) 제29조(수뢰, 사전수뢰) 내지 제32조(알선수뢰) 「특정범죄가중처벌등에관한법률」제3조(알선수재)에 규정된 죄를 범한 자로서, 100만원 이상의 벌금형의 선고를 받고 그 형이 확정된 후 5년 또는 형의 집행유예 선고를 받고 그 형이 확정된 후 10년을 경과하지 아니하거나 징역형의 선고를 받고 그 집행을 받지 아니하기로 확정된 후 또는 그 형의 집행이 종료되거나 면제된 후 10년을 경과하지 아니한 자 ④ 법원의 판결 또는 다른 법률에 의하여 선거권이 정지 또는 상실된 자라고 규정하고 있다.

5. 청구권적 기본권

청구권적 기본권은 국가에 대하여 일정한 행위나 보호를 구할 수 있는 국민의 주권적 공권을 의미한다. 청구권은 권리 그 자체가 목적이 아니라, 다른 권리나 이익을 확보하는 것이 목적이므로 '기본권 보장을 위한 기본권'이라 불리운다. 청구권은 '국가에 대한 청구'를 그 내용으로 하는 주권적 공권이며, 자기의 권리나 이익을 확보하기 위하여 일정한 행위를 국가에 요구할 수 있는 적극적인 권리이다. 청구권은 헌법의 규정만으로 구체적·현실적 권리가 발생한다(조만형, 2013).

1) 청원권

청원권이란 국가기관에 대하여 의견이나 희망을 진술할 권리를 의미한다. 청원권은 국민의 권리나 이익이 침해될 경우에만 발생하는 것이 아니라는 점에서 행정쟁송과 구별된다. 헌법 제26조[57]에서 청원권을 규정하고 있

57) 헌법 제26조 제1항, 모든 국민은 법률이 정하는 바에 의하여 국가기관에 문서로 청원할 권리를 가진다.

으며, 헌법 제89조 제15호는 정부에 제출·회부된 정부의 정책에 관한 청원의 심사는 국무회의 심의를 거치도록 하고 있다.

청원법 제4조에 규정된 것은 예시된 것이므로 공공기관의 권한에 속하는 모든 사항이 그 대상이 될 것이다. 다만 ① 재판에 간섭하거나, ② 국가원수를 모독하는 것이거나, ③ 타인을 모함할 목적으로 허위의 사실을 적시하는 청원은 할 수 없다. 또한 같은 내용의 청원을 같은 기관에 되풀이하는 것도 허용되지 않는다. 청원기관은 입법·사법·행정기관은 물론, 널리 지방자치단체의 기관이나 그 밖의 공공단체를 포함하는 것으로 보는 것이 통설이다(조만형, 2013).

2) 재판청구권

재판청구권이란 독립된 법원에 의하여 정당한 재판을 받을 권리를 의미한다. 재판을 받을 권리는 모든 국민에게 기본권 침해에 대한 사후구제를 보장함으로써 기본적 인권을 보장하고 법적 정의를 확보하려는데 그 의의가 있다. 재판청구권은 국민이 가지는 주관적 공권으로서 소송적 기본권이라 할 수 있으며, 다른 기본권을 보장해 주기 위한 보조적·형식적 기본권의 성격을 가진다. 우리 헌법 제27조[58]에서 재판청구권을 규정하고 있다.

3) 형사보상청구권

형사보상청구권이란 형사피의자 또는 형사피고인으로 구금되었던 자가 불기소처분이나 무죄판결을 받을 경우에 그가 입은 정신적·물질적 손실을 청구할 수 있는 권리를 의미한다. 형사보상청구권은 국가에 대하여 보상을 청구할 수 있는 청구권이며, 법률이 정하는 바에 따라 행사되는 것이지만 청구권 그 자체는 헌법규정에 의하여 직접 효력이 발생한다. 헌법도 제28조[59]에서 형사보상청구권을 규정하고 있다.

형사보상청구권은 형사피의자 또는 형사피고인으로 구금되었던 자가 불기소처분이나 무죄판결을 받을 때 발생한다. 기소중지나 기소유예의 경우

제2항, 국가는 청원에 대하여 심사할 의무를 진다.

58) 헌법 제27조 제1항, 모든 국민은 헌법과 법률이 정한 법관에 의하여 법률에 의한 재판을 받을 권리를 가진다.

59) 헌법 제28조, 형사피의자 또는 형사피고인으로서 구금되었던 자가 법률이 정하는 불기소처분을 받거나 무죄판결을 받은 때에는 법률이 정하는 바에 의하여 국가에 정당한 보상을 청구할 수 있다.

에는 보상을 청구할 수 없고 협의의 불기소처분의 경우에만 형사보상청구를 할 수 있다.

4) 국가배상청구권

국가배상청구권이란 국민이 공무원의 직무상 불법행위로 손해를 입은 경우에 그 배상을 국가나 공공단체에 청구할 수 있는 권리를 의미한다.

이는 공무원의 국민에 대한 책임[60]과 법치국가를 실현시키기 위해서 인정된 중요한 기본권이다.

공무원의 직무상 불법행위란 공무원의 고의나 과실로 인한 법령위반행위를 말한다. 불법행위는 작위・부작위에 의하더라도 발생되며 입증책임은 피해자에게 있다. 피해자가 입은 손해에 대하여 가해행위와 상당한 인과관계에 있는 손해이어야 하며 재산적・정신적 손해를 포함한다. 공공시설물의 설치나 하자로 인하여 손해가 발생할 경우에는 손해배상청구를 할 수 있다.

5) 범죄피해자구조청구권

헌법 제30조[61]에 규장하는 범죄피해자구조청구권은 본인에게 귀책사유가 없는 타인의 불법행위로 인하여 생명을 잃거나 신체상의 피해를 입은 국민이나 그 유족이 가해자로부터 충분한 피해배상을 받지 못한 경우에 국가에 대하여 민법상 불법행위로 인한 손해배상제도(민법 제750조 이하), 「국가배상법」, 「소송촉진등에관한특별법」상의 형사배상명령제도를 통해 손해배상을 청구할 수 있다. 그러나 가해자가 불명이거나 도주한 경우 또는 충분한 배상능력이 없는 경우에는 배상을 받을 수 없다. 이런 경우에 국가에 대하여 일정한 보상을 청구함으로써 피해자와 가족 또는 유족을 보호하고 사회안정에 기여하고자 이러한 범죄피해자구조제도를 두고 있다.

현행헌법은 범죄피해자구조제도를 처음으로 신설하였고, 이 규정에 따라 1987년에 「범죄피해자구조법」이 제정되어 시행되고 있다.

---

60) 헌법 제7조 제1항, 공무원은 국민전체에 대한 봉사자이며, 국민에 대하여 책임을 진다.

61) 헌법 제30조, 타인의 범죄행위로 인하여 생명・신체에 대한 피해를 받은 국민은 법률이 정하는 바에 의하여 국가로부터 구조를 받을 수 있다.

6. 사회적 기본권

사회적 기본권은 국민 개개인이 국가에 대해 일정한 물질적 급부와 적절한 배려를 청구할 수 있는 권리이다.

근대 산업사회와 더불어 등장한 노동자들은 사회적 · 경제적으로 열악하게 생계를 유지하게 되고 이들의 경제적 빈곤은 사회문제가 되었다. 이러한 사회적 약자를 보호하고 개인이나 집단이기주의에 대하여 공공복리를 확보하고, 정의를 실현하기 위하여 국가의 적극적 활동이 요청되게 되었다. 인간의 실질적 자유는 생존에 필요한 최소한도의 물질적 보장 없이는 불가능하다. 사회적 · 경제적 약자가 인간으로서 인간답게 살아갈 수 있도록 함으로써 정의로운 사회질서를 형성하려는 데 사회적기본권의 의의가 있다.

사회적 기본권의 법적 성격에 관하여는 헌법규정에 대한 주관적 권리성을 인정하지 않고 국가에게 의무만을 부여하는 선언적 규정으로 보는 프로그램적 규정설, 헌법 규정이 입법을 통해 구체적인 법적 권리가 될 때까지는 단지 추상적 권리에 불과하다고 보는 추상적 권리설, 국민은 기본권규정을 가지고 국가에 대하여 생존에 관한 조치 등을 해줄 것을 적극적으로 요구할 수 있다는 구체적 권리설 등이 있다.

추상적 권리설과 구체적 권리설은 사회적 기본권을 법적 권리로 보며, 헌법재판소는 추상적 권리설에 입각해 있다(김영규 외, 2013).

1) 인간다운 생활을 할 권리

헌법 제34조[62]가 규정하는 인간다운 생활을 할 권리는 인간적 생존에 필요한 최소한의 물질적 생활을 국가에서 요구할 수 있는 권리를 말한다. 인간생존에 필요한 최소한의 물질적 확보를 통해서 인격의 자유로운 발현을 가능하게 하고, 자율적인 사회생활기반을 형성하는 바탕을 마련해 주는 것이 바로 사회적 기본권이다.

국가는 국민의 인간다운 생활을 할 권리를 위하여 사회보장제도를 확립하여 실시할 의무를 진다. 즉 국가는 사회보험 · 공공부조 · 사회복지 등의 사회보장제도를 통하여 국민의 인간다운 생활을 보장할 의무를 수행하여야

62) 헌법 제34조 제1항, 모든 국민은 인간다운 생활을 할 권리를 가진다.

한다.

2) 교육을 받을 권리

헌법 제31조[63]가 규정하는 교육을 받을 권리는 개개인의 능력과 적성에 따라 교육을 받을 권리인 학습권과 국민이 국가에 대하여 교육조건의 개선·교육제도의 정비와 교육기회의 균등보장을 적극적으로 국가에 요구하는 권리인 수학권을 포함한다. 교육을 받을 권리는 교육을 통해 국민을 민주시민으로서 필요로 하는 자질을 갖추게 하여 민주주의를 발전시키는 기능을 한다. 또한 교육을 통하여 문화생활을 할 수 있도록 하여 문화국가를 촉진하는 기능을 하며, 모든 국민이 교육을 통해 인격을 발현할 수 있도록 하는 기능을 한다.

교육을 받을 권리는 능력에 따라 균등하게 교육을 받을 권리를 내용으로 하고 이를 실현하기 위하여 교육을 받게 할 의무, 무상교육의무제, 교육의 자주성·전문성·정치적 중립성 및 대학의 자율성, 국가의 평생교육진흥의무, 교육제도의 법정주의 등을 그 내용으로 하고 있다.

3) 근로의 권리와 노동 3권

헌법 제32조[64]가 규정하는 근로의 권리는 다른 사람으로부터 방해받지 않고 자유롭게 자신이 원하는 노동을 하는 권리이며 동시에 국가에 대하여 근로 기회의 제공을 적극적으로 청구할 수 있는 권리이다.

근로의 권리보장은 생활의 기본적인 수요를 충족시킬 수 있는 생활수단을 확보해 주며, 나아가 인격의 자유로운 발현과 인간의 존엄성을 보장해 주는 데 그 의의를 지닌다.

헌법은 근로의 권리를 보장하기 위하여 국가의 고용증진의무, 적정임금의 보장의무, 최저임금제 시행, 근로의무의 내용과 기준의 법정주의, 근로조건의 법정주의, 여자의 근로에 대한 특별한 보호와 근로관계에 있어서 여성의 차별금지, 연소근로자의 특별보호, 국가유공자·상이군경 및 전몰군경의 유가족에 대한 우선적 근로의 기회부여 등에 관해 규정하고 있다.

---

63) 헌법 제31조 제1항, 모든 국민은 능력에 따라 균등하게 교육을 받을 권리를 가진다.

64) 헌법 제132조 제1항, 모든 국민은 근로의 권리를 가진다. 국가는 사회적·경제적 방법으로 근로자의 고용의 증진과 적정임금의 보장에 노력하여야 하며, 법률이 정하는 바에 의하여 최저임금제를 시행하여야 한다.

헌법 제33조[65]가 규정하는 노동3권은 근로자가 근로조건의 향상을 위하여 자주적으로 조직체를 결성하고(단결권), 그 조직체를 통하여 사용자와 교섭하고(단체교섭권), 교섭이 원만하게 이루어지지 않을 경우에 단체행동을 할 수 있는 권리(단체행동권)를 말한다. 근로자가 갖는 노동3권은 경제적 약자인 근로자에게 경제적으로 우월한 지위에 있는 사용자와 대등한 입장에서 임금 등 근로조건을 교섭하게 함으로써 근로자의 이익과 지위를 향상시켜준다는데 그 의의가 있다고 할 수 있다.

4) 환경권

건강하고 쾌적한 환경에서 살 권리인 환경권에는 자연환경은 물론 보다 좋은 사회적 환경, 문화적 환경인 교육환경, 종교환경, 주거환경까지 포함하는 광의의 환경을 포함하는 것으로 이해하는 것이 타당하다고 본다.

헌법 제35조[66]에 규정된 환경권은 사람이 인간다운 생활을 영위함으로써 인간으로서의 존엄을 유지하기 위하여 필수적인 것으로 모든 사람에게 보장되는 보편적인 권리로서의 성질을 갖는다.

건강하고 쾌적한 환경에서 생활하려면 공해가 발생하지 않도록 사전에 예방하고, 발생한 공해를 배제하도록 하여야 한다. 또한 국민은 국가에 대하여 쾌적한 주거환경을 조성해줄 것을 요구할 수 있다.

제4절 통치구조

1. 통치구조의 의의 및 근본이념

1) 통치구조의 의의

한 나라의 통치구조는 국민주권주의에 부합하는 제도적 장치이어야 하며, 국민의 자유와 권리의 보장체계를 실현하는 데 가장 적합한 것으로 국민적 합의를 통해서 이루어져야 한다. 이러한 견지에서 통치구조는 국민주

65) 헌법 제35조 제1항, 모든 국민은 건강하고 쾌적한 환경에서 생활할 권리를 가지며, 국가와 국민은 환경보전을 위하여 노력하여야 한다.

66) 헌법 제33조 제1항, 근로자는 근로조건의 향상을 위하여 단결권·단체교섭권 및 단체행동권을 가진다.

권주의를 이념적 기초로 한 국민적 합의를 통하여, 기본권보장을 실현하기 위한 국가권력의 기능적·제도적 장치라고 할 수 있다. 모든 국가권력의 원천은 국민에게서 유래하고 국가의 권력구조는 국민의 기본권보장을 위한 조직이며 제도이어야 한다.

우리나라는 국민대표주의를 원칙으로 하여 대표자를 통하여 주권을 행사하고 있다. 현행 헌법은 "모든 권력은 국민으로부터 나온다"고 하여 국민에 의하여 선출된 국민의 대표가 국가권력을 대신하여 행사한다는 대표제 민주정치를 채택하고 있다.[67]

2) 통치구조의 근본이념

통치구조는 기본권을 목적을 실현하기 위해서 존재하는 것이어야 한다. 모든 권력의 행사는 기본권과 필수적인 관련성이 있으며 통치권은 기본권에의 기속성을 확보할 수 있는 제도적 장치이어야 한다. 또 현대 민주국가에 있어서 통치권의 민주적 정당성의 요청을 충족시키는 것으로 국민적 합의에 그 바탕을 두어야 한다. 통치구조의 창설은 물론 국가권력의 행사기능도 이러한 국민적 합의에 근거해야 한다. 그리고 현대 민주극가의 통치구조는 마땅히 법치주의적 요청을 충족시키며 상호 조화를 이루어야 한다. 또한 권력이 남용되거나 악용되지 않도록 국가권력에 대한 합리적이고 효율적인 통제수단을 마련함으로써 민주적인 절차적 정당성을 충족시켜야 한다. 헌법에는 이러한 통치구조의 근본이념을 실현하기 위한 제도적 장치를 마련하고 있다.

2. 구성원리

1) 대의제

대의제(representative)란 주권자인 국민이 직접 국가의사를 결정하는 것이 아니라 대표자를 선출하여 그 대표가 국가의사를 결정하게 하는 구성원리이다. 대의제는 통치자와 주권자를 구별하여 대표자의 정책결정권과 국민의 국가기관 구성권의 분리를 전제로 한다.

국민적 자치의 이상적인 실현은 국민이 직접 참여하는 직접 민주제 방

---

67) 김향기, 법학개론, 2013, 187면 참고.

식이 가장 바람직하나 여러 가지 현실적 이유로 대의제 방식을 취하고 있다. 국민주권의 이념을 존중하고 현대 대중사회가 안고 있는 민주정치의 장애요인들을 극복하기 위해 대의제를 원칙으로 하면서도 국민투표제, 주민투표제 등의 직접민주제를 보완적으로 채택하고 있다.[68)]

2) 권력분립주의

'권력분립주의'란 "국가권력을 분리 · 독립된 기관에 귀속시킴으로써, 권력남용을 방지하고 기본권 보장을 용이하게 하기 위한 통치구조의 조직원리"[69)]를 말한다. 일반적으로 3권분립은 기관 상호간의 견제와 균형을 유지하도록 하여 국가권력의 집중과 남용을 방지하고, 국민의 자유를 보호하기 위한 자유주의적인 통치조직원리에 해당한다. 권력분립주의는 국가권력은 남용되기 쉬우며 권력을 가진 자는 이를 남용하기 마련이라는 회의적 시각에 근거하고 있다. 현대의 권력분립주의는 입헌민주정부의 의미로 받아 들여지고 있다. 권력분립론은 로크에 의하여 2권분립론이 주장되었다가 몽테스키외에 의하여 3권분립론이 주장되었다. 이에 반하여 루소는 권력분립론을 반대하는 입장이다. 현대의 권력분립론은 국가의 권력을 억제 및 제약하여 국민의 자유와 권리 등을 보호하기 위한 것이다.[70)]

일반적으로 권력은 입법권, 행정권 및 사법권이라는 3권으로 분류되어 왔다. 민주주의와 권력분립주의는 상호보완적이다. 의회주의에서는 정치적 결정권은 정당에게 있다. 그 영향력으로 국가활동의 모든 영역으로 옮겨 간다면 문제가 생길 수 있다. 사회복지국가의 대두로 국가의 기능이 확대되면 지나치게 행정부의 권력이 집중될 가능성이 있다. 입법권이나 행정권의 확대로 인한 권력집중을 방지하기 위하여 헌법재판소와 법원이 위헌법률심사권을 가지는 것은 무난하다[71)]고 판단된다.

3. 정부형태

권력이 통합되어 집중적으로 행사되는 정부형태를 '전제주의적 정부형태'(혹은 권력집중형 정부형태)라 하고, 권력분립적으로 행사되는 정부형태를

68) 김영기 외 8, 법학개론, 2013, 102면 참고.
69) 이상철 · 김성주, 헌법학개론, 2009, 254면.
70) 김철수, 헌법개설, 2006, 228－229면 참고.
71) 김철수, 헌법개설, 2006, 233면 참고.

'입헌주의적 정부형태'(혹은 권력분립형 정부형태)라고 한다.

대통령제는 "일원적 구조의 집행부가 입법부 및 사법부와 엄격하게 분리독립됨으로써 국가기관 상호간에 권력적 균형이 유지되고 국민에 의하여 선출된 대통령의 집행부가 안정을 유지할 수 있는 정부형태"72) 혹은 "권력의 엄격한 분립이 행해지고, 상호간의 독립이 보장되며, 대통령이 독립하여 행정권을 행사하는 정부제도"73)를 말한다.

의원내각제는 "집행부가 대통령과 국무총리로 이원적으로 구성되어 입법부와 공존을 하는 제도"74)를 의미한다. 의원내각제의 특색으로는 (1) 입법부와 행정부와의 평등과 균형, (2) 입법부와 행정부 간의 협동·공화관계 및 (3) 행정권의 이원적 구조 등이다. 정부와 의회의 균형, 강한 정부 대 약한 의회(독일의 의원내각제 등), 강한 의회 대 약한 정부(프랑스 제3 및 4공화국 등) 등의 유형이 있을 수 있다.

우리나라의 정부형태로는 (1) 제1공화국은 (대통령제를 채택하면서도 의원내각제의 요소를 가미한) 대통령중심제였으며, 후진국가적 신대통령제적으로 운영되었다. (2) 제2공화국은 전형적인 의원내각제를 도입하였다. (3) 제3공화국은 강력한 대통령제를 채택하였다. (4) 제4공화국은 대통령에게 권력이 집중되어 있었던 신대통령제였다. (5) 제5공화국은 프랑스 제5공화국헌법의 이원정부제와 비슷하였다. (6) 제6공화국은 대통령의 권한을 약화하고 국회의 권한을 강화한 측면이 있다.75)

4. 국 회

1) 의회제도

의회주의는 "민주적으로 선거된 합의기관에 의하여 다수결원리로써 국가의 중요정책을 결정하고 입법하는 제도76)를 의미하며, 의원내각제와는 구별된다.

의회제도의 모태는 중세의 등족회의(12 – 13세기에 성립)이다. 18세기경

72) 이상철·김성주, 헌법학개론, 2009, 258면.
73) 김철수, 헌법개설, 2006, 237면.
74) 김철수, 헌법개설, 2006, 239면.
75) 김철수, 헌법개설, 2006, 242–244면 참고.
76) 김철수, 헌법개설, 2006, 252면 참고.

영국에서는 근대적 의회가 성립된 바가 있으며, 프랑스혁명시 근대적 1원제인 국민회의가 확립되었다. 제2차 세계대전 후 의회제는 민주주의의 핵심으로 비춰졌으나 현대에는 행정권의 강화로 인하여 의회주의가 상대적으로 시련의 시기에 있기도 하다.

국회는 1이나 2의 합의체이며, 전자를 단원제라 하고, 후자를 양원제라 한다. 양원제는 몽테스키외 등에 의하여 주장되었으며, 영국이나 미국 등에서 채용하는 형태이다. 단원제는 시에예스 등에 의하여 주장되었으며, 덴마크나 뉴질랜드 등에서 운용되고 있다.

2) 국회의 헌법상 지위

국회는 입법기관으로서의 지위와 국민대표기관으로서의 지위를 가진다.[77] 국회가 국민대표기관성을 가지는가에 대하여 긍정설과 부정설 등이 있다. 국민대표기관으로서의 국회의 지위는 정당정치의 발달로 정당의 대표기관으로 전락하여 국민의 국회에 대한 불신이 확산되고 있다.

국회의 가장 역사적인 권한은 입법에 관한 권한이라 하겠다. 이 경우 형식적 의미에 있어서 입법권을 말한다. 국가기능의 다양화 등으로 인하여 입법내용 등의 전문화요구에 부응하는 전문지식을 갖추어야 하지만 미흡한 경우 국회가 수동적으로 통과시키는 등 통법부화의 경향이 나타날 수 있다. 국회가 입원기관으로서의 지위가 낮아지고 있지만 국정의 감시나 비판 등의 역할은 증대하고 있는 실정이다. 한국은 대통령제를 채택하고 있기에 국회는 정부에 대한 견제기능을 어느 정도 수행하고는 있으나 의원내각제처럼 강력한 견제권은 없는 형편이다. 대통령제를 취하는 국가에서는 국회가 최고기관들 중의 하나이지 유일한 것은 아니다. 한국에서는 명시적인 규정이 없기 때문에 유일하다고는 볼 수 없을 것이다.[78]

3) 국회의원의 지위

근대에는 국회의 경우 자유주의적·대의제적 민주주의에 입각하고 있었지만 현대의 국회는 정당국가적·국민투표제적 민주주의로 변모를 하는 경향이다. 한국헌법상 국회의원의 지위에 관하여 직접규정은 없으나 헌법 제44조[79] 및 제45조[80] 등을 통하여 국민의 대표자로서의 지위를 인정할 수

77) 이상철·김성주, 헌법학개론, 2009, 266－267면 참고.
78) 김철수, 헌법개설, 2006, 256－260면 참고.

있다.

국회의원은 국회의 구성원으로서 관직을 가지며, '국민의 헌법적 대표자'라 하겠다. 정당국가에서 국회의원은 국회의 구성원인 동시에 원칙적으로 정당의 구성원이기도 하다.

국회의원의 자격발생은 헌법과 법률이 정한 임기개시와 동시에 당선자에게 의원의 자격이 생긴다. 다만 법률의 위반 등으로 인하여 징역 또는 100만원 이상의 벌금형을 받은 경우 당선무효가 된다. 의원자격의 소멸은 4년의 임기만료, 사직, 퇴직, 제명, 자격심사에 의한 무자격자로 결정, 당선무효판결, 선거법위반죄로 인한 형의 확정 등에 의한다.

국회의원은 직책을 효과적으로 수행하기 위하여 일종의 특권을 가지며, 이는 자율성과 독립성을 확보하기 위해 인정되는 것이다. 예를 들면 (1) 의원의 불체포특권(헌법 제44조), (2) 의원의 발언·표결에 대한 면책특권(헌법 제45조), (3) 세비 기타 경비를 받을 권리(국회법 제30조)등이다.

국회의원의 권리로 의원에게 발의권·질문권·토론권·자율권 등을 두고 있다. 의무로는 청렴의 의무, 양심에 따라 직무를 행할 의무, 불법행위의 금지 등 헌법상의 의무와 국회본회의와 의원회에 출석할 의무, 회의시 의사에 관한 법령 및 규칙의 준수의무 등이 있다. 만약 의무위반시 윤리심사를 통하여 징계(경고, 사과, 출석정지, 제명)될 수도 있다.[81)]

4) 국회의 권한

의원내각제국가에서는 행정부에 대한 국회의 우위가 인정되는 경향이지만 대통령제에서는 국회와 정부가 균형관계를 이루는 측면이 강하다.

헌법 제40조에 "입법권은 국회에 속한다"고 규정되어 있다. 입법권이란 법률제정권 혹은 '법규범을 정하는 권한이면 모두 입법권'으로 보기도 한다. 입법은 국가의 통치권에 기하여 일반적·추상적인 성문의 법규 등을 제정하는 작용을 말한다.

국회에서 법률제정절차는 국회의원과 정부의 법률안 제출 → 상임위원

---

79) 헌법 제44조 제1항, 국회의원은 현행범인인 경우를 제외하고는 회기중 국회의 동의없이 체포 또는 구금되지 아니한다.

80) 헌법 제45조, 국회의원은 국회에서 직무상 행한 발언과 표결에 관하여 국회외에서 책임을 지지 아니한다.

81) 김철수, 헌법개설, 2006, 270－271면 참고.

회 · 본회의의 법률안 심의 · 의결 → 법률안의 정부이송 → 대통령의 거부권행사와 국회의 재의 → 법률안의 공포 등의 절차에 의한다.

또한 국회는 재정입법권을 가진다. 정부는 회계연도마다 예산안을 편성하여 개시 90일 전까지 국회에 제출하여야 하며, 국회는 예산결산특별위원회와 본회의에서 예산안을 심의하여 개시 30일 전까지 의결한다.

또한 국회의 대정부견제권으로서 국무총리임명동의권, 국무총리 · 국무위원 출석요구권 및 질문권, 국무총리 · 국무위원 해임건의권, 탄핵소추권, 긴급명령과 긴급재정 · 경제명령 · 처분에 대한 승인권, 계엄해제요구권, 선전포고 및 국군해외파견 · 외국군주류에 대한 동의권 및 일반사면에 대한 동의권 등이 있다.

'국회의 자율권'이란 "국회의 조직 · 활동 및 내부사항에 대하여 타국가기관의 개입을 받음이 없이 자주적으로 정할 수 있는 권한"[82]을 의미한다. 자율권의 내용으로 (1) 규칙제정권, (2) 의사진행에 관한 자율권, (3) 청원처리에 대한 자율권, (4) 내부경찰권 및 국회가택권, (5) 내부조직권 및 국회의원의 신분에 관한 권한 등이 있다.

5. 정 부

1) 대통령

(1) 헌법상 대통령의 지위

헌법 第66조 제4항에서 "행정권은 대통령을 수반으로 하는 정부에 속한다"고 하고 제1항에서 "대통령은 국가의 원수이며 외국에 대하여 국가를 대표한다"고 규정하고 있다. 따라서 대통령의 지위는 국가원수로서의 지위, 행정권의 수반으로서의 지위, 국가와 헌법의 수호자로서의 지위, 평화통일 책무자로서의 지위 등을 들 수 있다.

(2) 대통령 선거

대통령은 국민의 보통 · 평등 · 직접 · 비밀선거를 통해 선출되며, 최고득표자가 2인 이상인 때에는 국회의 재적의원 과반수가 참석한 공개회의에서 다수표를 얻은 자를 당선자로 한다. 후보자가 1인일 때에는 그 득표수가

---

82) 김철수, 헌법개설, 2006, 283면.

선거권자 총수의 3분의 1이상이 아니면 당선될 수 없다(헌법 제67조). 대통령으로 선거될 수 있는 자는 국회의원의 피선거권이 있고 선거일 현재 40세 이상이어야 한다(제67조 제4항).

대통령의 임기는 5년으로 하며 중임할 수 없다(제70조). 대통령의 임기연장 또는 중임변경을 위한 헌법개정은 그 개정제안 당시의 대통령에 대해서는 효력이 없다(제128조 제2항). 대통령의 임기를 단임제로 하는 것은 평화적인 정권교체를 위해서이다.

(3) 대통령의 특권과 의무

대통령은 국무총리 · 국무위원 · 행정각부의 장 기타 법률이 정하는 공사직을 겸할 수 없다(제83조). 내란 또는 외환의 죄를 범한 경우를 제외하고는 재직중 형사상 소추를 받지 아니한다(제84조). 대통령은 탄핵결정에 의하지 아니하고는 공직으로부터 파면되지 아니한다(제65조). 대통령의 의무로는 취임선서의무(제69조), 헌법의 준수, 국가보위, 평화적 통일을 위한 성실한 노력의 의무, 기타 겸직금지 의무 등이 있다.

(4) 대통령의 권한

① 헌법개정과 국민투표에 관한 권한

대통령은 헌법개정제안권 · 헌법개정안 공고권 · 헌법개정공포권을 가지며, 또한 대통령이 필요하다고 인정할 때에는 외교 · 국방 · 통일 기타 국가안위에 관한 중요정책을 국민투표에 회부할 수 있다.

② 헌법기관 구성에 관한 권한

대통령은 헌법재판소장을 포함한 재판관 9명의 임명권(제111조)과 대법원장 및 대법관 임명권(제104조), 국무총리와 행정각부의 장의 임명권, 감사원장과 감사위원의 임명권(제98조), 중앙선거관리위원회의 위원 3명의 임명권(제114조) 등을 가진다.

③ 국회에 관한 권한

대통령은 국회임시회의 집회를 요구할 수 있으며, 국회에 출석하여 발언할 권한을 가진다(제81조). 이 경우에는 기간과 집회 요구의 이유를 명시하여야 한다(국회법 제47조 제3항).

④ 입법에 관한 권한

대통령은 법률안 제출권(제52조), 법률안 거부권, 법률공포권 그리고 위임명령과 집행명령을 발하는 행정입법권을 가진다(제75조). 법률안의 공포는 정부에 이송된 날로부터 15일 이내에 대통령이 하며, 만일 확정된 법률안이 정부에 이송된 후 5일 이내에 공포되지 않으면 국회의장이 이를 공포한다(제53조 제6항). 국회가 의결하여 정부에 이송한 법률안에 대하여 대통령의 이의가 있을 때 국회에 재의를 요구할 수 있는 법률안거부권을 가진다.

⑤ 사법에 관한 권한

대통령은 법률이 정하는 바에 의하여 사면, 감형 또는 복권을 명할 수 있으며 일반사면을 명하려면 국회의 동의를 얻어야 한다(제79조). 사면에는 일반사면, 특별사면, 감형 그리고 복권 등으로 구별되고 그 행사시에는 국무회의의 심의를 거쳐야 한다(제89조 제9호).

⑥ 긴급명령 및 긴급재정경제명령권

대통령은 국가의 위기에 관계되는 중요한 교전상태에 있어서 국가를 보위하기 위하여 긴급한 조치가 필요하고 국회의 집회가 불가능한 때에 한하여 법률의 효력을 가지는 명령을 발할 수 있는데 이것이 긴급명령이다. 대통령은 중대한 재정·경제상의 위기에 처하여 법률의 효력을 가지는 긴급재정경제명령을 발할 수 있다. 대통령의 긴급명령제정권은 국회의 입법권에 대한 커다란 제한이므로 그 요건은 엄격하게 해석하여야 하며, 또한 대통령이 이러한 명령을 발하였을 때에는 지체없이 국회에 보고하여 승인을 얻어야 한다(제76조).

⑦ 계엄선포권

대통령은 계엄선포권을 가진다. 즉 대통령은 전시·사변 또는 이에 준하는 국가비상사태에 있어서 병력으로써 군사상의 필요에 의하거나 공공의 안녕질서를 유지할 필요가 있을 때에는 법률이 정하는 바에 의하여 계엄령을 선포할 수 있다(제77조 제1항).[83]

(5) 대통령의 형사상 불소추특권

① 불소추특권의 의의

헌법 제84조는 '대통령은 내란 또는 외환의 죄를 범한 경우를 제외하고는 재직 중 형사상의 소추를 받지 아니한다'고 하여 대통령의 형사상 특권을 규정하고 있다.

83) 조만형, 법학개론, 2013, 136－136면.

② 국회의원의 면책특권과의 구별

대통령이 일정한 범죄행위로 기소될 경우 형사소송법 제327조 제1호의 "재판권의 부존재" 사유에 해당하므로 법원은 공소기각판결을 해야 하며, 국회의원이 기소될 경우는 형사소송법 제327조의 제2호(공소제기의 절차가 법률의 규정에 위반하여 무효인 때)를 적용하여 공소기각판결

③ 불소추특권의 내용(형사상 소추의 금지)

- 원래의 의미인 공소제기뿐만 아니라 체포·구속·수색·검증까지 포함한다.
- 대통령은 재직 중 형사피고인으로서 뿐만 아니라 증인으로서도 구인당하지 아니한다.

④ 불소추특권의 적용제외사유

- 내란 또는 외환의 죄를 범한 경우의 형사상 소추는 재직 중에도 가능하다.
- 퇴직 후에는 형사상 소추가 가능하다.
- 재직 중에도 민사상·행정상의 책임을 진다.
- 기소할 수는 없어도 국회는 대통령에 대하여 탄핵소추가 가능하다.

⑤ 대통령 재직 중 내란 또는 외환의 죄 이외의 죄의 공소시효 진행여부

공소시효 진행의 소극적 사유가 되는 국가의 소추권 행사의 법률상 장애사유에 해당하므로, 대통령의 재직 중에는 공소시효의 진행이 당연히 정지되는 것으로 보아야 한다(헌재).[84]

(6) 대통령의 권한대행

대통령이 궐위된 때 또는 대통령당선자가 사망하거나 판결 기타의 사유로 그 자격을 상실한 때에는 60일 이내에 후임자를 선거한다(제68조 제2항).

대통령이 궐위되거나 사고로 인하여 직무를 수행할 수 없을 때에는 국무총리, 법률이 정한 국무위원의 순서로 그 권한을 대행한다(제71조).

① 권한대행의 사유

가) 궐위

궐위란 (a) 대통령이 사망한 경우 (b) 탄핵결정으로 파면된 경우 (c) 대통령이 판결 기타의 사유로 자격을 상실한 경우 (d) 사임한 경우 등 대통령이

84) 금동흠, 핵심정리헌법, 2012, 480-481면.

재직하고 있지 아니한 경우를 말한다.

그 외 "대통령당선자가 사망하거나 판결 기타의 사유로 자격을 상실한 때"를 포함한다.

나) 사고

사고란 (a) 신병·해외여행·요양 등의 경우 (b) 탄핵소추의결로 탄핵결정이 있을 때까지 권한 행사가 정지된 경우를 말한다.

(7) 전직대통령에 대한 예우

① 직전대통령은 국가원로자문회의의 의장이 되고 그 밖의 전직대통령은 그 위원이 된다(제90조 제2항).

② 연금지급액은 지급 당시의 대통령보수연액의 100분의 95 상당액으로 한다(전직대통령 예우에 관한 법률 제4조 제2항).

③ 재직 중 탄핵결정을 받아 퇴임하거나, 금고 이상의 형이 확정된 경우, 형사처분을 회피할 목적으로 외국정부에 대하여 도피처 또는 보호를 요청한 경우, 대한민국국적을 상실한 경우에는 전직대통령으로서의 예우를 하지 않는다.[85]

2) 행정부

(1) 국무총리

우리 헌법은 대통령중심제를 채택하면서도 국무회의제도를 두고 국무총리를 두고 있다. 우리 헌법은 부통령제를 인정하지 않고, 국무총리가 대통령을 보좌하고 국무회의의 부의장이 되며 대통령의 명을 받아 행정각부를 통할한다(제86조).

국무총리는 국무위원과 행정각부의 장의 임명제청권(제87조 제1항, 제94조)과 국무위원의 해임건의권(제87조 제3항)을 가진다. 그 외에도 대통령의 권한을 대행하는 권한(제71조), 부서하는 권한(제82조), 국무회의에서의 심의권(제88조), 총리령을 발하는 권한(제95조), 국회출석발언권(제62조) 등을 가진다.

(2) 국무위원

국무위원은 대통령 및 국무총리와 더불어 합의제 정부의 최고정책심의

85) 금동흠, 핵심정리헌법, 2012, 483면.

기관인 국무회의를 구성하는 국무회의 구성위원이다. 국무위원은 대통령을 보좌하는 반면 대통령의 독주를 견제하는 기능을 한다. 국무위원은 국무총리의 제청으로 대통령이 임명하되(제87조 제1항), 국회는 개별적으로 국무위원의 해임건의를 할 수 있다(제63조 제1항). 국무위원은 국무회의에 의안을 제출하며 그 심의에 참가할 권한과 의무가 있으며 대통령권한 대행권(제71조)과 부서권(제82조)이 있다.

(3) 국무회의

국무회의는 정부의 권한에 속하는 중요한 정책을 심의하는 행정부의 심의기관이다. 그러므로 국무회의는 내각책임제에 있어서의 의결기관인 내각과도 다르며, 단순한 자문기관인 미국의 대통령제하의 내각과도 다르다. 우리나라는 헌법상의 정부기관으로서 국무회의를 두고 있으며 국무회의는 일정한 정책을 심의하며(제89조), 단순한 자문기관은 아니다.

(4) 행정각부

행정각부란 대통령을 수반으로 하는 정부의 구성단위로서 대통령 내지 국무총리가 지휘・통할하고 소관행정사무를 담당하는 중앙행정기관이며(제95조, 정부조직법 제4장 참조), 대통령이나 국무총리의 단순한 보조기관은 아니다. 행정각부의 장은 국무위원 중에서, 국무총리의 제청으로 대통령이 임명한다(헌번 제94조).

(5) 감사원

감사원은 국가의 세입・세출의 결산, 국가 및 법률에 정한 단체의 회계감사와 행정기관 및 공무원의 직무에 관한 감찰을 하기 위하여 대통령 소속하에 있다(제97조). 감사원은 감사원장을 포함한 5인 이상 11인 이하의 위원으로 구성된 합의제기관이다. 감사원장은 대통령이 국회의 동의를 얻어 임명하고, 감사위원은 감사원장의 제청으로 대통령이 임명한다. 임기는 모두 4년이며, 1차에 한하여 중임할 수 있다(제98조).

감사원의 권한에는 세입・세출의 결산감사권과 국가 및 법률에 정한 단체의 회계감사권, 그리고 행정기관 및 공무원의 직무에 관한 감사권이 있다. 이에 관한 법률로는 감사원법이 있다.

(6) 대통령의 자문기관

대통령의 자문기관으로는 국정의 중요한 사항에 관한 자문에 응하기 위하여 국가원로로 구성된 기관인 국가원로자문회의(제90조 제1항), 국가안전보장에 관련된 대외정책과 군사정책 및 국내정책의 수립에 관하여 국무회의의 심의에 앞서 자문에 응하는 국가안전보장회의(제91조), 평화통일정책의 수립에 관한 자문에 응하기 위하여 설치된 민주평화통일자문회의(제92조 제1항), 국민경제의 발전을 위한 중요 정책의 수립에 관하여 자문에 응하기 위하여 설치된 국민경제자문회의 등이 있다(제93조).[86]

6. 법 원

1) 사법권의 개념

사법권이란 민사·형사·행정소송과 선거소송 등 일체의 재판작용을 의미한다고 볼 수 있고, 형식적으로는 법원의 권한에 속하는 일체의 작용이라고도 할 수 있다. 따라서 사법권은 법원이 행하는 사법작용 전반을 의미한다고 볼 수 있다.

사법권은 법관으로 구성된 법원에 속한다(제101조 제1항), 이 규정은 3권분립의 원칙을 선언하는 동시에 사법권독립의 원칙도 아울러 선언하고 있다. 따라서 사법권은 법관으로 구성된 법원이 행사하는 것이며, 만약 그 외의 기관에서 이를 행하면 그것은 위헌으로 국민은 그러한 재판을 받지 아니할 권리를 가진다(헌법 제27조 제1항).

2) 법원의 조직과 구성

(1) 대법원

대법원은 대법원장과 대법관으로 구성되는 최고법원이며, 법률이 정하는 바에 의하여 대법관이 아닌 법관을 둘 수 있다. 대법원장은 국회의 동의를 얻어 대통령이 임명한다. 대법관은 대법원장의 제청으로 국회의 동의를 얻어 대통령이 임명하고 그 외의 법관은 대법관회의의 동의를 얻어 대법원장이 임명한다.

86) 조만형, 법학개론, 2013, 137－139면.

(2) 고등법원

고등법원은 고등법원 판사로 구성되며, 고등법원의 설치·폐지 및 관할 구역은 법률로 정한다(법원조직법 제3조 제3항). 고등법원에는 민사부·형사부 및 특별부를 두며, 각 부에는 판사로써 보하는 부장을 두고, 그 부의 사무를 감독한다(법원조직법 제27조).

고등법원의 심판권은 판사 3인으로 구성된 합의부에서 행하며, ① 지방법원 합의부는 제1심판결 또는 가정법원 합의부의 심판에 대한 항소사건, ② 지방법원 합의부 또는 가정법원 합의부 제1심결정, 명령에 대한 항고사건, ③ 법률에 의하여 그 권한에 속하는 사건을 심판한다.

(3) 지방법원

지방법원은 필요에 따라 민사지방법원과 형사지방법원으로 분리할 수 있다(법원조직법 제3조 제1항 단서). 지방법원 심판권은 단독판사가 행하는 것이 보통이나 지방법원 또는 동지원에서 합의심판을 필요로 할 때에는 판사 3인으로 구성된 합의부에서 행한다(법원조직법 제7조 제4항, 제5항).

(4) 가정법원

가정법원은 가사사건과 그 조정을 주로 심판하는 특수법원이다. 가정법원과 동지원의 심판권은 단독판사가 행하되 필요한 경우에는 판사 3인으로 구성된 합의부에서 심판한다. 합의부는 혼인, 이혼의 무효 등의 을류심판사건과 약혼해제로 인한 손해배상청구 등의 병류심판사건을 심판한다.

(5) 군사법원

군사재판을 관할하기 위하여 특별법원인 군사법원을 들 수 있다. 군사법원의 상고심법원은 대법원이며, 군사법원의 조직·권한 및 재판관의 자격은 법률로 정하고 있다. 보통군사법원은 재판관 3인 또는 5인으로, 고등군사법원은 재판관 5인으로 구성된다. 재판관은 군판사와 심판관으로서 하고 재판장은 선임재판관이 된다. 보통군사법원은 군판사 1인과 2인 또는 4인의 심판관으로 구성되며, 고등군사법원은 군판사 3인과 2인의 심판관으로 구성한다. 군사법원에는 관할권을 둔다. 비상계엄하의 군사법원은 군인, 군무원의 범죄, 군사에 관한 간첩죄 등 법률이 정한 경우에 한하여 단심으로 심판할 수 있다(헌법 제110조).

(6) 행정법원

행정법원은 행정법원장과 판사로 구성된다. 행정법원의 심판권은 행정사건과 법률에 의하여 행정법원의 권한에 속하는 사건을 제1심으로 심판한다. 항소심은 고등법원이고, 대법원이 상고법원이다. 행정법원의 설립으로 행정소송도 3심제가 되었고, 행정심판전치주의도 임의적인 것이 되었다. 사법행정에 관한 자문기관으로서 판사로 구성된 판사회의를 둔다.

3) 법원의 권한

(1) 위헌법률심사제청권

법률이 헌법에 위반되는 여부가 재판의 전제가 된 경우에는 법원은 헌법재판소에 제청하여 그 심판에 의하여 재판한다(제107조 제1항). 제청권 행사의 주체는 당해 소송이 계속되고 있는 법원이 대법원을 경유하여 제청한다.

(2) 명령 · 규칙 · 처분심사권

명령 · 규칙 또는 처분이 헌법이나 법률에 위반되는 여부가 재판의 전제가 된 경우에는 대법원은 이를 최종적으로 심사할 권한을 가진다고 하여 법원의 명령 · 규칙 · 처분의 심사권을 규정하고 있다(제107조 제1항).

7. 헌법재판소

1) 헌법재판의 의의

헌법재판은 헌법을 운용하는 과정에의 규범내용이나 기타 헌법문제에 대한 다툼이 있는 경우에 이를 유권적으로 해결함으로써 헌법의 규범적 효력을 지키고 헌정질서의 안정을 유지하려는 헌법의 실현작용이다. 헌법의 규범내용이나 헌법문제에 대한 다툼은 헌법의 규범구조적 특성 때문에 나타나는 불가피한 현상으로 헌법재판은 어느 의미에서 헌법구조의 내재적인 제도라고 할 수 있다.

2) 조직과 구성

헌법재판소는 9인의 재판관으로 구성하며 대통령이 임명한다. 재판관 중 3인은 국회에서 선출하는 자를, 3인은 대법원장이 지명하는 자를 임명하며,

임기는 6년이다. 헌법재판소재판관은 헌법과 양심에 따라 자유로이 그 권한사항에 관하여 결정할 수 있도록 탄핵 또는 금고 이상의 형의 선고에 의하지 아니하고는 파면되지 아니하는 신분보장을 받고 있다. 또 한 재판관은 정당에 관여하거나 정치에 관여할 수 없다(제111조, 제112조).

3) 헌법재판관의 권한

(1) 위헌법률심판권

법률이 헌법에 위반하느냐의 여부를 심판하는 권한이다. 위헌법률심판의 제청은 법률이 헌법에 위반되는지 여부가 재판의 전제가 된 때에 법원이 위헌이라고 인정하거나 소송당사자가 위헌이라고 주장할 경우에는 법원은 헌법재판소에 제청하여 그 심판에 의하여 재판한다.

(2) 탄핵심판권

국회는 대통령에 대하여는 국회재적과반수의 발의와 재적 3분의 2이상의 찬성으로, 그 외에 대하여는 재적 3분의 1이상의 발의와 재적과반수의 찬성으로 탄핵소추를 할 수 있다.

(3) 정당해산심판권

헌법재판소는 정부에서 정당의 목적이나 활동이 민주적 기본질서에 위배된다고 하여 해산을 제소한 경우에는 정당해산심판을 한다. 정당해산심판의 효력에 의하여 당해 정당은 해산되고 대체정당의 구성은 금지된다. 또한 정당의 당원은 당원자격과 신분을 상실한다. 그러나 소속정당이 해산되었다고 하여 국회의원자격까지 상실되는 것은 아니다.

(4) 기관쟁의심판권

헌법재판소는 기관간의 권한쟁의에 관하여 심판한다. 기관쟁의로서는 국가기관상호간의 권한쟁의, 국가기관과 지방자치단체간의 권한쟁의, 지방자치단체간의 권한쟁의 등이 있다.

(5) 헌법소원심판권

헌법소원이란 국민의 헌법상의 권리가 국가권력에 의하여 침해된 경우에 최종적으로 헌법재판소에 제소하여 구제를 청구하는 제도이다. 헌법소원의 제기요건이나 심판절차에 관하여는 법률로 정한다.

4) 헌법재판소의 직무와 심판절차

헌법재판소는 (1) 법원의 제청에 의한 법률의 위헌여부심판, (2) 탄핵의 심판 등을 한다. 헌법제판소의 심판절차로 재판부를 구성하며, 대리인을 선임하고, 심판청구를 하며, 심리를 하고, 종국결정을 한다.[87)]

헌재는 관할하는 사건에 사건번호를 부여함에 있어서 (1) 위헌법률심판은 '헌가', (2) 탄핵심판은 '헌나', (3) 위헌정당해산심판은 '헌다', (4) 권한쟁의심판은 '헌라', 권리구제형 헌법소원은 '헌마', 위헌심판형 헌법소원은 '헌바'로 구분하고 있다.

5) 재판관회의

(1) 재판관회의는 재판관 전원으로 구성하며 헌법재판소장이 의장이 된다.

(2) 재판관회의는 재판관 7인 이상의 출석과 출석재판관 과반수의 찬성으로써 의결한다.

(3) 의장은 의결에 있어서 표결권을 가진다.

---

87) 김철수, 헌법개설, 2006, 406－407면 참고.

제2장

민　법

제1절 민법의 의의

1. 총　설

민법(民法)은 "사인간의 생활관계를 규율하는 법"[1]이며, '사인간의 생활관계'는 거래관계 및 친족·상속관계가 그 중요한 내용으로 재산법과 가족법으로 이루어져 있다.[2] 민법이라는 용어의 어원은 로마법에서의 시민법(ius civile)에서 시작되었다.[3] 우리나라에서 최초로 사용되기는 1894년 제정된 홍법 제14조에 나타난다.[4]

'형식적 의미의 민법'은 민법전(법률 제471호)을 말하지만 '실질적 의미의 민법'은 사인간의 법률관계를 규율하는 일반사법을 말한다.[5] 일반적으로 민법이라 하면 후자를 의미한다. 민법의 성질과 형식으로는 (1) 사법이며, (2) 일반사법이고, (3) 실체법에 해당한다.[6] 상법은 일반사법인 민법의 특별법이며, 상법과 같은 특별사법을 제외한 일반사법이 민법에 해당한다.[7]

형식적 의미의 민법은 1958년 2월 28일에 공포되어 1960년 1월 1일부

1) 김형배, 민법학강의, 2001, 3면.
2) 남궁승태·이용박, 생활법률, 2008, 144면 참고.
3) 김상용, 민법총칙, 2009, 4면 참고.
4) 오시영, 민법총칙, 2008, 3면 참고.
5) 지원림, 민법강의, 2008, 3면 참고.
6) 김형배, 민법학강의, 2001, 4−5면 참고.
7) 박은정 외 11인, 법학입문, 1999, 191면 참고.

터 시행되어 온 현행민법전을 가리킨다. 현행 민법전은 전 5편 전문 1118조 및 부칙으로 구성된 방대한 것이며, 그 내용은 총칙·물권·채권·친족·상속의 5편으로 구성되어 있다.

1) 근대 민법의 기본원칙

(1) 소유권절대의 원칙

소유권절대의 원칙은 소유권의 행사는 원칙적으로 소유자 개인의 자유에 맡겨지고 국가나 다른 개인은 이에 관하여 간섭하지 못한다는 것이다. 소유권은 물건을 전면적으로 지배할 수 있는 권리이므로 목적물을 자유롭게 지배하고 권리를 행사할 수 있어야 한다는 취지이다. 헌법에 국민의 재산권을 보호한다(제23조 제1항)고 규정하여 사유재산존중의 원칙을 분명히 하고 있으며, 민법에 소유권은 소유물을 사용·수익·처분할 수 있는 권리(제211조)라고 규정하여 국가라 할지라도 임의로 침해하지 못한다는 원칙을 세우고 있다.

(2) 계약자유의 원칙

사적 자치의 원칙이란 모든 개인의 법률생활관계는 국가나 타인의 간섭을 받지 아니하고 평등한 지위에서 오직 자기의 의사에 의하여 형성할 수 있다는 원칙이다. 재화를 교환하고 매매하여 그 가치를 향유하고 증식하려면 법률관계(계약 등)를 임의에 따라 형성할 수 있는 자유가 보장되지 않으면 안된다. 이는 주로 법률행위자유의 원칙 또는 계약자유의 원칙이라고도 한다.

계약자유의 원칙은 계약체결 여부의 자유, 계약체결의 상대방 선택의 자유, 계약의 내용을 결정하는 자유, 계약방식의 자유 등을 내용으로 하고 있다.

그러나 계약자유의 원칙도 제한이 있다. 즉 민법상 계약은 선량한 풍속 기타 사회질서에 위반한 사항을 내용으로 하는 법률행위는 무효로 한다(제103조).[8]고 규정하여 반사회질서의 법률행위는 허용되지 않고 있으며, 또한 궁박·경솔 또는 무경험으로 인하여 현저하게 공정을 잃은 법률행위는 무효로 한다(제104조).[9]고 규정하여 계약자유의 원칙을 제한하고 있다.

---

8) 민법 제103조, 선량한 풍속 기타 사회질서에 위반한 사항을 내용으로 하는 법률행위는 무효로 한다.

9) 민법 제104조, 당사자의 궁박, 경솔 또는 무경험으로 인하여 현저하게 공정을 잃은 법

(3) 과실책임의 원칙

과실책임의 원칙이란 자기의 행위로 인하여 타인에게 손해를 가한 경우에 그 행위가 위법하고 고의·과실이 있어야 책임을 진다는 원칙이다. 자기의 행위에 의해서만 책임을 진다는 것이므로 자기책임의 원칙이라고도 한다. 이 원칙은 자기의 생활이 타인에 대한 손해의 원인이 된다는 두려움이 개인 활동을 위축시키는 것을 방지하여 과실있는 범위에서 책임을 부담하고 그렇지 않는 한 마음껏 활동하도록 한다면 개인과 사회의 발전을 동시에 기대할 수 있을 것이다. 따라서 과실책임의 원칙은 사적자치원칙의 이면이라고 할 수 있다.

한편 당사자가 아무리 주의를 하여도 인간의 불완전성 때문에 손해가 불가피하게 발생한 경우, 기술의 한계 때문에 손해를 방지할 수 없는 경우, 손해방지에 과다한 비용이 요구된 경우는 과실책임에 의해 책임을 묻는 것이 타당하지 않다. 그러므로 교통사고·환경오염·의료과오 등의 경우에는 과실책임주의를 엄격하게 적용하지 아니하고 무과실책임으로 나아가는 경향이 있다.

2) 민법의 수정원칙

(1) 신의성실의 원칙

신의성실의 원칙은 원래 사람의 행위나 태도에 대한 윤리적·도덕적 평가를 나타내는 말인데, 이러한 도덕적·윤리적 평가를 법적 가치판단의 한 내용으로 도입한 것이다. 민법은 "권리의 행사와 의무의 이행은 신의에 좇아 성실히 하여야 한다."[10]고 규정하여 신의성실의 원칙을 밝히고 있다. 이 원칙은 사회생활을 영위하는 구성원은 상대방의 신뢰가 헛되지 않도록 성의를 가지고 행동해야 한다는 윤리적 덕목을 법규에 도입한 것이다.[11]

(2) 사권의 공공성의 원칙

민법은 소유권의 행사는 법률의 범위내에서 허용된다.[12]고 규정하여 소

률행위는 무효로 한다.

10) 민법 제2조 제1항, 권리의 행사와 의무의 이행은 신의에 좇아 성실히 하여야 한다.

11) 조만형, 법학개론, 2013, 150면.

12) 민법 제211조, 소유자는 법률의 범위내에서 그 소유물을 사용, 수익, 처분할 권리가 있다.

유권행사의 제한규정을 두고 있다. 헌법상 재산권의 내용과 한계를 법률로 정하여야 하며,[13] 재산권의 행사는 공공복리에 적합하도록 하여야 한다.[14] 따라서 소유권의 행사는 무제한적으로 허용되는 것은 아니고 사회성과 공공성에 적합한 범위 안에서만 허용된다는 원칙이다. 즉, 사회적으로 타당하다고 인정되는 범위 안에서 하여야 하며 그 범위를 넘어서 소유권을 행사하면 권리의 남용[15]이 되어 정당한 소유권의 행사로 볼 수 없게 된다.

(3) 권리남용금지의 원칙

권리남용금지의 원칙은 권리의 무제한적 행사를 허용하지 않고, 권리는 공공의 복리에 반하지 않는 범위 안에서만 행사하도록 제한을 한다는 원칙이다. 권리남용은 권리의 행사가 본래의 사회적 목적을 벗어난 것을 말한다. 이는 형식적으로 권리의 행사인 것처럼 보이지만 실질적으로는 권리의 사회성과 공공성에 반하는 권리행사로써 정당한 권리의 행사라고 볼 수 없는 행위이다. 민법에 "권리는 남용하지 못한다(제2조 제2항)"고 규정한 것은 권리남용에 대하여 객관적 요건을 기준으로 하여 권리행사의 범위를 넘으면 그 행위는 정당한 권리행사로 될 수 없음을 밝히고 있는 것이다.

(4) 사정변경의 원칙

사정변경의 원칙은 법률행위의 성립에 있어서 그 기초가 된 사정이 그 후에 당사자가 예견하지 못하였거나 예견할 수 없었던 중대한 변경이 생겨 행위 당시에 정해진 행위의 효과를 그대로 유지하거나 강제한다면 형평을 잃는 결과가 생길 경우에 당사자는 그러한 행위의 효과를 신의칙에 맞도록 변경할 것을 상대방에게 청구하거나 계약을 해지 또는 해제할 수 있다는 원칙이다. 이는 신의성실의원칙의 파생원칙 중의 하나이다.

이 원칙에 관한 직접적인 규정은 없으나 민법의 수도 등 시설권에 간접적으로 규정[16]을 하고 있다. 판례는 이 원칙을 매우 소극적으로 해석하고 있으나, 학설은 그렇지 않다(조만형, 2013).

---

13) 헌법 제23조 제1항, 모든 국민의 재산권은 보장된다. 그 내용과 한계는 법률로 정한다.
14) 헌법 제23조 제2항, 재산권의 행사는 공공복리에 적합하도록 하여야 한다.
15) 민법 제2조 제2항, 권리는 남용하지 못한다.
16) 민법 제218조 제1항, 토지소유자는 타인의 토지를 통과하지 아니하면 필요한 수도, 수도관, 가스관, 전선 등을 시설할 수 없거나 과다한 비용을 요하는 경우에는 타인의 토지를 통과하여 이를 시설할 수 있다. 그러나 이로 인한 손해가 가장 적은 장소와 방법을 선택하여 이를 시설할 것이며 타토지의 소유자의 청구에 의하여 손해를 보상하여야 한다.

2. 권리의 주체

'권리능력'이란 "권리 · 의무의 주체가 될 수 있는 자격"[17]을 말한다. 권리능력의 주체로는 자연인[18]과 법인[19]이 있다.

1) 자연인

(1) 권리능력

자연인의 권리능력에 관하여 "사람은 생존한 동안 권리와 의무의 주체가 된다"고 규정하여 사람은 출생한 때부터 사망할 때까지 권리능력을 가지게 된다. 따라서 출생 이전의 상태에 있는 태아는 권리능력을 가지지 못하는 것이 원칙이다. 그러나 태아에게도 예외적으로 권리능력을 인정하는 경우가 있다. 권리적 측면에서 태아를 보호하는 규정은 일반적 보호주의와 개별적 보호주의로 나누어진다.

일반적 보호주의는 일반적으로 태아를 출생한 것으로 보는 경우로 스위스 민법이 이에 해당한다. 이는 로마법이래 태아는 그 이익이 문제되는 때에는 언제나 출생한 것으로 보는 주의이다(조만형, 2013).

개별적 보호주의는 중요한 법률관계에 관해서만 개별적으로 출생한 것으로 보는 주의이며 독일민법, 프랑스민법, 한국민법 등이 이에 속한다. 우리 민법은 불법행위로 인한 손해배상청구, 재산상속, 재산상속에 있어서 대습상속, 유증, 사인증여에 관해서만 예외적으로 태아의 권리능력을 인정하고 있다.

(2) 행위능력

행위능력은 단독으로 유효한 법률행위를 할 수 있는 지위 또는 자격을 말한다. 법률행위가 유효하기 위해서는 행위자에게 의사능력이 있음을 필요로 한다. 따라서 의사무능력자가 행한 법률행위는 해석상 당연히 무효가 된다. 여기서 의사능력이란 사적자치의 원칙을 유지하기 위하여 이론상 최

제2항, 전항에 의한 시설을 한 후 사정의 변경이 있는 때에는 타토지의 소유자는 그 시설의 변경을 청구할 수 있다. 시설변경의 비용은 토지소유자가 부담한다.

17) 김형배, 민법학강의, 2001, 34면.

18) 민법 제3조, 사람은 생존한 동안 권리와 의무의 주체가 된다.

19) 민법 제32조, 학술, 종교, 자선, 기예, 사교 기타 영리 아닌 사업을 목적으로 하는 사단 또는 재단은 주무관청의 허가를 얻어 이를 법인으로 할 수 있다.

저한의 요청을 충족시킬 수 있는 정도의 정신능력 또는 지능을 말한다. 이러한 정도의 정신능력 또는 지능을 가지고 있는 상태를 행위능력이 있다고 하며, 이러한 행위능력을 가지고 단독으로 유효한 법률행위를 할 수 있는 사람을 행위능력자라고 한다. 그러므로 의사무능력자가 행한 법률행위는 당연히 무효이다.

(3) 제한능력자

제한능력자는 단독으로 유효한 법률행위를 할 수 없는 자를 말한다. 법률상 제한능력자로 규정된 자는 미성년자, 피성년후견인, 피한정후견인 등이다.

① 미성년자: 미성년자는 19세에 이르지 아니한 자를 말한다. 미성년자가 법률행위를 하기 위해서는 원칙적으로 법정대리인의 동의를 얻어야 한다. 이를 위반한 행위는 미성년자 본인이나 그 법정대리인이 취소할 수 있다. 따라서 미성년자는 단독으로 유효한 법률행위를 할 수 없다. 그러나 미성년자라 할지라도 법정대리인의 동의없이 단독으로 법률행위를 할 수 있는 경우가 있다.

첫째, 권리만을 얻거나 의무만을 면하는 행위는 법정대리인의 동의가 필요하지 않다.[20] 둘째, 법정대리인이 범위를 정하여 처분을 허락한 재산은 미성년자가 임의로 처분할 수 있다.[21] 셋째, 미성년자가 법정대리인으로부터 허락을 얻은 특정한 영업에 관해서는 성년과 동일한 행위능력을 인정한다.[22]

② 법정후견인: 법정후견인 제도는 현재 정신적 제약이 있는 사람은 물론 미래에 정신적 능력이 약해질 우려가 있는 사람이 재산행위뿐만 아니라 치료, 요양 등 복리에 관한 폭넓은 도움을 받을 수 있도록 한 것이다. 성년후견인 제도는 종래의 한정치산·금치산제도가 획일적으로 행위능력을 제한하는 문제점을 개선시키고 대신 더욱 능동적이고 적극적인 사회복지시스템인 성년후견·한정후견·특정후견제도를 도입하여 성년후견 등을 요구하

20) 민법 제5조 제1항, 미성년자가 법률행위를 함에는 법정대리인의 동의를 얻어야 한다. 그러나 권리만을 얻거나 의문만을 면하는 행위는 그러하지 아니하다.

21) 민법 제6조, 법정대리인이 범위를 정하여 처분을 허락한 재산은 미성년자가 임의로 처분할 수 있다.

22) 민법 제8조 제1항, 미성년자가 법정대리인으로부터 허락을 얻은 특정한 영업에 관하여는 성년자와 동일한 행위능력이 있다.

는 노인, 장애인 등에 대한 보호를 강화하고자 하고 있다.

③ 후견계약: 후견계약은 질병, 장애, 노령, 그 밖의 사유로 인한 정신적 제약으로 사무를 처리할 능력이 부족한 상황에 있거나 부족하게 될 상황에 대비하여 자신의 재산관리 및 신상보호에 관한 사무의 전부 또는 일부를 다른 사람에게 위탁하고 그 위탁사무에 관하여 대리권을 수여하는 것을 내용으로 한다. 후견계약은 공정증서로 체결하며, 가정법원이 임의후견감독인을 선임한 때부터 효력이 발생한다. 가정법원, 후견감독인 등은 후견계약을 이행·운영할 때 본인의 의사를 최대한 존중하여야 한다.[23]

2) 법인

'법인'(法人)이란 "자연인 이외의 것으로서 법인격(권리능력)이 인정된 것"[24] 혹은 "법률에 의하여 권리능력이 인정된 단체 또는 재산"[25]을 말한다.

(1) 법인의 종류

법인을 크게 나누어 공법인과 사법인으로 나눌 수 있다. 국가 또는 공공단체 등이 공법인에 속하며, 사법인은 다시 사단법인과 재단법인으로 나누어진다. 사단법인은 일정한 목적을 위하여 결합한 사람의 단체, 즉 사단을 그 실체로 하는 법인이며, 재단법인은 일정한 목적을 위하여 바쳐진 재산, 즉 재단이 실체를 이루고 있는 법인이다.

사단법인에는 영리를 목적으로 하는 영리사단법인과 영리를 목적으로 하지 않는 비영리사단법인이 있으며, 전자는 상법이 적용되고, 비영리사단법인과 재단법인만이 민법의 적용을 받는다.

(2) 법인의 행위능력

법인의 행위능력에 관하여 민법은 아무런 규정을 두고 있지 않지만 법인이 가지는 권리능력이 범위내에서는 행위능력도 인정되어야 할 것이다. 즉 법인의 권리능력의 범위에 속하는 행위를 대표기관이 하였을 때에 이것이 법인의 행위로 인정되게 된다(법인 실재설의 입장). 법인의 행위능력을

---

23) 민법 제9592조의14제4항, 가정법원, 임의후견임, 임의후견감독인 등은 후견계약을 이행·운영할 때 본인의 의사를 최대한 존중하여야 한다.

24) 박은정 외 11, 법학입문, 1999, 215면 참고.

25) 김형배, 민법학강의, 2001, 56면 참고.

인정하게 되면 마찬가지로 불법행위능력도 인정되어야 한다. 민법은 "법인은 이사 기타 대표자가 그 직무에 관하여 타인에게 손해를 가한 손해를 배상할 책임이 있다"[26]고 규정하여 법인의 손해배상 책임을 인정하고 있다.

(3) 법인의 기관

법인이 독립한 인격자로서 사회적으로 활동하기 위해서는 법인의 의사를 결정하고 그 의사에 기하여 외부에 대하여 행동하고 내부의 사무를 처리하는 일정한 조직을 필요로 한다. 이 조직이 법인의 기관이다. 법인의 기관으로서 이사·사원총회·감사의 세 가지가 있다.

① 이사(理事): 이사는 대외적으로 법인을 대표하고 대내적으로 법인의 사무를 집행하는 상설적 필수기관이다. 이사가 법인을 대표하여 한 행위는 법인 자신의 행위로 인정된다. 이사는 여러 명 둘 수 있다.

② 감사(監事): 감사는 정관 또는 사원총회의 결의로 둘 수 있는 임의기관으로서 법인의 재산상황, 이사의 업무집행의 상황 등을 감사한다.

③ 사원총회(社員總會): 사원총회는 사단법인의 총사원으로 구성되는 최고 의사결정 기관이며 필수기관이다. 사단법인의 이사는 매년 1회 이상 통상총회를 소집하여야 한다.

3. 권리의 객체

권리에 의하여 보호되는 이익을 권리의 내용 또는 목적이라 하고, 권리의 내용 또는 목적을 실현하기 위한 일정한 대상을 권리의 객체라고 한다. 예를 들면 상속권은 상속재산이 그 객체가 된다.[27] 권리의 객체는 권리의 목적·내용 또는 종류에 따라 다르다. 물권에 있어서는 물건, 채권에 있어서는 특정인(채무자)의 행위, 권리 위의 권리에 있어서는 권리, 인격권에 있어서는 권리의 주체 자신 등이 각각 권리의 객체이다. 민법은 권리의 객체에 관한 일반적인 규정을 두지 않고 오직 물건에 대하여만 규정을 두고 있다.

---

26) 민법 제35조 제1항, 법인은 이사 기타 대표자가 그 직무에 관하여 타인에게 가한 손해를 배상할 책임이 있다. 이사 기타 대표자는 이로 인하여 자기의 손해배상책임을 면하지 못한다.
27) 김형배, 민법학강의, 2001, 82면 참고.

1) 물건의 의의

물건(物件)이라 함은 유체물 및 전기 기타 관리할 수 있는 자연력을 말한다.[28] 유체물이라 함은 고체・액체・기체와 같이 공간의 일부를 차지하고 사람의 오감에 의하여 지각할 수 있는 형태를 가지는 물질을 말하며, 관리할 수 있는 자연력이라 함은 배타적 지배가 가능한 전기・열・빛 등과 같은 무형적 존재물을 말한다.

또한 물건은 외계의 일부이어야 하므로 사람의 신체는 물건이 아니나 절단 또는 분리된 신체의 일부는 물건이 된다(예컨대, 혈액이 사람으로부터 분리된 후부터는 물건으로 취급된다). 물건은 사람이 지배할 수 있어야 하므로 해・달・별・바다 같은 것은 유체물이지만 민법상의 물건은 아니다.

2) 물건의 분류

(1) 동산과 부동산

토지와 그 정착물을 부동산이라 한다. 토지의 정착물이라 함은 토지에 고정적으로 부착하여 용이하게 이동할 수 없는 물건으로서 그러한 상태로 사용되는 것이 그 물건의 거래상의 성질로 인정되는 것을 말한다. 예컨대, 건물・수목・교량 등이다. 토지의 정착물 중 건물은 토지와 별개의 독립한 물건으로 취급된다.

부동산 이외의 물건은 동산이다. 부동산은 등기를, 동산은 점유를 공시방법으로 한다.

(2) 주물과 종물

어떤 물건의 소유자가 그 물건의 효용을 돕기 위하여 자기소유의 다른 물건을 이에 부속시키고 있을 때(시계와 시계줄, 배와 노) 부속시킨 물건을 종물이라 하고, 도움을 받는 주된 물건을 주물이라고 한다.

종물(從物)의 처분은 당사자간에 특별한 약정이 없는 한 주물(主物)의 처분에 따른다.[29]

---

28) 민법 제98조, 본법에서 물건이라 함은 유체물 및 전기 기타 관리할 수 있는 자연력을 말한다.

29) 민법 제100조 제1항, 물건의 소유자가 그 물건의 상용에 공하기 위하여 자기소유인 다른 물건을 이에 부속하게 한 때에는 그 부속물은 종물이다.
제2항, 종물은 주물의 처분에 따른다.

(3) 원물과 과실

어떤 물건에서 나오는 수익물을 과실이라 하고 그 수익을 낳는 물건을 원물이라 한다. 과실에는 천연과실과 법정과실이 있으며, 천연과실은 달걀·우유·야채 등과 같이 원물의 경제적 성질에 따라 자연적으로 산출되는 과실이며, 법정과실은 집세·이자 등과 같이 원물을 타인에게 사용시킨 대가로 수취되는 과실이다. 천연과실은 원물로부터 분리할 때 이를 수취할 권리가 있는 자에게 귀속하고, 법정과실은 이를 수취할 권리의 존속기간의 일수의 비율로 전후의 양 권리자에게 분속한다.

4. 권리의 변동

생활관계가 발전함으로 인하여 법률관계도 변동을 하게 된다.[30)]

'권리변동의 모습'으로 권리의 발생과 변경 및 소멸로 구분할 수 있다. 구체적으로 '권리의 발생'에는 절대적 발생으로는 유실물의 습득 등과 같은 '원시취득'과 상대적 발생으로 인한 '승계취득'이 있다. 후자는 다시 이전적 승계와 설정적 승계로 나뉜다.[31)]

'권리변동의 원인'으로 법률요건이 있다. 이에는 법률행위와 준법률행위 및 불법행위 등을 포함한다.[32)]

1) 법률행위

법률행위라 함은 일정한 사법상의 효과의 발생을 목적으로 하는 한 개 또는 수 개의 의사표시를 불가결의 요소로 하는 법률요건을 말한다. 법률행위 중에는 한 개의 의사표시로서 성립하는 경우도 있고(예, 취소·추인, 유언 등), 수 개의 의사표시로서 성립하는 경우도 있으며(예, 매매계약·사단법인의 설립행위) 또는 의사표시와 그 외의 법률사실과 결합에 의하여 성립하는 경우도 있다(예, 질권의 설정 등).

2) 의사표시

의사표시(意思表示)라 함은 일정한 법률효과의 발생을 의욕하는 의사를

30) 김형배, 민법학강의, 2001, 84면 참고.
31) 김형배, 민법학강의, 2001, 84면 참고.
32) 김형배, 민법학강의, 2001, 85면 참고.

외부에 표시하는 행위를 말하며 법률행위의 불가결한 요소가 되는 법률사실이다. 이 의사표시가 성립하는 심리적 과정을 분석하여 보면, 먼저 개인이 어떤 동기에 의하여 일정한 법률효과의 발생을 목적으로 하는 의사를 결정하고(효과의사), 다음에 이 의사를 외부(타인)에게 알리기 위하여 발표하려는 의사(표시의사)에 매개되어서 일정한 행위가 되어 외부에 나타나게 된다(표시행위). 따라서 의사표시는 효과의사의 결정, 표시의사의 매개, 표시행위라는 심리적 3단계를 거쳐서 성립되게 된다.

3) 대리

대리(代理)라 함은 타인(대리인)이 본인의 이름으로 법률행위(의사표시)를 하거나 이를 수령함으로써 그 법률효과를 직접 본인에게 귀속시키는 제도를 말한다. 대리제도는 개인의 활동범위를 넓게 확장해 주고 또한 의사능력이나 행동능력이 없는 자에게 대리인에 의한 거래의 길을 열어 줌으로써 사적 자치를 확장 또는 보충하여 주는 사회적 기능을 가지고 있다. 그 중 사적 자치의 확장기능이 대리제도의 본질적인 기능이라 할 수 있다.

대리인에게는 대리권이 있어야 하는데 대리권은 본인과 대리인 사이에 일정한 관계가 있기 때문에 법률의 규정이나 법원의 선임에 의하여 발생하는 경우와 본인의 의사에 따라 대리인에게 대리권을 줌으로써 발생하는 경우가 있는데 전자를 법정대리라 하며 주로 사적 자치를 보충하는 기능을 가지며, 후자는 임의대리라 하여 주로 사적 자치를 확장하는 기능을 가지고 있다.

4) 무효와 취소

법률행위는 일반적인 경우 당사자가 의도한 대로의 법률효과가 발생하지만 경우에 따라서는 그 효과발생이 저지된다. 이에는 무효와 취소가 있다.

(1) 무효

무효(無效)라 함은 법률행위가 성립한 당초부터 법률상 당연히 그 효력이 생기지 아니하는 것으로 확정되어 있는 것을 말한다. 법률행위의 무효는 다음에서 보는 취소와는 달리 어느 누구의 주장을 기다리지 아니하고 법률상 당연히 효력이 없다. 허위표시, 반사회적 법률행위, 강행법규위반의 법률행위 등이 이에 속한다.

(2) 취소

취소(取消)라 함은 원칙적으로 무능력 또는 의사표시가 착오·사기·강박으로 행하여졌다는 것을 이유로 일단 유효하게 성립한 법률행위의 효력을 추후 행위시로 소급하여 소멸케 하는 특정인(취소권자)의 의사표시를 말한다.

5) 조건과 기한

법률행위의 당사자는 법률효과가 어떠한 사실이 발생한 때 또는 어느 시기가 도래한 때에 발생 또는 소멸시키고자 하는 때가 있다. 이와 같이 법률행위의 효과의 발생 또는 소멸에 관하여 이를 제한하기 위하여 부가되는 약관을 '부관(附款)'이라 하며, 법률행위의 부관에는 조건과 기한이 있다.

(1) 조건

조건은 성립여부가 불확실한 장래의 사실에 따라 법률행위의 효력을 발생 또는 소멸시키고자 하는 내용을 가지는 법률행위의 부관을 말한다. 조건에는 정지조건과 해제조건이 있다.

① 정지조건은 법률행위의 효력발생에 관한 것이고, 해제조건은 법률행위의 소멸에 관한 것이다. 예컨대, 정지조건은 '대학에 합격하면 승용차를 사 주겠다'라고 하는 경우 대학에 합격할지 불합격할지 불확실한 사실의 여부에 의존하여 만약 합격하면 승용차를 사주게 되므로 효력발생이 되는 경우이다.

② 해제조건은 법률행위의 효력이 즉시로 발생하되 조건이 성취되면 그 효력이 소멸케 되는 계약조항을 말한다. 예컨대, '대학에 떨어지면 지금 타고 다니는 승용차를 그만 타게 하겠다'라고 하는 경우에 대학의 합격여부가 불확실하고 만약 불합격하면 조건이 성립함으로써 지금 타고 다니는 차를 못 타게 됨으로 효력을 잃게 되는 경우이다.

(2) 기한

기한은 불법행위의 효력의 발생 또는 소멸을 장래 도래할 것이 확실한 어떤 사실의 발생에 의존케 하는 부관을 말한다. 기한에는 '내년 1월 1일'의 경우처럼 그 시기가 확정되어 있는 경우도 있고, '甲이 사망하였을 때,

처럼 도래할 것은 확실하지만 그 시기가 확정되어 있지 아니한 때가 있다. 전자를 확정기한, 후자를 불확정기한이라 한다.

기한은 채무자의 이익을 위한 것으로 추정한다. 기한의 이익은 포기할 수 있으나, 상대방의 이익을 해하지 못한다.

제2절 물 권

1. 총 설

물권법은 "각종 재화에 대한 사람의 지배관계, 즉 사람의 물건에 대한 지배관계를 규율하는 사법,"[33] 혹은 "물건에 대한 사람의 지배관계, 즉 물권관계를 규율하는 법"[34]을 말한다.

물권법의 법원에는 민법 제2편과 각종 특별법, 그리고 민법 제1조에 의해 관습법이 포함된다. 판례의 경우 사실상 구속력이 인정된다.[35] 물권법은 (1) 강행규정성, (2) 고유법성, (3) 로마법적·게르만법적 요소의 교착 등의 특질을 가진다.[36]

1) 물권의 종류

현행민법이 인정하는 물권의 종류로는 점유권·소유권·지상권·지역권·전세권·유치권·질권·저당권이 있고, 관습법상 인정되는 물권으로는 분묘기지권과 양도담보가 있다.

물권은 여러 가지 기준에 따라 분류된다. 이 가운데 지상권·지역권·전세권을 용익물권이라 하고, 유치권·질권·저당권을 담보물권이라 부른다. 또한 용익물권·담보물권은 타인의 소유권의 내용 일부를 일시적으로 제한하는 것이므로 이를 제한물권 또는 타물권이라고 하며, 점유권은 점유하는 물건에 대한 사실적 지배만을 법률요건으로 하여 인정되는 물권이고, 그 이외의 물권은 물건을 법률상 정당하게 점유할 수 있는 물권이므로 이

33) 김형배, 민법학강의, 2001, 260면 참고.
34) 박은정 외 11, 법학입문, 1999, 231면.
35) 김형배, 민법학강의, 2001, 301면 참고.
36) 김형배, 민법학강의, 2001, 302면 참고.

를 본권(本權)이라고 한다.

(1) 점유권

점유권(占有權)이라 함은 물건을 사실상 지배함으로써 성립하는 물권을 말한다. 여기서 사실상 지배라 함은 사회통념상 물건이 어떤 사람의 지배하에 있다고 할 수 있는 객관적 관계를 말한다. 점유는 물건에 대한 사실상의 지배만으로서 충분하며 그 밖에 어떤 특별한 의사는 필요치 않다. 통상적으로 어떤 물건을 사실상 지배하고 있는 자는 대체로 그것을 지배할 권리(본권)가 있기 때문이지만, 때로는 아무런 권리 없이 지배하는 경우(도난품의 소지자 등)가 있다. 이런 때 진정한 권리자만이 법의 보호를 받아야 하겠지만 점유권은 사실상 지배하는 자가 본권이 있고 없고간에 지배하고 있는 상태 그 자체에 일정한 효과를 부여하는 제도이다.

이와 같은 점유제도의 존재이유는 진정한 권리자가 법의 절차에 의하지 않고 자력으로 타인의 점유를 침탈하여 권리를 실현한다면 사회의 물권적 질서가 파괴될 염려가 있기 때문이다.

(2) 소유권

소유권(所有權)이라 함은 법률의 범위 내에서 그 소유물을 사용・수익・처분할 수 있는 권리로서 가장 전형적이고 완전한 물권이다. 물건을 지배할 수 있는 관념적 권리이므로 현실적으로 지배함으로써 인정되는 점유권과 구별된다(관념성). 소유권은 물건을 전면적으로 지배할 수 있는 권리인 점에서 제한물권과 다르다. 소유권은 그가 가지는 여러 가지의 권능(사용・수익・처분 등)의 단순한 집합이 아니고 그러한 권능은 원천인 오직 하나의 지배권능에서 유출하는 것이다. 소유권에는 존속기간의 제한이 없으며 또한 소멸시효에도 걸리지 않는다. 또한 소유권은 제한물권에 의하여 제한되더라도 그 제한은 유한이며 그 제한이 제거되면 당연히 본래의 원만한 지배상태로 되돌아간다.

(3) 용익물권

용익물권(用益物權)이라 함은 타인의 물건을 일정한 목적을 위하여 사용・수익하는 것을 내용으로 하는 물권을 말한다. 용익물권은 담보물권과 함께 제한물권으로서 소유권에 대립한다. 민법상 용익물권에는 지상권・지역권 · 전세권이 있으며, 타인의 토지 또는 건물을 그 객체로 한다.

① 지상권: 지상권(地上權)이라 함은 타인의 토지에 건물 기타 공작물이나 수목을 소유하기 위하여 그 토지를 사용하는 물권을 말한다. 예컨대 타인의 토지에 건축 또는 식목을 하기 위하여 비교적 장기간 그 토지를 사용할 수 있는 물권이다.

② 지역권: 지역권(地役權)이라 함은 일정한 목적을 위하여 타인의 토지를 자기토지의 편익에 이용하는 물권을 말한다. 그 편익을 얻는 토지를 '요역지', 편익을 제공하는 토지를 '승역지'라 한다. 요역지가 얻는 편익의 종류에는 제한이 없으며 인수와 통행이 보통이다.

③ 전세권: 전세권(傳貰權)이라 함은 전세금을 지급하고 타인의 부동산을 점유하여 그 부동산의 용도에 좇아 사용 · 수익하고 그 부동산 전부에 대하여 후순위 권리자 기타 채권자 보다 전세금의 우선 변제를 받을 수 있는 권리를 말한다. 전세권이 소멸하면 전세권자는 그 목적 부동산을 반환하고 전세금을 반환받게 된다.

(4) 담보물권

담보물권(擔保物權)이라 함은 목적물을 채권담보에 제공함을 목적으로 하는 물권을 말한다. 이는 제한물권의 일종으로서 용익물권이 물건을 실질적으로 이용함을 목적으로 함에 반하여 담보물권은 물건의 경제적인 교환가치를 파악하여 거기에 우선변제를 확보함을 목적으로 한다.

2. 물권의 변동

물권의 발생 · 변경 · 소멸을 총칭해서 물권변동이라 한다. 물권변동은 법률행위에 의하거나 법률행위에 의하지 않고 법률의 규정에 의해서 변동되기도 한다.

1) 법률행위로 인한 물권변동

법률행위로 물권이 변동되기 위해서는 그 원인행위와 물권행위 및 일정한 형식을 갖추어야 한다. 물권행위란 직접 물권의 변동을 목적으로 하는 의사표시를 요소로 하는 법률행위로써, 채권행위에 대립하는 개념으로 법률적 처분행위이다.

물권변동은 일정한 형식을 요건으로 하는 형식주의와 의사표시만을 요건으로 하는 의사주의가 있다. 현행 민법은 형식주의를 취하고 있으므로 부동산은 등기함으로써,37) 동산은 인도함으로써,38) 물권변동의 효력이 생긴다.

2) 법률행위에 의하지 않는 물권변동

법률의 규정에 의한 물권변동은 등기의 불가능, 정책적 이유, 법률관계의 공백상태의 방지 등을 이유로 인정된다. 현행 민법이 형식주의를 취하고 있으므로 등기가 없으면 물권변동의 효력이 생기지 않는 것이 원칙이지만, 법률행위에 의하지 않는 물권변동은 예외로써 등기를 하지 않더라도 효력이 생긴다. 등기를 요하지 아니하는 물권변동으로는 상속, 공용징수, 판결, 경매 기타 법률의 규정에 의한 경우이다. 그러나 취득된 물권의 처분을 위해서는 등기를 요한다.

3) 물권의 공시

물권은 누구에게 대해서나 주장할 수 있는 절대권으로서 제3자에게 미치는 영향이 크므로 현재 어떤 물건에 누구가 어떤 물권을 가지고 있느냐를 대외적으로 공시해 줄 필요가 있다. 이것이 공시제도(公示制度) 내지 공시방법이며 일반적으로 부동산물권에 대하여는 등기, 동산물권에 대하여는 점유를 각각 공시방법으로 인정하고 있다.

제3절 채 권

1. 총 설

'채권법(債權法)'은 형식적으로 민법 제3편을 지칭하지만 실질적으로는 채권관계를 규율하는 사법의 일부를 말하며,39) "채권에 관한 법"40)이라 할

37) 민법 제186조, 부동산에 관한 법률행위로 인한 물권의 득실변경은 동기하여야 그 효력이 생긴다.
38) 민법 제188조 제1항, 동산에 관한 물권의 양도는 그 동산을 인도하여야 효력이 생긴다.
39) 지원림, 민법강의, 2008, 795면 참고.

수 있다.

채권이란 "타인(채무자)으로 하여금 일정한 행위를 하게 하는 권리"[41] 혹은 "채권자인 특정인이 채무자인 특정인에 대하여 특정의 행위를 할 것을 요구할 권리"[42]를 말한다. 채권의 목적은 채무자의 행위이고, 이를 급부(給付)라고 한다. 채권은 채무자라는 특정인에 대한 권리이다.

'채무(債務)'란 "채권자의 청구에 따라 일정한 행위(급부행위)를 하고, 이러한 일정한 행위(급부행위)를 통하여 일정한 이익(급부결과)을 채권자에게 보유시키는 채무자의 지위"[43]를 말한다.

'채권관계'란 양 당사자간의 채권법적 권리와 의무 및 부수적 의무의 실현을 내용으로 하는 법률관계이며, 특정한 채권자와 채무자간의 법률관계라는 점에서 특별구속관계에 해당한다.[44]

2. 채권의 종류

채권은 목적에 따라 분류하면 특정물채권, 종류채권, 금전채권, 이자채권, 선택채권으로 구분할 수 있다(조만형, 2013).

1) 특정물채권

특정물채권은 급여의 목적물이 정해져 있는 채권이며, 특정물의 인도를 목적으로 하는 채권을 말한다. 특정물의 인도가 채권의 목적인 때에는 채무자는 그 물건을 인도하기까지 선량한 관리자의 주의로 보존하여야 한다.[45]

2) 종류채권

종류채권은 목적물의 종류만 지정되어 있고 아직 목적물이 특정되지 아니한 채권을 말한다. 즉 불특정물의 인도를 목적으로 하는 채권이다. 예컨대 쌀 10가마 또는 컴퓨터 5대 등 종류와 수량만 정해지고 아직 구체적으로 특정되지 않은 경우이다. 종류채권은 채무자가 채무이행을 하려면 목적

40) 김상용, 채권총론, 2009, 1면.
41) 연정열・이동영, 법학개설, 1993, 173면.
42) 박종국・박영철・지규철, 신법학개론, 1992, 218면.
43) 소성규, 채권총론, 2009, 8면 참고.
44) 김형배, 민법학강의, 2001, 665−666면 참고.
45) 민법 제374조, 특정물의 인도가 채권의 목적인 때에는 채무자는 그 물건을 인도하기까지 선량한 관리자의 주의로 보존하여야 한다.

물이 늦어도 이행기까지는 특정되어야 하며, 목적물이 특정되면 그 때부터 특정물채권이 된다.[46)]

3) 금전채권

금전채권은 일정액의 금전급여를 목적으로 하는 채권이다. 예컨대 1억원의 매매대금채권 등이다. 금전채권은 목적물이 금전이라는 점이 특색이다. 금전채권은 채권의 목적이 어느 종류의 통화로 지급할 것인 경우에 그 통화가 변제기에 강제통용력을 잃은 때에는 채무자는 다른 통화로 변제하여야 한다.[47)]

4) 이자채권

이자채권은 이자의 급여를 목적으로 하는 채권을 말한다. 원금채권에 대하여 일정율에 따라 계산되고 정기에 지급되는 채권이다. 예컨대 1억원의 원금에 대한 이자가 연 1할이라고 하면 1천만원의 이자채권이 생긴다. 이자 있는 채권의 이율은 다른 법률의 규정이나 당사자의 특정이 없으면 연 5분으로 한다.[48)]

5) 선택채권

선택채권은 수개의 급여 중 선택에 의하여 정해지는 하나의 급여를 목적으로 하는 채권이다.[49)] 선택채권은 선택에 의하여 특정된다. 예컨대 자동차 또는 현금 500만원 중 어느 한쪽의 급여를 한다는 경우이다.

3. 채권의 효력

채권의 효력은 대내적 효력과 대외적 효력으로 구분한다. 대내적 효력은

---

46) 민법 제375조 제1항, 채권의 목적을 종류로만 지정한 경우에 법률행위의 성질이나 당사자의 의사에 의하여 품질을 정할 수 없는 때에는 채무자는 중등품질의 물건으로 이행하여야 한다.
제2항, 전항의 경우에 채무자가 이행에 필요한 행위를 완료하거나 채권자의 동의를 얻어 이행할 물건을 지정한 때에는 그때로부터 그 물건을 채권의 목적물로 한다.

47) 민법 제376조, 채권의 목적이 어느 종류의 통화로 지급할 것인 경우에 그 통화가 변제기에 강제통용력을 잃은 때에는 채무자는 다른 통화로 변제하여야 한다.

48) 민법 제379조, 이자있는 채권의 이율은 다른 법률의 규정이나 당사자의 약정이 없으면 연 5분으로 한다.

49) 민법 제380조, 채권의 목적이 수개의 행위 중에서 선택에 좇아 확정될 경우에 다른 법률의 규정이나 당사자의 약정이 없으면 선택권은 채무자에게 있다.

채권자와 채무자 사이에 생기는 채권의 채무자에 대한 효력을 말하고, 대외적 효력은 채권의 제3자에 대한 효력을 말한다(조만형, 2013).

1) 대내적 효력

채권의 대내적 효력은 채무자가 채무의 내용에 따라 이행하고 채권자가 그것을 수령함으로써 채권은 소멸한다. 그러나 채무자가 채무이행을 하지 않아서 채권자가 그 채권의 목적을 달성할 수 없을 때에는 계약해제, 강제이행 및 손해배상의 청구를 할 수 있다.

2) 대외적 효력

채권의 대외적 효력은 채권의 제3자에 대한 효력을 말한다. 채권의 대외적 효력에는 채권자대위권과 채권자취소권을 들 수 있다.

(1) 채권자대위권

채권자대위권은 채권자가 자기의 채권을 보존하기 위하여 채무자에게 속하는 권리를 대신하여 행사할 수 있는 권리를 말한다. 예컨대 채무자 乙이 제3자인 丙으로투터 돈을 받을 것이 있는데, 채권자 甲에게는 돈이 없어서 변제할 수 없다고 할 때에는 채권자 甲은 채무자 乙을 대신하여 제3자인 丙으로부터 돈을 받아 채권을 추심할 수 있는 경우이다.

(2) 채권자취소권

채권자취소권은 채무자가 채권자를 해함을 알고 재산권을 목적으로 한 법률행위를 한 때에 채권자는 그 취소 및 원상회복을 법원에 청구할 수 있는 권리이다. 예컨대 채무자가 자기의 재산을 증여하여 고의로 그 재산을 감소시킴으로써 채권자에게 채무변제를 할 수 없게 한 경우에 채권자가 채무자의 증여행위를 취소하여 증여재산을 반환시킬 수 있는 경우이다.

4. 다수당사자의 채권관계

다수당사자의 채권관계는 한 개의 동일한 급여를 목적으로 하는 채권관계에 있어서 채권자 또는 채무자가 있는 경우를 말한다. 예컨대 집 한 채를 수인이 공동으로 매수한 경우에 그 집의 인도에 있어서는 수인이 공동으로 채권자가 되고 그 집에 대한 대금지급은 공동으로 채무자가 되는 경우이다.

다수당사자의 채권관계는 분할채권관계, 불가분채권관계, 연대채무, 보증채무 등이 있다(조만형, 2013).

1) 분할채권관계

분할채권관계는 채권의 목적인 급여가 하나이지만 그 성질상 수인에게 분할될 수 있는 경우이다. 즉 채권자나 채무자가 수인인 경우에 특별한 의사표시가 없으면 각 채권자 또는 각 채무자는 균등한 비율로 권리가 있고 의무를 부담한다. 분할채권관계는 가분채권과 가분채무가 있다. 예컨대 가분채권자 3인이 있으면 각자 3분의 1씩 독립된 채권이 있고, 가분채무자가 3인이 있으면 각자 3분의 1씩 독립된 채무가 있다.

2) 불가분채권관계

불가분채권관계는 채권의 목적을 분할할 수 없는 경우이다. 즉 채권의 목적이 그 성질 또는 당사자의 의사표시에 의하여 불가분인 경우에 채권자가 수인인 때에는 각 채권자는 모든 채권자를 위하여 이행을 청구할 수 있고 채무자는 모든 채권자를 위하여 각 채권자에게 이행할 수 있다. 불가분채무는 채무의 목적을 분할할 수 없는 경우로 채무자가 수인이 있는 경우에 그 중 1인의 채무자가 전부의 채무를 이행하면 그는 다른 채무자들에게 대하여 구상권이 있다.

3) 연대채무

연대채무는 수인의 채무자가 채권자에 대하여 채무 전부를 각각 독립하여 변제할 것을 부담하는 채무이다. 즉 수인의 채무자가 채무 전부를 각각 이행할 의무가 있고, 채무자 1인의 이행으로 다른 채무자도 그 의무를 면하게 되는 채무를 연대채무라고 한다. 채권자는 동시나 순차로 모든 연대채무자에 대하여 채무의 전부나 일부의 이행을 청구할 수 있다.

연대채무의 발생은 법률의 규정이나 계약에 의하여 생기며 채권자는 각 채무자에게 전부의 급여를 청구할 수 있고, 또한 채무자가 변제하면 전채무자의 채무를 소멸시키게 된다. 이에 1인 또는 일부의 채무자가 채무를 변제하면 그는 다른 채무자에 대하여 구상권을 가진다.

5. 채권의 발생원인

채권의 발생 원인으로는 법률행위로서 계약이 있고, 사실행위로서 사무관리·부당행위·불법행위 등이 있다.

1) 계약

계약은 일정한 법률행위의 발생을 목적으로 청약과 승낙이라는 서로 대립하는 두 개의 의사표시가 합치함으로써 성립하는 것이다. 계약의 내용은 당사자의 자유의사로 정하여지며, 계약이 성립함으로써 채권은 발생한다.

민법상 전형적인 계약으로는 증여·매매·교환·소비대차·사용대차·임대차·고용·도급·현상광고·위임·임치·조합·종신정기금·화해 등 14종이 있다. 이를 전형계약 또는 유명계약이라고 하며 민법상의 계약 이외의 것을 무명계약이라고 한다. 계약이라 함은 채권의 발생을 목적으로 하는 채권계약만을 가리키고 물권계약이나 신분법상의 계약을 말하지 아니한다(조만형, 2013).

(1) 증여

증여는 당사자의 일방이 무상으로 재산을 상대방에게 준다는 의사표시를 하고 상대방은 그것을 승낙함으로써 성립되는 계약이다.

(2) 매매

매매는 당사자의 일방이 재산권을 상대방에게 이전할 것을 약정하고, 상대방이 그 대금을 지급할 것을 약정함으로써 성립하는 유상계약이다.

(3) 교환

교환은 당사자 쌍방이 금전 이외의 재산권을 서로 이전할 것을 약정함으로써 성립하는 계약이다.

(4) 소비대차

소비대차는 당사자의 일방이 금전 기타 대체물의 소유권을 상대방에게 이전할 것을 약정하고, 상대방은 그와 같은 종류·품질 및 수량으로 반환할 것을 약정함으로써 성립하는 계약이다.

(5) 사용대차

사용대차는 당사자의 일방이 상대방에게 무상으로 사용・수익하게 하기 위하여 목적물을 인도할 것을 약정하고, 상대방은 이를 사용・수익한 후 그 물건을 반환할 것을 약정함으로써 성립하는 계약이다.

(6) 임대차

임대차는 당사자의 일방이 상대방에게 목적물을 사용・수익하게 할 것을 약정하고, 상대방이 이에 대하여 차임을 지급할 것을 약정함으로써 성립하는 계약이다.

(7) 고용

고용은 당사자의 일방(사용인)이 상대방에 대하여 노무를 제공할 것을 약정하고, 상대방이 이에 대하여 보수를 지급할 것을 약정함으로써 성립하는 계약이다.

(8) 도급

도급은 당사자의 일방이 어느 일을 완성할 것을 약정하고, 상대방이 그 일의 결과에 대하여 보수를 지급할 것을 약정함으로써 성립하는 계약이다.

(9) 현상광고

현상광고는 광고자가 어느 행위를 한 자에게 일정한 보수를 지급할 의사를 표시하고, 이에 응한 자가 그 광고에 정한 행위를 완료함으로써 성립하는 계약이다.

(10) 위임

위임은 당사자의 일방이 상대방에 대하여 사무의 처리를 위탁하고, 상대방이 이를 승낙함으로써 성립하는 계약이다.

(11) 임치

임치는 당사자 일방이 상대방에 대하여 금전이나 유가증권 기타 물건의 보관을 위탁하고, 상대방이 이를 승낙함으로써 성립하는 계약이다.

(12) 조합

조합은 2인 이상이 상호출자하여 공동사업을 경영할 것을 약정함으로써 성립하는 계약이다. 조합원의 출자 기타 조합재산은 조합원의 합유이다.

(13) 종신정기금계약

종신정기금계약은 당사자의 일방이 자기·상대방 또는 제3자의 종신까지 정기로 금전 기타의 물건을 상대방 또는 제3자에게 지급할 것을 약정함으로써 성립하는 계약이다.

(14) 화해

화해는 당사자가 서로 양보하여 당사자간의 분쟁을 종지할 것을 약정함으로써 성립하는 계약이다. 화해는 당사자가 서로 자기의 주장을 부분적으로 변경 또는 포기할 채무를 부담하고 양보로써 서로가 손해를 보게 되므로 유상·쌍무계약이다. 화해계약은 착오를 이유로 취소하지 못한다.

2) 사무관리

사무관리라 함은 법률상 의무 없이 타인을 위하여 그의 사무를 처리(관리)하는 행위를 말한다. 예컨대 집을 잃은 어린이에게 음식물을 제공하거나 거리에 쓰러져 있는 행인을 병원에 호송하여 치료를 해 주는 것과 같다. 이는 권리나 의무 없는 자의 관리행위가 개인이나 사회의 이익의 견지에서 필요한 경우에 사회연대·상호부조의 관점에서 인정되는 제도이다. 사무관리는 의사표시를 요소로 하지 않으므로 법률행위가 아닌 준법률행위이며, 그 중에서 비표현행위인 혼합사실행위이다. 따라서 사무관리는 법률행위가 아니므로, 의사표시 내지 법률행위에 관한 총칙편의 일반규정들은 사무관리에 적용되지 않는다.

(1) 사무관리의 성립요건

사무관리가 성립하기 위하여는 ① 타인의 사무를 관리할 것, ② 타인을 위한 의사(관리의사)가 있을 것, ③ 법률상의 의무가 없을 것, ④ 본인에게 불리하거나 본인의 의사에 반함이 명백하지 않을 것을 요한다. 그러나 본인의 의사는 선량한 풍속 그 밖의 사회질서에 반하지 않아야 한다. 예컨대, 자살하려는 자를 구하는 것은 본인의 의사에 반하지만 사무관리가 된다.

(2) 사무관리의 효과

① 사무관리가 성립하면 그 관리행위는 적법한 것이 되어 위법성이 조

각된다. 그러나 관리방법의 잘못으로 인하여 준 손해는 배상할 책임이 있다. 또 사무관리가 성립하면 관리자는 법이 정하는 바에 따라 관리개시통지의무 · 관리방법에 관한 의무 · 관리 계속의 의무 · 계산의무 등을 부담하며, 본인도 비용상환의무 · 손해배상의무를 부담한다.

② 민법은 사무관리를 적법행위로 인정하고, 본인과 관리자 사이에 일정한 채권관계를 발생케 하여, 한편으로는 관리자를 위하여 비용의 상환과 손실의 배상을 인정하고, 다른 한편으로는 관리자에게 그 관리를 적절하게 수행할 의무를 부담시켜 본인과 당사자와의 관계를 타당하게 규율하려고 하고 있다.

3) 부당이득

부당이득이라 함은 법률상 원인 없이 타인의 재산 또는 노무로 인하여 이익을 얻고, 이로 인하여 타인에게 손해를 가한 경우에 그 이익을 손실자에게 반환시키는 제도를 말한다.

이는 법률효과를 가져오는 법률사실 중 사람의 정신작용과 관계없는 것으로서 사건이다. 부당이득은 사무관리 · 불법행위와 더불어 법정채권 발생의 주요한 원인으로서, 재산적 가치이동의 불형평 조절이라는 관점에서 인정되는 제도이다.

(1) 부당이득의 성립요건

민법은 "법률상 원인 없이 타인의 재산 또는 노무로 인하여 이득을 얻고 이로 인하여 타인에게 손해를 가한 것"을 부당이득의 일반적 성립요건으로 규정하고 있다. 즉, 부당이득은 ① 법률상 원인 없이(부당성), ② 타인의 재산 또는 노무로 인하여 이득을 얻고(수익), ③ 그로 인하여(인과관계), ④ 타인에게 손해를 가함으로써(손실) 성립한다.

(2) 불법원인급여

'불법원인급여'라 함은 불법의 원인으로 인하여 재산을 급부하거나 노무를 제공한 때에는 그 이익의 반환을 청구하지 못한다는 법률관계를 말한다.[50] 도박계약이나 내연관계를 유지하기 위한 첩계약에 의한 금전수수 등

50) 민법 제746조, 불법의 원인으로 인하여 재산을 급여하거나 노무를 제공한 때에는 그 이익의 반환을 청구하지 못한다. 그러나 그 불법원인이 수익자에게만 있는 때에는 그러하지 아니하다.

이 그 예이다. 여기서 '불법원인'이라 함은 그 원인될 행위가 선량한 풍속 기타 사회질서에 위반하는 경우를 말하는 것으로서, 이에 따라 급부한 자는 부당이득의 법리에 의하여 그 이득의 반환을 청구할 수 있어야 할 것이나, 이러한 반환청구권을 인정한다면 그것은 자기의 불법을 이유로 하여 법률상의 구제를 받으려는 자의 주장을 시인하고 보호하는 것이 되어, 민법 제103조[51]에서 사회적 타당성이 없는 행위를 보호하지 않으려는 것과 모순되는 결과가 된다. 그리하여 법률은 사회적 타당성이 없는 행위의 결과를 복구하려고 하는 자에 대하여 원칙적으로 부당이득에 근거한 반환청구를 부정함으로써 반사회질서행위에 대한 조력을 거부하는 것이다.[52]

(3) 부당이득의 효과

① 부당이득의 효과는 이득자(수익자)가 손실자에 대하여 그 이득을 반환할 의무를 부담하는 것이다. 따라서 손실자는 이득자에 대하여 부당이득 반환청구권을 취득하게 된다.

② 이득자의 반환범위

선의의 이득자(수익자)의 반환의무의 범위는 '그 받은 이익이 현존하는 한도'이다. 또 수익자가 이익을 받은 후 법률상 원인 없음을 안 때에는 그 때부터 악의의 수익자로서 이익반환의 책임이 있다. 여기서, 선의의 수익자가 패소한 때에는 그 소를 제기한 때부터 악의의 수익자로 본다(김영규 외, 2013).

4) 불법행위

불법행위라 함은 고의 또는 과실로 인한 위법행위로 타인에게 손해를 가하는 행위를 말하며, 피해자는 가해자에 대하여 손해의 배상을 청구할 수 있다. 예컨대 甲이 돌을 던져 乙의 유리창을 깨뜨렸을 경우 피해자인 乙은 가해자인 甲에 대하여 그 손해의 배상을 청구할 수 있다.

그렇지만 타인의 불법행위에 대하여 자기 또는 제3자의 이익을 방위하기 위하여 부득이 타인에게 손해를 가한 경우 예컨대 정당방위나 긴급피난

---

51) 민법 제103조, 선량한 풍속 기타 사회질서에 위반한 사항을 내용으로 하는 법률행위는 무효로 한다.

52) 민법 제746조, 불법의 원인으로 인하여 재산을 급여하거나 노무를 제공한 때에는 그 이익의 반환을 청구하지 못한다. 그러나 불법원인이 수익자에게만 있는 때에는 그러하지 아니하다.

등은 위법성이 조각되므로 기해자는 손해를 배상할 책임이 없다.

6. 채권의 소멸원인

채권은 채무자가 그 채권의 급여를 변제함으로써 소멸되는 것이 보통이다. 그러나 채권의 소멸에는 변제 이외에도 대물변제 · 공탁 · 상계 · 경개 · 면제 · 혼동 등이 있고 소멸시효로 인하여 채권이 소멸되는 경우도 있다(조만형, 2013).

1) 변제

변제는 채무의 내용을 이행하는 채무자의 행위이다. 채무자가 채권의 내용인 급여를 실현함으로써 그 목적을 달성하면 채권은 소멸된다. 즉 채무자가 채권자에게 채무를 변제하면 채권은 소멸된다.

2) 대물변제

대물변제는 채무자가 채권자의 승낙을 얻어 본래의 채무이행에 갈음하여 다른 급여를 하고 그로써 채무를 소멸시키는 계약이다. 예컨대 채무자가 1억원의 채무를 부담하고 있는 경우에 채권자와의 계약에 의하여 1억원 대신에 집 한 채를 급여하고 1억원의 채무를 소멸시키는 경우이다.

3) 공탁

공탁은 채권자가 변제를 받지 아니하거나 받을 수 없는 때에는 채무자는 채권자를 위하여 변제의 목적물을 공탁하여 그 채무를 면할 수 있다. 공탁의 절차는 공탁법에 의한다.

4) 상계

상계는 쌍방이 서로 같은 종류의 목적으로 한 채무를 부담한 경우에 그 쌍방의 채무의 이행기가 도래한 때에는 각 채무자는 대등액에 관하여 상계하여 채무를 소멸시키는 것을 말한다. 그러나 채무의 성질이 상계를 허용하지 아니할 때에는 상계하지 아니한다. 예컨대 甲은 乙에게 1억원의 채무가 있고, 乙은 甲에게 8천만원의 채무가 있다고 할 때 甲은 乙에 대하여 2천만원에 상당하는 채무자가 되는 것이다.

5) 경개

경개는 구채무를 소멸시키고 신채무를 성립시키는 계약이다. 즉, 당사자가 채무의 중요한 부분을 변경하는 계약을 한 때에는 구채무는 소멸한다. 경개는 채권자의 교체, 채무자의 교체 또는 목적의 변경에 의한 경개가 있다.

6) 면제

면제는 채권자가 채무자에게 채무를 면제하는 의사를 표시한 때에는 채권은 소멸한다. 즉 면제는 채권자가 채무자에 대하여 무상으로 채무를 소멸시키는 행위이며, 채권자의 단독행위이다.

7) 혼동

혼동은 채권과 채무가 동일한 주체에 귀속한 때에는 채권은 소멸한다. 예컨대 채권자가 채무자의 권리・의무를 상속하는 경우나 채무자가 채권자로부터 채권양도를 받은 경우에는 혼동으로 채권이 소멸한다.

제4절 친족・상속법

1. 총 설

"민법 중 남녀의 결합과 부모・자식의 관계 등의 가족관계와 유언 및 상속의 관계를 규율하는 부분"으로 '가족법'이 있으며, 가족법 중에서 '친족법'과 '상속법'이 이에 속한다.[53] 친족・상속법은 가족 및 친족의 공동생활과 이에 기초한 재산의 승계관계를 규율하는 법을 말한다.[54] 친족권(親族權)이란 친족적 가족관계에 따라 인정되는 지위와 그 지위로부터 나오는 권리를 말한다. 상속권(相續權)이란 피상속인의 사망으로 인한 상속개시와 함께 상속관계에 따라 인정되는 상속재산에 대한 포괄적 지위와 그 지위로부터 나오는 권리로서 상속재산에 대한 상속인의 지위를 말한다.[55]

53) 원영철, 법과생활, 2003, 425－426면 참고.
54) 김형배, 민법학강의, 2001, 1293면 참고.

가족법의 법원으로 민법의 제4편 친족과 제5편 상속 외에도 가족관계의 등록에 관한 법률, 가사소송법, 혼인신고특례법, 국적법, 입양촉진및절차에 관한특례법, 비송사건절차법 등이 있다.[56)]

헌법 제36조 제1항에 의하면 "혼인과 가족생활은 개인의 존엄과 양성의 평등을 기초로 성립되고 유지되어야 하며, 국가는 이를 보장한다"고 규정되어 있으며, 이러한 정신은 헌법 제10조의 인간존엄과 제11조의 평등권에 의해서 달성될 수도 있다. 그 목적은 민주적 가족제도를 더 보장하고자 함에 있다.[57)]

2005년 개정민법상 자녀의 성과 본은 원칙적으로 부의 성과 본을 따르도록 하였으며, 예외적으로 혼인신고시 부모의 합의하에 모의 성과 본으로 변경할 필요가 있는 때에는 부 또는 모의 청구에 의하여 법원의 허가를 받아 이를 변경할 수 있다.[58)]

2. 친 족

1) 친족의 개념

친족(親族)이라 함은 배우자, 혈족, 인척을 말한다. 혈족은 혈연이 있는 자를 말하며 이에는 직계혈족과 방계혈족이 있다. 직계혈족은 자기의 직계존속과 직계비속을 말하고, 자기의 형제자매와 형제자매의 직계존속, 직계존속의 형제자매 및 그 형제자매의 직계비속을 방계혈족이라 한다. 인척은 혈족의 배우자, 배우자의 혈족, 배우자의 혈족의 배우자를 말한다.

2) 친족의 범위

친족의 범위는 혼인과 혈연을 기초로 하여 무한히 넓게 확대되지만 법률상 의미가 있는 친족관계는 그다지 넓은 것을 요구하지 않으며 법의 목적에 비추어 일정한 범위내로 제한된다. 따라서 민법은 법률에 다른 특별한 규정이 없는 한 친족관계로 인한 법률상의 효력이 인정되는 친족의 범위를 (1) 8촌 이내의 혈족, (2) 4촌 이내의 인척, (3) 배우자로 제한하고 있다.[59)]

---

55) 김형배, 민법학강의, 2001, 1293면 참고.
56) 권순한, 친족 · 상속법, 2009, 4－14면 참고.
57) 원영철, 법과생활, 2003, 426면 참고.
58) 정일배, 친족상속법, 2009, 23면 참고.
59) 민법 제777조, 친족관계로 인한 법률상 효력은 이 법 또는 다른 법률에 특별한 규정이

3) 친족의 효과

사람들은 어떤 사람이 친족이기 때문에 일정한 권리나 의무를 가지는 일이 많다. 이러한 권리 · 의무 중에는 일정한 촌수내의 친족에게만 부여되는 것도 있고 모든 범위의 친족에게 공통하여 인정되는 것도 있다. 전자의 예로서는 4촌 이내의 친족만이 피성년후견인선고나 피한정후견인선고의 청구권이 있으며, 후자의 예로는 친족간의 혼인금지, 친족회원이 될 자격, 일정한 범죄는 피해자의 친족이 범하였을 때에는 친고죄로 되는 것 등을 들 수 있다.

3. 약 혼

1) 약혼의 의의 및 성립요건

약혼이라 함은 장차 혼인할 것을 목적으로 하는 신분상의 계약을 말한다. 약혼은 장차 부부가 될 당사자간의 합의이므로 주혼자들이 당사자들을 위하여 약정하는 소위 '정혼'과는 다르며, 사실혼(내연)과도 다르다.

성년에 달한 자는 자유로 약혼할 수 있다.[60] 18세가 된 사람은 부모나 미성년후견인의 동의를 받아, 피성년후견인은 부모나 성년후견인의 동의를 받아 각각 약혼할 수 있다.

2) 약혼의 효력

약혼은 강제이행을 청구하지 못한다. 즉 약혼이 성립되었다고 해서 일정기간 후에 반드시 혼인을 해야 한다는 것은 아니다. 그러나 파혼사유에 해당하는 사유가 없음에도 불구하고 파혼한 경우에는 파혼당한 피해자는 상대방에 대하여 부당한 약혼해제로 인한 손해배상을 청구할 수 있다.

3) 약혼의 해제

약혼당사자의 일방에게 민법 제804조[61] 규정의 사유가 있을 때에는 상

없는 한 다음 각호에 해당하는 자에 미친다.
1. 8촌 이내의 혈족
2. 4촌 이내의 인척
3. 배우자

60) 민법 제800조, 성년에 달한 자는 자유로 약혼할 수 있다.

61) 민법 제804조, 당사자 한쪽에 다음 각호의 어느 하나에 해당하는 사유가 있는 경우에는

대방은 약혼을 해제할 수 있다. 약혼의 해제는 상대방에 대한 의사표시로 한다. 그러나 상대방에 대하여 의사표시를 할 수 없는 때에는 그 해제의 원인이 있음을 안 때에 해제된 것으로 본다.

4. 혼 인

1) 혼인의 의의 및 성립

혼인이라 함은 영속적인 생활공동체를 위하여 법적으로 승인된 남녀의 결합을 말한다. 혼인이 성립하기 위해서는 실질적 요건과 형식적 요건이 필요하다.

(1) 실질적 요건

① 당사자간에 혼인의사의 합치가 있을 것

② 혼인적령, 즉 만 18세에 달할 것

③ 미성년자가 혼인을 할 때에는 부모의 동의가 있을 것

④ 8촌 이내의 혈족 사이가 아닐 것

⑤ 족내혼(族內婚)이 아닐 것

⑥ 중혼(重婚)이 아닐 것(배우자있는 자는 다시 혼인하지 못한다)

(2) 형식적 요건

혼인은 가족관계등록에관한법률에 정한 바에 의하여 신고함으로써 그 효력이 생긴다. 민법은 사실혼주의를 버리고 법률혼주의를 채용한 것이다. 혼인신고는 당사자 쌍방과 성년자인 증인 2인의 연서한 서면으로 하여야 한다. 따라서 결혼식을 거행한 후 아무리 장기간 동거생활을 하였다 하더라도 혼인신고를 하지 않으면 법률상의 혼인으로 인정될 수 없으며(이를 사실혼이라 한다), 이와 반대로 결혼식을 올리지 않더라도 신고만 하면 법률상의

상대방은 약혼을 해제할 수 있다.
1. 약혼 후 자격정지 이상의 형을 선고받은 경우
2. 약혼 후 성년후견개시나 한정후견개시의 심판을 받은 경우
3. 성병, 불치의 정신병, 그 밖의 불치의 병질이 있는 경우
4. 약혼 후 다른 사람과 약혼이나 혼인을 한 경우
5. 약혼 후 다른 사람과 간음한 경우
6. 약혼 후 1년 이상 생사가 불명한 경우
7. 정당한 이유없이 혼인을 거절하거나 그 시기를 늦추는 경우
8. 그 밖의 중대한 사유가 있는 경우

혼인이 성립한다.

2) 혼인의 효과

(1) 일반적 효과

① 친족관계의 발생: 부부는 서로 배우자인 신분을 가지고 친족이 되며, 상대방의 4촌 이내의 혈족과 배우자 사이에 서로 인척관계가 생긴다.

② 동거·부양 협조의 의무: 부부는 동거하며 서로 부양하고 협력하여야 한다. 그러나 정당한 이유로 일시적으로 동거하지 못하는 경우에는 서로 인용(認容)하여야 한다.

③ 정조의무: 부부는 서로 정조를 지킬 의무가 있다. 배우자의 부정행위는 이혼원인이 된다.

④ 가사대리권: 부부는 일상가사에 관하여 서로 대리권이 있다.

(2) 재산상의 효과

① 부부의 일방이 혼인 전부터 가진 고유재산과 혼인 중 자기의 명의로 취득한 재산은 그 특유재산으로 하며 각자 관리·사용·수익한다.

② 부부 어느 편에 속하는지 분명하지 않은 재산은 부부의 공유재산으로 추정한다.

③ 부부의 공동생활에 필요한 비용은 특별한 약정이 없으면 부부가 공동으로 부담한다.

④ 일상가사에 관하여 부부 일방이 제3자와 법률행위를 한 때에는 다른 일방도 연대책임을 진다.[62)]

3) 사실혼

(1) 사실혼의 의의 및 성립

사실혼이란 실질상 혼인생활을 하고 있으면서 법률상의 방식, 즉 혼인신고가 없기 때문에 법률상 혼인으로 인정되지 않는 부부관계이다. 민법이 법률혼주의를 취하고 있는 한 사실혼은 생기기 마련이며 이러한 사실혼은 당사자 사이에 혼인의 의사가 있어야 하며 사실상 혼인생활을 하여야 한다.

---

62) 민법 제832조, 부부의 일방이 일상의 가사에 관하여 제3자와 법률행위를 한 때에는 다른 일방은 이로 인한 채무에 대하여 연대책임이 있다. 그러나 이미 제3자에 대하여 다른 일방의 책임없음을 명시한 때에는 그러하지 아니하다.

또한 사실혼은 혼인신고가 없다는 점 이외에는 법률혼과 마찬가지이므로 법률상 무효가 되는 근친혼이나 중혼이 되는 사실혼은 보호할 수 없다.

(2) 사실혼의 효과

혼인의 효과 중에서 신고를 전제로 하는 것은 사실혼에는 인정될 수 없다. 즉 가족의 변동이 일어나지 않으며 따라서 친족관계도 발생하지 않는다. 또 사실혼관계에 있는 자가 다른 사람과 혼인하더라도 중혼이 되지 않으며 子는 혼인 중의 출생자가 되지 아니한다. 그러나 신고를 전제로 하지 않는 혼인의 효과, 예컨대 동거·부양·협조의 의무 등은 인정된다고 보아야 할 것이다. 사실혼의 해소 그 자체는 자유이고 일방적으로도 해소할 수 있으나 이 경우에 정당한 이유가 없는 한 부당파기자는 손해배상책임을 진다.

5. 이 혼

이혼은 배우자의 사망과 이혼에 의해서 해소된다. 혼인의 해소 가운데 이혼이 가장 큰 비중을 차지하고 있으며 이에는 협의이혼과 재판상 이혼이 있다.

1) 협의이혼

부부는 서로 협의하여 자유로이 이혼할 수 있으며 그 원인은 묻지 않는다. 협의이혼이 성립하기 위해서는 실질적으로 이혼의사의 합치와 부모의 동의(미성년자)가 있어야 하며, 형식적으로 가정법원의 확인을 얻어 이혼신고서를 제출하여야 한다.

2) 재판상 이혼

부부의 일방은 다음과 같은 사유가 발생한 경우에 법원에 이혼을 청구할 수 있다.

① 배우자에 부정행위가 있을 대
② 배우자가 악의로 다른 일방을 유기한 때
③ 배우자 또는 그 직계존속으로부터 심히 부당한 대우를 받은 때
④ 자기의 직계존속이 배우자로부터 심히 부당한 대우를 받은 때
⑤ 배우자의 생사가 3년 이상 분명하지 아니한 때

⑥ 기타 혼인을 계속하기 어려운 중대한 사유가 있을 때이다.

6. 친 자

1) 친자관계

'친자관계'는 부모와 자녀(출생 및 입양)의 법률관계를 말하며, 친자에는 친생자와 양자가 있다.[63)]

1989년 개정민법에서 '계모자관계'와 '적모서자관계'가 폐지됨에 따라 현재는 '양친자'만이 법정친자관계로 남게 되었다.[64)]

부모와 자연적 혈연관계에 있는 자를 '친생자'라 한다. 친생자에는 (1) 혼인관계에 있는 부모 사이에서 태어난 '혼인 중의 출생자'와 (2) 그렇지 않은 '혼인 외의 출생자'로 구분된다. 후자의 경우 부모가 혼인을 하면 혼인 중의 출생자의 신분을 가지게 되는데, 이를 '준정'이라 한다.[65)]

만약 혼인성립의 날로부터 200일 후 또는 혼인관계 종료의 날로부터 300일 이내에 출생한 자는 혼인 중에 포태한 것으로 추정한다.[66)]

인지는 혼인 외의 자에 대하여 법률상의 부나 모를 정하는 제도이며, '임의인지'와 법원의 판결에 의한 '강제인지'가 있다.[67)]

2) 양자제도

양자제도란 생리적인 혈연에 관계 없이 법률상의 친자관계를 인위적으로 창설하는 제도를 말한다. 우리나라의 구관습법상의 양자제도는 조상의 제사를 주재하고 가의 계승을 위한 가본위적 양자제도였으나 1989년의 민법의 일부개정으로 사후양자제도 · 서양자제도 및 유언양자제도를 폐지함으로써 가를 위한 양자제도를 불식하고 양친과 양자를 위한 양자제도로 바뀌었다(김향기, 2013).

3) 입양의 성립요건

입양이 성립하기 위해서는 양당사자간에 입양의 합의가 있어야 한다.

---

63) 권순한, 친족 · 상속법, 2009, 173면 참고.
64) 원영철, 법과생활, 2003, 429면 참고.
65) 권재열 외 8, 법학개론, 2006, 286－287면 참고.
66) 원영철, 법과생활, 2003, 429면 참고.
67) 원영철, 법과생활, 2003, 430면 참고.

그러나 양자가 될 사람이 13세 이상의 미성년자인 경우에는 법정대리인의 동의를 받아 입양을 승낙하여야 하며, 13세 미만인 경우에는 법정대리인이 그를 갈음하여 입양을 승낙한다. 가정법원은 법정대리인이 정당한 이유 없이 동의 또는 승낙을 거부하는 경우, 법정대리인의 소재를 알 수 없는 등의 사유로 동의 또는 승낙을 받을 수 없는 경우 등에 있어서 입양의 허가를 할 수 있다. 종래 미성년자의 입양과 파양은 당사자의 합의와 신고만으로 이루어지기 때문에 아동학대의 습벽이 있는 사람 등도 손쉽게 입양을 할 수 있고 그 결과 미성년자의 복리에 악영향을 끼치는 사례가 자주 발생하고 있으므로 이를 방지하기 위하여 미성년자를 입양할 때에는 가정법원의 허가를 받도록 한 것이다(조만형, 2013).

4) 파양

양친자관계를 인위적으로 해소하는 것을 파양이라 하며, 파양에 의해서만 양친자관계는 해소된다. 파양이 되면 입양에 의하여 성립된 친족관계는 소멸하게 되고, 부양관계, 친권관계 및 상속관계도 소멸하게 되며, 친생부모의 친권이 부활한다.

7. 친 권

'친권'은 "부모가 미성년자의 자녀를 보호·교양할 권리·의무"를 말한다. 부모는 미성년자인 자의 친권자(양자일 경우 양부모)가 된다. 친권의 내용으로 (1) 보호·교양의 권리와 의무, (2) 거소지정권, (3) 징계권, (4) 재산권리권, (5) 대리권 등이 있다.[68] 친권은 자의 사망이나 실종선고, 자의 혼인 및 성인이 된 때에 소멸한다.[69]

혼인외의 출생자의 경우에는 그 생모가 친권자가 되나, 부가 인지하는 경우와 부모가 이혼한 경우에는 부모의 협의로 친권자를 정하여야 하고, 협의할 수 없거나 협의가 이루어지지 아니하는 경우에는 가정법원은 직권으로 또는 당사자의 청구에 따라 친권자를 지정하여야 한다.

친권은 자가 성년에 달한 후에는 독립의 생계능력의 유무를 불구하고 친권으로부터 벗어난다.[70]

---

68) 권재열 외 8, 법학개론, 2006, 289면 참고.
69) 원영철, 법과생활, 2003, 433면 참고.

8. 상 속

1) 상속의 의의

'상속'이란 "피상속인이 사망한 경우, 그가 생전에 가지고 있던 재산상의 권리·의무가 법률상 당연히 일정한 범위의 혈족과 배우자에게 포괄적으로 승계되는 것,"[71] 또는 "어떤 사람(피상속인)의 사망을 원인으로 허여, 그 사람의 재산에 대한 권리의무를 다른 사람(상속인)이 승계하는 것"[72]을 말한다.

2) 상속의 순위

(1) 제1순위

피상속인의 직계비속과 배우자이다. 직계비속간도 남녀·적서·연령에 차별 없이 공동상속인이 된다. 태아는 출생한 것으로 보게 되며 상속인이 될 직계비속이 상속계시 전에 사망한 경우 그 직계비속이 있으면 그가 대습상속한다. 부가 상속개시 전에 사망한 경우에는 처가 대습상속한다.

(2) 제2순위

피상속인의 직계존속과 배우자이다. 직계존속이 수인인 때에는 최근친이 선순위이고 부모간 조부목간은 공동상속인이 된다. 배우자는 직계비속과 동순위의 공동상속인이 되지만 직계비속이 없는 경우 직계존속이 있으면 그 직계존속과 공동상속인이 되며 직계존속이 없으면 단독상속인이 된다.

(3) 제3순위

피상속인의 형제자매이다.

(4) 제4순위

피상속인의 사촌이내의 방계혈족이다. 방계혈족간에는 근친이 원친보다 선순위이며 촌수가 같은 경우 공동상속인이 된다.

---

70) 조만형, 법학개론, 2013, 218면 참고.
71) 지원림, 민법강의, 2008, 1731면.
72) 박종국·박영철·지규철, 신법학개론, 1992, 234면.

(5) 국가귀속

제4순위의 상속인이 없는 경우에는 상속재산은 국가에 귀속한다.

3) 상속분

상속분이라 함은 상속재산에 대한 각 공동상속인의 지분의 비율을 말한다. 상속분은 피상속인이 유언으로 지정한 때에는 그에 따르고 유언이 없는 경우에는 다음 원칙에 의한다.

(1) 동순위의 상속인이 수인인 때에는 그 상속분은 균분한다.

(2) 피상속인의 배우자의 상속분은 직계비속과 공동으로 상속하는 때에는 직계비속의 상속분의 5할을 가산하고, 직계존속과 공동으로 상속하는 때에는 직계존속의 상속분의 5할을 가산한다.[73]

4) 상속인의 결격사유

어떤 상속인이 고의로 피상속인이나 다른 상속인에 대하여 어떤 범죄행위를 하거나 상속에 관한 유언에 대한 부정행위를 한 경우에는 그 상속인은 상속의 자격을 상실한다. 이를 상속의 결격이라고 하는데, 그 결격사유는 다음과 같다.

(1) 고의로 직계존속, 피상속인, 그 배우자 또는 상속의 선순위나 동 순위에 있는 자를 살해하거나 살해하려한 자

(2) 고의로 직계존속, 피상속인과 그 배우자에게 상해를 가하여 사망에 이르게 한 자

(3) 사기 또는 강박으로 피상속인의 양자 기타 상속에 관한 유언 또는 유언의 철회를 방해한 자

(4) 사기 또는 강박으로 피상속인의 양자 기타 상속에 관한 유언을 하게 한 자

(5) 피상속인의 양자 기타 상속에 관한 유언서를 위조・변조・파기 또는 은닉한 자

---

73) 김향기, 법학개론, 2013, 332면 참고.

9. 유 언

'유언'이란 "사람이 그의 사후에 있어서의 일정한 법률관계를 정하려는 생존시의 최종적 의사표시로서 상대방이 없는 사후적인 단독행위"[74]를 말한다. 사람은 누구나 유언을 할 수 있으며, 유언을 하였을 때 유언은 성립하고, 유언의 효력은 사망한 때에 발생한다."[75]

특히 17세 이상의 의사능력이 있는 자에게 유언이 인정된다. 그 방식은 민법의 절차에 의하여야 하며, 자필증서 · 녹음 · 공정증서 · 비밀증서 · 구수증서가 있다.[76]

그리고 생전에는 언제든지 유언의 전부 또는 일부를 철회할 수 있고, 유언자는 그 유언을 철회할 권리를 포기하지 못한다.

참고자료

1979년부터 유류분제도를 인정하고 있다. 이 제도는 유언으로도 마음대로 처분할 수 없는 일정한 몫을 가족을 위하여 남기게 한 것으로 자녀와 배우자는 법정 상속몫의 2분의 1, 부모와 형제자매는 3분의 1을 반환받을 수 있다. 따라서 아내와 자녀 등 법정 상속인은 제3자에게 법정 상속분의 2분의 1을 반환청구할 수 있다.

10. 유류분

"민법은 피상속인의 유언의 자유에 구애됨이 없이 일정한 범위의 상속인에게 상속재산 중의 일정액을 취득 할 수 있도록 법적 보장"[77] 혹은 "일정한 상속인에게 그의 법정상속분 중의 일정한 부분을 확보하여 주는 제도"[78]를 '유류분 제도'라 하며, 1977년에 신설하였다. 재산상속이란 피상속인의 독자적인 노력의 대가라기보다는 유족들의 공헌으로 인한 산물이라고

74) 지원림, 민법강의, 2008, 1731면.
75) 박종국 · 박영철 · 지규철, 신법학개론, 1992, 234면.
76) 민법 제1065조, 유언의 방식은 자필증서, 녹음, 공정증서, 비밀증서와 구수증서의 5종으로 한다.
77) 박종국 · 박영철 · 지규철, 신법학개론, 1992, 237면.
78) 권재외 외 8, 법학개론, 2006, 294면.

볼 수 있기 때문이다.[79] 유류분권을 가지는 자는 피상속인의 직계비속, 배우자, 직계존속 및 형제자매이다. 피상속인의 직계비속과 배우자의 경우 법정상속분의 1/2을 유류분으로 하며, 피상속인의 직계존속과 형제자매는 법정상속분의 1/3을 유류분으로 한다(민법 제1112조). 유류분의 반환청구권은 증여나 유증을 한 사실을 안 날로부터 1년 내에 하며, 상속이 개시된 날로부터 10년 내에 하여야 한다. 여기서 유증은 유언자가 유언에 의하여 자기 재산을 타인에게 무상으로 주는 단독행위를 의미한다.[80]

79) 박종국 · 박영철 · 지규철, 신법학개론, 1992, 237면 참고.
80) 지원림, 민법강의, 2008, 1822면 참고.

제3장

형 법

제1절 형법 총론

1. 형법 일반론

1) 형법의 의의와 기능

(1) 형법의 의의

형법이라 함은 법률요건으로서 범죄와 그 법률효과로서 형벌과 보안처분을 규정한 법규범의 총체를 의미한다. 이중 협의의 형법은 형법이라 명칭이 붙여진 법전을 의미하고 광의의 형법은 범죄와 형벌 및 보안처분을 규정한 모든 법규범을 의미하며 특별형법 등도 포함하는 개념이다.[1)]

형법은 사인인 범죄자를 처벌하는 국가의 공형벌권에 관한 내용을 담고 있으므로 공법이며, 재판에 적용되는 법으로서 사법법이며, 요건과 효과에 대한 법으로서 실체법이다.

(2) 형법의 기능

형법은 크게 규제적 기능, 보호적 기능, 보장적 기능을 가지고 있다. 먼저 규제적 기능은 형법의 행위규범 및 재판규범으로서의 기능을 말한다. 두

1) 이외에도 범죄와 형벌에 관한 국가적 질서의 일부인 실질적 의미의 형법, 법전으로서의 형법을 의미하는 형식적 의미의 형법으로 구분하기도 한다(김형청, 2012: 6).

번째로 보호적 기능은 일반국민들의 평화로운 공동생활을 영위하기 위하여 필요한 법익을 보호한다는 법익보호기능과, 사회구성원들이 실천해야할 윤리적 의무를 이행하도록 한다는 사회 윤리적 행위가치보호기능으로 구성된다. 이러한 보호적 기능과 관련하여 보충성의 원칙이 도출되는데, 형법은 형법 이외의 다른 사회적·법적 통제수단에 의해서는 법익을 보호하는 것이 불가능한 경우에만 적용되는 최후의 수단이라는 점을 의미한다. 국가의 보호의 능력을 고려하지 않고 범죄를 규정하였다가 실패한 대표적인 예로서 미국의 금주법을 들 수 있다(오영근, 2014: 9). 마지막으로 보장적 기능은 형법이 국가가 행사할 형벌권의 한계를 명확하게 규정하여 자의적 형벌로부터 국민의 자유와 권리를 보장하는 것을 의미한다. 즉 형법은 범죄가 무엇인지를 알려줌으로 인하여 범죄가 아닌 행위에 대하여 일반국민에게 행동의 자유를 보장하여 주고, 범죄인일지라도 형법에 규정된 내용이외의 부당한 처벌을 받지 아니할 것을 보장한다.

2) 죄형법정주의

(1) 의의

죄형법정주의란 법률 없으면 범죄도 없고 형벌도 없다는 의미로서, 행위 이전에 미리 성문의 법률에 규정이 있어야만 범죄가 될 수 있고 형벌도 과할 수 있다는 의미이다. 이러한 죄형법정주의는 형법의 보장적 기능과 밀접한 관련이 있으며, 권력남용을 방지하기 위한 3권분립론과 범죄로 얻을 이익보다 과해지는 형벌의 고통이 더 크다는 것을 알게 하는 심리적 강제를 해야 한다는 의미인 심리강제설을 이론적 배경으로 한다.

역사적으로 보면 시민권의 절차적 보장의 효시가 된 1215년 영국의 대헌장을 위시하여 1682년 권리청원, 1638년 권리장전, 1776년 미국의 버지니아 권리선언 등에서 오늘날 죄형법정주의의 맹아가 싹터 나왔다(김성돈, 2014: 61).

헌법 제12조 제1항의 "누구든지 법률과 적법한 절차에 의하지 아니하고는 처벌, 보안처분 또는 강제노역을 받지 아니한다"라는 규정과 제13조 제1항의 "모든 국민은 행위 시에 법률에 의하여 범죄를 구성하지 아니하는 행위로 소추되지 아니한다"라는 규정 형법 제1조 제1항의 "범죄의 성립과 처벌은 행위 시 법률에 의한다"라는 규정은 모두가 죄형법정주의를 표명한 것이다(홍완식 외, 2015: 159).

오늘날의 죄형법정주의는 법률의 내용이 실질적 정의에 합치하는 적정한 법률일 것을 요함으로써 입법자의 자의로부터도 국민의 자유를 보장한다는 의미의 실질적 의미의 죄형법정주의를 취하고 있다.

(2) 죄형법정주의의 내용

① 성문법률주의

성문법률주의는 범죄와 형벌은 성문의 법률로 규정되어야 한다는 원칙이다. 이 원칙으로부터 위임입법을 하는 경우라도 구성요건뿐만 아니라 형벌의 종류 및 그 상한과 폭을 명확히 규정하는 경우에 위임입법이 허용된다는 위임입법의 한계가 도출된다. 또한 관습법에 의하여 새로운 구성요건을 창설하거나 형벌과 보안처분을 가중하는 것은 행위자에게 불리하므로 허용되지 않는다는 관습형법의 금지도 도출된다. 다만 간접적으로 성문형법규정의 해석에 영향을 주는 보충적 관습법과 행위자에게 유리한 관습법을 적용하는 것은 허용된다.

② 소급입법금지의 원칙

이 원칙은 형벌법규는 그것이 시행된 이후의 행위에 대해서만 적용되고 시행 이전의 행위에까지 소급하여 적용할 수 없다는 원칙을 말한다. 행위자가 행위 당시에 범죄가 되지 않았으나, 차후에 이를 범죄로 규정하여 처벌할 수 없다는 원칙으로서 예견가능성 보장을 그 이유로 한다. 이 원칙도 관습형법금지원칙과 동일하게 행위자에게 유리한 소급입법을 금지하는 것은 아니다.

③ 명확성의 원칙

법관의 자의를 방지함으로써 국민의 자유와 안전을 보장하기 위하여, 형법은 범죄의 구성요건과 그 효과로서의 형사제재에 관한 규정을 명확하게 규정하여야 한다는 원칙이다. 명확성의 원칙은 범죄 구성요건의 명확성과 제재의 명확성을 포함한다. 따라서 형의 장기와 단기가 전혀 정해지지 않은 절대적 부정기형은 이 원칙에 의해 금지된다.

법률이 어느 정도 명확하여야 하는가에 관하여는 일률적으로 정할 수 없고, 개별 구성요건의 특성과 법적 규제의 원인이 된 여건, 처벌의 정도 등을 종합적으로 고려하여 통상의 판단능력을 가진 국민의 건전한 상식과 법감정에 입각하여 판단하여야 한다(정영일, 2013: 38).

④ 유추해석금지의 원칙

이는 법률에 규정이 없는 사항에 대하여 그것과 유사한 성질을 가지는 사항에 관한 법률을 적용하는 것을 금지하는 원칙이다. 유추해석은 법해석이 아니라 법관에 의한 법창조이므로 법관의 자의로부터 개인의 자유를 보장하기 위한 원칙이다.

이 원칙도 동일하게 행위자를 위한 원칙이므로 행위자에게 유리한 유추해석은 허용이 되며, 행위자에게 불리하거나 유리한 사유에 대한 제한적 유추 등만이 금지된다.

⑤ 적정성의 원칙

이 원칙은 범죄와 형벌을 규정하는 법률의 내용은 기본권을 실질적으로 보장할 수 있도록 적정해야 한다는 원칙이다. 이 원칙은 앞서 언급한 실질적 의미의 죄형법정주의와 일치한다. 구체적으로 형벌은 국가가 추구하는 목적을 달성하는데 적합한 수단이어야 하며, 형법은 최후의 수단으로만 사용되어야 하며, 범죄와 형벌 사이에는 적정한 균형이 유지되어야 하고, 행위자에게 책임이 있는 경우에 한하여 부과되어야 한다.

3) 형법의 적용범위

(1) 시간적 적용범위

형법은 범죄의 성립과 처벌은 행위 시의 법률에 의한다고 하면서 행위시법주의의 원칙을 선언하고 있다(형법 제1조 제1항). 이는 사후입법에 의한 처벌 및 형의 가중을 금지하는 소급효금지의 원칙을 의미하는 것이다. 다만 신법의 형이 구법보다 경하거나 처벌규정이 없어진 때에는 행위자에게 유리한 신법을 소급적용을 인정하여 예외적으로 재판시법주의를 가미하고 있다(형법 제1조 제2항, 제3항).[2)]

(2) 장소적 적용범위

형법은 장소적 적용범위와 관련하여 속지주의를 원칙으로 하고 있다(형

---

2) 판례는 동기설을 취하고 있다 동기설이란 범죄 후 법률의 변경에 의하여 형이 폐지되거나 경하게 변경된 경우에 그 변경이 법리이념의 변경을 동기로 하는 경우에는 유리한 신법이 적용되지만, 단순한 사실관계의 변경을 동기로 하는 경우에는 불리한 구법을 적용한다고 하고 있다.

법 제2조). 즉 대한민국의 영역 내에서 죄를 범한(행위와 결과의 어느 것이라도) 경우에는 대한민국의 형법이 적용된다. 다만 대한민국 영역 내의 외국공관이나 문화원 등 치외법권지역에서는 외국영토의 연장으로 보아 우리 형법을 적용할 수 없다. 그리고 속지주의의 연장으로 대한민국 영역 외에서라도 대한민국의 선박 또는 항공기 내에서 죄를 범한 외국인에게도 적용되는데 이를 기국주의라 한다(형법 제4조).

속지주의를 보완하기 위하여 대한민국 영역 외에서 죄를 범한 내국인에게도 적용된다는 속인주의를 가미하고 있다(형법 제3조). 따라서 타국에서 우리나라 국민이 죄를 범한 경우 우리 형법이 적용된다. 이외에도 외국에서 위국인에 의한 범죄라 할지라도 대한민국의 법익을 침해하게 된 경우에는 우리 형법이 적용될 수 있는 범죄유형을 규정해 놓았는데 이를 보호주의라 하며(형법 제5조, 제6조), 반인도적 범죄행위에 대해서는 속지주의, 속인주의, 보호주의에 해당치 않는 경우라도 우리 형법을 적용할 수 있는데 이를 세계주의라 한다.

(3) 인적 적용범위

대한민국 형법은 원칙적으로 형법의 시간적, 장소적 적용범위 내에 있는 모든 사람에게 적용되는 것이 원칙이다. 다만 예외적으로 대통령은 내란 또는 외환의 죄를 범한 경우를 제외하고는 재직 중 형사소추를 받지 않고(헌법 제84조), 국회의원은 직무상 행한 발언과 표결에 관해 국회 밖에서 책임을 지지 않는다(헌법 제45조).

또한 외국의 원수와 그 가족 및 내국인이 아닌 종자, 신임된 외국 대사, 공사, 수행원, 그 가족 및 내국인이 아닌 종자 그리고 한미 간의 군대지위협정 등에 의한 미군 등은 형법의 적용이 제한된다.[3)]

2. 범죄론 서설

범죄는 시공간을 초월해서 존재할 수 있는 개념인 절대적 범죄개념과 일정한 국가의 법질서가 범죄로 규정한 상대적 범죄개념으로 구분될 수 있으며, 다시 법익을 침해하거나 사회에 유해한 반사회적 행위를 총칭한 실질적 범죄개념과 법률에 규정된 구성요건에 해당하고 위법하고 책임이 있는

3) 이를 인적범위의 예외로 볼 것인지에 대해서는 견해가 대립하고 있다.

행위를 말하는 형식적 범죄개념으로 구분 될 수 있다. 오늘날 절대적 범죄개념은 인정되지 않고 있으며, 형법의 연구 대상은 형식적 범죄개념을 의미한다.

형식적 범죄개념과 관련하여 이를 구성하는 세 가지 요소인 구성요건해당성, 위법성, 책임을 범죄의 성립요건이라 한다. 또한 범죄가 성립된 후 범죄의 가벌성만을 좌우하는 조건을 범죄의 처벌조건이라 한다.[4] 이에는 친족상도례에서의 신분, 국회의원의 면책특권 등이 있다. 그리고 범죄가 성립하고 형벌권이 발생한 경우라도 형사소추를 하기 위해 필요한 조건이 있는데 이를 소추조건이라 한다. 이에는 친고죄의 고소 등이 해당한다.

범죄의 종류와 관련하여 구성요건이 일정한 결과의 발생을 내용으로 하는 범죄를 결과범이라 하고, 구성요건의 내용이 결과의 발생을 요하지 않고 규정된 행위를 함으로써 충족되는 범죄를 형식범 내지 거동범이라 한다. 대표적으로 결과범에는 살인죄가 그 예라 할 수 있는데, 살인죄의 구성요건에는 사람의 사망이라는 결과의 발생을 내용으로 하고 있다. 또한 거동범의 대표적인 경우로서 유기죄가 있다. 즉 자신이 보호 감독하는 자를 유기하는 행위를 하면 성립하는 것이고 굳이 그 자에게 어떠한 결과가 발생하는 것이 유기죄의 구성요건 내용으로 포함될 필요가 없다는 의미이다. 그리고 보호법익에 대한 현실적인 침해가 있어야 구성요건이 충족되는 침해범, 보호법익에 대한 위험상태 야기만으로 구성요건이 충족되는 위험범으로 구별되기도 하고, 시간적 계속성 여부에 따라 즉시범, 상태범, 계속범으로 구별되기도 한다.[5]

3. 구성요건론

1) 의의

범죄가 성립하기 위해서는 먼저 구성요건해당성이 있어야 한다. 구성요

---

4) 처벌조건은 범죄 자체는 성립함에도 불구하고 형벌권의 발생이 다른 사유에 의해 조건으로 되어 있는 경우인 객관적 처벌조건과 범죄 자체는 성립하지만 행위자의 특수한 신분관계로 인해 형벌권이 발생하지 않는 인적 처벌조각사유로 구분된다(송헌철, 2003: 60－61).

5) 이외에도 구성요건이 행위의 주체에 일정한 신분을 요하는지에 따라 일반범과 신분범으로 구별되기도 하며, 구성요건상 고의 이외에 주관적 구성요건을 요구하느냐에 따라 목적범, 경향범, 표현범으로 구별되기도 한다.

건이란 형법상 금지 또는 요구되는 행위가 무엇인가를 추상적·일반적으로 기술해 놓은 것을 말한다(이재상, 2001: 98). 이러한 구성요건의 전부 또는 일부를 실행하는 성질을 구성요건해당성이라 한다. 구성요건에는 행위주체, 행위객체, 인과관계와 객관적 귀속, 고의 등이 포함된다. 즉 살인죄가 성립하기 위해서는 가장 먼저 행위주체인 사람이 행위객체인 타인을 살해하는 행위가 있어야 하며 이 행위로 인하여 사망의 결과가 발생할 뿐만 아니라, 이러한 행위에 대하여 행위자에게 살해행위 등에 대한 인식과 이를 실현하고자 하는 의사 등이 모두 갖추어져 있어야 비로소 구성요건이 있다는 의미이다.

2) 행위의 주체와 객체

(1) 행위의 주체

원칙적으로 모든 자연인이 행위의 주체가 될 수 있다. 다만 법인의 범죄능력과 관련해서는 견해의 대립이 있으나 부정하는 것이 일반적이다. 그 이유는 책임의 본질은 범죄에 대한 비난가능성이기 때문에 윤리적 비난의 대상이 될 수 없는 법인에게 책임을 부담시킬 수 없기 때문이다(김형청, 2012: 59).

(2) 행위의 객체

행위의 객체는 구성요건적 행위수행의 구체적 대상을 의미한다. 이는 각 구성요건에 명시되어 있는데, 살인죄의 경우는 사람, 절도죄에 있어서는 타인의 재물 등이 이에 해당한다. 행위의 객체와 구별되는 개념으로 보호의 객체가 있다. 보호의 객체란 형법에 의하여 보호되고 있는 생활이익이나 가치 등을 말하며 특정 범죄에서 보호하고 있는 법익을 의미한다. 즉 살인죄의 경우는 생명, 절도죄의 경우는 소유권이 이에 해당한다. 여기서 중요한 점은 행위의 객체가 없는 범죄는 있을 수 있으나 보호의 객체가 없는 범죄는 존재하지 않는다는 것이다.

3) 인과관계

(1) 의의

인과관계란 발생된 결과를 행위자의 행위에 의한 것으로 귀속시킴에 필요한 행위와 결과 사이의 연관관계를 의미한다. 즉 타인을 살해하기 위해 살해행위를 개시한 경우라 하더라도 타인이 지병에 의하여 사망하였다면, 살해행위로 인한 사망이 아니기 때문에 살인죄는 기수가 될 수 없다는 의미이다.

(2) 인과관계에 관한 학설

먼저 조건설은 일정한 선행사실이 없었다면 결과도 발생하지 아니하였다는 논리적 조건관계만 있으면 인과관계를 인정하는 견해이다. 이 입장은 인과관계가 긍정되는 범위가 지나치게 확대된다는 문제점이 있다.

두 번째로, 상당인과관계설이 있다. 이 견해는 사회생활상 일반적인 생활경험에 비추어 그러한 행위로부터 그러한 결과가 발생하는 것이 상당하다고 인정될 때 그 행위와 결과 사이에 인과관계가 있다고 보는 견해이다. 이 입장은 상당성의 판단기준이 모호하다는 단점이 있으나 판례가 취하고 있는 견해이다.

마지막으로 합법칙적 조건설이 있다. 이 입장은 인과관계 측면과 인과관계가 인정되는 결과를 행위자의 행위에 객관적으로 귀속시킬 수 있는가라는 객관적 귀속의 문제로 나누어 판단하는 것으로서 인과관계는 결과가 행위에 시간적으로 뒤따르면서 그 행위와 자연법칙적으로 연관되어 있을 때 행위와 결과 간에 인과관계가 인정된다고 보는 입장이다. 그리고 객관적 귀속은 인과관계가 인정되는 모든 결과를 행위자의 행위에 귀속시키는 것이 아니라 일정한 결과만을 행위자의 행위 귀속시키려는 것이다(오영근, 2014: 50). 현재 다수의 학자가 취하는 입장이나, 결과적인 측면에서 상당인과관계설과 큰 차이를 보이고 있지는 않다.[6)]

4) 구성요건적 고의

(1) 의의

고의란 객관적 행위상황을 인식하고 구성요건을 실현하려는 의사를 말한다. 고의는 고의범의 구성요건 가운데 주관적 요소의 하나이다(김성돈, 2014: 196). 즉 고의는 사실의 인식이라는 지적 요소와 구성요건 실현을 목표로 하는 의사인 의지적 요소가 모두 갖추어져야 한다.[7)] 지적요소와 관련

---

6) 이 외에도 특별히 결과발생에 중요한 영향을 준 원인만을 가지고 인과관계가 있다고 보는 원인설, 형법적 중요성에 따라 규범적으로 판단해야 한다는 중요설 등도 존재한다.

해서 인식의 대상은 객관적 구성요건 요소에 해당하는 것들이 해당된다. 즉 행위주체, 객체 등뿐만 아니라 가중적 구성요건인 경우 가중적 요소에 대한 인식도 필요하게 된다.

(2) 고의의 종류

고의에는 의지적 요소의 질이 특히 높은 형태의 고의로서 의도적 고의, 지적요소의 내용이 특별히 강한 지정고의, 행위자가 객관적 구성요건실현의 가능성을 충분히 인식하고 또한 그것을 감수하는 의사를 표명한 경우의 고의인 미필적 고의 등이 있다. 특히 미필적 고의의 예에는 피해자의 얼굴에 모포를 덮어씌워 놓고 그냥 나오면 피해자가 사망할지도 모르지만 사망하더라도 이를 용인 내지 감수할 수밖에 없다는 내심의 의사가 있는 경우가 해당한다.

그 외에도 행위자가 두 가지 이상의 구성요건 또는 결과 중에서 어느 하나만 실현하기를 원하지만 그 중 어느 것에서 그 결과가 발생해도 좋다고 생각하고 행위하는 택일적 고의도 있다.

이러한 고의는 행위 당시에 존재하여야 한다. 즉 행위 전에는 고의가 있었으나 행위 시에는 고의가 없었던 사전고의, 행위 후 비로서 고의가 생긴 사후고의에서는 고의범이 성립하지 않는다. 그리고 고의가 일련의 계속된 행위의 중간에 생긴 경우(승계고의)에서는 고의 이후에 행위에 대해서만 고의범이 성립한다.

(3) 구성요건적 착오

구성요건적 착오란 행위자가 주관적으로 인식, 인용한 범죄사실과 현실적으로 발생한 객관적 범죄사실이 일치하지 아니하는 경우를 말한다. 이러한 착오는 동일한 구성요건에 해당하는 사실에 대하여 인식과 현실이 다른 구체적 사실의 착오와 다른 구성요건에 해당하는 사실에 대하여 인식과 현실이 다른 추상적 사실의 착오로 나뉜다. 형법은 특별히 중한 죄가 되는 사실을 인식하지 못한 행위는 중한 죄로 벌하지 아니한다(형법 제15조)고 규정하고 있다.

유사개념으로서 행위자가 인식한 범죄사실과 발생한 결과가 일치하지만

7) 고의의 체계적 지위와 관련하여 현재 학계는 구성요건과 책임 모두에 고의가 필요하다는 이중적 지위설을 취하고 있다.

그 과정이 상이한 인과관계의 착오, 행위자가 첫 번째의 행위에 의하여 이미 결과가 발생했다고 믿었으나, 실제로는 후행행위에 의하여 결과가 야기된 경우를 의미하는 개괄적 고의가 있다.

4. 위법성

1) 서론

위법성이란 구성요건에 해당하는 행위가 법질서 전체의 측면에서 보았을 때 모순되거나 충돌하는 성질을 의미한다. 이때의 법질서 전체란 형법뿐만 아니라 일체의 성문법과 관습법, 사회상규, 조리 등의 불문법을 포함하는 광의의 개념이다(홍완식 외, 2015: 167).[8)]

구성요건에 해당하는 행위는 원칙적으로 위법성이 추정된다. 즉 형법은 위법성이 존재하는지에 대하여 적극적으로 규정하고 있는 것이 아니라 예외적으로 위법성이 조각되는 사유를 소극적으로 규정하고 있다. 구성요건이 존재하고 위법성이 추정되는 행위에 대하여 이러한 추정을 깨는 사유를 위법성조각사유라 한다. 형법은 정당행위, 정당방위, 긴급피난, 자구행위, 피해자의 승낙, 명예훼손죄의 위법성조각사유 등을 규정하고 있다.

2) 정당방위

(1) 의의 및 요건

정당방위란 자기 또는 타인의 법익에 대한 현재의 부당한 침해를 방위하기 위한 상당한 행위를 의미한다(형법 제21조 제1항). 여기서 자기 또는 타인의 법익이란 법에 의하여 보호되는 모든 개인적 법익을 의미하며, 국가적 내지 사회적 법익은 정당방위의 대상이 되지 않는다. 두 번째로 현재의 부당한 침해여야 한다. 따라서 침해가 끝난 행위에 대해서는 정당방위가 인정되지 않으며, 적법한 침해에 대해서는 정당방위는 할 수 없고 긴급피난만이 가능하다. 세 번째로 방위행위가 있어야 하는데 이는 정당방위상황에 대한 인식과 방어행위를 실현한다는 의사가 존재하여야 한다는 것을 의미한다. 마지막으로 당시사정으로 보아 방위에 필요하고 사회윤리적으로 용인

---

8) 위법성과 구별되는 개념으로 불법이 있다. 위법성은 관계개념이고 불법은 실체개념이다. 구체적으로 위법성은 적법 아니면 위법이라는 단일한 평가가 내려지고 불법은 질적과 양적인 차이가 있는 개념이다.

될 수 있는 상당한 이유가 있어야 한다.

(2) 과잉방위와 오상방위

과잉방위란 현재의 부당한 침해에 대한 방위행위는 있었으나 그 방위행위가 상당성의 정도를 넘은 경우를 말한다. 과잉방위의 경우에는 그 형을 감경 또는 면제할 수 있으며, 그 행위가 야간 기타 불안스러운 상태 하에서 공포, 경악, 흥분 또는 당황으로 인한 때에는 벌하지 아니한다(형법 제21조 제2항, 제3항).

오상방위는 정당방위의 객관적 사실이 존재하지 않음에도 불구하고 방위상황이 존재하는 것으로 오신하고 방위행위로 나아간 경우이다. 예를 들어 밤늦게 귀가하는 가족을 강도로 오인하고 폭행을 한 경우가 이에 해당한다. 오상방위는 후술하는 위법성조각사유의 전제사실에 대한 착오에 해당한다.

3) 긴급피난

긴급피난은 자기 또는 타인의 법익에 대한 현재의 위난을 피하기 위한 상당한 이유가 있는 행위를 말한다(형법 제22조 제1항). 정당방위는 부당한 침해에 대한 행위인 반면 긴급피난은 위난의 원인의 위법 내지 적법을 불문한다는 차이점이 있다. 예를 들어 맹견을 피하기 위하여 타인의 주거의 문을 부수고 들어간 경우 재물손괴죄의 구성요건에 해당하지만 위법성이 조각되는 경우가 이에 해당한다.

긴급피난이 성립하기 위해서는 자기 또는 타인의 법익이어야 한다. 또한 현재의 위난이 존재하여야 한다. 그리고 피난행위가 있어야 한다. 마지막으로 상당한 이유가 있어야 하는데 상당한 이유와 관련하여 피난행위에 의하여 보호되는 이익은 이로 인하여 침해되는 이익보다 우월한 것이어야 한다는 제한이 요구된다. 즉 생명의 위난을 피하기 위하여 그 보다 낮은 타인의 법익을 침해할 수 있으나, 이 경우 타인의 생명을 침해한다면 긴급피난은 성립할 수 없다. 긴급피난의 경우도 정당방위와 동일하게 과잉피난(형법 제22조 제3항)과 오상피난이 존재한다.[9]

---

9) 관련개념으로 의무의 충돌이 있다. 의무의 충돌은 수 개의 의무를 동시에 이행할 수 없는 긴급상황에서 그 중 어느 한 의무를 이행하고 다른 의무를 방치한 결과, 방치한 행위가 가벌적 행위가 되는 경우를 말한다. 예를 들어 부모가 물에 빠진 두 명의 자식 중

4) 자구행위

자구행위란 법정절차에 의하여 청구권을 보전하기 불가능한 경우에 그 청구권의 실행불능 또는 현저한 실행곤란을 피하기 위한 행위를 의미한다(형법 제23조 제1항). 예를 들어 생면부지의 가게 손님이 물건 값을 지불하지 않고 도망가자 가게 주인이 이를 붙잡는 행위가 이에 해당한다. 이 경우 체포감금죄 등의 구성요건에 해당할 수 있으나 위법성이 자구행위에 의하여 조각되게 된다. 요건으로 먼저 자신의 청구권과 관련되어야 하며, 청구권에 대한 불법한 침해가 있어야 한다. 그리고 법정절차에 의한 청구권 보전이 불가능해야 한다. 위의 사례에서 손님의 인적사항 등을 아는 경우라면 법정절차에 의하여 구제가 가능하기 때문에 자구행위가 성립하지 않는다. 마지막으로 자구행위와 상당한 이유가 있어야 한다.

자구행위에서도 과잉자구행위(형법 제23조 제2항)와 오상자구행위가 존재한다.[10)]

5) 피해자의 승낙

피해자의 승낙은 처분할 수 있는 자의 승낙에 의하여 그 법익을 훼손한 행위는 법률의 특별한 규정이 없는 한 벌하지 아니한다는 위법성 조각사유이다(형법 제24조). 피해자의 승낙이 성립하여 위법성이 조각되기 위해서는 먼저 법익을 처분할 수 있는 자의 유효한 승낙이 존재하여야 하고, 승낙에 의한 법익침해행위의 존재, 상당성, 법률에 특별한 규정이 존재하지 않아야 한다.

피해자의 동의가 가지는 형법적 의의는 다양하다. 위법성을 조각시키는 경우는 상기한 피해자의 승낙으로 인정되는 경우이며, 감경적 구성요건에 해당하기도 하며(촉탁, 승낙 살인죄), 구성요건해당성을 조각시키는 양해로 이해되기도 하며(주거침입죄, 강간죄), 아무런 영향을 미치지 못하는 경우(미성년자의제강간죄)로 이해되기도 한다. 각각의 경우는 형법 각칙의 죄 종에 따라 다르게 나타난다.

한명만 구하게 되어 나머지 자식에게 부작위에 의한 살인죄 성립문제가 발생하는 경우가 있다. 이 경우도 위법성이 조각되어 범죄가 성립하지 않는다.

10) 긴급피난과 정당방위와 달리 과잉자구행위에 있어서는 야간 기타 불안스러운 상태 하에서 공포, 경악, 흥분 또는 당황으로 인한 행위 시 벌하지 아니한다는 규정은 적용되지 않는다.

또한 관련 내용으로서 추정적 승낙이 있다. 추정적 승낙이란 피해자의 현실적인 승낙은 없었으나 행위 시 사정에 비추어서 만일 피해자가 그 사정을 인식하였더라면 승낙할 것으로 기대되는 경우를 말한다.

6) 정당행위

정당행위란 법령에 의한 행위 또는 업무로 인한 행위 기타 사회상규에 위배되지 아니하는 행위는 벌하지 아니한다는 위법성조각사유의 일종이다(형법 제20조).

먼저 법령에 의한 행위로서 정당행위에 해당하는 것으로는 공무원의 직무집행행위, 징계행위, 사인의 현행범 체포행위, 노동쟁위행위 등이 있다. 두 번째로 업무로 인한 행위가 이에 해당하는데, 업무란 사람이 사회생활상의 지위에 기하여 계속성을 가지고 행하는 사무를 말하며 그 예로서 의사의 치료행위, 변호사나 성직자의 직무수행행위 등이 있다. 마지막으로 사회상규에 위배되지 않는 행위도 이에 해당하는데, 사회상규란 공정하게 사유하는 평균인이 건전한 사회생활을 하면서 옳다고 승인한 정상적인 행위규칙을 의미한다. 이에는 전투 중 군인의 살상행위 등이 해당된다. 이상의 정당행위에 해당하게 되면 위법성이 조각되게 되어 범죄가 성립하지 않게 된다.

5. 책　임

1) 서론

구성요건에 해당하고 위법성조각사유가 없다하더라도 마지막으로 책임이 있어야 비로소 범죄가 성립하게 된다. 책임이란 위법한 행위를 한 자에 대하여 가하여지는 주관적·인격적 비난가능성을 말한다. 즉 행위자가 위법한 행위를 하는 방향으로 자신의 의사를 형성한 데 대하여 비난할 수 있는지에 관한 판단이 책임판단이라고 할 수 있다(정영일, 2013: 228). 책임에 대하여 형법은 행위책임을 원칙으로 하고 있다. 따라서 행위자의 평소의 생활태도나 범죄적 인격은 책임판단의 대상이 아니다.

2) 책임능력

책임능력은 책임 있게 행위할 수 있는 능력을 의미한다. 즉 일정한 범죄행위자에게 책임을 추궁할 수 있는 주관적 관점을 의미한다(김형청 2012: 167). 형법은 책임능력에 관하여 적극적으로 규정하는 대신 소극적으로 책임무능력의 요건만을 규정하고 있다. 책임능력의 규정방법과 관련하여 형법은 생물학적 방법과 혼합적 방법을 통해 규정하고 있다.[11]

(1) 책임무능력자와 한정책임능력자

책임무능력자에는 형사미성년자가 있다. 형법은 14세가 되지 아니한 자의 행위는 벌하지 아니하고 있다(형법 제9조). 또한 심신장애로 인하여 사물을 변별할 능력이 없거나 의사를 결정할 능력이 없는 자를 심신상실자로 보아 책임무능력자로 판단한다(형법 제10조 제1항). 책임무능력자와 달리 한정책임능력자를 규정하여 형을 감경하고 있는데, 이에는 심신장애로 인하여 사물을 변별하거나 의사를 결정할 능력이 미약한 자인 심신미약자(형법 제10조 제2항)와 청각과 발음기능에 모두 장애가 있는 농아자(형법 제11조)가 해당된다.

(2) 원인에 있어서 자유로운 행위

원인에 있어서 자유로운 행위란 원인행위시에 위험의 발생을 예견하고 자의로 심신장애상태를 야기한 후에 장애상태하에서 구성요건에 해당하고 위법한 행위로 나아간 경우를 의미한다(김성돈, 2014: 366). 이 경우 행위자는 책임이 감경 또는 조각되지 아니하고 형법 제10조 3항에 따라 행위에 대한 완전한 책임을 부담하게 된다. 예를 들어, 범행을 결심한 자가 두려움을 떨치기 위해 술을 마시고 만취상태에서 범행을 저지르게 된다면 행위당시에는 책임능력이 결여되었다 하더라도 책임을 묻는다는 것이다.

3) 위법성의 인식과 금지착오

위법성의 인식이란 위법한 행위를 하는 자가 자신의 행위가 위법하다는 것을 인식하는 내심상태를 의미한다(오영근, 2014: 131).[12] 또한 금지착오란 행위자에게 구성요건적 사실의 인식은 있었으나, 착오로 그것이 금지되어

11) 형법 제10조의 심신장애자와 심신미약자는 생물학적과 심리적 방법을 혼합하여 판단하고 있으며, 제9조의 형시미성년자는 생물학적 방법을 따르고 있다.

12) 위법성 인식의 체계적 지위와 관련하여 고의설과 책임설이 대립하고 있으나 현재 다수의 견해는 책임설을 취하고 있으며, 위법성조각사유 전제사실에 대한 착오를 다른 착오와 달리 보는 제한적 책임설을 취하고 있는 것이 일반적이다.

있음을 알지 못한 경우이다(송헌철, 2003: 283).

금지착오의 유형은 직접적 착오와 간접적 착오로 구분된다. 직접적 착오에는 행위자가 자기의 행위를 금지하는 법규 그 자체의 존재를 인식하지 못한 법률의 부지, 행위자가 일반적 효력이 있는 법규정을 잘못 인식하여 그 규정이 효력이 없다고 오인한 효력의 착오, 구성요건적 사실을 인식하고 있었으나 자신의 행위에 대하여는 적용되지 않는다고 오인한 포섭의 착오가 있다.

그리고 간접적 금지착오란 행위자가 금지된 것은 인식하였으나 구체적인 경우에 위법성조각사유의 법적 한계를 오해하였거나 위법성조각사유가 존재하는 것으로 오인한 경우이다. 이에는 위법성조각사유가 법적으로 존재하지 않음에도 존재하는 것으로 오인한 경우인 위법성조각사유 존재에 대한 착오, 위법성조각사유의 법적 한계를 오인한 위법성조각사유 한계에 대한 착오, 위법성을 조각시키는 전제사실이 존재하지 않음에도 존재한다고 오인하는 위법성조각사유 전제사실에 대한 착오가 존재한다.

이러한 금지착오의 경우 형법 제16조는 자기의 행위가 법령에 의하여 죄가 되지 아니하는 것으로 오인한 행위는 그 오인에 정당한 이유가 있는 때에 한하여 벌하지 아니한다고 규정하고 있다(형법 제16조).

4) 기대가능성

기대가능성이란 행위자에게 적법행위를 기대할 수 있는 적법행위의 기대 가능성을 의미한다(이재상, 2001: 327). 책임의 본질은 비난가능성이다. 따라서 행위자에게 적법행위를 기대할 수 없는 특수한 사정이 존재하는 경우에는 비난할 수는 없다는 점을 기초로 하고 있다.[13)]

기대가능성은 형법 총론과 각론에서 다양하게 나타나고 있다. 형법 제12조에서는 저항할 수 없는 폭력이나 자기 또는 친족의 생명, 신체에 대한 위해를 방어할 방법이 없는 협박에 의하여 강요된 행위는 벌하지 아니한다고 규정하여 강요된 행위를 책임조각사유로 규정하고 있다. 그 외에도 과잉방위(형법 제21조 제3항), 과잉피난(형법 제22조 제3항), 친족 간의 범인은닉죄(형법 제151조 제2항), 친족 간의 증거인멸죄(형법 제155조 제4항) 등이 기대

13) 이러한 기대가능성은 행위자를 표준으로 하는 것이 아니라 평균인이 행위자의 입장에 있었을 경우를 기준으로 판단하는 평균인표준설이 다수의 입장이다.

불가능성을 인정한 예로 볼 수 있다.

6. 미수론

1) 서론

범죄 실현의 단계는 범죄를 실현하려는 의사를 내심에서 확정하는 단계인 범죄결심, 범죄의사의 실현을 위한 준비행위인 예비·음모, 그리고 미수, 실행에 착수한 행위가 구성요건의 모든 표지를 충족시킨 경우인 기수, 기수 이후에 보호법익에 대한 침해가 실질적으로 끝난 경우인 종료로 나뉜다. 미수는 범죄의 실행에 착수하여 실행행위를 종료하지 못 하였거나 종료하였다 하더라도 결과가 발생되지 아니한 경우를 말한다(김형청, 2012: 193). 이러한 미수는 크게 장애미수, 중지미수, 불능미수로 나뉜다.

2) 미수의 종류

먼저 장애미수(형법 제25조 제1항)란 범죄의 실행에 착수하여 자신의 의사에 반하여 행위를 종료하지 못하였거나 결과가 발생하지 아니한 경우를 가리키며 협의의 미수범이라고도 한다(정영일, 2013: 276). 실행의 착수와 관련된 구체적 적용기준은 각칙상의 범죄의 유형에 따라 다르게 나타난다. 구성요건적 행위의 개시를 실행의 착수로 보기도 하고 구성요건실현을 위한 직접적 행위를 실행의 착수로 보는 경우도 있다.[14] 장애미수의 처벌은 임의적 감경함이 원칙이다(형법 제25조 제2항).

두 번째로 중지미수(형법 제26조)란 행위자가 실행에 착수한 후에 자의로 실행행위를 중지하거나 결과발생을 방지하여 결과가 발생하지 않는 경우를 말한다(김성돈, 2014: 438). 장애미수와 달리 중지미수가 성립하기 위해서는 자의성이 요구된다. 즉 범인이 자의로 범행을 중지하였다는 점에서 특수성이 있다. 자의성의 판단기준과 관련하여서는 다수의 견해가 있으나 사회일반의 경험상 강제적 장애사유로 인한 타율적 중지의 경우는 장애미수이고, 이러한 사유가 없음에도 자율적 동기에 의하여 중지한 경우를 중지미수라고 보는 것이 일반적이다.[15] 중지 미수의 형은 기수범보다 필요적으

---

14) 절도죄의 경우는 물색행위, 살인죄의 경우 살해행위, 사기죄의 경우 기망행위, 강도죄의 경우는 폭행내지 협박행위를 한때가 각각의 실행의 착수가 있게 된다.

15) 판례는 피고인들이 피해자를 강간하려고 하던 중 피해자가 수술한 지 얼마 안 되어 배

로 감면한다.

마지막으로 불능미수(형법 제27조)는 실행의 수단 또는 대상의 착오로 인하여 결과의 발생이 불가능하더라도 위험성이 있는 형태의 미수범을 말한다(오영근, 2014: 158). 구별되는 개념으로 불능범이 있다. 불능범은 불능미수와 달리 위험성이 없어 불가벌적인 행위이다(형법 제27조). 즉, 불능범과 불능미수를 구별하는 기준은 바로 위험성이다. 위험성이 존재하면 불능미수가 되며 그렇지 않으면 불능범이 된다.[16] 불능미수범의 형은 기수범보다 감면할 수 있다. 즉 임의적 감면에 해당한다.

3) 예비

예비라 함은 특정범죄를 실현할 목적으로 행하여지는 외부적 예비행위로서 아직 실행의 착수에 이르지 아니한 일체의 행위를 말한다(형법 제28조). 형법은 예비를 원칙적으로 처벌하지 않고, 예외적으로 특별규정이 있는 경우에만 처벌한다. 이와 관련하여 음모라 함은 일정한 범죄를 실행할 목적으로 2인 이상의 자 사이에 이루어지는 일정한 범죄 실행의 합의를 말한다(송헌철, 2003: 311).

7. 정범 및 공범

1) 서론

정범은 행위자가 구성요건의 요소를 스스로 충족시킨 경우를 말한다(김형청, 2012: 224). 이러한 정범에는 일인이 단독으로 범죄를 실행하는 경우인 단독정범, 수인이 공동하여 범죄를 실행하는 공동정범, 수인의 단독범이 병존하여 범죄가 실행되는 경우인 동시범이 있고, 행위자 자신이 범죄를 직접실행하지 않고 타인을 이용하여 간접적으로 실행하는 간접정범이 있다.

그리고 공범에는 타인을 교사하여 범죄를 실행하게 하는 교사범과 타인의 범죄를 방조하는 종범이 있다.[17] 공범은 다시 1인이 단독으로도 실행할

가 아프다며 애원하는 바람에 강간을 중단한 경우 자율적 동기가 아니라 피해자의 신체조건이라는 외부적 사유에 의하여 중단한 것이므로 자의성을 부정한 바 있다(대판 1992.7.28, 92도917).

16) 판례의 경우 치사량 미달의 독을 피고인이 피해자에게 준 경우 결과발생이 불가능한 경우에 해당하나 위험성이 있다고 보아 살인죄의 불능미수를 인정한바 있다(대한 1973.4.30, 73도354).

수 있는 범죄를 2인 이상이 협력하여 실행하는 공범 형태인 임의적 공범과 구성요건자체가 처음부터 2인 이상이 참가해서만 실행할 수 있는 필요적 공범이 있다.[18]

2) 공동정범

공동정범(형법 제30조)이란 2인 이상이 공동의 범행계획에 따라 범죄를 실행하는 것을 말하며 단독정범에 대립되는 개념이다(정영일, 2013: 323). 공동정범이 성립하기 위해서는 공동실행의 의사가 있어야 한다. 또한 공동의 실행행위가 있어야 한다. 이러한 성립요건을 판단하기 위하여 학설은 기능적 행위지배설을 취하고 있다. 즉 행위자 각 개인이 기능적으로 행위를 지배한 경우에만 공동정범이 될 수 있다는 입장이다. 관련문제로서 과실범의 공동정범을 인정할 수 있는지가 문제되는데, 학설은 과실범은 기능적 행위지배를 할 수 없어 부정하는 반면에 판례는 과실범의 공동정범을 인정하고 있다.[19]

관련 개념으로서 공모공동정범이란 것이 있다. 공모공동정범이란 2인 이상의 자가 범죄를 공모한 후 그 공모자 가운데 일부만이 범죄의 실행에 나아간 경우 실행행위를 담당하지 아니한 공모자에게도 공동정범이 성립한다는 이론이다. 판례는 조직범죄 등에 대처하기 위하여 이를 인정하고 있다.

3) 간접정범

간접정범(형법 제34조)이란 직접 실행행위를 하는 타인을 앞세워 간접적으로 구성요건을 실현하는 경우를 말한다(김성돈, 2014: 628). 예를 들어 정신병으로 인한 책임무능력자를 이용하여 타인을 살해케 한 경우가 이에 해당된다. 간접정범이 성립하기 위하여 먼저 어느 행위로 인하여 처벌되지 아니하는 자 내지 과실범으로 처벌되는 자가 존재하여야 한다. 두 번째로 이용행위가 있어야 한다. 간접정범도 정범이다. 정범에게는 행위지배가 존재하여야 한다. 따라서 단순한 이용행위가 아닌 행위지배의 일종인 의사지배

---

17) 정범과 공범의 구별기준과 관련하여 행위지배가 있는 자는 정범이고 행위지배가 없고 단순히 행위지배가 있는 자에 관여하는 자가 공범이라는 행위지배설이 일반적이다.

18) 필요적 공범에는 집단적 공동행위를 요구하는 소요죄와 내란죄 등이 있고, 2인 이상이 상호 대립방향의 행위를 요하는 수뢰죄와 증뢰죄, 자기낙태죄와 동의낙태죄 등이 있다.

19) 판례는 삼풍백화점 붕괴 사건에서 각 단계별 관련자들을 업무상 과실치사상죄의 공동정범으로 처단한 바 있다(대판 1996.8.23, 96도1231).

가 있어야 간접정범이 성립할 수 있다.

간접정범은 교사 또는 방조의 예에 의하여 처벌한다.

4) 교사범

교사범(형법 제31조 제1항)이란 타인으로 하여금 범죄실행을 결의하고 이 결의에 의하여 범죄를 실행하도록 하는 것을 의미한다(오영근, 2014: 179). 교사범이 성립하기 위해서는 교사행위가 존재하여야 한다. 즉 범죄를 범할 의사가 없는 타인에게 범죄실행의 결의를 가지게 하여야 한다. 또한 고의가 있어야 한다. 교사자의 고의는 교사에 대한 고의와 정범에 의한 구성요건적 결과를 실현한다는 사실에 대한 정범의 고의 모두 있어야 한다. 따라서 피교사자의 행위가 미수에 그칠 것을 예견하면서 교사하는 경우인 미수의 교사는 불가벌이 된다.

또한 피교사자가 범죄실행을 승낙하지 않았던 자가 교사 전에 이미 결의하고 있는 경우는 실패한 교사가 되어 교사자는 예비・음모에 준하여 처벌하고 피교사자가 승낙하였으나 실행의 착수에 이르지 않은 경우 교사자와 피교사자 모두 예비・음모로 처벌한다(형법 제31조 제2항, 제3항).[20]

교사범은 정범과 동일한 형으로 처벌한다.

5) 종범

종범(형법 제32조)이란 정범의 범행실행결의를 강화하거나 범죄실현을 용이하게 한 자를 의미한다(송헌철, 2003: 417). 종범이 성립하기 위해서는 방조행위가 있어야 하는데 방조행위는 정범의 범행 결과에 대해 원인일 필요는 없고 사실상 촉진시키거나 용이하게 해주었으면 족하다. 또한 교사범과 동일하게 방조범에게도 이중의 고의가 필요하다.

6) 공범과 신분

공범과 신분이란 신분이 범죄의 성립이나 형의 가감에 영향을 미치는 경우에 신분 있는 자와 신분 없는 자가 공범관계에 있을 때에 어떻게 취급해야 하느냐의 문제를 말한다(이재상, 2001: 478). 여기서 신분이란 일정한

---

20) 그 외 피교사자가 실행에 착수했으나 미수에 그친 경우 교사자・피교사자 모두 미수범으로 처벌한다. 이를 협의의 교사의 미수라 하고, 실패한 교사와 효과 없는 교사와 함께 교사의 미수라 칭한다.

범죄에 관한 특별한 인적 표지로서 범인의 특수한 성질·지위·상태를 말한다. 형법은 제33조에서 진정신분범에 가담한 공범에게는 연대성을 규정하고 있으며 부진정신분범에 가담한 공범에게 개별적 작용을 규정하고 있다(형법 제33조). 즉 진정신분범은 신분이 존재하여야만 하는 범죄를 의미하기 때문에, 비공무원이 공무원과 함께 뇌물을 받은 경우 비공무원도 수뢰죄의 공동정범이 된다는 의미이다. 부진정신분범은 누구나 범할 수 있으나 신분이 있는 자에게 가중 또는 감경되는 범죄유형을 의미하기 때문에, 피해자의 아들이 행하는 살인행위에 가담한 타인이 존재하는 경우 아들에게는 존속살해죄, 타인은 보통살인죄가 성립된다는 의미이다.

8. 과실범 · 부작위범 · 결과적 가중범

1) 과실범

과실(형법 제14조)이라함은 부주위로 인하여 범죄사실을 인식하지 못한 경우를 말한다(김형청, 2012: 100). 과실에는 행위자가 주의의무 위반으로 구성요건이 실현될 가능성을 인식하지 못한 경우의 과실인 인식 없는 과실, 업무종사자가 당해 업무의 성격상 또는 그 업무의 지위 상 특별히 요구되는 주의의무를 게을리 한 경우의 과실인 업무상 과실, 요구되는 주의에 대하여 행위자의 주의가 현저하게 결여되어 있는 경우의 과실을 말하는 중과실, 행위자가 구성요건이 실현될 수 있다는 것을 인식 했지만 주의의무에 위반하여 이것이 실현되지 않을 것으로 신뢰하다 구성요건이 실현된 경우인 인식있는 과실이 존재한다.

과실범이 성립하기 위한 요건으로 먼저 객관적 주의의무 위반이 있어야 한다. 객관적 주의의무란 법적 의무에 위반된 행위로서 각종 법령에 '주의규정'의 형태로 표현되어 있는 경우가 많다(김성돈, 2014: 476).[21] 두 번째로 결과발생을 요하고, 마지막으로 과실과 결과발생 사이에 인과관계가 있어야 한다.

과실범과 관련된 문제로서 허용된 위험의 이론과 신뢰의 원칙이 있다. 허용된 위험의 이론은 자동차운행, 건설공사 등과 같이 비록 법익침해의 위

---

21) 객관적 주의의무는 일반인의 주의능력을 표준으로 하여 의무위반의 유무를 판단하는 것이 통설과 판례의 입장이다.

험성을 수반하는 행위라도 그로 인한 사회적 이익이 그 위험성에 비해 현저히 큰 경우에는 일정한 조건하에서 그 행위를 허용해야 할 필요가 있게 된 경우를 말하며 이 경우 구성요건해당성이 배제된다(오영근, 2014: 59-60). 신뢰의 원칙은 특정 업무가 그 자체로는 위험을 수반하나 사회생활에 불가결한 경우에 있어서 그 업무에 관여하여 스스로 주의 깊게 행위하는 자는 특별한 사정이 없는 한 다른 관여자도 주의 깊게 행위할 것을 신뢰해도 좋다는 원칙이다(정영일, 2014: 142).

2) 부작위범

부작위라 함은 단순한 무위나 소극적 행위가 아니라, 규범적으로 기대되는 특정한 행위를 하지 않는 것을 말한다(송헌철, 2003: 95). 형법에 있어서 부작위범이란 부작위에 의하여 범하는 범죄를 말하며(형법 제18조), 부작위범이 성립하기 위해서는 작위의무가 있어야 한다.[22)]

부작위범이 성립하기 위해서는 먼저 일반적 행위가능성이 있어야 한다. 즉 작위의무를 이행하는 것이 일반인에게 가능해야 한다. 그리고 구성요건적 부작위가 존재해야 한다. 이에는 작위가 요구되는 구성요건적 상황이 존재하여야 하며, 명령된 행위의 부작위가 있어야 하며 개별적 행위가능성이 있어야 한다는 점이 포함된다. 즉 물에 빠진 사람이 존재한 경우 이를 구할 수 있는 적절한 구조수단 내지 신체적 능력이 있어야 한다는 것이다. 마지막으로 부진정부작위범에 특유한 보증인지위와, 이러한 보증인지위에 있는 자의 부작위가 작위에 의한 구성요건의 실현과 같은 가치를 갖는다는 행위정형의 동가치성, 그리고 결과발생방지의 가능성이 존재하여야 한다. 여기서 보증인지위라 함은 부진정부작위범에 있어서 부작위가 작위와 같이 평가될 수 있기 위하여 부작위범이 결과의 발생을 방지해야할 보증인이 되지 않으면 안 된다는 것을 의미한다(이재상, 2001: 119-120).

보증인지위의 유형으로는 ① 법령에 의한 작위의무(친권자의 보호의무, 부부간의 부양의무 등) ② 계약에 의한 작위의무(간호사의 환자 간호의무, 보육교사의 아동 보호의무 등), ③ 선행행위에 의한 작위의무(실화자의 소화의무 등), ④ 조리에 의한 작위의무(임대인이 경매진행 사실을 임차인에게 고지해야

---

22) 부작위범에는 진정부작위범과 부진정부작위범이 있다. 법률상 부작위에 의해서만 성립할 수 있는 범죄가 진정부작위범(퇴거불응죄 등), 규정형식은 작위범이지만 부작위에 의해서도 실현할 수 있는 범죄를 부진정부작위범이라 한다.

할 의무 등) 등이 있다.

3) 결과적 가중범

결과적 가중범(형법 제15조)이란 일정한 범죄행위가 행위자의 예기하지 않은 중한 결과를 발생시킨 경우에 그 중한 결과에 형사책임을 가중시키는 범죄를 말한다(김형청, 2012: 106-107). 결과적 가중범에는 고의에 의한 기본범죄에 기하여 과실로 중한 결과를 발생케 한 진정결과적 가중범과 중한 결과를 과실뿐만 아니라 고의로 발생케 한 경우도 포함시키는 부진정결과적 가중범이 있다.[23)]

결과적 가중범이 성립하기 위해서는 먼저 고의의 기본범죄가 있어야 한다. 기본범죄에 미수가 처벌되는 경우에는 기본범죄의 기·미수를 불문하나, 미수를 처벌하지 않는 경우에는 기본범죄는 기수이어야 한다. 두 번째로 중한 결과의 발생을 요한다. 그리고 기본범죄와 중한 결과 사이에는 인과관계가 있어야 하며 특히 중한 결과는 중간원인을 거치지 않고 기본범죄로 직접 야기된 것이어야 하는 직접성의 원칙이 요구된다. 또한 중한 결과에 대한 예견가능성이 존재하여야 한다. 이 예견가능성은 과실과 동일한 의미이다.

9. 죄수론

1) 서론

죄수론은 성립한 범죄의 수를 정하는 영역이다. 죄수결정의 기준에 있어 행위자가 행한 행위의 개수에 따라 죄수를 결정하려는 행위표준설(김성돈, 2014: 706), 범죄행위에 의해 침해되거나 위태화되는 법익의 수를 기준으로 범죄의 수를 결정하는 법익표준설(오영근, 2014: 207-208), 행위자의 범죄의사를 표준으로 하여 죄수를 결정하는 의사표준설 (정영일, 2013: 392), 죄수의 결정은 어디까지나 실정법 해석의 문제이므로 법률상의 구성요건에 해당하는 회수를 기준으로 죄수를 결정하는 구성요건표준설(송헌철, 2003: 436) 등이 있으나 판례는 법익표준설 입장의 판시가 다수이나 각각 범죄에 따라 구체적인 사정을 고려하여 판단하는 것이 일반적이다.

---

23) 진정결과적 가중범은 대부분의 결과적 가중범이 이에 해당하고, 부진정결과적 가중범의 예에는 중상해죄와 중유기죄 등이 있다.

2) 일죄

일죄란 범죄의 수가 하나인 것을 의미한다. 일죄에는 본래적 의미의 일죄 이외에 법조경합과 포괄일죄가 있다.

법조경합은 1개의 또는 수개의 행위가 외관상 수개의 형벌법규에 해당하는 것같이 보이나 형벌법규의 성질상 하나의 형벌법규만 적용되고 다른 법규의 적용을 배척하여 일죄만 성립하는 경우를 말한다(이재상, 2001: 495). 어느 구성요건이 다른 구성요건의 모든 요소를 포함하고 그 이외에 다른 특별한 표지까지 포함하는 경우인 특별관계,[24] 어느 구성요건이 다른 구성요건의 적용이 없을 때 보충적으로만 적용되는 경우인 보충관계,[25] 어떤 구성요건의 불법과 책임내용이 다른 구성요건의 불법과 책임내용을 포함하지만 특별관계나 보충관계에 해당하지 않는 경우인 흡수관계,[26] 양립할 수 없는 두 개의 구성요건 중에서 어느 하나만 적용되는 경우인 택일관계[27]가 있다.

이러한 법조경합은 적용된 법률에 의해서만 처벌되고, 배제되는 법률은 적용되지 않는다.

포괄일죄는 수개의 행위가 전체로서 포괄적으로 평가하여 1개의 구성요건에만 해당하는 경우 1죄로 보는 경우이다(김형청, 2012: 279). 포괄일죄에는 결합범, 계속범, 접속범, 연속범, 집합범 등의 유형이 포함된다. 결합범은 개별적으로 독립된 범죄의 구성요건에 해당하는 수개의 행위가 결합하여 한 개의 범죄를 구성하는 경우이며,[28] 계속범은 범죄행위가 완료된 후에도 위법상태가 유지되는 범죄이다.[29] 접속범은 단독에 의하여도 구성요

---

24) 존속살해죄와 살인죄, 영아살해죄와 살인죄, 폭력행위등처벌에 관한 법률과 형법 등이 해당하며 특별규정만 적용된다.

25) 예비와 기수, 상해죄와 살인죄, 과실과 고의 등이 해당하며 보충법은 기본법의 적용이 배제되는 경우에 한하여 적용된다. 즉 후자의 범죄만이 성립한다.

26) 이에는 불가벌적 수반행위와 불가벌적 사후행위가 해당한다. 불가벌적 수반행위는 특정한 범죄행위에 필연적이지는 않지만 일반적으로 결합되어 있는 경미한 위법행위를 말하며 살인에 수반된 의복 등에 대한 손괴행위 등이 해당한다. 불가벌적 사후행위는 범죄에 의하여 획득한 위법한 이익을 확보·사용하는 등의 사후행위가 별도의 구성요건에 해당하지만 이미 주범죄에 의하여 평가되었기 때문에 별죄를 구성하지 않는 경우를 말한다. 절도범이 타인의 물건을 훔친 후 이를 손괴한 경우 별도의 손괴죄 구성요건에 해당하지만 이미 절도죄로 평가되었기 때문에 손괴죄를 구성하지 않는다는 경우가 이에 해당한다.

27) 절도죄와 횡령죄, 살인죄와 사체손괴죄가 이에 해당한다.

28) 강도죄와 살인죄가 결합한 강도살인죄, 폭행죄 내지 협박죄와 절도죄가 결합한 강도죄

건의 충족이 가능한 경우에 수개의 행위가 동일한 기회에 동일한 장소에서 불가분하게 결합되어 구성요건적 결과가 발생한 경우이며,[30] 연속범은 연속된 수개의 행위가 동종의 범죄에 해당하는 경우이다.[31] 마지막으로 집합범은 다수의 동종 행위가 동일한 의사에 의하여 반복되지만 일괄하여 일죄를 구성하는 경우이다.[32]

이러한 포괄일죄는 일죄이므로 하나의 죄로 처벌된다. 구성요건을 달리하는 행위가 포괄일죄가 되는 경우에는 중한 죄의 일죄만 성립한다. 또한 소송법상으로도 일죄로 취급한다.

3) 수죄

수죄에는 상상적 경합과 실체적 경합이 논의된다. 상상적 경합(형법 제40조)이란 성립된 수 개의 범죄가 한 개의 행위에 관련되어 관념적으로 서로 경합하고 있는 경우를 말한다(김성돈, 2014: 734). 1개의 행위의 의미는 자연적 행위의 단일을 의미한다는 것이 일반적이다. 예를 들어 절도범인이 체포를 면탈할 목적으로 경찰관에게 폭행·협박을 가한 경우에 준강도죄와 공무집행방해죄가 하나의 행위로 인하여 발생한 경우이기 때문에 상상적 경합이 성립한다. 또한 강간의 수단으로 감금한 경우도 하나의 행위로 수개의 구성요건에 해당되었기 때문에 상상적 경합이 인정된다. 상상적 경합은 실질상 수죄이지만 과형상 일죄이므로 1개의 형으로 처벌하되 가장 중한 죄에 정한 형으로 처벌된다.

실체적 경합(형법 제37조)은 수개의 행위로 수개의 죄를 범한 경우를 말한다(오영근, 2014: 219).[33] 실체적 경합의 법적효과는 동시적 경합범의 경우 가장 중한 죄에 정한 형이 사형 또는 무기징역이나 무기금고인 때에는 가장 중한 죄에 정한 형으로 처벌한다(형법 제38조 제1항). 사형 또는 무기징역이나 무기금고 이외의 동종의 형인 때에는 가장 중한 죄에 정한 장기 또는 다액에 그 2분의 1까지 가중하되 각죄에 정한 형의 장기 또는 다액을 합산한 형기 또는 액수를 초과할 수 없다. 그리고 형이 무기징역이나 무기

29) 감금죄, 주거침입죄, 퇴거불응죄
30) 동일한 기회에 동일한 부녀를 수회 간음한 경우
31) 절도범이 창고에서 수일에 걸쳐 매일 쌀을 훔친 경우
32) 상습사기범, 무면허의료행위
33) 판결이 확정되지 않은 수개의 죄를 동시적 경합범이라 하고, 판결이 확정된 죄와 그 판결이 확정되기 전에 범한 죄를 사후적 경합범이라 한다.

금고 이외의 이종의 형인 때에는 병과한다(형법 제38조 제1항). 사후적 경합범의 처분은 경합범 중 판결을 받지 아니한 죄가 있는 때에는 그 죄와 판결이 확정된 죄를 동시에 판결할 경우와 형평을 고려하여 그 죄에 대하여 형을 선고하고 이 경우 그 형을 감경 또는 면제할 수 있다(형법 제39조).

10. 형벌론

1) 형벌의 의의와 종류

형벌은 범죄행위에 대한 법률상의 효과로서 국가가 범죄인에 대하여 과하는 법익박탈의 처분을 가리킨다(정영일, 2013: 439). 형의 종류에는 9종이 있다. 사형, 징역, 금고, 자격상실, 자격정지, 벌금, 구류, 과료, 몰수가 이에 해당한다(형법 제41조).

(1) 사형

사형은 생명을 박탈하는 것을 내용으로 하는 형벌이다(형법 제66조). 사형에 대하여는 오판의 가능성, 교정효과가 없다는 점, 위하력이 적다는 점에서 폐지론이 주장되고 있으며, 반대로 존치론은 위하력이 있다는 점, 응보관념과 정의관념에 합치한다는 점을 들어 존치시켜야 한다고 주장하고 있다.

(2) 자유형

자유형은 수형자의 신체의 자유를 박탈함을 내용으로 하는 형벌이다. 이 중 징역은 수형자를 교도소 내에 구치하여 정역에 복무하게 하는 것을 내용으로 하는 자유형이고, 금고는 신체의 자유를 박탈한다는 점에 징역과 동일하나 정역을 부과하지 않는다는 점에서 구별된다(형법 제42조). 구류는 수형자를 교도소 내에 구치하나 기간이 1일에서 30일 미만이라는 점에서 차이가 있다(형법 제46조). 자유형과 관련하여 3종류의 자유형의 구별을 폐지하고 단일화해야 한다는 자유형의 단일화 논의와, 6월 이하의 자유형은 교화개선의 효과가 없고 악풍의 감염 우려가 있기 때문에 단기 자유형을 폐지하거나 제한해야 한다는 논의가 있다.

(3) 재산형

재산형은 범인으로부터 일정한 재산의 박탈을 내용으로 하는 형벌이다(형법 제45조). 벌금형은 범죄인에게 일정한 금액의 지급의무를 강제적으로 부담시키는 것을 내용으로 하는 형벌로서 50,000원 이상으로 부과된다. 과료는 범죄인에게 금액의 지급의무를 강제적으로 부담시키는 것을 내용으로 하지만 그 금액이 2,000원 이상 50,000원 미만이라는 점에 차이가 있다(형법 제47조). 몰수는 범죄행위와 관련이 있는 재산을 강제적으로 국가에 귀속시키는 것을 내용으로 하는 재산형으로서(형법 제48조), 원칙적으로 다른 형에 부가하여 과하는 부가성을 성질로 가지고 있다.[34]

(4) 명예형

범죄인의 명예 또는 자격을 박탈하는 것을 내용으로 하는 형벌로서 자격정지와 자격상실이 있다. 자격정지는 사형·무기징역·무기금고의 선고가 있으면 그 형의 효력으로서 일정한 자격이 당연히 상실되는 경우이고(형법 제43조 제1항), 자격정지는 일정기간 동안 일정자격의 전부 또는 일부를 정지시키는 명예형이다(형법 제43조 제2항).

2) 형의 양정과 누범

형의 양정이란 형법이 일정한 범죄에 대해 규정한 형벌의 종류와 범위 내에서 법관이 구체적인 행위자에 대하여 선고할 형을 정하는 것을 의미한다(송헌철, 2003: 489). 양정의 단계는 법정형, 처단형, 선고형 순으로 이어진다.

법정형이란 개개의 구성요건에 규정되어 있는 형벌을 말한다(이재상, 2001: 546). 처단형이란 법정형이 형종의 선택을 인정할 경우에는 먼저 적용할 형종을 선택하고 여기에 다시 법률상 또는 재판상의 가중·감경을 하여 선고형의 최종적인 기본으로 될 형을 말한다(김형청, 2012: 309). 선고형이란 법원이 처단형의 범위 내에서 구체적으로 형을 양정하여 당해 피고인에게 선고하는 형을 말한다(김성돈, 2014: 781). 이러한 단계를 양형이라 하기도 한다.

---

34) 다만 예외적으로 유죄의 재판을 아니할 때에도 몰수의 요건이 있는 때에는 몰수만을 선고할 수 있다.

형의 양정과 관련된 또 하나의 논점은 누범(형법 제35조)이다. 누범이란 여러 개의 범죄를 반복적으로 저지르는 경우 그 행위자를 말한다. 이에 대해 형법상의 누범은 금고 이상의 형을 받아 그 집행을 종료하거나 면제를 받은 후 3년 내에 금고 이상에 해당하는 죄를 범한 경우를 말한다(오영근, 2014: 214-215). 누범의 형은 장기의 2배까지 가중하며 장기에 대해서만 가중할 수 있고 단기에 대해서는 2배로 가중할 수 없다(오영근, 2014: 216).

3) 집행유예 · 선고유예 · 가석방

집행유예(형법 제62조)란 유죄판결을 하면서 그 형의 집행을 유예하고, 일정한 유예기간 동안 집행유예가 취소 또는 실효됨이 없이 그 기간을 무사히 경과함으로써 형의 선고가 효력을 잃어 형의 선고가 없었던 것과 같이 취급하는 제도를 말한다(정영일, 2013: 478). 집행유예는 단기자유형의 폐해를 제거하고 형집행의 유예를 통해 범죄인의 자발적이고 능동적인 사회복귀를 도모한다는 장점이 있다. 선고유예(형법 제59조)란 범정이 경미한 범죄인에 대해 일정기간 형의 선고를 유예하고 유예기간이 특정사고 없이 경과하면 면소된 것으로 간주하는 제도이다(송헌철, 2003: 504). 다시 말해 선고유예는 피고인에게 처벌을 받았다는 오점을 남기지 않음으로써 사회복귀를 용이하게 하자는 취지의 제도이다. 가석방(형법 제72조)이란 자유형을 집행 받고 있는 자가 개전의 정이 현저하다고 인정되는 때에 형기만료 전에 조건부로 수형자를 석방하고 일정한 기간을 경과한 때에는 형의 집행을 종료한 것으로 간주하는 제도를 말한다(이재상, 2001: 579). 즉, 가석방제도는 수형자의 사회복귀를 자발적인 노력을 촉진하고, 재사회화 기능을 충실케 하여 정기형제도의 결함을 보완하고자 하는 취지의 제도이다.

4) 보안처분

형벌과 구별되지만 범죄라는 법률요건에 대해 발생하는 법률효과로서 보안처분이 있다. 보안처분이란 구성요건에 해당하는 위법행위를 기초로 하여 그 행위자의 범죄행위의 위험성을 예측하여 일반예방을 도모하고 범인의 개선 · 치료를 목적으로 하는 처분이다(김형청, 2012: 345). 형벌은 과거의 행위에 대한 사회윤리적 비난으로서의 제재임에 반하여 보안처분은 장래의 범죄에 대한 예방적 성질의 제재라는 점에 차이가 있으며, 형벌은 그 정도가 책임의 정도에 의하여 제한되나, 보안처분은 비례성의 원칙에 따라 제한된다. 또한 형벌은 책임주의가 엄격하게 지켜지나 보안처분은 행위자의 위험성을 전제로 특별예방의 관점에서 과해지는 제재이다.

제2절 형법 각론

1. 개인적 법익에 관한 죄

1) 생명과 신체에 대한 죄

(1) 살인의 죄

살인의 죄는 사람을 살해함으로써 그 생명을 침해하는 것을 내용으로 하는 범죄를 말하며 보호법익은 사람의 생명이다. 기본적 구성요건은 보통살인죄이며 이에 대한 가중적 구성요건으로는 존속살해죄, 감경적 구성요건으로는 영아살해죄, 촉탁·승낙살인죄가 있다.

보통살인죄는 사람이 사람을 살해한 경우 성립하는 범죄이다(형법 제250조). 사람의 시기와 관련하여 통설과 판례는 진통설 내지 분만개시시 설을 취하고 있다(대판 1982.10.12, 81도2621).[35] 존속살해죄는 자기 또는 배우자의 직계존속을 살해함으로 성립하는 범죄이다(형법 제250조 제2항). 여기서 직계존속이란 법률상의 직계존속을 의미하고 사실상의 직계존속은 제외된다.

감경적 구성요건으로 영아살해죄는 직계존속이 치욕을 은폐하기 위하거나 양육할 수 없음을 예상하거나 특히 참작할 만한 동기로 인하여 분만 중 또는 분만 직후의 영아를 살해함으로써 성립하는 범죄이다(형법 제251조). 여기서의 직계존속도 법률상의 직계존속에 한정한다고 보는 것이 판례의 입장이다(대판 1970.3.10, 69도2285).[36] 그 외 촉탁·승낙에 의한 살인죄와 자살교사·방조죄(형법 제252조), 위계·위력에 의한 살인죄(형법 제253조)가 수정적 구성요건으로 존재한다. 살인죄의 예비음모죄는 처벌한다.[37]

---

35) 제왕절개 수술의 경우는 의사의 수술 시로 보고 있다(대판 2007.6.29, 2005도3832).
36) 통설은 법률상의 직계존속 이외에 사실상의 직계존속도 포함된다고 본다.
37) 살인의 죄중 영아살해죄, 촉탁·승낙살인죄, 자살교사·방조죄는 예비·음모처벌규정이 없다.

(2) 상해와 폭행의 죄

상해와 폭행의 죄는 사람의 신체에 대한 침해를 내용으로 하는 범죄이다. 보호법익은 신체의 불가침성 내지 신체의 완전성을 보호법익으로 한다. 여기서 상해죄와 폭행죄의 관계가 문제되는데, 상해죄는 신체의 건강을 보호법익으로 하고 침해범으로서의 보호를 하는 반면 폭행죄는 신체의 건재를 보호법익으로 하고 형식범으로서의 보호를 하고 있다.

상해죄는 사람의 신체를 상해함으로써 성립한다(형법 제257조). 상해의 의미와 관련하여 다수설과 판례의 주류는 생리적 기능훼손설을 취하고 있다. 상해죄도 피해자의 승낙이 있으면 위법성이 조각되나, 사람의 신체는 중요한 법익임으로 고려하여 상해가 사회상규에 위배되지 않는 한도에서 위법성이 조각될 수 있다고 봄이 다수의 견해이다. 그 외 존속상해죄(형법 제257조)와 중상해죄·존속중상해죄가 존재하며 이중 중상해죄는 사람의 신체를 상해하여 생명에 대한 위험을 발생하게 하거나, 불구에 이르게 하거나, 불치나 난치의 질병에 이르게 함으로써 성립하는 범죄(형법 제258조)로서 부진정결과적 가중범에 해당한다.

폭행죄는 사람의 신체에 대하여 폭행을 가함으로써 성립하는 범죄(형법 제260조)이다. 형법상의 폭행의 개념은 다양한데, 먼저 사람이든 물건이든 대상을 불문한 일체의 유형력 행사를 의미하는 최광의의 폭행, 사람에 대한 직·간접의 유형력 행사를 말하는 광의의 폭행, 사람의 신체에 대한 유형력 행사를 말하는 협의의 폭행, 상대방의 반항을 불가능하게 하거나 현저히 곤란하게 할 정도의 유형력 행사를 말하는 최협의의 폭행으로 구분된다. 폭행죄에서의 폭행은 협의의 폭행을 의미한다. 수정적 구성요건으로 존속폭행죄(형법 제260조), 단체 또는 다중의 위력을 보이거나 위험한 물건을 휴대하여 폭행한 경우 성립하는 특수폭행죄(형법 제261조), 폭행죄 또는 특수폭행죄를 범하여 사람을 사상에 이르게 하는 결과적 가중범인 폭행치사상죄(형법 제262조)가 있다.

(3) 과실치사상의 죄

과실치사상의 죄는 과실로 인하여 사람을 사망에 이르게 하거나 사람의 신체를 상해에 이르게 하는 것을 내용으로 하는 범죄로서 사람의 생명 또는 신체를 보호법익으로 하며 침해범이다.

과실치상죄는 과실로 인하여 사람의 신체를 상해에 이르게 한 범죄(형법 제266조)로서 반의사불벌죄이다. 과실치사죄는 과실로 인하여 사망에 이르게 하는 범죄(형법 제267조)로서 반의사불벌죄가 아니다. 수정적 구성요건으로서 업무상 과실·중과실치사상죄(형법 제268조)가 있는데 이는 업무상 과실로 인하여 사람을 사상에 이르게 함으로써 성립하는 범죄이다. 업무는 사람이 사회생활상 지위에 기하여 계속·반복하여 행하는 사무를 말한다. 이때의 계속성은 단 1회의 행위라도 장래 반복하여 행할 의사로 행한 것이라면 업무라고 보는 것이 일반적이다.

(4) 낙태의 죄

낙태의 죄란 태아를 살해하기 위하여 자연 분만기에 앞서서 인위적으로 모체 밖으로 배출하거나 태아를 모체 안에서 살해하는 것을 내용으로 하는 범죄로서 태아의 생명과 임부의 생명·신체의 안전도 보호법익으로 한다. 추상적 위험범으로서 보호한다.[38] 낙태죄의 기본적 구성요건은 자기낙태죄이고 수정적 구성요건으로 업무상 낙태죄, 부동의 낙태죄, 낙태치사상죄가 있다. 모자보건법 제14조는 의학적·우생학적·윤리적 적응사유가 있는 경우 본인과 배우자의 동의를 얻어 임신한 날로부터 28주 이내에 인공임신중절수술을 할 수 있도록 규정하여 특수한 위법성조각사유를 규정하고 있다.

자기낙태죄는 부녀가 약물 기타 방법으로 낙태한 경우 성립하는 범죄(형법 제269조)이다. 만일 태아를 모체 내에서 살해하지 않고 배출시킨 경우도 낙태죄가 성립하며, 이때 배출된 태아를 살해하면 낙태죄와 살인죄도 성립하여 양자는 실체적 경합범이 된다(대판 2005.4.15, 2003도2780). 동의낙태죄는 부녀의 촉탁 또는 승낙을 받아 성립하는 범죄(형법 제269조)이며, 의사, 한의사, 조산사, 약제사 또는 약종상이 부녀의 촉탁 또는 승낙을 받아 낙태하게 되면 업무상 동의낙태죄(형법 제270조)가 성립한다. 부동의 낙태죄는 부녀의 촉탁 또는 승낙 없이 낙태한 경우(형법 제270조)이며 동의낙태죄·업무상 낙태죄·부동의 낙태죄를 범하여 부녀를 치상케 한 경우에는 낙태치사상죄(형법 제269조, 제270조)라는 결과적 가중범이 성립한다.

---

38) 추상적 위험범으로서 보호한다는 점은 태아를 인위적으로 자연분만기 앞서서 배출한 경우, 추후 태아가 사망치 않고 건강히 자라게 되었다 하더라도, 즉 법익에 대한 현실적인 침해가 나타나지 않았다하더라도 낙태죄가 성립한다는 의미이다.

(5) 유기와 학대의 죄

유기죄란 노유, 질병 기타 사유로 인하여 부조를 요하는 자를 보호할 의무 있는 자가 유기함으로써 성립하는 범죄이다. 피유기자의 생명·신체의 안전을 보호법익으로 하며 추상적 위험범이다. 단순유기죄를 기본적 구성요건으로 하며, 존속유기죄, 중유기죄, 영아유기죄 그리고 학대죄와 존속학대죄 및 아동혹사죄를 규정하고 있다.

단순유기죄는 노유, 질병 기타 사정으로 인하여 부조를 요하는 자를 보호할 법률상 또는 계약상 의무 있는 자가 유기 시에 성립하는 범죄(형법 제271조)이다. 판례는 법률상·계약상 보호의무 있는 자에 한하여 주체를 인정하고 있다.[39] 그 외 존속유기죄(형법 제271조), 생명에 대한 위험을 발생케 하는 결과적 가중범인 중유기죄·중존속유기죄(형법 제271조), 직계존속이 치욕을 은폐하기 위하거나 양육할 수 없음을 예상하거나 특히 참작할 만한 동기로 인하여 영아를 유기함으로써 성립하는 범죄인 영아유기죄(형법 제272조), 유기죄 등을 범하여 사람을 사상에 이르게 하는 경우에 성립하는 결과적 가중범인 유기치사상죄·존속유기치사상죄(형법 제275조)가 있다.[40]

학대죄란 자기의 보호 또는 감독을 받는 사람을 학대한 경우 성립하는 범죄(형법 제273조)이다. 학대는 육체적·정신적 고통을 가하는 일체의 행위를 말하며, 음란행위는 포함되지 않는다는 것이 판례의 입장이다(대판 2000.4.25, 2000도223). 또한 존속학대죄(형법 제273조)와 자기의 보호 또는 감독을 받는 16세 미만의 자를 그 생명 또는 신체에 위험한 업무에 사용할 영업자 또는 그 종업자에게 인도한 경우 성립하는 아동혹사죄(형법 제274조)가 있다.

2) 자유에 대한 죄

(1) 협박의 죄

협박의 죄는 해악을 고지함으로써 개인의 의사결정의 자유를 침해하는 것을 내용을 하는 범죄이며, 의사결정의 자유를 보호법익으로 하며 위험범

39) 일정 거리를 동행한 사실만으로는 보호의무의 주체, 즉 유기죄의 주체가 될 수 없다고 하여 사무관리·관습·조리에 의한 보호의무를 인정하지 않고 있다(대판 1977.1.11, 76도3419).

40) 종교적 신념으로 인하여 자식의 수혈을 거부한 생모로 인하여 자식이 사망한 여호와증인 사건에서 판례는 유기치사죄의 성립을 인정한 바 있다(대판 1980.9.24, 79도1387).

으로 보는 것이 판례의 입장이다.[41] 수정적 구성요건으로 존속협박죄, 특수협박죄, 상습협박죄가 있다.

협박죄는 사람을 협박한 경우에 성립하는 범죄(형법 제283조)이다. 형법상 협박은 사람에게 공포심을 일으키게 할 만한 해악을 고지하면 족하고 실제 상대방이 공포심을 느꼈는지는 불문하는 광의의 협박, 상대방이 현실적으로 공포심을 느껴야 한다는 협의의 협박, 상대방의 반항을 불가능하게 하거나, 상대방의 반항을 현저히 곤란하게 할 정도의 해악을 고지하는 최협의의 협박이 있는데, 협박죄의 협박은 광의로 보는 것이 판례의 태도이다.[42] 그 외 존속협박죄(형법 제283조), 단체 또는 다중의 위력을 보이거나 위험한 물건을 휴대하여 협박한 경우 성립하는 특수협박죄(형법 제284조), 상습협박죄(형법 제285조)가 있다.

(2) 체포와 감금의 죄

체포와 감금의 죄는 사람을 체포 또는 감금하여 사람의 신체적 활동의 자유를 침해하는 것을 내용으로 하는 범죄이며, 장소선택의 자유를 보호법익으로 하는데 침해범으로서 보호한다. 수정적 구성요건으로 존속체포・감금죄, 중체포・감금죄, 특수체포・감금죄, 상습체포・감금죄, 체포・감금치사상죄가 있다.

체포・감금죄는 사람을 체포 또는 감금함으로써 성립하는 범죄(형법 제276조)이다. 객체는 사람인데 잠재적 자유를 가진 자이면 모두 객체가 된다.[43] 감금이 동시에 강간의 수단이 된 경우에는 감금죄와 강간죄는 상상적 경합관계라는 것이 판례의 입장이다(대판 1983.4.26, 83도323). 상술한 수정적 구성요건 중 중체포・감금죄(형법 제277조)에서 '중'의 의미는 결과적 가중범이 아니라 사람을 체포 또는 감금하여 가혹한 행위를 한 것을 의미한다. 가혹한 행위란 사람에게 정신적・육체적 고통을 주는 일체의 행위를 말한다.

---

41) 학설은 침해범으로 보는 것이 다수의 입장이다.

42) 협박은 경고와 구별된다. 경고는 자연발생적인 길흉화복이나 천재지변의 도래를 알리는 개념이다. 협박으로 인정되기 위해서는 행위자에게 지배가능하다고 믿을 만한 내용을 전달하여야 한다.

43) 잠재적 자유조차 없는 영아는 객체가 될 수 없다.

(3) 약취와 유인의 죄

약취와 유인의 죄는 사람을 약취 또는 유인하여 자기 또는 제3자의 사실적 지배상태에 둠으로써 성립하는 범죄다. 보호법익은 사람의 신체활동의 자유이며, 침해범으로서의 보호를 하고 있다. 수정적 구성요건으로서 인신매매죄 노동력 착취·성매매와 성적 착취·장기적출목적 약취·유인죄 등이 신설되었다. 또한 형법은 세계주의(형법 제296조의2)를 도입하여 대한민국 영역 외에서 외국인이 범한 죄에 대하여도 적용될 수 있도록 하였다.

미성년자약취·유인죄는 미성년자를 약취 또는 유인함으로써 성립하는 범죄(형법 제287조)이다. 미성년자의 보호감독자도 본죄의 주체가 될 수 있으며, 약취와 유인의 의미는 자기 또는 제3자의 사실상 지배하에 두는 것을 말한다.

(4) 강요의 죄

강요의 죄는 폭행 또는 협박으로 사람의 권리행사를 방해하거나 의무없는 일을 행하게 함으로써 성립하는 범죄이며, 의사결정의 자유와 의사활동의 자유를 보호법익으로 한다. 침해범이다. 기본적 구성요건으로서 강요죄가 있으며, 수정적 구성요건으로서 중강요죄, 인질강요죄, 인질상해·치상죄, 인질살해·치사죄가 있다.

단순강요죄는 폭행 또는 협박으로 사람의 권리행사를 방해거나 의무 없는 일을 하게 하는 범죄(형법 제324조)이다. 중강요죄(형법 제326조)는 생명에 대한 위험을 발생케 하는 결과적 가중범이며, 사람을 체포·감금·약취 또는 유인하여 이를 인질로 삼아 제3자에 대하여 권리행사를 방해하거나 의무 없는 일을 하게 하는 범죄는 인질강요죄(형법 제324조의2)가 성립한다.[44]

(5) 강간과 추행의 죄

강간과 추행의 죄는 개인의 성적자기결정권을 침해하는 범죄로서 성적자기결정권을 보호법익으로 한다. 침해범에 해당한다.

강간죄는 폭행 또는 협박으로 사람을 강간함으로써 성립하는 범죄(형법

---

44) 이때 강요의 상대방은 제3자이어야 한다. 인질에 대한 강요는 인질강요죄에 해당하지 않는다.

제297조)이다. 형법 개정으로 인하여 본죄의 주체와 객체에 제한이 없게 되었다.[45] 본죄의 폭행과 협박은 최협의의 폭행과 협박이다. 유사강간죄는 폭행 또는 협박으로 사람에 대하여 구강, 항문 등 신체(성기를 제외한다)의 내부에 성기를 넣거나 성기, 항문에 손가락 등 신체(성기를 제외한다)의 일부 또는 도구를 넣는 범죄(형법 제297조의2)이다.

강제추행죄는 폭행 또는 협박으로 사람에 대하여 추행함으로써 성립하는 범죄(형법 제298조)이다. 주체와 객체에는 아무런 제한이 없고, 폭행과 협박을 최협의의 폭행과 협박으로 보는 것이 학설의 입장이나 판례는 상대방의 의사에 반하는 유형력의 행사가 있는 이상 그 힘의 대소 강약을 불문한다고 보고 있다(대판 2002.4.26, 2001도2417).

준강간죄·준강제추행죄는 사람의 심신상실 또는 항거불능의 상태를 이용하여 간음 또는 추행함으로써 성립하는 범죄(형법 제 299조)이다. 깊은 잠에 빠져 있는 자를 간음한 경우가 이에 해당한다(대판 1976.12.14, 76도3673). 기타 13세 미만의 사람을 간음하거나 추행함으로써 성립하는 미성년자의제강간·강제추행죄(형법 제305조)가 있으며 이때 피해자의 동의는 범죄성립에 영향이 없다.

강간 등 상해·치상죄는 강간죄, 강제추행죄, 준강간죄 및 미성년자의제강간죄 등을 범한 자가 사람을 상해하거나 상해에 이르게 함으로써 성립하는 범죄(형법 제301조)이며, 강간 등 살인·치사죄는 살해하거나 사망에 이르게 함으로써 성립하는 범죄(형법 제301조의2)이다.

독립된 구성요건으로 미성년자·심신미약자 간음·추행죄(형법 제302조)가 있는데 이 죄는 미성년자 또는 심신미약자에 대하여 위계 또는 위력으로 간음 또는 추행함으로써 성립하는 범죄이다. 여기 위계라 함은 상대방을 착오에 빠지게 하여 정상적인 판단을 못하게 하는 것을 말하며 간음행위 자체에 대한 오인·착각·부지를 의미한다(대판 2001.12.24, 2001도5074). 기타 업무, 고용 기타 관계로 인하여 자기의 보호 또는 감독을 받는 사람에 대하여 위계 또는 위력으로써 간음하는 피감호자간음죄(형법 제303조)와 법률에 의하여 구금된 사람을 감호하는 자가 그 사람을 간음하는 피구금자간음죄(형법 제303조)가 있다.

---

45) 법률상의 처에 대하여도 강간죄가 성립할 수 있다는 것이 판례의 입장이다(대판 2013.5.16, 2012도14788 전원합의체).

3) 명예와 신용에 대한 죄

(1) 명예에 대한 죄

명예에 대한 죄는 사실을 적시하여 사람의 명예를 훼손하거나 모욕함으로써 성립하는 범죄이다. 명예 중 외적 명예를 보호법익으로 하며 추상적 위험범이다. 명예훼손죄와 모욕죄 등이 해당된다.

명예훼손죄는 공연히 사실을 적시하여 사람의 명예를 훼손함으로써 성립하는 범죄(형법 제307조)이다. 명예훼손죄가 성립하기 위해서는 공연성을 요하는데 공연이라 함은 불특정 또는 다수인이 인식할 수 있는 상태를 의미한다. 판례는 이와 관련하여 전파성 이론을 취하고 있는데 사실을 적시한 상대방이 특정 1인이라 하더라도 그가 불특정 다수인에게 전파할 가능성이 있으면 공연성을 인정한다는 입장이다.

사실의 적시란 증명가능한 과거와 현재의 상태를 지적 · 표시하는 것을 말한다. 따라서 '병신'이라는 발언은 구체적 사실의 적시라 보지 않아 명예훼손죄는 성립하지 않는다는 것이 판례의 입장이다(대판 1994.10.25, 94도1770).[46]

명예훼손죄는 명예훼손행위가 진실한 사실로서 오로지 공공의 이익에 관한 때에는 처벌하지 아니한다(형법 제310조)고 규정하여 특별한 위법성조각사유를 두고 있다. 이는 언론의 자유라는 공익과 개인의 명예보호라는 사익을 조정하기 위한 것이다.

사자명예훼손죄는 공연히 허위의 사실을 적시하여 사자의 명예를 훼손한 경우 성립하는 범죄(형법 308조)로서 허위의 사실만을 대상으로 한다는 점에서 명예훼손죄와 차이가 있다. 또한 출판물 등에 의한 명예훼손죄는 사람을 비방할 목적으로 신문, 잡지 또는 라디오 기타 출판물에 의하여 명예를 훼손한 경우 성립하는 범죄(형법 제309조)이다.

모욕죄는 공연히 사람을 모욕함으로써 성립하는 범죄(형법 제311조)로서 구체적 사실이 아닌 단순한 추상적 판단이나 경멸적 감정을 표현한다는 점에서 명예훼손죄와 구별된다(대판 1987.5.12, 87도739).

46) 모욕죄에는 해당할 여지가 있다.

(2) 신용·업무와 경매에 관한 죄

신용훼손죄는 허위의 사실을 유포하거나 기타 위계로서 사람의 신용을 훼손한 경우 성립하는 범죄(형법 제313조)이다. 업무방해죄는 허위의 사실을 유포하거나 기타 위계 또는 위력으로 사람의 업무를 방해함으로써 성립하는 범죄(형법 제314조)이다. 업무방해죄의 업무도 사람이 사회생활상의 지위에 기하여 계속적으로 종사하는 사무를 말하나, 업무가 보호법익이기 때문에 형법상 보호가치가 있는 업무에 한정된다. 판례는 성매매알선 등 행위(대판 2011.10.13, 2011도7081), 법원의 직무집행정지 가처분결정에 반하여 직무를 수행한 경우(대판 2002.8.23, 2001도5592), 의료인이나 의료법인이 아닌 자가 의료기관을 개설하여 운영하는 행위(대판 2001.11.30, 2001도2015)에 대해서는 보호가치 없는 업무로 보아 업무방해죄의 성립을 부정한 바 있다. 또한 수정적 구성요건으로 컴퓨터 등 업무방해죄(형법 제314조)가 있는데, 컴퓨터 등 정보처리장치 또는 전자기록 등 특수매체기록을 손괴하거나 정보처리장치에 허위의 정보 또는 부정한 명령을 입력하거나 기타 방법으로 정보처리에 장애를 발생하게 하여 사람의 업무를 방해한 경우 성립한다. 그리고 경매 또는 입찰의 공정을 보호하기 위하여 형법은 위계 또는 위력 기타 방법으로 경매 또는 입찰의 공정을 해한 경우 경매·입찰방해죄(형법 제315조)의 성립을 규정하고 있다.

4) 사생활의 평온에 대한 죄

(1) 비밀침해의 죄

개인의 사생활에 있어서의 비밀을 보호하기 위하여 형법은 비밀침해의 죄를 규정하고 있다.

비밀침해죄는 봉함 기타 비밀장치한 사람의 편지, 문서 또는 도화를 개봉한 경우와 봉함 기타 비밀장치한 사람의 편지, 문서 도화 또는 전자기록 등 특수매체기록을 기술적 수단을 이용하여 그 내용을 알아낸 경우 성립하는 범죄(형법 제316조)이다. 업무상 비밀누설죄는 의사, 한의사, 치과의사, 약제사, 약종상, 조산사, 변호사, 변리사, 공인회계사, 공증인, 대서업자나 그 직무상 보조자 또는 차등의 직에 있던 자가 그 업무처리 중 지득한 타인의 비밀을 누설한 때 성립하는 범죄(형법 제317조)이다.

(2) 주거침입의 죄

사람의 주거에 대한 평온과 안전을 침해할 때 성립하는 범죄로서 보호법익에 대하여 학설의 대립이 있으나 판례는 사실상 평온설의 입장을 취하고 있다(대판 1983.3.8, 82도1363). 즉 주거에 거주할 적법한 법률상 권한의 유무에 불구하고 사실상의 평온을 침해하게 되는 경우 범죄가 성립하게 된다. 주거침입죄와 퇴거불응죄 이외에 특수주거침입죄와 주거·신체수색죄가 규정되어 있다.

주거침입죄는 사람의 주거, 관리하는 건조물, 선박이나 항공기 또는 점유하는 방실에 침입하는 경우 성립하는 범죄(형법 제319조)이다. 여기서 주거라 함은 단순히 가옥 자체만을 말하는 것이 아니라 그 위요지를 포함한다(대판 2001.4.24, 2001도1092). 동의권자의 동의에 반하여 침입하는 것은 주거침입에 해당하나 판례는 공동주거의 경우 남편의 일시부재 중 간통의 목적 하에 그 처의 승낙을 얻어 주거에 들어간 경우에도 주거침입죄의 성립을 인정하고 있다(대판 1984.6.23, 83도685). 또한 일반적 출입이 허용된 장소에 범죄 목적으로 들어간 경우에도 주거침입죄의 성립을 인정하는 것이 판례의 태도이다(대판 1997.3.28, 95도2674).

퇴거불응죄는 사람의 주거, 관리하는 건조물이나 선박 또는 점유하는 방실에서 퇴거요구를 받고 응하지 아니한 경우 성립하는 범죄(형법 제319조)이다. 주의할 점은 적법하게 또는 과실로 들어간 자에 한정된다는 점이다. 고의로 들어간 자에게는 주거침입죄가 성립한다. 그 외 단체 또는 다중의 위력을 보이거나 위험한 물건을 휴대하여 주거침입죄 내지 퇴거불응죄를 범한 경우 성립하는 특수주거침입죄(형법 제320조)와 사람의 신체, 주거, 관리하는 건조물, 자동차, 선박이나 항공기 또는 점유하는 방실을 수색한 경우 성립하는 주거·신체수색죄(형법 제321조)가 있다.

5) 재산에 대한 죄

(1) 총설

재산죄는 소유권, 재산권 등을 보호법익으로 하는 범죄이다. 재산죄의 객체에는 재물과 재산상 이익이 있다. 재물의 개념과 관련하여 견해의 대립이 있으나 유체물뿐만 아니라 무체물도 관리가 가능하다면 재물이 된다는 관리가능성설이 통설과 판례의 입장이다. 따라서 물리적 관리가 불가능한 정보 등은 재물이 될 수 없다.[47] 재물은 주관적 가치만 있으면 족하고, 소유나 소지가 금지된 금제품에 대하여도 재물성을 인정하는 것이 판례의 입장이다(대판 1998.11.24, 98도2967). 재산상 이익은 재물이외의 일체의 재산적 가치 있는 이익을 의미한다.

재산죄가 성립하기 위해서는 점유가 요구되는 경우가 많은데, 형법상의 점유란 재물에 대한 사실상의 지배상태를 의미한다. 민법상의 점유는 법적·규범적 개념이라는 점에서 차이가 있다. 형법상 점유가 인정되기 위해서는 재물에 대한 사실상의 지배상태인 점유사실, 재물을 자기의사에 따라 관리하고 지배하려는 사실상의 의사인 점유의사가 있어야 하고 거래계의 경험칙에 의하여 조정·결정된다. 공동점유 중 대등관계의 점유에 있어서는 타인성이 인정된다. 즉 공유하는 물건을 1인이 타인의 동의 없이 가져가면 절도죄가 성립하게 된다. 상하관계에 의한 점유의 경우 상위점유자만의 점유가 인정되나 상위점유자가 하위점유자에게 믿고 맡긴 경우 예외적으로 하위점유자에게도 점유가 인정된다.[48]

점유의 주체는 원칙적으로 자연인이고 법인의 점유는 인정되지 않는다. 또한 사자의 점유도 부정하는 것이 일반적이다. 다만 판례는 살해 후 비로소 영득의사가 생겨 피해자의 재물을 영득한 경우 피해자의 점유를 인정해 절도죄를 인정한 경우가 있다(대판 1993.9.28, 93도143).

재산죄는 불법영득의사라는 고의 이외의 초과주관적 구성요건을 요구한다. 불법영득의사란 권리자를 배제하고 타인의 물건을 자기의 소유물로 이용한다는 의사를 말한다. 이러한 불법영득의사가 없는 절도를 사용절도라 한다. 즉 타인의 재물을 무단으로 일시적으로 사용한 후에 소유자에게 반환하는 것을 말한다. 이러한 사용절도는 형법상 불가벌이다.[49]

또한 형법은 강도죄와 손괴죄 및 강제집행면탈죄를 제외한 재산죄에 있어서는 친족관계라는 특수사정을 고려하여 형을 면제하거나 고소가 있어야 공소를 제기할 수 있는 특례규정을 두고 있는데 이를 친족상도례라 한다.

---

47) 판례는 타인의 문서를 복사하여 복사본만 가지고 간 경우 절도죄의 성립을 부정한 바 있다(대판 1996.8.23, 95도192).

48) 상점의 물건은 상점주인의 점유만이 인정되고 종업원의 점유는 부정되나, 만일 종업원에게 금고 등을 독자적으로 관리할 수 있는 권한 등을 부여한 경우라면 하위점유자인 종업원에게도 점유가 인정될 수 있다.

49) 그 객체가 자동차·선박·항공기·원동기장치자전거일 경우에는 자동차 등 불법사용죄로 처벌된다(형법 제331조의2)

(2) 절도의 죄

절도의 죄는 타인 소유, 타인 점유의 재물을 절취하는 경우 성립하는 범죄이다.

먼저 절도죄(형법 제329조)의 절취는 점유자의 의사에 반하여 재물에 대한 사실상의 지배를 제거하는 것을 말하며 기망을 점유침탈의 수단으로 하여도 가능하다. 절도죄의 가중적 구성요건으로 야간주거침입절도죄가 있다. 야간주거침입절도죄는 야간에 주거 등에 침입하여 타인의 재물을 절취함으로써 성립하는 범죄(형법 제330조)로서 야간에 주거의 침입이 있을 것을 요한다(대판 2011.4.14, 2011도300). 야간에 문호 또는 장벽 기타 건조물의 일부를 손괴하고 주거에 침입한 손괴 후 야간주거침입절도, 흉기를 휴대한 흉기휴대절도, 2인 이상이 합동한 합동절도를 포함하는 특수절도죄(형법 제331조)가 있다. 또한 권리자의 동의 없이 타인의 자동차, 선박, 항공기 또는 원동기장치자전거를 일시 사용한 경우에는 자동차 등 불법사용죄(형법 제331조의2)가 성립한다.

(3) 강도의 죄

폭행 또는 협박으로 타인의 재물을 강취하거나 재산상의 이익을 취득하거나 제3자로 하여금 이를 취득케 함으로써 성립하는 범죄가 강도의 죄이다. 강도죄 이외에 수정적 구성요건으로 특수강도죄, 강도상해·치상죄, 강도살인·치사죄, 해상강도죄, 상습강도죄가 있다.

먼저 강도죄의 객체는 타인의 재물 또는 재산상 이익이다. 행위는 폭행과 협박인데 이는 최협의의 폭행과 협박을 의미한다. 재산상 이익취득과 관련하여 채무면탈 살인이 문제되는데 판례는 채무를 면탈할 목적으로 피해자를 살해한 경우 채무는 피해자의 상속인에게 상속이 되므로 재산상 이익을 범인이 취득한 바가 없어 강도살인죄가 될 수 없으나, 채무의 존재를 상속인이 명확히 알 수 없는 사정이 있는 경우에는 강도살인죄가 성립한다는 입장이다(대판 2004.6.24, 2004도1098).

준강도죄는 절도가 재물의 탈환을 항거하거나 체포를 면탈하거나 죄적을 인멸할 목적으로 폭행 또는 협박을 가한 때 성립하는 범죄(형법 제335조)이다. 준강도의 주체는 절도범이다. 이 절도범은 절도 실행의 착수 이후의 자야 한다. 절도의 공동정범 가운데 1인이 준강도를 범한 경우 다른 공범죄에게도 폭행과 협박을 예견하였다면 준강도의 공동정범이 성립한다는 것이 판례의 입장이다(대판 1988.2.9, 87도240). 그 외 사람을 체포·감금·약취 또는 유인하여 이를 인질로 삼아 재물 또는 재산상의 이익을 취득하거나 제3자로 하여금 이를 취득하게 한 경우에는 인질강도죄(형법 제336조)가 성립한다.

가중적 구성요건으로 야간에 사람의 주거, 관리하는 건조물, 선박이나 항공기 또는 점유하는 방실에 침입하여 강도죄를 범하거나, 흉기를 휴대하거나 합동하여 강도죄를 범함으로 성립하는 특수강도죄(형법 제334조)가 있다. 또한 강도가 사람을 상해하거나 상해에 이르게 함으로써 성립하는 강도상해·치상죄(형법 제337조), 강도가 사람을 살해하거나 사망에 이르게 함으로써 성립하는 범죄인 강도살인·치사죄(형법 제338조)가 있다.[50] 그리고 강도가 사람을 강간한 때에 성립하는 강도강간죄(형법 제339조), 다중의 위력으로 해상에서 선박을 강취하거나 선박 내에 침입하여 타인의 재물을 강취함으로 성립하는 해상강도죄(형법 제340조)가 있다. 강도의 예비·음모자는 처벌한다(형법 제343조).

(4) 사기와 공갈의 죄

사람을 기망하여 재물 내지 재산상이익을 편취하는 범죄를 사기의 죄라 한다. 사기죄 이외에 수정적 구성요건으로 컴퓨터 등 사용사기죄, 준사기죄, 편의시설부정이용죄, 부당이득죄, 상습사기죄가 있다.

사기죄는 사람을 기망하여 재물의 교부를 받거나 재산상의 이익을 취득한 경우 성립하는 범죄(형법 제347조)이다. 사기죄의 구성은 먼저 행위자의 기망이 있어야 한다. 이러한 기망으로 인하여 피기망자의 착오가 발생하고 착오에 기하여 처분행위가 존재하며 이로 인하여 재물 또는 재산상 이익의 취득이 발생하여야 한다. 기망행위의 수단에는 제한이 없다. 즉 묵시적 기망행위[51]와 부작위에 의한 기망행위[52]도 가능하다. 기망의 상대방은 재산상의 피해자와 동일인일 필요가 없다. 양자가 다른 경우를 삼각사기라 하는

50) 강도의 공범 중 1인이 강도의 기회에 상해 또는 치상의 결과를 발생케 한 경우 판례는 다른 공범에게 이를 예견한 경우 강도상해죄의 성립을 인정하고 있으며, 강도 1인이 행한 살해 또는 사망의 결과에 대하여 타 공범에게는 이를 예견한 경우 강도치사죄의 성립을 인정하는 것이 주된 입장이다.

51) 지불의사와 지불능력 없이 취식한 경우

52) 질병을 감추고 보험계약을 체결한 후, 보험금을 수령한 경우

데 대표적인 경우가 소송사기이다. 소송사기에서 피기망자는 법원이지만 피해자는 소송의 상대방이기 때문이다.

수정적 구성요건으로서 컴퓨터 등 사용사기죄는 컴퓨터 등 정보처리장치에 허위의 정보 또는 부정한 명령을 입력하거나 권한 없이 정보를 입력·변경하여 정보처리를 하게 함으로써 재산상의 이익을 취득하거나 제3자로 하여금 취득하게 한 경우 성립하는 범죄(형법 제347조의2)이다. 준사기죄는 미성년자의 지려천박 또는 사람의 심신장애를 이용하여 재물의 교부를 받거나 재산상의 이익을 취득한 경우 성립하는 범죄(형법 제348조)이고, 편의시설부정이용죄는 부정한 방법으로 대가를 지급하지 아니하고 자동판매기, 공중전화 기타 유료자동설비를 이용하여 재물 기타 재산상의 이익을 취득함으로써 성립하는 범죄(형법 제348조의2)이다. 또한 부당이득죄는 사람의 궁박한 상태를 이용하여 현저하게 부당한 이익을 취득한 경우 성립하는 범죄(형법 제349조)이다.

공갈죄(형법 제350조)는 사람을 공갈하여 재물을 교부받거나 재산상의 이익을 취득하거나 또는 타인으로 하여금 이를 얻게 함으로써 성립하는 범죄이다. 공갈죄는 사기죄와 구성이 유사하다. 즉 공갈을 통해 상대방에게 외포심을 일으키고 이를 통해 처분행위를 받아 재물 내지 재산상 이익을 취득한다는 점이다.

(5) 횡령과 배임의 죄

횡령죄와 배임죄는 타인에 대한 신임관계를 배반한다는 점에 공통점이 있으나 횡령죄는 객체가 재물인 반면에 배임죄는 재산상 이익을 객체로 한다는 점에서 차이가 있다.

횡령죄는 타인의 재물을 보관하는 자가 그 재물을 횡령하거나 그 반환을 거부한 때에 성립하는 범죄(형법 제355조)이다. 횡령죄의 주체는 위탁관계에 의하여 타인의 재물을 보관하는 자이다. 보관은 점유로 이해할 수 있는데, 부동산의 보관은 점유가 아니라 유효하게 처분할 수 있는 권능을 기준으로 판단한다. 또한 보관은 위탁관계에 의한 보관이어야 한다.[53] 횡령죄의 객체는 자기가 보관하는 타인의 재물이어야 한다. 불법원인급여물은 급

---

53) 다만 판례는 송금절차의 잘못으로 우연히 자기의 예금계좌에 입금된 금전을 임의로 인출하여 소비한 경우 위탁관계가 존재하지 않음에도 횡령죄 성립을 인정한 바 있다(대판 1985.9.10, 84도2644).

여를 한 사람이 상대방에게 반환청구를 할 수 없어 소유권이 상대방에게 귀속되므로, 상대방이 이를 임의로 처분한 경우 횡령죄가 성립하지 않는다.[54] 업무상 임무에 위배하여 횡령죄를 범한 자는 업무상 횡령죄(형법 제356조)로 가중 처벌된다.

점유이탈물횡령죄는 유실물, 표류물 또는 타인의 점유를 이탈한 재물을 횡령한 자에게 성립하는 범죄(형법 제360조)이다. 위탁관계가 없다는 점에서 횡령죄와 구분된다.

배임죄는 타인의 사무를 처리하는 자가 그 임무에 위배하는 행위로써 재산상의 이익을 취득하거나 제3자로 하여금 이를 취득하게 하여 본인에게 손해를 가한 때에 성립하는 범죄(형법 제355조)이다. 배임죄의 주체는 타인의 사무를 처리하는 자이고 사무처리는 재산상의 사무에 국한된다고 보고 있다. 배임죄의 객체는 횡령죄와 달리 재산상 이익에 한한다.[55]

업무상 임무에 위배하여 재산상의 이익을 취득하거나 또는 제3자로 하여금 이익을 취득하게 하고 이로 인하여 본인에게 손해를 가하는 경우에는 업무상 배임죄(형법 제356조)가 성립한다. 또한 타인의 사무를 처리하는 자가 그 임무에 관하여 부정한 청탁을 받고 재물 또는 재산상 이익을 취득하는 경우 배임수재죄가 성립하고 이때 재물 또는 이익을 공여한 자에게는 배임증재죄가 성립한다(형법 제357조).

(6) 장물의 죄

장물의 죄는 장물을 취득·양도·운반·보관하거나 이를 알선함을 내용으로 하는 범죄(형법 제362조)이다. 장물죄의 주체에 본범의 정범은 포함될 수 없다. 객체는 장물인데, 장물이란 재산범죄에 의하여 불법하게 영득한 재물을 의미한다. 장물죄의 행위 태양에는 취득, 양도, 운반, 보관 또는 알선행위가 있다. 또한 장물죄는 상습범을 규정하고 있으며 업무상 과실·중과실에 의한 장물죄를 처벌하고 있다.

---

54) 뇌물을 전달해 달라고 부탁받은 자가 이를 임의로 소비한 경우, 이 금전은 불법원인급여물에 해당하여 그 소유권은 부탁받은 자에게 귀속되므로 횡령죄가 성립하지 않는다는 것이 판례입장이다(1999.6.11, 99도275).

55) 배임죄가 성립하는 경우로 이중매매의 경우가 있다. 매도인이 매수인에게 부동산을 매도하였고 중도금 또는 잔금을 수령한 후에 이전등기를 하지 않고 제3자에게 소유권이전등기를 경료해 준 경우, 등기협력의무에 위배되어 손해를 입힌 경우이므로 배임죄가 성립한다.

(7) 손괴의 죄

재물손괴죄는 타인의 재물, 문서 또는 전자기록 등 특수 매체기록을 손괴 또는 은닉 기타 방법으로 그 효용을 해한 경우 성립하는 범죄(형법 제366조)이다. 여기서 손괴란 재물 등에 직접 유형력을 행사하여 본래의 효용을 감소시키는 일체의 행위를 말하며, 은닉은 재물 또는 문서의 소재를 불분명하게 하여 그 발견을 곤란 또는 불가능하게 함으로써 효용을 해하는 것을 의미한다. 손괴죄에는 불법영득의사를 요하지 않는다는 점에서 절도죄와 구별된다. 그 외 공익건조물파괴죄(형법 제367조), 중손괴죄(형법 제368조), 특수손괴죄(형법 제369조), 경계침범죄(형법 제370조)가 있다.

(8) 권리행사를 방해하는 죄

권리행사를 방해하는 죄는 타인의 점유 또는 권리의 목적이 된 자기의 물건에 대한 타인의 권리행사를 방해하거나, 강제집행을 면할 목적으로 채권자를 해하는 것을 내용으로 하는 범죄이다.

먼저 권리행사방해죄는 타인의 점유 또는 권리의 목적이 된 자기의 물건 또는 전자기록 등 특수매체기록을 취거, 은닉 또는 손괴함으로써 성립하는 범죄(형법 제323조)이다. 점유강취죄와 준점유강취죄는 폭행 또는 협박으로 타인의 점유에 속하는 자기의 물건을 강취하거나 취거함에 당하여 그 탈환을 항거하거나 체포를 면탈하거나 죄적을 인멸할 목적으로 폭행 또는 협박을 가함으로써 성립하는 범죄(형법 제325조)이다. 이는 자기물건에 대한 강도죄, 준강도죄로의 의미를 가지고 있다. 또한 강제집행면탈죄는 강제집행을 면할 목적으로 재산을 은닉·손괴·허위양도 또는 허위의 채무를 부담하여 채권자를 해한 경우 성립하는 범죄(형법 제327조)이다.

2. 사회적 법익에 관한 죄

1) 공공의 안전과 평온에 대한 죄

공공의 안전과 평온에 대한 죄에는 공안을 해하는 죄, 폭발물에 관한 죄, 방화와 실화의 죄, 일수와 수리에 관한 죄, 교통방해의 죄가 있다. 공안을 해하는 죄는 공공의 법질서 또는 공공의 안전과 평온을 해하는 것을 내용으로 하는 것으로서 범죄단체조직죄, 소요죄, 다중불해산죄 등이 이에 해당한다. 폭발물에 관한 죄는 폭발물을 사용하여 사람의 생명, 신체 또는 재산, 기타 공안을 문란케 하는 범죄로서 폭발물사용죄, 전시폭발물사용죄 등이 이에 해당한다. 방화와 실화에 관한 죄는 화재로부터 공공의 안전이라는 사회적 이익을 보호하기 위한 범죄로서 현주건조물 등 방화죄, 일반건조물 등 방화죄, 실화죄 등이 해당된다. 일수와 수리에 관한 죄에는 현주건조물 등 일수죄, 과실일수죄, 방수방해죄 등이 있다. 교통방해의 죄에는 일반교통방해죄, 기차, 선박 등의 교통방해죄 등이 있다.

2) 공공의 신용에 대한 죄

공공의 신용에 대한 죄에는 통화에 관한 죄, 유가증권·우표와 인지에 관한 죄, 문서에 관한 죄, 인장에 관한 죄가 있다. 통화에 관한 죄에서는 통화위조죄와 수정적 구성요건을 규정하고 있으며, 유가증권·인지와 우표에 관한 죄에서는 유가증권위조죄, 허위유가증권작성죄 등을 규정하고 있다. 문서에 관한 죄에서는 문서 위조·변조죄와 허위문서작성죄 등을 규정하고 있고, 인장에 관한 죄에서는 사인과 공인의 위조 및 행사에 대한 범죄들이 규정되어 있다.

3) 공중의 건강에 대한 죄와 사회의 도덕에 대한 죄

공중의 건강에 대한 죄에 있어서는 음용수에 관한 죄와 아편에 관한 죄를 규정하고 있으며, 사회의 도덕에 대한 죄에 있어서는 음행매개죄와 공연음란죄 등의 성풍속에 관한 죄, 도박죄 등의 도박과 복표에 관한 죄, 분묘발굴죄와 사체유기죄 등의 신앙에 관한 죄가 규정되어 있다.

3. 국가적 법익에 관한 죄

국가적 법익에 관한 죄는 국가의 존립과 권위, 기능을 보호하기 위한 규정들로 이루어져 있다. 먼저 국가의 존립과 권위에 대한 죄로서 내란의 죄, 외환의 죄, 국기에 관한 죄, 국교에 관한 죄가 규정되어 있으며, 국가의 기능에 대한 죄로서 직권남용죄 등의 공무원의 직무에 관한 죄, 공무집행방해죄 등의 공무방해에 관한 죄, 도주죄와 범인은닉죄 등의 도주와 범인은닉의 죄, 위증죄와 증거인멸죄 등의 위증과 증거인멸의 죄, 무고죄 등의 무고의 죄로 규정되어 있다.

제4장

상 법

제1절 상법총론

1. 상법의 의의

'상법이란 어떠한 법인가'에 대하여 알려면 먼저 상법은 어떠한 생활관계를 대상으로 하는가를 이해하여야 한다.1)

경제생활을 규율하는 법에는 민법과 상법이 있다. 민법은 경제생활을 규율하는 일반법이며, 상법은 특별법(혹은 '특별사법')2)에 해당한다. 이들 상호간에는 특별법 우선의 원칙에 의하여 상법이 민법을 우선하여 작용한다.

상법(商法)이란 "기업을 그 규율대상으로 하는 법규의 총체"3)라 할 수 있다. 구체적으로 '실질적 의미의 상법'이란 기업을 중심으로 하는 생활관계를 규율하는 법을 가리키며, '형식적 의미의 상법'이란 상법전만을 가리킨다. 상법이라고 할 때 형식적 의미의 상법을 말한다.

상법전을 가지지 않는 국가로는 영국이나 미국 등 영미법계 국가와 대륙법계 국가 중 노르웨이나 스웨덴 등이 있다. 그러나 한국은 독일이나 프랑스, 일본 등과 같이 상법전을 가진다.4)

---

1) 최기원, 상법학원론, 2001, 3면 참고.
2) 남궁승태 · 이용박, 생활법률, 2008, 195면 참고.
3) 원영철, 법과생활, 2003, 454면 참고.
4) 이범찬 · 최준선, 상법개론, 2001, 3－4면 참고.

상법은 민법의 특별법이기에 민법적 지식이 전제되어야 한다. 상법총칙에는 상인·상행위의 개념 등 기본개념과 영업의 인적·물적설비, 영업의 공시와 양도 등이 언급된다. 상행위법에서는 상행위 총론 외에 7개의 특수한 유형들이 규정되어 있다.[5]

1) 상법전

우리 상법전은 1962년 1월 20일 법률 제1000호로서 공포되어 1963년 1월 1일부터 시행되어 오다가 수차례의 개정을 거쳤다. 상법전은 제1편 총칙, 제2편 상행위, 제3편 회사, 제4편 보험, 제5편 해상으로 구성되어 있다.[6]

2) 상법의 법원

법원은 크게 제정법(상법전과 상사특별법령)과 상관습법 및 상사자치법이 있으며, 보통거래약관의 법원성이 논의되고 있다.[7]

상법의 법원은 각종 성문법원과 불문법원이 있다. 상법 제1조에는 "상사에 관하여 본법의 규정이 없으면 상관습법에 의하고 상관습법이 없으면 민법에 의한다"라고 규정되어 있다. 상관습법이 민법에 우선한다는 점 이외에는 특별법 우선의 원칙·신법 우선의 원칙 등의 순서에 의한다.[8]

법규의 적용순서로 "상사자치법 → 상사특별법령·상사조약 → 상법전·상관습법 → 상관습법 → 상사판례법 → 민사자치법 → 민사특별법령·민사조약 → 민법전(민사관습법) → (민사관습법) → 민사판례법 → (조리)"[9]에 의한다.

다만 판례, 조리 및 학설의 법원성에 관해서는 학설이 나뉜다.[10]

2. 상업사용인

'상업사용인'은 영업보조자로서 특정한 상인에 종속하여 그 상인의 대외적 영업활동을 보조하는 역할을 한다. 예를 들면 지배인, 물건판매점포의 사용인, 부분적·포괄적 대리권을 가지는 사용인 등이다.[11]

---

5) 최준선, 상법총칙·상행위법, 2008, 3면 참고.
6) 남궁승태, 법학개론, 2005, 479면 참고.
7) 이상수, 상법기본강의, 2002, 11면 참고.
8) 박은정 외 11, 법학입문, 1999, 263면 참고.
9) 정우용, 상법강의, 2002, 3면.
10) 이범찬·최준선, 상법개론, 2001, 37면 참고.

1) 지배인

지배인은 상인이 영업주를 갈음하여 그 영업에 관한 재판상 또는 재판외의 모든 행위를 할 수 있다. 즉 지배권과 대리권을 가진 자를 말한다. 예컨대 지점장, 지사장, 지배인 등이다. 상인은 수인의 지배인에게 공동으로 대리권을 행사하게 공동지배인을 둘 수 있고, 본점 또는 지점의 본부장, 지점장, 그 밖에 지배인으로 인정될 만한 명칭을 사용하는 자는 지점 또는 본점의 지배인과 동일한 권한이 있는 것으로 보는 표현대리인에 관한 규정을 두고 있다. 그러나 표현대리인은 재판상의 행위는 하지 못한다. 또한 상인은 지배인의 선임과 그 대리권의 소멸에 관하여 그 지배인을 둔 본점 또는 지점소재지에서 등기하여야 한다.[12)]

2) 부분적 포괄대리권을 가진 사용인

이는 영업의 특정한 종류 또는 특정한 사항에 대한 위임을 받은 사용인을 말한다. 여기서 특정한 사항이란 판매·구입·대부·출납 등이다. 이 사용인은 재판외의 특정한 사항에 관한 모든 행위를 할 수 있다.

3) 점포사용인

점포사용인은 물건을 판매하는 점포의 사용인으로서 그 판매에 관한 모든 권한이 있는 것으로 본다. 따라서 점포사용인은 판매의 대리권이 없더라도 법은 판매에 관한 모든 권한이 있는 것으로 본다.

4) 상업사용인의 의무

상업사용인은 영업주의 허락없이 자기 또는 제3자의 계산으로 영업주의 영업분류에 속한 거래를 하거나 회사의 무한책임사원, 이사 또는 다른 상인의 사용인이 되지 못한다(충실의무). 상업사용인이 이를 위반하여 거래를 한 경우에 그 거래가 자기의 계산으로 한 것인 때에는 영업주는 이를 영업주의 계산으로 한 것으로 볼 수 있고 제3자의 계산으로 한 것인 때에는 영업주는 사용인에 대하여 이로 인한 이득의 양도를 청구할 수 있다(경업피지의무). 이러한 행위로 영업주로부터 사용인에 대한 계약의 해지 또는 손해배

---

11) 권재열 외 8, 법학개론, 2006, 298면 참고.

12) 상법 제13조, 상인은 지배인의 선임과 그 대리권의 소멸에 관하여 그 지배인을 둔 본점 또는 지점소재지에서 등기하여야 한다.

상의 청구에 영향을 미치지 아니한다. 경업피지로 인한 손해배상청구는 영업주가 그 거래를 안날로부터 2주간을 경과하거나 그 거래가 있는 날로부터 1년을 경과하면 소멸한다(조만형, 2013).

3. 상 호

상호란 상인이 영업상 자기를 표시하기 위하여 사용하는 명칭이다.[13] 어떠한 명칭을 상호로 선정할 것인가에 대하여 우리 상법은 원칙적으로 자유롭게 상호를 선정할 수 있도록 규정하고 있다.

1) 상호선정자의 자유

상인은 상호를 자유롭게 선정하여 사용할 수 있는 상호권이 있다. 회사의 상호에는 그 종류에 따라 합자회사, 주식회사, 유한책임회사, 유한회사의 문자를 사용해야 한다. 회사가 아니면 상호에 회사임을 표시하는 문자를 사용하지 못한다.

2) 상호권

상호권은 상호에 관한 권리로써 상호작용권과 상호전용권이 있다. 전자는 상인이 적법한 방법으로 상호를 선정하여 사용한 경우에 등기의 유무에 관계없이 타인의 침해를 받지 아니하고 사용할 수 있는 권리를 말한다. 또한 타인이 등기한 상호는 동일한 특별시 · 광역시 · 시 · 군에서 동종영업의 상호로 등기하지 못하며, 상호의 가등기도 인정하고 있다.

부정한 목적으로 타인의 영업으로 오인할 수 있는 상호를 사용하지 못한다. 이를 위반하여 상호를 사용한 자가 있는 경우에 이로 인하여 손해를 입을 염려가 있는 자 또는 상호를 등기한 자는 그 폐지를 청구할 수 있으며 손해배상을 청구할 수 있다. 타인의 상호와 동일한 또는 유사한 것을 사용하면 부정경쟁방지법에 의하여 제재를 받는다.

3) 상호의 양도

상호의 양도에 관하여 상호는 영업을 폐지하거나 영업과 함께하는 경우에 한하여 이를 양도할 수 있다. 상호의 양도는 등기하지 아니하면 제3자

13) 김영규 외 8, 법학개론, 2013, 350면 참고.

에게 대항하지 못한다. 또한 상속도 할 수 있다.

4. 상업장부

1) 의의

상업장부는 상인이 영업상의 재산 및 손익의 상황을 명백히 하기 위하여 상법상의 의무로 작성하는 장부이며 회계장부 및 대차대조표로 구분된다(상법 제29조). 회계장부는 거래와 기타 영업상의 재산에 영향이 있는 사항을 기재하는 장부로서 대차대조표의 기초가 되는 회계기록이고, 대차대조표는 일정한 시기에 있어서의 기업의 자산과 부채 및 자본을 게기하여 기업의 재무상태를 총괄적으로 표시하는 장부이다(제30조).

2) 회계장부

회계장부는 대차대조표의 작성에 기초가 되는 장부이며, 회계장부에는 거래와 기타 영업상의 영향이 있는 사항을 기재하여야 한다. 거래가 생기는 순서에 따라 작성하는 분개장이나 각종의 전표와 일계표 등이 회계장부에 속한다.

3) 대차대조표

대차대조표란 일정시기에 상인의 영업용 총재산을 자신과 부채 및 자본으로 분류하여 기재하고 그 재산의 상태를 현재 소유하고 있는 재산과 소유하고 있어야 할 재산을 상호 대조하여 영업용 재산의 손익에 대한 구성상태를 일목요연하게 작성하는 정적 장부를 말한다.

4) 상업장부 등의 보존

상업장부는 10년간 보존하여야 하지만, 전표 또는 이와 유사한 서류는 5년간 이를 보존하여야 한다. 이러한 장부와 서류는 마이크로필름 기타의 전산정보처리조직에 의하여 보존할 수 있고, 그 보존방법 및 필요한 사항은 대통령령으로 정한다(제33조).

5. 상업등기의 공시와 영업양도

1) 상업등기

상업등기는 상업에 의하여 등기할 사항을 당사자의 신청에 의하여 영업소의 소재지를 관할하는 법원의 상업등기부에 등기하는 것을 말한다. 등기할 사항은 영업에 관련된 중요한 사항을 말한다. 법정등기사항으로 상인일반에 관한 사항, 개인 기업에 관한 사항, 회사에 관한 사항을 들 수 있다.

본점의 소재지에서 등기할 사항은 다른 규정이 없으면 지점의 소재지에서도 등기하여야 한다. 등기할 사항은 이를 등기하지 아니하거나, 등기한 후라도 제3자가 정당한 사유로 이를 알지 못한 때에는 선의의 제3자에게 대항하지 못한다. 고의 또는 과실로 인하여 사실과 상위한 사항을 등기한 자는 그 상위를 선의의 제3자에게 대항하지 못한다. 등기한 사항에 변경이 있거나 그 사항이 소멸한 때에는 당사자는 지체 없이 변경 또는 소멸의 등기를 하여야 한다(김영규 외, 2013).

2) 영업양도

상인이 일정한 영업을 영위하다가 영업 내용을 바꾸고 싶을 때 기존의 영업을 정리하고 새로운 영업을 해야만 한다면 국가경제적으로 볼 때 자원과 노력이 낭비된다. 이 때문에 상인이 자신의 영업을 다른 상인에게 양도하여 그 영업에 투여한 자신의 노력과 재산을 보상받을 수 있도록 하는 것은 시장경제체제에서 중요한 일이다. 우리 상법은 상인이 자신의 영업을 포괄적으로 다른 상인에게 양도하는 것을 인정하고 있다, 이러한 영업양도의 성질을 우리 대법원은 일정한 영업목적에 의하여 조직화된 유기적 일체로서의 기능적 재산, 즉 영업재산의 이전을 목적으로 하는 채권계약으로 보고 있다.

영업을 양도한 이후에 양도인이 다시 동종 영업을 인근에서 계속한다면 양수인으로서는 영업을 양수한 이유가 없게 된다. 때문에 영업을 양도한 경우에 다른 약정이 없으면 양도인은 10년간 동일한 특별시 · 광역시 · 시 · 군과 인접 특별시 · 광역시 · 시 · 군에서 동종영업을 하지 못한다. 다만 양수인이 양도인에게 지나치게 오래 동종영업의 금지를 요청하는 것을 막기 위해서 양도인이 동종 영업을 하지 아니할 것을 약정한 때에는 동일한 특별시·광역시·시·군과 인접 특별시·광역시·시·군에 한하여 20년을 초과하지 아니한 범위 내에서 그 효력이 있다(김영규 외, 2013).

제2절 상 행 위

1. 상행위의 종류

'상인'은 "자기의 명의로 상행위를 하는 자"(상법 제4조 제1항)를 말한다. '상행위'는 (1) 실질적으로는 '영리에 관한 행위'를 말하고, (2) 형식적으로는 '상법과 특별법에 상행위로 규정된 행위'를 말한다.[14)]

상행위의 종류로는 영업적 상행위, 준상행위, 일방적 상행위, 쌍방적 상행위, 기본적 상행위 및 보조적 상행위 등이 있다.

1) 기본적 상행위

기본적 상행위는 상법이 영업으로 하는 일정한 행위를 실질적으로 관할하는 상행위로 규정하는 것으로 영업적 상행위라고도 한다(제46조). 그러나 오로지 임금을 받을 목적으로 물건을 제조하거나 노무에 종사하는 자의 행위는 그러하지 아니하다. 기본적 상행위는 상법상 22가지를 규정하고 있으며, 특별법인 담보부사채신탁법 제23조 제2항에서 1가지를 인정하고 있다(조만형, 2013).

2) 보조적 상행위

상인이 영업의 목적인 상행위를 위하여 하는 재산상의 모든 행위를 말한다, 보조적 상행위는 상인의 개념을 미리 정하고 상인이 영업을 위하여 하는 행위로서 부속적 상행위라고도 한다.

3) 준상행위

준상행위는 설비상인과 민사회사와 같이 상행위를 하지 않더라도 이들

---

14) 권재열 외 8, 법학개론, 2006, 303면 참고.

이 하는 행위는 상행위에 준하는 행위로 본다(제66조). 점포 기타 유사한 설비에 의하여 영업을 하는 자를 의제상인이라고 보기 때문에 이들이 하는 행위도 상법의 대상이 된다.

4) 일방적 상행위 · 쌍방적 상행위

상행위는 행위의 당사자를 중심으로 일방적 상행위와 쌍방적 상행위로 구분한다. 일방적 상행위는 그 행위가 당사자의 일방에 상행위가 되는 행위이고, 쌍방적 상행위는 당사자의 쌍방을 위하여 상행위가 되는 행위이다. 그러나 모두 상법의 적용대상이 된다는 점에서 구별의 실익은 없다(제3조).

2. 총칙적 규정

1) 상행위 일반에 관한 특칙

상행위는 영업행위를 업으로 하는 상인의 행위로서 계속적 · 반복적 · 집단적으로 이루어지므로 민법이 예정하고 있는 통상인의 행위와는 상이한 특성을 지니고 있어 민법에 대한 여러 가지 특칙이 인정된다. 중요한 것 몇 가지를 예로 들어 보면, 상사채권의 소멸시효 기간은 5년으로 단축되며, 다수채무간 또는 채무자와 보증인은 연대책임을 지고, 법정이율이 연 5분으로 고율이며, 또 유치권에 관하여 물권과 채권과의 구체적 견련성을 요구하고 있지 아니하다(김향기, 2013).

2) 매매에 관한 특칙

상사매매는 매도인의 보호 및 거래의 원활한 결제와 신용을 중시하여 민사매매에 비해 다음의 특칙을 두고 있다. 즉 매도인의 공탁 · 경매권을 강화하였으며, 매수인에게 목적물의 검사와 하자통지의무 · 목적물 보관 및 공탁의무 등을 부과하고 있다. 또한 확정기 매매에 대해서 당사자 일방이 이행기를 경과한 때에는 상대방이 즉시 그 이행을 청구하지 아니하면 계약을 해제한 것으로 본다.

제3절 회 사

1. 회사의 개념

상법의 일부분으로서 '회사법'은 기업주체에 관한 규제를 하는 조직법으로서 회사의 조직과 운영에 관한 법이다.[15]

'회사'란 "상행위 기타 영리를 목적으로 하여 설립된 사단법인"[16]을 의미하며 사단성과 법인성 및 영리성을 필요로 한다.

회사의 설립은 법률로써 일정한 요건을 정하고 그 요건을 구비하면 법인격을 취득하게 되는 준칙주의를 취하고 있다. 회사설립절차는 정관의 작성에서 시작하여 설립등기를 본점소재지에 함으로써 성립하며 회사는 설립등기에 의하여 비로소 법인격을 취득하게 된다. 이 절차는 회사라는 하나의 단체를 형성하여 그것이 법률상의 인격자로서 존재하기에 이르는 절차를 말한다.[17]

2. 회사의 종류

1) 합명회사

합명회사는 2인 이상의 무한책임사원으로 구성되는 회사이다(상법 제178조). 무한책임사원은 회사가 채무를 부담하여 회사재산으로써 완제하지 못할 때에 회사채권자에 대하여 직접·연대·무한책임을 진다(212조). 합명회사의 설립은 어느 회사보다도 간단하며 가장 신뢰할 수 있는 사원들이 모여서 정관을 작성하여 일정한 사항을 기재하고 설립등기를 하면 된다.

2) 합자회사

합자회사는 무한책임사원과 유한책임사원으로 조직되는 회사이다(제268조). 무한책임사원의 책임은 합명회사의 사원책임과 같고, 유한책임사원의 책임은 그가 출자한 한도내에서만 회사채무에 대하여 직접·연대의 책임을

15) 권재열 외 8, 법학개론, 2006, 314－315면 참고.
16) 박은정 외 11, 법학입문, 1999, 272면 참고.
17) 조만형, 법학개론, 2013, 292면 참고.

진다. 따라서 유한책임사원은 재산출자만을 할 수 있고, 신용이나 노무출자는 할 수 없다. 다만 회사의 직무집행에 대한 감독만을 할 수 있다. 그러나 무한책임사원은 회사경영이나 대표권을 가진다. 합자회사의 설립절차도 합명회사와 같다.

3) 유한책임회사

상법은 2011년 4월 14일 개정시에 사원에게 유한책인을 인정하면서도 회사의 설립・운영과 기관 구성 등의 면에서 사적 자치를 폭넓게 인정하는 유한책임회사를 신설하였다.

유한책임회사는 1인 이상의 유한책임사원으로 구성되며 사원의 책임은 출자금액을 한도로 직접・연대・유한책임을 진다(제287조의7).

사원은 신용이나 노무를 출자의 목적으로 하지 못한다. 사원은 정관의 작성 후 설립등기를 하는 때까지 금전이나 그 밖의 재산의 출자를 전부 이행하여야 한다(제287조의4).

4) 주식회사

주식회사의 설립함에는 발기인이 정관을 작성하여야 한다. 발기인은 정관을 작성하여 1) 목적, 2) 상호, 3) 회사가 발행할 주식의 총수, 4) 액면주식을 발행하는 경우 1주의 금액, 5) 회사의 설립시에 발행하는 주식의 총수, 6) 본점의 소재지, 7) 회사가 공고를 하는 방법, 8) 발기인의 성명・주민등록번호・주소를 기재하고 각 발기인이 기명날인 또는 서명하여야 한다(제289조).

주식회사의 구성원인 사원을 주주라고 하며, 주주가 될 자는 출자를 하고 회사로부터 출자증권으로 유가증권인 주권의 교부를 받는다는 것이 다른 회사와 차이점이다.

주주는 이 주권을 자유롭게 타인에게 양도함으로써 투자한 자금을 회수할 수 있다. 주주는 회사에 대하여 여러 가지 권리가 있으나 의무는 출자의 무밖에 없다. 따라서 회사가 제3자에게 채무를 부담하여 회사재산으로 그 채무를 완제할 수 없어도 주주는 회사채권지에게 어떠한 의무도 책임도 없다.

주식회사의 설립에는 발기설립과 모집설립의 방법이 있다. 주식회사의 설립절차는 정관을 작성하여 설립등기를 함으로써 회사가 성립된다. 회사는 정관에서 정한 경우에는 주식의 전부를 무액면주식으로 발행할 수 있다. 다만 무액면주식을 발행하는 경우에는 액면주식을 발행할 수 없다.

액면주식의 금액은 균일하여야 하며 액면주식 1주의 금액은 100원 이상으로 하여야 한다(제329조)

주식회사의 필요적 기관은 주주총회 · 이사회 · 감사이다.

(1) 주주총회

주주총회는 주주로서 구성되고 회사의 조직과 경영에 관한 중요사항을 결정하는 회사의사결정의 최고기관이다. 주주총회는 정기총회와 임시총회로 구분된다. 주주총회의 소집은 원칙적으로 이사회의 결정으로 하지만 임시총회의 경우에는 예외적으로 주식총수의 100분의 3이상의 주식을 가진 주주가 소집이유를 이사회에 제출하여 임시총회의 소집을 청구할 수 있다(제366조 제1항). 또한 주주의 청구가 있은 후 지체없이 총회소집의 절차를 밟지 아니한 때에는 청구한 주주는 법원의 허가를 얻어 총회를 소집할 수 있다(제366조 제2항).

(2) 이사회

이사회는 주주총회에서 선임된 이사로 구성되며 주식회사의 업무 집행기관이다. 이사회의 권한은 회사의 업무집행 · 지배인의 선임 또는 해임과 지점의 설치 · 이전 또는 폐지를 결의하는 등 많은 권한을 가진다(제393조).

회사는 이사회의 결의로 회사를 대표할 이사를 선정하여야 한다. 그러나 정관으로 주주총회에서 이를 선정할 것을 정할 수 있다. 또한 수인의 대표이사가 공동으로 회사를 대표할 것을 정할 수 있다(제389조). 이사의 자격에는 제한이 없으며 주주가 아닌 자도 이사로 선임될 수 있다. 이사는 원칙적으로 3인 이상이어야 하나 자본이 10억원 미만인 경우에는 1인 또는 2인으로 할 수 있으며 이사의 임기는 3년을 초과하지 못한다(제393조).

(3) 감사

감사는 이사의 직무집행을 감사한다. 감사는 언제든지 이사에 대하여 영업에 관한 보고를 요구하거나 회사의 업무와 재산상태를 조사할 수 있다(제412조). 감사는 주주 및 회사채권자를 보호하기 위해서이다. 감사의 선임은 주주총회에서 하며(제409조), 그 임기는 취임후 3년내의 최종의 결산기에 관한 정기총회의 종결시까지로 한다. 감사는 회사 및 자회사의 이사 또는 지배인 기타의 사용인의 직무를 겸하지 못한다(제411조). 또한 감사는 그 임무를 해태한 때에는 회사에 대하여 연대하여 손해를 배상할 책임이 있다(제414조).

5) 유한회사

유한회사는 1인 이상의 사원이 공동으로 정관을 작성하여 설립한 회사이다(제543조). 사원은 원칙적으로 회사에 출자한 것 이외에는 회사채무에 대하여 책임을 지지 않는다. 유한회사는 출자 1좌의 금액은 100원 이상으로 균등하게 하여야 한다. 따라서 유한회사는 중소기업에 적합한 회사형태라고 할 수 있다.

유한회사의 설립등기는 출자금액의 납입 또는 현물출자의 이행이 있는 날로부터 2주일내에 하여야 한다(제549조). 따라서 유한회사는 회사성립 전에 사원이 출자금액의 납입 또는 현물출자를 하여야 하는 것이 합자회사와 다른 점이다. 사원의 책임은 그 출자금액의 한도로 하며, 각 사원은 출자좌수에 따라 지분을 가지며(제554조), 사원의 지분에 관하여 지시식 또는 무기명식의 증권을 발행하지 못한다(제555조)는 점이 주식회사와 다르다(조만형, 2013).

3. 회사의 합병

'회사의 합병'이란 2개 이상의 회사가 상법상의 규정에 의해 청산절차를 거치지 않고 단일한 회사로 합쳐짐으로써 당해 회사의 일부 또는 전부가 해산하고 그 재산이 포괄적으로 존속회사 또는 신설회사에 이전됨과 아울러 그 사원이 존속회사 또는 신설회사의 사원이 되는 효과를 가져오는 것을 의미한다.[18)]

18) 권재열 외 8, 법학개론, 2006, 332-333면 참고.

제4절 보 험

1. 보험의 개념

넓은 의미의 보험법은 보험관계를 규율하는 법규의 전체를 말하며, 보험공법(예로 보험사업감독법, 사회보험법 등)과 보험사법(예로 보험계약법 등)으로 구분할 수 있으며, 후자를 좁은 의미의 보험법이라고 한다.[19] '보험'이란 "화재, 사망 등 동질적인 우발적 사고 발생의 위험 하에 있는 다수인들이 그 우연한 사고로 인한 경제생활의 불안에 대비하기 위하여 하나의 단체를 구성하고, 대수의 원칙에 의한 개연율에 의하여 산출된 금액을 미리 갹출하여 일정한 기금을 마련하고, 일정한 사고로 말미암아 재난을 입은 사람에게 일정한 금액을 지급함으로써, 경제생활의 위험을 제거 또는 감경시키는 제도"[20]를 말한다.

2. 보험의 종류

1) 손해보험

손해보험은 당사자의 일방이 우연한 사고로 인하여 발생하게 되는 재산상의 손해를 보상할 것을 약정하고, 상대방이 이에 대하여 보험료를 지급하는 보험을 말한다.[21]

'피보험이익'이란 "보험사고가 발생하여 피보험자가 손해를 입은 경우에 그 목적에 대해 피보험자가 가지는 경제적 이해관계"[22]를 의미한다.

손해보험에는 화재보험 · 운송보험 · 해상보험 · 책임보험 등이 있다.

(1) 화재보험

화재보험은 화재로 인하여 생기는 손해를 보상함을 목적으로 하는 보험이다(제683조). 여기서 화재라 함은 사회통념상 화재라고 인정할 수 있는

19) 이기수 · 최병규 · 김인현, 보험 · 해상법, 2008, 31면 참고.
20) 권재열 외 8, 법학개론, 2006, 334면 참고.
21) 남궁승태, 법학개론, 2005, 486면 참고.
22) 권재열 외 8, 법학개론, 2006, 345면.

화력에 의한 독립적 연소작용으로 일어나는 재해라는 뜻이다. 화재보험의 목적물은 화재로 인하여 손상받을 우려가 있는 유체물을 가리킨다.

(2) 운송보험

운송보험은 육상운송에 관한 사고로 인하여 운송물에 생길 수 있는 손해의 보상을 목적으로 하는 보험이다. 운송보험의 목적물은 운송물이며 여객은 운송의 대상이 될 수 있어도 운송보험의 목적물은 될 수 없다. 그리고 운송물은 육상운송에 관한 것이며, 이에는 육지·호수·항만운송을 포함하며 해상운송에 관하여는 별도로 규정하고 있다. 보험사고는 예컨대 차량의 전복으로 인한 운송물의 멸실·훼손 등은 물론 운송 도중의 화재·수해·도난·재해 등도 포함한다. 그러나 보험약관에서는 보험사고를 어느 정도 제한하는 일이 많다.

(3) 해상보험

해상보험은 해상사업에 관한 사고로 인하여 생길 수 있는 손해의 보상을 목적으로 하는 보험이다. 해상보험의 목적물은 선박과 그 적하물이며, 보험사고는 침몰·좌초·충돌 등의 항해에 고유한 사고에 한하지 아니하고 화재·도난·선원의 불법행위 등도 포함한다.

(4) 책임보험

책임보험은 보험기간에 발생한 사고로 인하여 피보험자가 타인에 대하여 재산적 급부를 할 책임을 부담하는 경우에 보험자가 피보험자의 제3자에 대하여 책임이행으로 인하여 생기는 손해를 보상할 것을 목적으로 하는 보험이다. 따라서 책임보험은 피보험자 자신에게 발생한 손해를 보상하는 것이 아니라 피보험자가 책임을 져야 하는 사고로 인하여 제3자에게 발생한 손해를 보상하는 것을 목적으로 하는 보험이다.

(5) 자동차보험

자동차보험은 보험자가 피보험자의 자동차의 소유·사용·관리 중에 발생한 사고로 인하여 피보험자에게 생긴 손해를 보상할 것을 목적으로 하는 보험이다.

2) 인보험

인보험은 사람의 생명이나 신체에 관한 사고로 인하여 생기는 손해에 대하여 보험금액 기타의 급여를 지급할 것을 목적으로 하는 보험을 말한다.[23] 인보험에는 생명보험과 상해보험이 있다.

(1) 생명보험

생명보험은 당사자의 일방이 상대방 또는 제3자의 생사에 관하여 일정한 금액을 지급할 것을 약정하고 상대방이 이에 대하여 보수(보험료)를 지급하는 보험이다(제730조). 따라서 생명보험은 손해의 유무와 다소에 관계없이 보험사고가 발생하면 일정금액을 지급하는 정액보험이다.

생명보험에는 피보험자의 사망을 보험사고로 하는 사망보험, 일정한 시기에 있어서의 피보험자의 생존을 보험사고로 하는 생존보험(예: 교육보험), 일정시기(만기)에 있어서의 피보험자의 생존 및 그 시기까지의 피보험자의 사망의 쌍방을 보험사고로 하는 혼합보험(예: 양로보험) 등이 있다.

(2) 상해보험

상해보험은 보험사가 피보험자의 신체의 상해에 관하여 보험사고가 발생한 경우에 보험금액 기타의 급여를 지급할 것을 약정하고 피보험자가 보험료를 지급하는 보험이다. 상해보험에는 상해의 태양에 따라 일정한 금액을 지급하는 정액보험과 상해로 인한 치료의 실비를 부담하는 부정액보험이 있다.

제5절 해 상

1. 해상의 개념

'해상법'은 "선박을 이용한 화물 및 여객의 장소적 이동을 영업으로 하는 해상기업과 그들의 조직 및 영업활동 그리고 그에 관련되어 발생하는 각종의 법률관계를 규율하는 법체계"[24]를 의미한다.

23) 남궁승태, 법학개론, 2005, 487면 참고.

'형식적 의미로서의 해상법'은 상법 제5편 '해상'에 관한 규정으로서 해상기업에 관한 법이 있다. '실질적 의미로서의 해상법'은 해상영업에 관한 법규의 총칭을 말한다.[25)]

일반 민사법에 관한 특별법으로서 해상법이 성립되었다.[26)]

2. 해상법의 내용

해상기업은 바다에서 선박을 이용하여 경영하는 기업이므로 선박을 매개로 한 법률관계를 규정하고 있다.[27)]

1) 선박

선박은 상행위나 그 밖의 영리를 목적으로 항해에 사용하는 선박이다(상법 제740조). 선박에 관한 권리의 이전은 당사자간의 합의만으로 효력이 생긴다. 그러나 이를 등기하고 선박국적증서에 기재하지 아니하면 제3자에게 대항하지 못한다(제743조).

선박은 동산이지만 부동산과 비슷한 점이 있다 하여 몇 가지의 점에서 법률상 부동산과 같은 취급을 받고 있다.

2) 선박소유자

선박소유자는 선박소유권을 가지고 그것을 해상기업에 이용하는 자를 말하며, 선주라고 부른다. 기업상의 채무에 대하여 기업자가 무한책임을 지는 것이 원칙이지만, 상법은 해상기업자를 특히 보호하기 위하여 일정한 경우에 책임제한을 인정하고 있다.

이 책임제한은 용선자, 선박관리인 및 선박운항자에 대하여도 적용된다(상법 제774조).

3) 선장

해상기업의 보조자로서 선박의 운항에 관하여는 선장 기타의 선원·도선사·적하감독 등이 있고, 상사에 관하여는 본점·지점에서의 지배인 등

---

24) 박은정 외 11, 법학입문, 1999, 283면 참고.
25) 권재열 외 8, 법학개론, 2006, 347면 참고.
26) 원영철, 법과 생활, 2003, 492면 참고.
27) 조만형, 법학개론, 2013, 302면 참고.

의 상업사용인과 선박대리점 · 선박중개인 등이 있다.

선장은 선박소유자의 피용자로서 선박의 항해를 지휘하고 그 대리권으로 항해에 관한 여러 가지 행위를 할 법정권한을 가진자를 말한다. 선장은 공법상 강력한 선박권력을 가지는 동시에 여러 가지 의무를 부담하지만, 사법상으로도 강한 권한이 선박소유자 또는 적하이해관계인을 위하여 인정되고 있다. 특히 선적항외에서는 항해에 필요한 재판상 또는 재판 이외의 모든 행위를 할 권한을 가지며, 경우에 따라서는 운송중에 있는 적하를 처분할 권한도 가진다(조만형, 2013).

4) 해상운송

해상운송은 해상에서 선박에 의하여 물건 또는 여객을 운송하는 것을 말한다. 운송에는 물건운송과 여객운송으로 구분된다. 또한 운송에는 선박의 전부 또는 일부를 물건의 운송에 제공함을 목적으로 하는 용선운송과 개개의 물건의 운송을 목적으로 하는 개품운송이 있다.

운송인은 운송물에 관한 손해가 보통 생길 수 있는 것임을 증명한 때에는 이를 배상할 책임을 면한다. 그러나 운송물이 멸실되거나 훼손한 경우 또는 연착한 경우에는 운송인측에 과실이 없다는 것을 증명하지 않는 한 손해배상의 책임을 진다(제795조). 물건운송의 경우에는 운송인이 유가증권인 선하증권을 발행하여 이 증권이 없으면 운송화물의 인도를 받지 못하는 것이 원칙이다(제857조, 제858조).

5) 선박충돌

해상사고 가운데 가장 그 손해가 현저한 것은 선박충돌이다. 선박충돌이라는 것은 어떠한 수면에서 2척 이상의 선박이 접촉하여 손해가 생기는 것을 말한다. 이 경우의 손해를 충돌에 관하여 과실이 있는 쪽의 선박이 배상하게 된다.

6) 해난구조

해난구조는 항해선 또는 적하 기타의 물건이 어떠한 수면에서 위난에 조우한 경우에는 의무없이 이를 구조하는 것이다. 이를 구조한 자는 그 결과에 대하여 상당한 보수를 청구할 수 있다(상법 제882조). 구조의 보수액은 다른 약정이 없으면 구조된 목적물의 가액을 초과하지 못한다. 선순위의 우선특권이 있는 때에는 구조의 보수액은 그 우선특권자의 채권액을 공제한 잔액을 초과하지 못한다(제884조).

제6절 유가증권(어음 · 수표)

1. 유가증권의 의의

무형의 권리를 증권에 결합시켜 권리의 유통성을 확보하기 위한 법기술적 제도가 바로 '유가증권제도'이다.[28]

'유가증권'이란 "재산적 가치가 있는 사권을 표창하는 증권"[29]을 말한다. 유가증권이란 용어는 독일어의 'Wertpapier'에서 유래하며, 한국에서는 법전상 용어로 사용되고 있다.[30] 유가증권의 속성으로 (1) 요식성, (2) 지시성, (3) 제시성, (4) 상환성, (5) 문언성, (6) 면책성 등이 있다. 유가증권과 구별할 개념으로 증거증권(예로 차용증서, 매매계약서, 임대차증서 등), 면책증권(예로 신발표, 철도수하물상환증, 예금증서 등), 금권(예로 우표, 수입인지, 지폐 등) 등이 있다. 유가증권에 대하여 적용되는 법규로 민법, 상법, 어음법, 수표법 등에 산재하고 있으며, 이들이 유가증권법으로서 사법체계를 형성하고 있다. 어음과 수표는 유가증권 중 가장 완전하게 유가증권의 속성을 보유하고 있으며, 어음법과 수표법에 잘 나타나 있다.[31]

어음과 수표는 지급의 편의상 신용창출의 기능을 하기도 한다.[32]

2. 어음의 종류

어음은 엄격한 요식증권이며, 어음법에서 정하여진 기재사항을 명백히 정확하게 기재하지 않으면 무효가 될 수 있으므로 주의하여야 한다.[33]

어음은 일정 금액의 지급을 목적으로 하는 유가증권이며, 환어음과 약속

28) 원영철, 법과 생활, 2003, 498면 참고.
29) 권재열 외 8, 법학개론, 2006, 352면 참고.
30) 최준선, 어음 · 수표법, 2009, 3면 참고.
31) 권재열 외 8, 법학개론, 2006, 353면 참고.
32) 박은정 외 11, 법학입문, 1999, 289면 참고.
33) 조만형, 법학개론, 2003, 308면 참고.

어음의 두 가지가 있다.

1) 환어음

환어음은 갑이 을에 대하여 일정한 금액을 병에게 지급할 것을 위탁하는 지급위탁증서이다. 이 경우 갑을 발행인, 을을 지급인, 병을 수취인이라고 한다.

환어음에는 다음 사항을 기재하여야 한다.

(1) 증권의 본문 중에 그 증권을 작성할 때 사용하는 국어로 환어음임을 표시하는 글자

(2) 조건 없이 일정한 금액을 지급할 것을 위탁하는 뜻

(3) 지급인의 명칭

(4) 만기

(5) 지급지

(6) 지급받을 자 또는 지급받을 자를 지시할 자의 명칭

(7) 발행일과 발행지

(8) 발행인의 기명날인 또는 서명 등이다

환어음의 발행은 발행인이 그 서면을 작성하여 수취인에게 교부함으로써 수취인으로 하여금 어음에 기재된 금액을 받을 수 있게 하는 것이다. 그러나 어음을 발행한 것만으로는 족하지 않고 어음 제시에 대하여 인수를 함으로써 비로소 그 지급의무자가 되는 것이다. 또한 어음의 수취인은 다시 제3자를 지정하여 자기와 동일한 어음상의 권리자로 할 수 있다. 원래 권리자의 제3자 지정을 지시 또는 배서라 하고 그 지정인을 배서인, 피지정인을 피배서인이라고 한다. 환어음은 발행인 자신을 지급인으로 하여 발행하는 자기압 어음 및 제3자의 계산으로 발행하는 위탁어음이 있다(조만형, 2013).

2) 약속어음

약속어음은 발행인이 수취인에 대하여 일정한 금액을 지급할 것을 약속하는 지급약속증권이다. 약속어음의 기재사항은 환어음이나 같으나 지급인의 명칭이 필요없다. 약속어음의 발행인은 자신이 직접 어음금액을 지급하여야 할 의무자이기 때문이다. 약속어음의 발행인은 환어음의 발행인처럼

지급인에 의한 지급을 담보하는 일이 없다는 점에서 차이가 있다. 약속어음의 발행인은 환어음의 인수인과 동일한 의무를 부담한다는 점에서는 같다.

3. 수 표

수표는 발행인이 지급인(은행)으로 하여금 일정한 금액을 정당한 소지인(수취인 · 피배서인 또는 무기명식 수표의 소지인)에 지급할 것을 무조건적으로 위탁하는 증권을 말한다. 수표의 종류로는 당좌수표, 기타 가계수표, 여행자수표, 우편수표 등이 있다.[34] 수표는 어음과는 달리 지급은행에 수표자금이 있어야 하며, 지급은행과의 사이에 수표계약이 있어야 수표를 발행할 수 있다(수표법 제3조). 국내에서 발행하고 지급하는 수표의 제시기간은 10일이다. 소지인의 배서인, 발행인 기타의 채무자에 대한 소구권은 제시기간 경과 6개월이 지나면 시효로 인하여 소멸한다.[35]

4. 배 서

어음의 배서는 어음의 뒷면에 피배서인에게 지급할 뜻을 기재하여 자기의 권리를 양도하는 어음행위로 유가증권에 특유한 권리양도방법이다.

어음은 당연한 지시증권성을 가지기 때문에 어음을 지시식으로 발행하지 아니하고 기명식으로 발행한 경우에도 배서에 의하여 양도할 수 있다. 배서는 무조건이고, 배서에 붙인 조건은 기재하지 아니한 것으로 보며, 일부의 배서는 무효로 한다(어음법 제12조). 배서를 어음의 뒷면 외에 어음의 앞면이나 어음에 결합한 보충지에 기재하는 경우도 무방하다.

배서는 권리이전적 효력(어음법 제14조), 담보적 효력(어음법 제15조),자격수여적 효력(어음법 제16조 제1항)이 있고, 배서의 연속이 있는 경우 선의취득(어음법 제16조 제2항), 인적 항변의 절단(어음법 제17조)이라는 효력이 생긴다.[36]

---

34) 권재열 외 8, 법학개론, 2006, 365−366면 참고.
35) 권재열 외 8, 법학개론, 2006, 367면 참고.
36) 김영규 외 8, 법학개론, 2013, 380면 참고.

5. 상환청구(소구)

상환청구(소구)는 어음이 인수거절 또는 지급거절된 경우에 어음의 소지인이 배서인, 발행인 그 밖의 어음채무자에 대하여 어음금액 기타 비용을 청구하는 어음행위이다. 어음소지인의 상환청구권은 실질적 요건(어음법 제43조)과 형식적 요건(어음법 제44조)이 갖추어진 경우에만 행사할 수 있다. 즉 어음소지인은 만기에 지급되지 않거나 만기 전이라도 실질적으로 지급이 불가능한 경우(인수의 전부 또는 일부의 거절이 있는 때, 지급인의 인수 여부와 관계없이 지급인이 파산한 경우, 그 지급이 정지된 경우 또는 그 재산에 대한 강제집행이 주효하지 아니한 경우, 인수를 위한 어음의 제시를 금지한 어음의 발행인이 파산한 경우)에 인수거절증서 또는 지급거절증서를 작성하여 상환청구권을 행사할 수 있다.[37)]

37) 김영규 외 8, 법학개론, 2013, 381면.

제5장

소 송 법

제1절 민사소송법

1. 민사소송의 개요

민사분쟁을 처리하기 위한 재판절차를 규율하는 '민사소송법'은 매우 난해한 과목에 해당한다. 아마도 소송법규의 기술성, 추상적이고 복잡한 법적 개념, 실무와 이론의 경직성 등에 연유한다[1]고 하겠다. 민사소송은 가장 기본적이며 궁극적인 분쟁해결 제도이다.[2] 사법상의 생활관계 모두가 민사소송의 대상으로 되는 것은 아니며, 원칙적으로 법률상의 쟁송에 한정하고(법원조직법 제2조), 단순한 사실관계는 민사소송의 대상이 되지 아니한다.[3] 권리자의 권리를 보호하고, 분쟁을 정당하게 해결하고, 법질서를 유지하기 위하여 국가가 사법권을 독점하고 원칙적인 사적 분쟁의 해결방법으로 민사소송제도를 마련해 두었다.[4] 민사소송은 '사인사이의 분쟁의 법적 해결'을 위하여 소의제기부터 변론을 거쳐 판결에 이르기까지 원고, 피고 및 법원의 행위가 연속하여 이루어지면서 진행되어 가는 재판상의 절차를 말한다.[5]

---

1) 김상수, 민사소송법개론, 2009, 2면 참고.
2) 김용진, 민사소송법, 2008, 4면 참고.
3) 최성호, 민사소송법, 2009. 5면 참고.
4) 호문혁, 민사소송법, 2009, 4면 참고.
5) 전병서, 민사소송법, 2009, 4면 참고.

'민사소송'은 사적 법률관계에서 발생하는 분쟁을 실체사법에 따라 해결하며 개인의 권리를 보호하고 실현시키려는 제도를 말한다.[6]

한국 민사소송법은 독일을 중심으로 한 서양의 법체계를 일본을 통하여 계수한 것이며, 독일의 민사소송법은 그 연원이 로마와 게르만의 민사소송법에서 찾을 수 있고, 한국의 민사소송법은 1960년 4월 4일 공포되었고, 그해 7월 1일에 시행에 들어갔다. 그러나 독일 민사소송법을 간접적으로 계수한 것으로 평가되고 있다.[7] '민사소송법의 적용범위로 (1) 시간적 적용범위를 살펴보면 기술적 성격이 강한 소송법에서는 절차의 안정을 위하여 획일적으로 신법을 적용하는 것이 원칙이다. 다만 이미 발생한 소송효력에는 영향을 미치지 아니한다.[8] (2) 장소적 적용범위를 살펴보면 원칙적으로 법정지역에 의하지만 소송법이 그 규정내용을 실체법규에 맡긴 경우에는 외국법이 강접적으로 적용될 수도 있다.[9] 민사소송법의 기본원칙은 모든 법영역에서와 마찬가지로 시대정신의 영향을 받으며, 최근의 개정법이 집중심리의 원칙을 채택한 것도 그 예에 해당한다.[10]

2. 법 원

1) 민사법원의 의의

법원은 심급에 따라 대법원 · 고등법원 · 특허법원 · 지방법원 · 가정법원 · 행정법원 및 지방법원과 가정법원의 지원 등 6종류가 있다. 지방법원은 민사부와 형사부 또는 민사지방법원과 형사지방법원 등의 구분을 폐지하고, 신청부 · 조정부 등 전담재판부를 둘 수 있도록 지방법원에 부를 둔다. 지방법원은 그 법원의 소속지원, 시 · 군법원 및 등기소로 구성된다.[11]

민사법원은 넓은 의미와 좁은 의미의 민사법원으로 구분하는데 (1) 넓은 의미의 민사법원은 민사재판권을 행사하는 국가기관을 총칭하기 때문에 협의의 민사법원 이외에도 법원의 서기 · 집달관 기타 법원직원을 포함한다. (2) 좁은 의미의 민사법원은 민사사건을 담당하는 합의부와 단독판사를

6) 호문혁, 민사소송법, 2009, 7면 참고.
7) 호문혁, 민사소송법, 2009, 9 및 15면 참고.
8) 호문혁, 민사소송법, 2009, 17면 참고.
9) 호문혁, 민사소송법, 2009, 18면 참고.
10) 김용진, 민사소송법, 2008, 24면 참고.
11) 조만형, 법학개론, 2013, 322면 참고.

말한다.

2) 법관 등의 제척 · 기피 · 회피

재판의 공정성을 유지하기 위하여 법관이 자기가 담당하는 구체적 사건과 특수한 관계가 있는 경우에 그 사건의 직무집행에서 배제하는 제도를 제척 · 기피 · 회피라고 한다. 법관의 제척은 법관이 구체적인 사건과 법률에서 정한 특수한 관계(가령 자신이 사건의 당사자이거나 배우자가 당사자인 경우 등)에 있는 경우 당연히 그 직무집행에서 배제하는 것이다. 기피는 제척 사유 이외에 재판의 공정을 기대하기 어려운 사정이 있는 경우 당사자의 신청을 기다려 재판에 의해 법관을 그 직무집행에서 배제하는 것이다. 그리고 회피는 법관이 스스로 제척 또는 기피사유가 있다고 인정하여 자발적으로 직무집행을 피하는 것이다.[12)]

3) 법원의 관할

소송법상 법원이라 함은 재판사무를 처리하기 위하여 1인 또는 수인의 법관으로 구성된 재판기관을 말한다.[13)]

우리나라의 법원은 기본적으로 대법원, 고등법원, 지방법원으로 이루어졌다. 대법원은 하나뿐이지만 고등법원은 서울, 부산, 광주, 대구, 대전에 설치되어 있다. 지방법원은 서울, 부산, 제주, 광주, 대구, 대전, 춘천, 창원, 청주, 인천, 수원 등지에 설치되어 있고, 각 지방법원마다 주변 지역에 지원들을 두고 있다. 3심제를 채택하고 있는 우리 사법제도 하에서 제1심은 지방법원과 그 지원에서 맡게 되는데, 사건의 경중이나 직무의 내용에 따라 합의부가 맡는 경우와 단독판사가 맡는 경우로 나뉜다.

원고는 여러 지역에 있는 법원 중 어느 법원에서 소송을 할 것인지 결정해야 하는데, 원고가 아무 법원에서나 소송을 할 수 있다고 한다면 피고에게 현저한 불이익이 초래될 수 있다. 이에 민사소송법과 기타 법규에 법원의 사건 담당 관련한 기준(관할)을 상세하게 규정하고 있으며, 그러한 법정관할에는 토지관할과 사물관할 등이 있다.

---

12) 김영규 외 8, 법학개론, 2013, 527면 참고.
13) 김영규 외 8, 법학개론, 2013, 524면 참고.

사례 1

서울 서초구 반포동에 거주하는 갑은 2001. 9. 1. 충남 천안시 동남구 안서동에 거주하는 을에게 1억원을 빌려주었는데, 을이 2011. 10. 1.이 될 때까지 이 돈을 갚지 않고 있다. 갑은 민사소송을 통하여 자신이 빌려준 1억원을 받고자 한다. 이 경우 갑이 취할 수 있는 방법에는 어떤 것이 있는지 순서대로 살펴보자.

(1) 토지관할

토지관할은 소재지를 달리하는 같은 종류의 법원 사이에 재판권의 분담관계를 정해 놓은 것이다. 토지관할은 기본적으로 제1심 사건을 어느 지방법원이 담당 처리하느냐를 결정하는 것이다. '각급 법원의 설치와 관할구역에 관한 법률'에서 토지관할에 대해 정해놓고 있는데, 이러한 토지관할 발생의 원인지가 되는 인적·물적 관련점을 재판적이라고 한다.

이러한 재판적에는 보통재판적과 특별재판적이 있다. 보통재판적이 모든 소송사건에 대하여 공통적으로 적용되는 재판적인 반면 특별재판적은 특별한 종류, 내용의 사건에 대하여 한정적으로 적용되는 재판적이다.

민사소송법은 피고와 관계있는 곳을 기준으로 보통재판적을 정하고 피고가 자연인인 경우 그의 주소 내지 거소를 보통재판적으로 하였다. 피고가 법인인 경우에는 그 주된 사무소가 있는 곳이 보통재판적이 된다.

한편 특별재판적은 여러 가지가 있는데 그 중 중요한 것은 다음과 같다. 부동산에 관한 소는 부동산이 있는 곳의 법원에 제기할 수 있고, 재산권에 관한 소는 의무이행지의 관할법원에 제기할 수 있다. 계약상의 의무뿐만 아니라 법률의 규정에 의하여 발생하는 불법행위·부당이득·사무관리 상의 채무를 전제로 한 청구도 재산권에 관한 소에 포함된다. 의무이행지는 인도청구 이외의 채무에 대해서는 지참채무의 원칙상 원고의 주소지가 의무이행지로 된다.

[사례 1]에서 갑의 주소는 서울 서초구이고, 을의 주소는 충남 천안시이다. 갑이 원고이고 을이 피고이다. 따라서 을의 주소지인 충남 천안시는 피고의 보통재판적이 된다. 갑은 채권자라고 주장하는 사람이므로 그의 주소지인 서울 서초구 반포동은 의무이행지인 특별재판적이 된다. 그러므로 [사

례 1]에서 서울중앙지방법원과 대전지방법원이 이 사건에 대한 토지관할권이 있다.

(2) 사물관할

[사례 1]에서 갑이 을을 토지관할권이 있는 대전지방법원이나 서울중앙지방법원에 제소한 경우, 그 법원의 합의부와 단독판사 중 누가 관할하는가와 관련된 문제가 사물관할이다. 제1심 법원인 지방법원과 그 지원에는 단독판사와 합의부가 있는데, 단독판사는 독자적으로 재판하는 1인의 법관을 말하고 합의부는 3인으로 구성된 합의체를 말한다.

사물관할에 대해서는 법원조직법과 사물관할에 관한 규칙이 정하고 있는데, 단독판사는 합의부의 관할사건을 제외한 모든 민사사건을 관장하게 된다. 합의부는 원칙적으로 소송목적의 값(소가)이 1억원을 초과하는 민사사건과 합의부에서 심판할 것으로 합의부 스스로 결정한 사건(재정합의사건), 그리고 경제적 이익을 목적으로 하지 않는 권리관계에 관한 소를 관장한다. 소가는 민사소송 등 인지규칙에 따라 산정하며, 소제기한 때를 표준으로 결정한다. 단 단독판사에 계속중 원고의 청구취지의 확장에 의하여 소가가 1억원을 초과하게 된 때에는 변론관할이 생기지 않은 경우 합의부로 이송해야 한다.

[사례 1]에서 갑은 1억원을 청구하고 있다. 합의부는 1억원을 초과하는 사건을 맡으므로, 1억원 사건은 재정합의사건이 아닌 한 단독판사가 관장한다. 따라서 갑의 소는 원칙적으로 단독판사가 관장한다.

(3) 합의관할

합의관할이라 함은 원고가 관할권 없는 법원에 소를 제기하였는데, 피고가 이의 없이 본안 변론하는 경우 생기는 관할을 말한다. 관할의 합의에 준하여 그 법원에 관할을 인정하는 것이 당사자의 이익과 소송촉진에 도움이 된다는 고려 하에 인정되는 관할이다.

3. 소송당사자

민사소송에서 적극적 당사자를 원고라고 하며, 소극적 당사자를 피고라 한다. 당사자가 확정되는 시점은 소송관계 발생시인 소장 송달시가 될 것이다. 소송능력이란 당사자가 단독으로 소송행위를 하고, 상대방이나 법원의 소송행위를 받을 수 있는 능력을 말하며, 이는 소송무능력자 등을 보호하기 위한 것이다. 변론능력이란 당사자나 법정대리인이 소송대리인에 의하지 않고 법원에 출석하여 유효한 소송행위를 할 수 있는 능력을 말한다.[14]

1) 당사자 능력

민사소송에 있어서 당사자능력은 판결절차에서 원고, 피고 및 참가인이 될 수 있는 능력을 말한다. 민사소송법에 "당사자능력, 소송능력, 소송무능력자의 법정대리와 소송행위에 필요한 수권은 이 법에 특별한 규정이 없으면 민법 그밖의 법률에 따른다"[15]고 규정하여 민법상 권리능력자는 모두 당사자능력을 가진다. 권리능력 없는 사단이나 재단도 대표자나 권리인이 있으면 그가 당사자능력을 갖게 된다. 당사자능력이 없을 경우에 법원은 변론없이 소를 각하할 수 있고, 소송 계속중에 당사자가 당사자능력을 상실한 경우에는 승계인은 소송을 승계하며, 승계인이 승계할 때까지 소송절차가 중단되는 것이 원칙이다. 소송능력은 당사자에게 유효한 소송행위를 하거나 자기에 대한 소송행위를 할 수 있는 능력을 말한다.[16] 소송능력제도를 인정하고 있는 것은 당사자능력자라 하더라도 소송에서 자기의 이익을 충분히 주장・옹호할 능력이 없는 자를 보호하기 위한 것이다. 소송능력자는 변론능력이 있다고 보는 것이 원칙이다. 따라서 미성년자, 한정치산자와 금치산자는 법정대리인에 의하여만 소송행위를 할 수 있다. 다만 미성년자와 한정치산자가 독립하여 법률행위를 할 수 있는 경우에는 그러하지 아니하다.

2) 소송대리인

소송대리인은 소송당사자를 대신하여 당사자의 이름으로 소송행위를 하는 자이다. 소송대리인에는 법정대리인과 임의대리인으로 구분할 수 있다. 법정대리인은 소송능력이 없는 미성년자, 한정치산자, 금치산자를 대리하는 자이며, 이는 민법 기타의 소송법의 규정에 따른다. 법원에 의해 선임된 후견인도 포함된다. 임의대리인은 법률지식이 있는 변호사에게 사건을 의뢰한 경우 본인의 선임에 의하여 소송대리인이 된다.

---

14) 호문혁, 민사소송법, 2009, 249면 참고.
15) 김영규 외 8, 법학개론, 2013, 527면 참고.
16) 조만형, 법학개론, 2013, 326, 327면 참고.

4. 소송절차

1) 소송상의 청구

소송상의 청구란 심판의 대상으로서, 법원에 그 당부의 판단을 구하는 원고 피고에 대한 권리주장이다. 소송에 의하여 법원에서 해결하는 것은 법률상 분쟁이며, 원고의 피고에 대한 권리주장이어야 한다. 원고가 소송에서 법률적 당부의 심판을 구하는 권리주장이 소송의 대상, 즉 소송물이다.[17]

(1) 이행의 소

이행의 소는 원고가 법원에 대하여 피고에 대한 특정내용의 급여를 구할 수 있는 법적 지위를 주장하여 그 급여를 명령하는 판결을 요구하는 것이다.[18] 즉, 이행청구를 함으로써 강제집행을 개시할 수 있는 조건을 만드는 것이다. 예컨대 채무이행에 관한 소송 등이다. 확정된 이행판결에는 강제집행을 할 수 있다.

(2) 형성의 소

형성의 소는 원고가 피고에 대한 특정한 내용의 법률관계의 형성을 구할 수 있는 지위를 주장하여 그 형성판결을 법원에 대하여 요구하는 것이다. 형성의 소는 판결의 설권적 효력에 의하여 권리 또는 법률관계의 새로운 설정・변경・소멸을 구하는 것이다.

(3) 확인의 소

확인의 소는 권리 또는 법률관계의 존부나 법률관계를 증명하는 서면의 진정여부의 확인을 요구하는 소를 말한다.[19] 확인의 소에 의한 판결은 기판력만 있고, 집행력을 수반하지 않지만 분쟁을 예방하는 기능은 가지고 있다.

---

17) 조만형, 법학개론, 2013, 327면 참고.

18) 민사소송법 제251조, 장래에 이행할 것을 청구하는 소는 미리 청구할 필요가 있어야 제기할 수 있다.

19) 민사소송법 제250조, 확인의 소는 법률관계를 증명하는 서면이 진정한지 아닌지를 확정하기 위하여서도 제기할 수 있다.

2) 소의 제기

소의 제기는 원고가 소장을 관할지방법원에 제출함으로써 시작된다.[20)] 소에는 어떤 분쟁(심판의 대상)에 대하여 어떠한 해결(심판의 형식)을 요구하는가를 제시하여야 한다. 소송에 의한 분쟁의 해결은 판결을 구하는 자(원고)와 그 상대방(피고)을 당사자로 관여시켜야 한다. 즉, 소장에는 당사자·법정대리인·청구의 취지와 원인을 기재하여야 한다. 소는 원고가 피고를 상대로 특정한 청구의 당부에 관하여 법원에 그 심리와 판결을 요구하는 소송행위를 말한다. 소의 제기는 원고가 소장이라는 서면을 관할법원에 제출하는 것이 원칙이다. 소장에는 소정사항을 기재하고 원고 또는 대리인이 기명날인하고 인지를 첨부하여야 한다. 재판장은 소장의 기재사항에 위배한 경우나 인지를 첨부하지 아니하는 등의 경우에는 상당한 기간을 정하여 그 기간내에 흠결을 보정할 것을 명하여야 하며 원고가 흠결의 보정을 하지 아니한 때에는 재판장은 명령으로 소장을 각하하여야 한다.

3) 심리

소송이 제기되고 그 소장이 피고에게 송달되면, 법원은 그 소를 각하하지 않는 한 본안판결을 하기 위하여 판단의 기초가 되는 소송자료를 수집하게 되는데 이를 소송심리라고 한다. 민사소송에 있어서 심리의 방식은 ① 소송자료의 제출책임이 당사자에게 있고 법원은 그 소송자료만을 기초로 하여 재판을 해야 한다는 변론주의의 원칙, ② 소송의 개시·진행·종료를 모두 당사자의 자유의사에 맡긴다는 당사자처분주의의 원칙, ③ 법관이 직접 변론을 청취하고 증거조사를 판결하는 직접심리주의의 원칙, ④ 변론 및 증거조사에 관한 당사자 및 법원의 소송행위는 구술로 하여야 한다는 구술주의를 원칙으로 하면서 당사자의 변론이나 법원의 증거조사를 모두 서면으로 해야 한다는 서면주의를 보충적으로 채택하고 있으며, ⑤ 공개주의의 원칙과 자유심증주의의 원칙을 채택하고 있다.

(1) 송달과 소환

민사소송이 제기되면 재판장은 심리를 하기 위하여 소장의 부본을 피고에게 송달하여야 한다.[21)] 쌍방심리주의로서 공격방어방법의 제출에 있어서

20) 민사소송법 제248조, 소는 법원에 소장을 제출함으로써 제기한다.

대립하는 당사자의 쌍방에게 대등한 기회를 주고 재판하여야 한다는 원칙이 있다. 이는 소송심리를 적정·공평하게 하기 위한 것이다.

당사자의 쌍방이 변론기일에 출석하지 않거나 출석하더라도 변론하지 않은 때에 재판장은 다시 기일을 정하여 소환하여야 하며, 이 경우 신기일 또는 그 후의 기일에 당사자쌍방이 출석하지 않거나 출석하여도 변론하지 아니한 때에는 1월내에 기일지정의 신청을 하지 아니하면 소의 취하가 있는 것으로 본다. 소의 취하는 판결의 확정에 이르기까지 그 전부나 일부를 취하할 수 있다(조만형, 2013).

(2) 변론

변론은 공개주의로서 증거조사, 판결 등과 같이 소송의 심리와 재판은 일반이 방청할 수 있는 상태에서 하여야 하며, 또한 서면주의를 취하여 당사자의 변론이나 법원의 증거조사를 모두 서면으로 해야 한다. 즉 변론은 집중되어야 하며 당사자는 변론을 서면으로 준비하여야 한다.[22] 준비서면은 지방법원 합의부 이상의 절차에 있어서 당사자는 차회변론 기일전에 상대방이 준비하는데 필요한 기간을 두고 준비서면을 법원에 제출하여야 하며 법원은 상대방에게 그 부본을 송달해야 한다. 준비서면이란 당사자가 변론기일에 진술하려는 사실을 기재한 서면을 말한다. 준비서면에 적지 아니한 사실은 상대방이 출석하지 아니한 때에는 변론에서 주장하지 못한다.

(3) 증거

소송은 당사자의 주장사실을 증거에 의하여 그 진부를 판단한다. 증거신청의 방식은 증명할 사실을 표시하여야 한다.[23] 따라서 법원은 당사자가 신청한 증거에 의하여 심증을 얻을 수 없거나 기타 필요하다고 인정한 때에는 직권으로 증거조사를 할 수 있다. 그리고 법원은 필요한 조사를 공공기관, 학교 그 밖의 단체·개인 또는 외국의 공공기관에게 촉탁할 수 있다.

---

21) 민사소송법 제 255조 제1항, 법원은 소장의 부본을 피고에게 송달하여야 한다.

22) 민사소송법 제272조 제1항, 변론은 집중되어야 하며, 당사자는 변론을 서면으로 준비하여야 한다.

23) 민사소송법 제289조 제1항, 증거를 신청할 때에는 증명할 사실을 표시하여야 한다.

(4) 당사자신문

법원은 증거조사에 의하여 심증을 얻지 못한 때에는 직권 또는 당사자의 신청에 의하여 당사자 본인을 신문할 수 있다. 이 경우에는 당사자에게 선서하게 하여야 한다.[24] 재판장이 필요하다고 인정한 때에는 당사자 상호 또는 당사자와 증인의 대질을 명할 수 있으며, 당사자가 정당한 사유없이 소환에 응하지 아니하거나 선서 또는 진술을 거부한 때에는 법원은 신문사항에 관한 상대방의 주장을 진실한 것으로 인정할 수 있다.

(5) 증거보전

법원은 미리 증거조사를 하지 아니하면 그 증거를 사용하기 곤란한 사정이 있다고 인정한 때에는 당사자의 신청에 의하여 증거조사를 할 수 있다.[25] 증거보전의 신청은 소제기후에는 그 증거를 사용할 심급의 법원에, 제기전에는 신문을 받을 자나 문서소지자의 거소 또는 검증목적물의 소재지를 관할하는 지방법원에 하여야 하며, 급박한 경우에는 소제기후에도 그 지방법원에 증거보전의 신청을 할 수 있다.

4) 소송의 종료

(1) 법원의 확정판결

법원의 판결이 확정되면 소송당사자는 물론 법원에게도 기판력이 있으며 확정된 이행판결에는 강제집행의 효력이 생기고 형성판결에는 기존의 법률관계를 변동시키는 효력이 생긴다.

(2) 판결전 당사자의 의사표시

① 원고가 판결이 확정되기 전에 소의 취하로 소송을 종료할 수 있다. 새 변론기일 또는 그 뒤에 열린 변론기일, 기일지정신청 등에 당사자쌍방이 출석하지 아니하거나 출석하더라도 변론하지 아니한 때에는 1월내에 기일지정의 신청을 하지 아니하면 소의 취하가 있는 것으로 간주한다. 그러나 취하후에 다시 소송을 제기할 수 있다. ② 원고의 소송포기에 의하여 종료

---

24) 민사소송법 제367조, 법원은 직권으로 당사자의 신청에 따라 당사자 본인을 심문할 수 있다. 이 경우 당사자에게 선서를 하게 하여야 한다.

25) 민사소송법 제375조, 법원은 미리 증거조사를 하지 아니하면 그 증거를 사용하기 곤란할 사정이 있다고 인정한 때에는 당사자의 신청에 따라 이 장의 규정에 따라 증거조사를 할 수 있다.

된다. 포기란 원고가 법원에 대하여 그 소송상의 청구에 자기의 주장이 있었음을 진술하는 것이다. 포기의 내용이 조서에 기재되면 그 조서는 확정판결과 같은 효력을 갖는다. ③ 피고의 인낙에 의하여 종료가 된다. 인낙은 피고가 원고의 청구를 이유있다고 진술하는 것을 말한다. ④ 당사자쌍방의 화해로 종료된다. 화해는 당사자쌍방이 청구에 대한 주장을 서로 양보함으로써 소송상 일치하게 그 청구를 진술하는 것이다. 화해의 경우도 확정판결의 효력과 같다(조만형, 2013).

5. 상 소

상소란 재판이 확정되기 전에 당사자가 상급법원에 대하여 그 재판의 취소 · 변경을 구하는 것이다. 항소와 상고는 모두 판결에 대한 불복방법이고, 항소는 결정과 명령에 대한 불복방법이다. 상소가 이유있는지의 여부는 그 적법성이 확정된 뒤에야 판단할 수 있다. 상소가 제기되면 법원의 재판은 확정되지 않고, 그 소송은 상급심으로 이심된다.[26] 상소의 요건으로 상소의 대상적격(종국판결), 적시의 상소제기와 상소기간의 준수(원심제출주의), 상소권의 포기(판결선고 전에는 포기불가), 불상소의 합의(유효), 상소의 이익 등이 있어야 한다.[27] 상소에는 항소 · 상고 · 항고의 방법이 있다.

1) 항소

항소(抗訴)는 제1심 법원의 종국판결에 대한 상소를 말한다. 항소를 제기하려면 판결서가 송달된 날로부터 2주일 이내에 항소장을 원심법원에 제출하여야 한다.[28] 항소심에 있어서 불복신청의 이유에 관하여는 따로 제한이 없으며 특별한 규정이 없으면 제1심의 소송절차에 관한 규정이 준용되고, 제1심의 소송행위나 준비절차는 항소심에서도 효력이 있다. 항소가 부적합하고 그 흠결을 보정할 수 없는 때에는 명령으로 항소를 각하하여야 하고, 제1심 판결이 정당하다고 인정된 때에는 항소기각의 판결을 하며, 제1심 판결이 부당하거나 판결절차가 법률에 위배된 경우에는 항소법원은 원

26) 호문혁, 민사소송법, 2009, 579−580, 588면 참고.
27) 김정환 외 6, 민사소송법, 2003, 388면 참고.
28) 민사소송법 제396조 제1항, 항소는 판결서가 송달된 날부터 2주 이내에 하여야 한다. 다만, 판결서 송달전에도 할 수 있다.

판결을 취소하고 스스로 재판하거나 경우에 따라서는 제1심으로 환송하여야 한다.

2) 상고

상고(上告)는 항소심당사자가 상고법원에 대하여 원심법원(항소심)이 한 종국판결에 대하여 그 법령에 대한 해석적용의 당부를 심사하고 원판결이 위법일 때에는 그 파기 또는 변경을 요구하는 상소를 말한다. 즉 상고는 고등법원이 제2심으로서 선고한 종국판결과 지방법원본원합의부가 제2심으로서 선고한 종국판결에 대하여 할 수 있다. 상고심도 항소심과 마찬가지로 불복신청에 의하여 개시되기는 하나 항소심의 경우처럼 원심법원의 판단에 불복한다는 이유만으로는 상고할 수 없고, 오직 원심판결이 법령에 위반하고 있는가의 여부를 사후적으로 심사해 달라는 경우에만 상고할 수 있다. 따라서 상고심은 법률심이고, 사후심의 성격을 지닌다. 상고는 판결에 영향을 미친 헌법・법률・명령 또는 규칙의 위반이 있음을 이유로 하는 때에 한하여 할 수 있다.[29] 상고법원인 대법원은 상고가 이유있다고 인정할 때에는 원심판결을 파기하고 그 사건을 원심법원(항소심)에 환송 또는 동등한 다른 법원에 이송[30]하거나 경우에 따라서는 스스로 자판할 수 있다.

3) 항고

항고는 판결 이외의 재판인 결정・명령에 대하여 인정되는 독립적인 상소방법이다. 항고에는 제기기간의 정함이 없는 항고로서 원재판의 취소를 구하는 실익이 있는 한 언제나 제기할 수 있는 보통항고와 불변기간인 항고기간내에 제기해야 하는 즉시항고가 있다. 항소법원이 항고에 관한 결정에 불복하여 하는 재차의 항고를 재항고라고 하며 법령 위반만이 그 이유로 허용된다(김향기, 2013).

4) 재심

종국판결이 일단 확정되고 나면 당사자는 판결이 부당하다든가 또는 새

---

29) 민사소송법 제423조, 상고는 판결에 영향을 미친 헌법・법률・명령 또는 규칙에 위반이 있다는 것을 이유로 드는 때에만 할 수 있다.

30) 민사소송법 제436조 제1항, 상고법원은 상고에 정당한 이유가 있다고 인정할 때에는 원심판결을 파기하고 사건을 원심법원에 환송하거나 동등한 다른 법원에 이송하여야 한다.

로운 사실이나 증거방법을 발견하였다고 하더라도 그 판결에 대한 불복을 신청할 수 없다. 그러나 비록 법적 안정의 요청상 그러하다고 하더라도 심리기구의 중대한 흠이나 재판의 기초자료 등에 이상한 결함이 있는 경우에 조차도 어쩔 수 없다고 하면 도리어 재산의 권위와 정의에 반하므로 소송법은 일정한 사유가 있는 경우 확정판결에 대하여 그의 취소와 이에 대신하는 판결을 요구하여 원심법원에 사건의 재심판을 청구할 수 있도록 하고 있다. 이를 재심의 소라고 한다. 재심사유는 법정되어 있으며, 그 제기기간도 당사자가 판결확정 후 재심사유를 안 날로부터 30일 이내에 제기하여야 하며,[31] 확정판결 후 5년이 경과하면 재심의 소를 제기할 수 없다.[32]

6. 강제집행절차 · 특별절차

1) 강제집행절차

강제집행은 채권자의 청구에 의하여 채무자의 사업상의 급부의무를 국가권력에 의하여 강제적으로 실현하는 민사집행절차이다. 강제집행의 방법은 집행의 내용이 금전채권이냐 또는 금전 이외의 채권이냐에 따라서 다르다(김향기, 2013).

(1) 금전채권에 기초한 강제집행

금전채권이라 함은 채무자에 대하여 일정액의 금전의 이행을 청구할 수 있는 권리를 말한다. 금전채권의 집행방법은 채무자의 금전 그 밖의 재산을 압류하고 금전 이외의 재산은 다시 매각(경매 · 입찰)하거나 추심 또는 관리에 의하여 금전화함으로써 채권의 만족에 충당하게 된다.

(2) 금전채권 이외의 채권에 기초한 강제집행

채권의 대내적 효력으로서 강제이행을 청구할 수 있고 집제집행의 방법으로서 직접강제 · 대체집행 · 간접강제의 방법이 있다. 직접강제는 국가기관이 유형적 실력을 행사해서 채무자의 의사 여하에 불문하고 채권의 내용을 실현하는 방법이다. 동산의 인도 · 부동산의 인도 또는 명도를 목적으로

---

31) 민사소송법 제456조 제1항, 재심의 소는 당사자가 판결이 확정된 후 재심의 사유를 안 날부터 30일 이내에 제기하여야 한다.

32) 민사소송법 제456조 제3항, 판결이 확정된 뒤 5년이 지난 때에는 재심의 소를 제기하지 못한다.

하는 채권의 집행의 경우에 직접강제의 방법에 의한다.

대체집행은 채무자로부터 비용을 추심하여 이 비용으로 채권자 또는 제3자로 하여금 채무자에 갈음하여 채권의 내용을 실현케 하는 방법으로 대체적 작위청구권의 경우에 허용된다.

간접강제는 채무자를 심리적으로 압박해서(이행지연에 따른 배상명령 등) 채권의 내용을 실현하는 방법으로 비대체적 급부의무에 적당한 방법이다(김향기, 2013).

2) 특별절차

소액사건심판절차와 관련하여 소액사건심판법은 지방법원 및 지방법원지원에서 소액의 민사사건을 간이한 절차에 따라 신속하게 처리하기 위하여 민사소송법의 특례를 규정하고 있다. 제정당시에는 소송목적의 값이 20만원 이하였지만 1998년 3월 1일부터 "소액사건의 범위는 2,000만원을 초과하지 아니하는 금전 기타 대체물이나 유가증권의 일정한 수량의 지급을 목적으로 하는 제1심의 민사사건"으로 유지되어 오다가 그 사이 물가와 국민소득 수준 등이 크게 상승하였고 민사사건의 평균 소송목적의 값도 크게 증가하였으며, 한정된 사법자원의 효율적 활동·배분을 통하여 국민의 재판받을 권리를 충분히 보장하기 위해 소액 민사사건의 적용범위를 확대할 필요가 있음을 이유로 2017년 1월 1일부터는 소액사건의 범위가 과거의 2,000만원에서 3,000만원까지 인상이 되었다.[33] 다만 소송목적의 값이 3,000만원 이하라고 하여도 채무부존재확인소송·소유권이전등기청구·사해행위취소청구·토지인도청구 등은 소액사건에 해당하지 아니한다. 3,000만원을 초과하지 아니하는 금전 그 밖의 대체물이나 유가증권의 일정한 수량의 지급을 목적으로 하는 제1심의 민사사건을 소액사건으로 하고 있다(소액규칙 제1조의 2). 다만 주택임대차보호법상의 보증금반환청구사건은 소송물값의 다과를 불문하고 소액사건에 준한다.[34]

독촉절차와 관련하여 '독촉절차'란 금전 그 밖의 대체물이나 유가증권의

---

33) 소액사건심판규칙 제1조의2(소액사건의 범위), 소액사건은 제소한 때의 소송목적의 값이 3,000만원으로 초과하지 아니하는 금전 기타 대체물이나 유가증권의 일정한 수량의 지급을 목적으로 하는 제1심 민사사건으로 한다. [시행일 2017.1.1.] [대법원규칙 제2694호, 2016.11.29. 일부개정]

34) 송상현, 박익환, 민사소송법, 2008, 22면 참고.

일정한 수량의 지급을 목적으로 하는 청구에 대하여 채권자로 하여금 간이·신속하게 집행원인을 얻을 수 있도록 하기 위한 특별소송절차이다.[35) 독촉절차는 법원의 분쟁해결절차 중 가장 간단하고, 비용이 싸며, 당사자가 법정에 출석할 필요가 없는 편리한 절차이다. 그러나 이의신청이 있으면 소송으로 진행되기도 한다. 공시최고절차와 관련하여 '공시최고'란 법원이 당사자의 신청에 의해 불특정 또는 불투명한 상대에 대하여 권리 또는 청구의 신고를 최고하고 그 신고가 없을 때에는 실권의 효력이 생길 수 있다는 취지의 경고를 붙여 공고하는 재판상의 최고를 말하며, 이러한 최고에 의하여 경고한 실권은 제권판결로써 선고하는 절차가 공시최고절차이다.[36) 민사소송법상 공시최고는 3가지만 인정하고 있으며, (1) 실종선고를 위한 공시최고, (2) 등기·등록의 말소를 위한 공시최고, (3) 증권·증서의 무효선언을 위한 공시최고가 있다.[37)]

제2절 형사소송법

1. 형사소송의 개요

1) 형사소송법의 개념

형사법은 일반적으로 ① 형벌의 조건과 내용에 관한 법으로 '형사실체법'과 ② 형벌권행사의 절차에 관한 법인 '형사절차법'으로 구분할 수 있다. '형법'은 '형사실체법(刑事實體法)'임에 대하여 '형사소송법'은 형사절차법(刑事節次法)에 해당한다.[38)] '형사소송법과 형법은 바늘과 실의 관계라고 보여진다.

형사소송법이란 "형사절차(실체형법의 구체적 실현을 위한 절차)를 정하는 국가법체계"[39)] 혹은 "형법을 적용·실형하는 절차를 규정한 법률체계"[40)]라

---

35) 민사소송법 제462조, 금전, 그 밖의 대체물이나 유가증권의 일정한 수량의 지급을 목적으로 하는 청구에 대하여 법원은 채권자의 신청에 따라 지급명령을 할 수 있다. 다만, 대한민국에서 공시송달 외의 방법으로 송달할 수 있는 경우에 한한다.

36) 최성호, 민사소송법, 2009, 724면 참고.

37) 송상현·박익환, 민사소송법, 2008, 833면 참고.

38) 백형구, 알기쉬운 형사소송법, 2007. 3면 참고.

고 정의할 수 있겠다. 형사소송 또는 형사절차는 협의로는 공판절차만을 의미하지만 광의로는 수사절차・공판절차・형집행절차까지를 포괄한다.[41]고 볼 수 있다.

형사소송법은 형식적 의미의 형사소송법과 실질적 의미의 형사소송법으로 분류가 가능하다. (1) 형식적 의미의 형사소송법은 '형사소송법(1954.9.23., 법률 제341호)으로 불리어 공포・실시되고 있는 법률(형사소송법전)' 및 '실질적 의미의 형사소송법이 아닌 과태료, 비용배상 등의 규정들'을 포함한다. (2) 실질적 의미의 형사소송법은 '형사소송법이라는 명칭을 가진 법령 및 기타 (법령의 명칭 여하에도 불구하고) 형사절차에 관하여 규정한 법률체계의 전부'를 말한다.[42] 예를 들면 ① '조직에 관한 법률'로 법원조직법, 검찰청법, 변호사법, 각급법원의설치와 관할구역에관한법률, 경찰관직무집행법, 사법경찰관리의직무를행할자와그직무범위에관한법률, ② '특별절차에 관한 법률'로 소년법, 즉결심판에관한법률, 군사법원법, 사회보호법, 조세범처벌법, ③ '소송비용에 관한 법률'로 형사소송비용법, ④ 기타 형사보상법, 행형법, 사면법, 한미행정협정, 검찰사건사무규칙, 관세법, 소송촉진등에관한특례법 등에도 포함되어 있다.[43]

2) 형사소송법의 성격

형사소송법은 공법이며, 사법법, 형사법 및 절차법 등에 해당한다.[44] (1) '공법'으로서의 형사소송법은 형법권의 주체인 국가와 피의자나 피고인 등 개인과의 관계를 규율한다. 따라서 배분적 정의 등이 크게 작용한다.[45] (2) '사법법'으로서 형사소송법은 국가의 사법작용의 행사방법을 규정하고 있다. 따라서 법적 안정성이 강하게 요구된다. (3) '형사법'으로서 형사소송법은 국가와 개인, 전체와 부분 사이의 배분적 정의의 실현에 목적을 둔다. 이에 정치적 색체가 강하며, 정치적 변혁과 형사소송법의 개정은 일반적이다. 민법은 평균적 정의를 강조한다.[46] (4) '절차법'으로서 정의의 실현에 관한 법

39) 오경식, 형사소송법, 2002, 9면.
40) 김승봉, 형사소송법, 2008, 12면.
41) 윤경근, 형사소송법, 2007, 13면 참고.
42) 백형구, 알기쉬운 형사소송법, 2007, 3면 참고.
43) 오경식, 형사소송법, 2002, 11면 참고.
44) 윤경근, 형사소송법, 2007, 16면 참고.
45) 윤경근, 형사소송법, 2006, 16면 참고.

률로서 형사절차법률주의가 적용되는 형사소송법은 기술적·동적·발전적 성격이 강하다. 이에 반해 실체법으로서의 정의를 실현하기 위한 법률로서 죄형법정주의가 적용되는 형법은 도덕적·정적 성격이 강하다.[47]

2. 형사소송법의 이념

형사소송법의 이상은 "한 사람의 죄없는 사람을 벌하는 것보다는 열 사람의 죄있는 사람을 놓치는 것이 낫다"는 법언처럼 형사소송의 최고이념은 적정절차에 의한 실제진실의 발견에 있지만, 실체진실의 발견도 적정절차에서 신속하게 이루어져야 한다는 것이다. 따라서 형벌권을 실현하기 위한 개인의 자유와 권리의 침해는 적정절차에서 필요한 최소한에 그쳐야 한다. 적정절차에 의한 신속한 실체적 진실발견이야말로 형사소송의 목적이며 형사법의 정의의 실현이라고 볼 수 있다.[48]

1) 실체적 진실주의

실체적 진실주의는 소송이 실체에 관하여 객관적 진실을 발견하여 사안의 진상을 명백히 하는 주의를 말한다. 실체적 진실의 발견은 형사소송의 최고의 목표이며 중요한 지도이념이다. 형법의 적정한 적용을 위해서는 사건의 진상을 파악하여 범죄에 대한 혐의의 여부를 명백히 하는데 있다. 실체적 진실주의는 공판절차 뿐만 아니라 수사절차를 지배하는 형사소송의 지도이념이다. 형사소송법이 검사와 피고인에게 당사자의 지위를 인정하면서도 검사에게 객관주의를 부여하고, 변호인에게 진실의무를 인정하고 있는 것은 실체적 진실주의 때문이다. 형사소송법이 직권에 의한 증거조사와 상소와 재심제도를 두고 있는 것도 이에 기인한다.

실체적 진실주의는 형사소송법이 최고 이념이지만 형사소송의 목적 원리인 적정절차와 신속한 재판의 원칙에 의하여 제한을 받게 된다.

2) 적정절차의 원칙

적정절차의 원칙은 헌법정신을 구현하는 공정한 법정절차에 의하여 형

---

46) 깅승옹, 형사소송법, 2007, 12면 참고.
47) 조만형, 2013, 338면 참고.
48) 최성호, 민사소송법, 2009, 5면 참고.

벌권이 실현되어야 한다는 원칙을 말한다. 형사소송법은 국가의 정치상황과 그 기본질서가 그대로 반영되는 법률이므로 헌법의 기본원칙인 법치국가원칙에 일치해야 한다. 따라서 헌법적 형사소송법의 기본이념 및 법치국가적 최고원리는 인간의 존엄과 가치를 인정하고 기본적 인권을 보장하는데 있다.

헌법은 적정절차에 의한 일반 조항으로 적정절차의 원칙(제12조 제1항), 영장주의(제12조 제3항), 구속적부심사청구권(제12조 제6항), 무죄추정(제27조 제4항), 묵비권(제12조 제2항), 변호인의 도움을 받을 권리(제12조 제4항), 신속한 공개재판을 받을 권리(제27조 제3항), 형사보상청구권(제28조) 등을 규정함으로써 형사소송의 헌법화를 확립하고 있다.[49]

3) 신속한 재판의 원칙

신속한 재판은 피고인의 인권을 보호하기 위하여 인정된 원칙이다. 이 원칙은 피고인의 기본권보장 이외에도 실체적 진실발견, 소송경제, 재판에 대한 국민의 신뢰와 형벌의 목적달성과 같은 공공의 이익에도 필요한 것이다. 신속한 재판의 이념은 법원의 신속한 기일지정과 집중심리를 통하여 달성할 수 있다.

재판의 신속을 위한 제도로는 수사와 공소제기의 신속을 위한 검사에 대한 수사권의 집중, 수사기관의 구속기간제한, 기소편의주의, 공소시효 제도 등이 있다. 공판절차의 신속한 진행을 위한 제도로서 공판준비절차에서 공소장부본의 송달, 공판기일의 지정과 변경, 공판기일전의 증거조사와 증거제출, 심판범위의 한정, 궐석재판, 특정강력범죄의처벌에관한특례법에 도입된 집중심리주의, 재판장의 소송지휘권으로 공판기일의 지정과 변경, 증거신청에 대한 결정, 불필요한 변론의 제한 등이 있다. 이외에도 재판의 신속을 의한 특수한 공판절차로서 간이공판절차와 약식절차가 있다.

3. 형사소송법의 기본구조

형사소송은 소송주체의 활동을 전제로 하여 전개된다. 소송의 주체가 누구이고 소송주체 사이에 관계를 어떻게 구성할 것이냐에 대한 이론을 소송구조론이라고 한다. 소송의 이념을 달성하기 위하여는 적절한 소송구조를

---

49) 조만형, 2013, 339면 참고.

확립하여야 한다. 따라서 소송구조론에는 대륙법계의 직권주의와 영미법계의 당사자주의로 구분된다. 우리나라의 형사소송법은 직권주의와 당사자주의의 혼합구조를 취하고 있다.[50)]

1) 형사소송의 구조론

'소송구조론'이란 '소송의 주체가 누구이며, 소송주체 사이의 관계를 어떻게 구성할 것인가에 관한 이론이다. 이에는 (1) 소추기관과 재판기관의 분리 여부에 따라 규문주의와 탄핵주의로 분류하거나 (2) 탄핵주의의 경우 소송에서 주도적 역할을 누가 하느냐에 의하여 직권주의와 당사자주의로 나누어진다.[51)]

2) 규문주의와 탄핵주의

(1) 규문주의

규문주의(糾問主義)는 소추기관과 재판기관이 분리되어 있지 않아 "법원이 스스로 절차를 개시하여 심리·재판하는 주의"[52)]를 말한다. 불고불리의 원칙이 존재하지 않으며, 죄인은 소송주체로서의 지위가 인정되지 않았고, 근세 초기 전제군주국가의 전형적인 형사절차였으며, 프랑스 대혁명 등을 계기로 탄핵주의로 바뀌었다.[53)]

(2) 탄핵주의

탄핵주의(彈劾主義)는 "재판기관과 소추기관을 분리하여 소추기관의 공소제기에 의하여 법원이 절차를 개시하는 주의"[54)]를 말한다. 따라서 불고불리의 원칙이 형사소송법의 기본원칙이며, 피고인은 소송주체로서의 지위가 인정된다.[55)] 현행 형사소송법 제246조에 의하면 "공소는 검사가 제기하여 수행한다."고 규정되었음은 바로 탄핵주의와 국가소추주의를 취하고 있음을 알 수 있다.[56)]

---

50) 조만형, 2013, 340면 참고.
51) 윤경근, 형사소송법, 2007, 31면 참고.
52) 강동욱·김형만, 형사소송법, 2000, 26-27면.
53) 백형구, 알기쉬운 형사소송법, 2007, 15면 참고.
54) 강동욱·김형만, 형사소송법, 2000, 27면.
55) 백형구, 알기쉬운 형사소송법, 2007, 15면 참고.
56) 강동욱·김형만, 형사소송법, 2000, 27면 참고.

3) 직권주의와 당사자주의

(1) 직권주의

직권주의(職權主義)란 "공권적 판단을 내리는 법원이 소송에 있어서 주도적 지위를 갖게 되는 구조"[57]를 말한다. 대륙법계는 직권주의를 원칙으로 한다.[58] 직권주의의 장점으로는 ① 신속한 재판을 내릴 수 있으며, ② 법원이 후견적 입장에서 피고인의 이익을 보호하고, ③ 소송의 스포츠화를 방지할 수 있으며, ④ 법원이 주도적이기에 실체적 진실발견에 적합하다. 직권주의의 단점으로는 ① 오판 내지는 독단의 위험 등을 초래할 수도 있으며, ② 피고인이 심리의 객체로 전락할 수도 있다.[59]

(2) 당사자주의

당사자주의(當事者主義)란 "소송의 당사자인 검사와 피고인에게 소송의 주도적 지위를 인정하여 양당사자의 주장과 입증을 통하여 법원이 공정한 제3자로서 공권적 판단을 내리는 소송구조"[60]를 말한다. 영미법계는 당사자주의를 원칙으로 한다.[61] 당사자주의의 단점으로는 ① 신속한 재판을 저해할 우려가 있으며, ② 사법의 스포츠화 혹은 사법의 거래화를 초래할 수도 있고, ③ 변호인의 비선임시 불리한 경우도 있다.[62]

4. 소송주체

소송주체란 소송법상 권리·의무의 주체로서 '법원, 검사, 피고인'을 말하며, 이를 소송의 3주체라고 한다.[63] 그런데 배심제도가 도입됨으로서 '법원과(배심제시) 배심원단'도 함께 고려하여야 할 것이다. 검사와 피고인을 당사자라고 하며, 검사의 보조자로 사법경찰관리가 있고, 피고인의 보조자로서 변호인과 대리인 및 보조인이 있는데, 이들을 합하여 소송관계인이라 한다.[64] 증인, 감정인, 고소인, 고발인 등을 소송관여자라 부른다.[65] '당사

---

57) 강동욱·김형만, 형사소송법, 2000, 27면 참고.
58) 윤경근, 형사소송법, 2007, 32면 참고.
59) 윤경근, 형사소송법, 2007, 33면 참고.
60) 강동욱·김형만, 형사소송법, 2000, 28면.
61) 윤경근, 형사소송법, 2007, 33면 참고.
62) 윤경근, 형사소송법, 2007, 33-34면 참고.
63) 윤경근, 형사소송법, 2007, 43면 참고.

자대등의 원칙'(혹은, 무기평등의 원칙)이란 소송당사자로서의 검사와 피고인의 법적 지위는 평등하다는 것이다.[66]

1) 법원

법원(法院)은 사법권을 행사하는 국가기관으로 형사사건에 있어서 피고인에게 심판권·재판권을 행사한다. 법원은 대법원·고등법원·지방법원으로 구성된다. 법원조직법에 의해 지방법원과 가정법원의 사무 일부를 처리하기 위하여 그 관할구역 내에 지원과 소년부지원, 시법원 또는 군법원 및 등기소를 둘 수 있다. 또한 군사재판을 위하여 헌법에 의하여 인정된 특별법원으로 군사법원이 있다(헌법 제110조).

지방법원과 고등법원은 범죄사건에 대하여 사실심리를 기초로 하여 재판을 하므로 사실심이라고 하고, 대법원에서는 하급법원에서 행하여진 그 사건에 대하여 법률적용의 위법여부를 판단하므로 법률심이라고도 한다. 법원의 구성은 범죄사건의 경중에 따라 단독제와 합의제가 있다.[67]

2) 검사

검사는 검찰사무를 실행하는 독립적인 관청이라고 하겠다. 검사는 검찰권을 행사하는 국가기관이다. 수사, 공소제기, 공판, 재판 등 형사소송 전단계에 걸쳐서 그 직무와 권한이 인정되어 있다. 검사는 검찰사무를 실행함에 있어서 단독으로 행한다. 검사의 법적 지위는 국가의사를 결정하여 대외적으로 표시할 수 있는 국가기관으로서의 '관청'이다. 검사에게는 소위 객관의무가 부과되어 있다고 말하여 진다. 예를 들면, 형사절차의 전단계에 있어서 검사는 피고인에게 이익되는 사실을 조사 및 제출할 수도 있으며, 피고인의 이익을 위해 상소할 수도 있다.[68] 검사의 직급은 검찰총장과 검사로 구분된다. 검사는 검찰 사무에 관하여 소속 상급자의 지휘·감독에 따른다. 검사는 구체적 사건과 관련된 지휘·감독의 적법성 또는 정당성에 대하여 이의를 제기할 수 있다. 범죄수사나 공판관여 등 일체의 검찰사무의 취급

---

64) 윤경근, 형사소송법, 2007, 43면 참고.
65) 김승봉, 형사소송법, 2008, 36면 참고.
66) 백형구, 알기쉬운 형사소송법, 2002, 421면 참고.
67) 조만형, 법학개론, 2013, 342－343면.
68) 고시면, 법학개론, 2011, 416면 참고.

도중에 검사가 전보 · 퇴임 등의 사유로 교체되어도 소송법상의 효과에는 영향이 없다. 즉 이런 경우에도 동일한 검사가 행한 것과 같은 효과가 발생하므로 검사가 교체되어도 수사절차나 공판절차를 갱신할 필요가 없다는 것이다. 검사는 수사의 주재자로서 수사권 · 수사지휘권 · 수사종결권 등을 가진다. 검사는 공소를 제기 · 수행하는 공소권의 주체로서 공소제기의 권한은 검사에게 독점되어 있다.[69]

3) 피고인

피고인은 '검사에 의하여 공소가 제기된 자 또는 공소제기된 것으로 취급받는 자,[70] 혹은 '공소의 대상자'를 말한다. 피고인은 공소가 제기된 자이므로 공소제기 전에 수사기관에 의하여 수사대상인 피의자와 구별되고, 유죄판결이 확정된 수형자 또는 범죄인과 구별된다. 수인의 피고인이 같은 소송절차에서 공동으로 심판 받는 경우를 공동피고인이라 하고, 공동피고인의 한 사람에 대하여 다른 피고인을 상피고인이라고 한다. 피고인은 검사에 대립하는 당사자로서 공격 · 방어에 의하여 공판절차를 진행하게 된다. 따라서 검사는 공소권의 주체이며 피고인은 방어권의 주체라고 할 수 있다. 따라서 피고인이 당사자로서 검사와 대등한 지위에서 공격과 방어를 할 수 있도록 피고인에게 방어권과 소송절차 참여권을 보장하고 있다. 이는 피고인에게 이른바 무기평등의 원칙을 실현하기 위한 것이다. 그러나 피고인이 소송당사자로서 검사와 대등한 지위를 인정받고 있다 할지라도 현실적으로는 검사에 비하여 많은 취약점이 있다. 따라서 이러한 취약점을 보완하기 위하여 변호인제도를 두고 있으며 피고인에게 변호인의 조력을 받을 권리를 보장하고 있다. 또한 피고인은 소환 · 구속 · 압수 · 수색 등 강제처분의 객체가 된다.[71]

5. 수사와 공소

1) 수사

형사절차는 수사에 의하여 개시된다. 즉 수사란 범죄혐의의 유무를 명백

---

69) 조만형, 법학개론, 2013, 343면 참고.
70) 김승봉, 형사소송법, 2008, 57면 참고.
71) 조만형, 법학개론, 2013, 343-344면 참고.

히 하여 공소의 제기와 유지 여부를 결정하기 위하여 범인을 발견·확보하고 증거를 수집·보전하는 수사기관의 활동을 말한다. 수사기관에는 검사와 사법경찰관리가 있다. 검사와 사법경찰관은 수사에 관하여 서로 협력하여야 한다.[72] 수사의 조건이란 수사의 개시와 그 진행·유지에 필요한 조건으로서 수사의 필요성과 상당성이 문제된다.

(1) 수사의 필요성

수사는 임의수사와 강제수사를 불문하고 수사의 목적을 달성하기 위하여 필요한 때에만 할 수 있다. 이에는 범죄혐의와 공소제기의 가능성이 있어야 한다. 수사는 수사기관의 주관적 혐의에 의하여 개시된다. 따라서 혐의없음이 명백한 사건에 대한 수사는 허용되지 않는다. 이때 수사기관의 주관적 혐의는 구체적 사실에 근거를 둔 혐의를 말한다. 또한 수사는 공소제기의 가능성이 있음을 요하므로 공소제기의 가능성이 없는 사건에 대하여는 수사가 허용되지 않는다.

(2) 수사의 상당성

수사의 필요성이 인정되는 경우에도 수사의 수단은 수사의 목적을 달성하는 데 있어서 상당해야 한다는 원칙을 말한다. 수사의 신의칙과 수사비례의 원칙을 그 내용으로 한다. 수사의 신의칙이란 국민의 신뢰를 침해하는 형태로 수사가 이루어져서는 안된다는 원칙을 말하며, 이와 관련하여 문제되는 것이 함정수사이다. 즉 수사기관이 범죄를 교사하여 그 실행을 기다렸다가 범인을 체포하는 수사방법을 말한다. 이러한 함정수사는 이미 범의를 가지고 있는 자에 대하여 범죄에 나갈 기회를 제공한 기회제공형 함정수사와 범의가 없는 자에게 범의를 유발한 범의유발형 함정수사가 있다. 기회제공형 함정수사는 적법하나 범의유발형 함정수사는 위법하다.[73] 또한 수사비례의 원칙이란 수사처분은 그 목적을 달성하기 위한 최소한도에 그쳐야 한다는 원칙이다. 수사비례의 원칙은 특히 강제수사를 위한 요건으로서 의미가 있다.

---

72) 형사소송법 제195조(검사와 사법경찰관의 관계 등) 제1항: 검사와 사법경찰관은 수사, 공소제기 및 공소유지에 관하여 서로 협력하여야 한다.(2020.2.4. 신설)

73) 김영규 외 8, 법학개론, 2013, 475면 참고.

2) 수사기관

수사기관은 법률상 수사의 권한이 인정되어 있는 국가기관을 말한다. 수사기관은 일반 수사기관과 특별 수사기관으로 나누어 볼 수 있다. 일반 수사기관은 수사대상 범죄에 제한이 없는 수사기관을 말하며, 최근 일부 개정된 형사소송법(2020.2.4. 법률 제16924호)는 범죄 전반에 대한 수사기관으로 국가경찰공무원인 사법경찰관리, 검찰청직원인 사법경찰관리와 검사를 인정하고 있다. 특별 수사기관은 수사대상을 일정한 범위의 범죄로 한정한 수사기관이다. 특별 수사기관은 각종 특별법에 의하여 설치된다.

(1) 검사

검사는 검찰권을 행사하는 국가기관을 말한다. 검사는 공익의 대표자로서 형사절차와 관련하여 제한된 범위의 범죄수사(검찰청법 제4조 제1항), 공소제기와 그 유지에 필요한 사항, 범죄수사에 관한 특별사법경찰관리 및 사법경찰관리의 직무를 행하는 자치경찰공무원의 지휘·감독, 법원에 대한 법령의 정당한 적용의 청구, 재판집행의 지휘·감독을 그의 직무와 권한으로 하고 있다.

(2) 국가경찰공무원인 사법경찰관리

국가경찰공무원 중 경무관, 총경, 경정, 경감, 경위는 사법경찰관으로서 범죄의 혐의가 있다고 사료하는 때에는 범인, 범죄사실과 증거를 수사한다(동법 제196 제1항), 경사, 경장, 순경은 사법경찰리로서 수사의 보조를 하여야 한다(동조 제2항), 국가경찰공무원으로 구성되는 사법경찰관리는 담당하는 범죄수사의 대상에 제한이 없다는 의미에서 일반사법경찰관리이다.

(3) 특별사법경찰관리

삼림, 해사, 전매, 세무, 군수사기관, 그 밖에 특별한 사항에 관하여 사법경찰관리의 직무를 행할 특별사법경찰관리와 그 직무의 범위는 법률로 정한다. 따라서 특별사법경찰관리는 그 권한의 범위가 사항별로 제한되어 있다는 점에서 일반사법경찰관리와 구별된다. 또한 국가경찰공무원인 사법경찰관과 달리 특별사법경찰관은 모든 수사에 관하여 검사의 지휘를 받는다(동법 제245조의10 제2항).

법률 제16924호, 형사소송법 일부를 다음과 같이 개정한다.

제195조(검사와 사법경찰관의 관계 등) ① 검사와 사법경찰관은 수사, 공소제기 및 공소유지에 관하여 서로 협력하여야 한다.② 제1항에 따른 수사를 위하여 준수하여야 하는 일반적 수사준칙에 관한 사항은 대통령령으로 정한다.

제196조(검사의 수사) 검사는 범죄의 혐의가 있다고 사료하는 때에는 범인, 범죄사실과 증거를 수사한다.

① 경무관, 총경, 경정, 경감, 경위는 사법경찰관으로서 범죄의 혐의가 있다고 사료하는 때에는 범인, 범죄사실과 증거를 수사한다.

② 경사, 경장, 순경은 사법경찰리로서 수사의 보조를 하여야 한다.

제197조의2부터 제197조의4까지를 각각 다음과 같이 신설한다.

제197조의2(보완수사요구) ① 검사는 다음 각 호의 어느 하나에 해당하는 경우에 사법경찰관에게 보완수사를 요구할 수 있다.

1. 송치사건의 공소제기 여부 결정 또는 공소의 유지에 관하여 필요한 경우
2. 사법경찰관이 신청한 영장의 청구 여부 결정에 관하여 필요한 경우

② 사법경찰관은 제1항의 요구가 있는 때에는 정당한 이유가 없는 한 지체 없이 이를 이행하고, 그결과를 검사에게 통보하여야 한다.

③ 검찰총장 또는 각급 검찰청 검사장은 사법경찰관이 정당한 이유 없이 제1항의 요구에 따르지 아니하는 때에는 권한 있는 사람에게 해당 사법경찰관의 직무배제 또는 징계를 요구할 수 있고,그 징계 절차는 「공무원 징계령」 또는 「경찰공무원 징계령」에 따른다.

제197조의3(시정조치요구 등) ① 검사는 사법경찰관리의 수사과정에서 법령위반, 인권침해 또는 현저한 수사권 남용이 의심되는 사실의 신고가 있거나 그러한 사실을 인식하게 된 경우에는 사법경찰관에게 사건기록 등본의 송부를 요구할 수 있다.

② 제1항의 송부 요구를 받은 사법경찰관은 지체 없이 검사에게 사건기록 등본을 송부하여야 한다.

③ 제2항의 송부를 받은 검사는 필요하다고 인정되는 경우에는 사법경찰관에게 시정조치를 요구할 수 있다.

④ 사법경찰관은 제3항의 시정조치 요구가 있는 때에는 정당한 이유가 없으면 지체 없이 이를 이행하고, 그 결과를 검사에게 통보하여야 한다.

⑤ 제4항의 통보를 받은 검사는 제3항에 따른 시정조치 요구가 정당한 이유 없이 이행되지 않았다고 인정되는 경우에는 사법경찰관에게 사건을 송치할 것을 요구할 수 있다.

⑥ 제5항의 송치 요구를 받은 사법경찰관은 검사에게 사건을 송치하여야 한다.

⑦ 검찰총장 또는 각급 검찰청 검사장은 사법경찰관리의 수사과정에서 법령위반, 인권침해 또는 현저한 수사권 남용이 있었던 때에는 권한 있는 사람에게 해당 사법경찰관리의 징계를 요구할 수 있고, 그 징계 절차는 「공무원 징계령」 또는

「경찰공무원 징계령」에 따른다.

⑧ 사법경찰관은 피의자를 신문하기 전에 수사과정에서 법령위반, 인권침해 또는 현저한 수사권 남용이 있는 경우 검사에게 구제를 신청할 수 있음을 피의자에게 알려주어야 한다.

제197조의4(수사의 경합) ① 검사는 사법경찰관과 동일한 범죄사실을 수사하게 된 때에는 사법경찰관에게 사건을 송치할 것을 요구할 수 있다.

② 제1항의 요구를 받은 사법경찰관은 지체 없이 검사에게 사건을 송치하여야 한다. 다만, 검사가영장을 청구하기 전에 동일한 범죄사실에 관하여 사법경찰관이 영장을 신청한 경우에는 해당 영장에 기재된 범죄사실을 계속 수사할 수 있다.

제221조의5를 다음과 같이 신설한다.

제221조의5(사법경찰관이 신청한 영장의 청구 여부에 대한 심의) ① 검사가 사법경찰관이 신청한 영장을 정당한 이유 없이 판사에게 청구하지 아니한 경우 사법경찰관은 그 검사 소속의 지방검찰청소재지를 관할하는 고등검찰청에 영장 청구 여부에 대한 심의를 신청할 수 있다.

② 제1항에 관한 사항을 심의하기 위하여 각 고등검찰청에 영장심의위원회(이하 이 조에서 "심의위원회"라 한다)를 둔다.

③ 심의위원회는 위원장 1명을 포함한 10명 이내의 외부 위원으로 구성하고, 위원은 각 고등검찰청검사장이 위촉한다.

④ 사법경찰관은 심의위원회에 출석하여 의견을 개진할 수 있다.

⑤ 심의위원회의 구성 및 운영 등 그 밖에 필요한 사항은 법무부령으로 정한다.

제2편제1장에 제245조의5부터 제245조의10까지를 각각 다음과 같이 신설한다.

제245조의5(사법경찰관의 사건송치 등) 사법경찰관은 고소 고발 사건을 포함하여 범죄를 수사한 때에는 다음 각 호의 구분에 따른다.

1. 범죄의 혐의가 있다고 인정되는 경우에는 지체 없이 검사에게 사건을 송치하고, 관계 서류와 증거물을 검사에게 송부하여야 한다.
2. 그 밖의 경우에는 그 이유를 명시한 서면과 함께 관계 서류와 증거물을 지체 없이 검사에게 송부하여야 한다. 이 경우 검사는 송부받은 날부터 90일 이내에 사법경찰관에게 반환하여야 한다.

제245조의6(고소인 등에 대한 송부통지) 사법경찰관은 제245조의5제2호의 경우에는 그 송부한 날부터7일 이내에 서면으로 고소인·고발인·피해자 또는 그 법정대리인(피해자가 사망한 경우에는 그배우자·직계친족·형제자매를 포함한다)에게 사건을 검사에게 송치하지 아니하는 취지와 그 이유를 통지하여야 한다.

제245조의7(고소인 등의 이의신청) ① 제245조의6의 통지를 받은 사람은 해당 사법경찰관의 소속 관서의 장에게 이의를 신청할 수 있다.

② 사법경찰관은 제1항의 신청이 있는 때에는 지체 없이 검사에게 사건을 송치하고 관계 서류와 증거물을 송부하여야 하며, 처리결과와 그 이유를 제1항의 신청인에게 통지하여야 한다.

제245조의8(재수사요청 등) ① 검사는 제245조의5제2호의 경우에 사법경찰관이 사건을 송치하지 아니한 것이 위법 또는 부당한 때에는 그 이유를 문서로 명시하여 사법경찰관에게 재수사를 요청할 수 있다.
② 사법경찰관은 제1항의 요청이 있는 때에는 사건을 재수사하여야 한다.
제245조의9(검찰청 직원) ① 검찰청 직원으로서 사법경찰관리의 직무를 행하는 자와 그 직무의 범위는 법률로 정한다.
② 사법경찰관의 직무를 행하는 검찰청 직원은 검사의 지휘를 받아 수사하여야 한다.
③ 사법경찰리의 직무를 행하는 검찰청 직원은 검사 또는 사법경찰관의 직무를 행하는 검찰청 직원의 수사를 보조하여야 한다.
④ 사법경찰관리의 직무를 행하는 검찰청 직원에 대하여는 제197조의2부터 제197조의4까지, 제221조의5, 제245조의5부터 제245조의8까지의 규정을 적용하지 아니한다.
제245조의10(특별사법경찰관리) ① 삼림, 해사, 전매, 세무, 군수사기관, 그 밖에 특별한 사항에 관하여 사법경찰관리의 직무를 행할 특별사법경찰관리와 그 직무의 범위는 법률로 정한다.
② 특별사법경찰관은 모든 수사에 관하여 검사의 지휘를 받는다.
③ 특별사법경찰관은 범죄의 혐의가 있다고 인식하는 때에는 범인, 범죄사실과 증거에 관하여 수사를 개시·진행하여야 한다.
④ 특별사법경찰관리는 검사의 지휘가 있는 때에는 이에 따라야 한다. 검사의 지휘에 관한 구체적사항은 법무부령으로 정한다.
⑤ 특별사법경찰관은 범죄를 수사한 때에는 지체 없이 검사에게 사건을 송치하고, 관계 서류와 증거물을 송부하여야 한다.
⑥ 특별사법경찰관리에 대하여는 제197조의2부터 제197조의4까지, 제221조의5, 제245조의5부터 제245조의8까지의 규정을 적용하지 아니한다.
제312조제1항을 다음과 같이 하고, 같은 조 제2항을 삭제한다.
① 검사가 작성한 피의자신문조서는 적법한 절차와 방식에 따라 작성된 것으로서 공판준비, 공판기일에 그 피의자였던 피고인 또는 변호인이 그 내용을 인정할 때에 한정하여 증거로 할 수 있다.
부 칙
제1조(시행일) 이 법은 공포 후 6개월이 경과한 날부터 1년 내에 시행하되, 그 기간 내에 대통령령으로 정하는 시점부터 시행한다. 다만, 제312조제1항의 개정규정은 공포 후 4년 내에 시행하되, 그기간 내에 대통령령으로 정하는 시점부터 시행한다.
제2조(다른 법률의 개정) 법률 제16863호 고위공직자범죄수사처 설치 및 운영에 관한 법률 일부를 다음과 같이 개정한다. 제21조제2항 중 "「형사소송법」 제196조제1항"을 "「형사소송법」 제197조제1항"으로 한다.

3) 수사의 단서

수사는 수사기관이 범죄의 혐의가 있다고 인정하는 때에 개시되는데, 수사기관이 범죄의 혐의가 있다고 인정하게 된 사유를 수사의 단서라고 한다. 수사의 단서에는 수사기관 자신의 체험에 의한 경우와 타인의 체험을 근거로 한 수사의 단서가 있다. 현행범인의 체포·변사자 검시·불심검문·방송의 보도·신문이나 잡지 등이 전자에 속하고, 고소·고발·자수·진정·탄원·투서·신고 등이 후자에 속한다.[74)]

(1) 고소

고소란 범죄의 피해자 또는 그와 일정한 관계에 있는 고소권자가 수사기관에 대하여 일정한 범죄사실을 신고하여 범인의 소추를 구하는 의사표시이다. 친고죄에 대하여는 범인을 알게 된 날로부터 6월을 경과하면 고소하지 못하며, 고소권이 있는 자라 하더라도 자기 또는 배우자의 직계존속을 고소하지 못한다. 다만, 성폭력범죄에 대하여는 자기 또는 배우자의 직계존속을 고소할 수 있다(성폭력범죄의처벌등에관한특례법 제17조). 고소의 취소는 제1심 판결 선고 전까지 취소할 수 있다.

(2) 고발

고발은 고소권자와 범인 이외의 제3자가 수사기관에 대하여 범죄사실을 신고하여 범인의 소추를 구하는 의사표시를 말한다. 누구든지 범죄의 혐의가 있다고 사료하는 때에는 고발할 수 있다. 그러나 자기 또는 배우자의 직계존속은 고발하지 못한다. 고발은 대리인에 의한 고발은 인정되지 않으며, 고발기간에도 제한이 없다. 또한 고발은 일단 취소한 후에도 다시 고발할 수 있다는 점에서 고소와 구별된다.

(3) 변사자의 검시

변사자의 검시란 사람의 사망이 범죄로 인한 것인가를 판단하기 위하여 수사기관이 변사자의 상황을 조사하는 것을 말한다. 검시의 결과 범죄의 혐의가 있다고 인정될 때에는 수사가 개시된다. 따라서 변사자의 검시 그 자체는 수사가 아니라 수사 전의 처분으로서 수사의 단서에 불과하다.

---

74) 김영규 외 8, 범학개론, 2013, 476면 참고.

(4) 불심검문

불심검문은 경찰관이 거동이 수상한 자를 발견한 때에 이를 정지시켜 질문하는 것을 말한다(경찰관직무집행법 제3조). 불심검문은 정지와 질문 및 질문을 위한 동행요구를 그 내용으로 한다. 불심검문에 수반하여 흉기 기타 물건의 소지 여부를 밝히기 위한 소지품검사를 할 수 있다.

4) 임의수사와 강제수사

임의수사란 강제력을 행사하지 않고 상대방의 동의·승낙을 받아서 행하는 수사를 말하며, 강제수사란 상대방의 의사여하를 불문하고 강제적으로 행하는 수사를 말한다. 임의수사에는 영장주의가 적용되지 않으나 강제수사에는 반드시 영장주의가 적용되며. 임의수사에 비하여 강제수사는 엄격한 법적규제가 가해지므로 법적인 요건과 절차를 준수하지 않으면 안된다.

(1) 임의수사의 원칙

수사는 원칙적으로 임의수사에 의하고 강제수사는 법률에 규정된 경우에 한하여 예외적으로 허용된다는 원칙을 말하며 수사는 임의수사가 원칙이다.

(2) 강제수사의 규제

강제수사는 상대방의 의사에 반하여 강제력을 사용하는 수사로서 체포·구속·압수·수색·검증 등이 여기에 해당한다. 또한 강제수사는 법률에 특별한 규정이 있는 경우에 한하며(강제수사법정주의), 필요최소한도의 범위 내에서만 하여야 하고(수사비례의 원칙), 강제수사는 인권을 제한하므로 사전에 강제수사의 필요성, 상당성 등에 대하여 사법적 심사를 받아야 하며(영장주의), 사후적 구제제도로서 체포·구속적부심사제도, 수사기관의 구속·압수·압수물의 처분에 대한 준항고, 수사기관의 위법·부당한 처분으로 인한 손해배상청구, 자백의 증거능력제한 등이 있다.[75)]

75) 김영규 외 8, 법학개론, 2013, 478면 참고.

5) 체포와 구속

(1) 체포의 의의

체포는 죄를 범하였다고 의심할 만한 상당한 이유가 있는 피의자를 48시간 동안 수사관서 등 일정한 장소에 인치하는 제도이다. 피의자에 대한 신체의 자유를 억압하는 강제처분이라는 점에서 구속과 같으나 그 기간이 단기간이고, 요건이 완화되어 있다는 점에서 구속과 구별된다. 일반적으로 체포는 수사의 초동단계에서 사용된다. 현행법상 체포에는 체포영장에 의한 체포, 긴급체포, 현행범인체포가 있다.

(2) 체포의 종류

① 체포영장에 의한 체포: 수사기관이 사전에 법관의 체포영장을 발부받아 체포하는 것으로서, 체포사유로는 피의자가 정당한 이유 없이 수사기관의 출석요구에 응하지 아니하거나 응하지 아니할 우려가 있어야 한다. 체포영장의 집행은 검사의 지휘에 의하여 사법경찰관리 또는 교도관리가 집행한다.

② 긴급체포: 긴급체포란 중대한 죄를 범하였다고 의심할 만한 상당한 이유가 있는 피의자를 법관의 체포영장을 받지 아니하고 체포하는 것으로서, 긴급체포의 요건으로는 첫째, 피의자가 사형·무기 또는 장기 3년 이상의 징역이나 금고에 해당하는 죄를 범하였다고 의심할 만한 상당한 이유가 있어야 하고, 둘째, 피의자가 증거를 인멸할 염려가 있거나 도망 또는 도망할 염려가 있어야 하며, 셋째, 긴급을 요하여 지방법원판사의 체포영장을 발부받을 시간적 여유가 없어야 한다. 체포시 검사 또는 사법경찰관은 피의자에게 긴급체포를 한다는 사유를 알리고 영장없이 피의자를 체포할 수 있다. 사법경찰관이 긴급체포를 한 경우에는 즉시 검사의 승인을 받아야 한다. 또한 긴급체포시에는 범죄사실의 요지와 변호인선임권이 있음을 말하고 변명의 기회를 주어야 한다.

③ 현행범인 체포: 현행범인은 고유한 의미의 현행범인과 준현행범인으로 나누어진다. 먼저 고유한 의미의 현행범인이란 범죄의 실행중이거나 실행의 즉후인 자를 말한다. 준현행범인으로는 첫째, 범인으로 호창되어 추적되고 있는 때, 둘째, 장물이나 범죄에 사용되었다고 인정함에 충분한 흉기 기타 물건을 소지하고 있는 때, 셋째, 신체 또는 의복류에 현저한 증적이

있는 때, 넷째, 누구임을 물음에 대하여 도망하려 하는 때를 준현행범인으로 간주하고 있다. 현행범인을 체포하기 위하여는 범인임이 명백하여야 한다. 따라서 위법성조각사유나 책임조각사유가 명백한 경우에는 체포할 수 없다. 또한 다액 50만원 이하의 벌금, 구류 또는 과료에 해당하는 경미사건의 경우에는 피의자의 주거가 일정하지 않은 경우에 한하여 체포할 수 있다. 체포된 피의자를 구속하고자 할 때에는 체포시로부터 48시간 이내에 구속영장을 청구하여야 하고, 그 기간 내에 구속영장을 청구하지 아니하는 때에는 피의자를 즉시 석방하여야 한다.[76)]

(3) 구속의 의의

구속이란 피의자 또는 피고인의 신체를 장기간에 걸쳐 제한하는 강제처분이다.

(4) 구속의 요건

① 범죄혐의: 피의자・피고인이 죄를 범하였다고 의심할 만한 상당한 이유가 있어야 한다. 이때의 범죄혐의는 수사기관의 주관적 혐의만으로는 부족하고 무죄의 추정을 깨뜨릴 정도로 유죄판결에 대한 고도의 개연성이 있어야 한다.

② 구속사유: 형사소송법이 인정하는 구속사유로는 첫째, 피의자가 일정한 주거가 없을 때, 둘째, 증거를 인멸할 염려가 있는 때, 셋째, 도망 또는 도망할 염려가 있는 때이다.

③ 비례성의 원칙: 형사소송의 확보라는 구속의 기능은 구속에 의한 개인의 자유권 침해와의 사이에 비례성의 원칙에 의하여 조화될 수 있다. 따라서 기대되는 형벌보다 구속에 의한 자유권 침해가 더 중대할 경우에는 구속할 수 없다(균형성의 원칙). 또한 구속은 다른 방법에 의해서는 형사소송을 확보할 수 없는 경우에 한하여 허용된다(보충성의 원칙).[77)]

(5) 구속기간

① 피의자에 대한 구속기간: 사법경찰관이 피의자를 구속한 때에는 10일 이내에 피의자를 검사에게 인치하지 아니하면 석방하여야 한다. 검사가 피

76) 김영규 외 8, 법학개론, 2013, 482면 참고.
77) 김영규 외 8, 법학개론, 2013, 483면 참고.

의자를 구속한 때 또는 사법경찰관으로부터 피의자를 인치 받은 때에는 10일 이내에 공소를 제기하지 아니하면 석방하여야 한다. 다만, 검사는 지방법원판사의 허가를 얻어 10일을 초과하지 않는 한도에서 1차에 한하여 구속기간을 연장할 수 있다.

② 피고인에 대한 구속기간: 피고인에 대한 구속기간은 2월로 한다. 특히 계속 구속할 필요가 있는 경우에는 심급마다 2차에 한하여 결정으로 2개월의 한도에서 연장할 수 있다. 다만, 상소심은 부득이한 경우에 3차에 한하여 갱신할 수 있다.

(6) 체포 · 구속적부심사제도

체포·구속적부심사제도는 수사기관에 의하여 체포 또는 구속된 피의자에 대하여 법원이 체포·구속의 적부를 심사하여 체포 또는 구속이 부적법·부당한 경우에 피의자를 석방시키는 제도를 말한다.[78)]

6) 수사의 종결

(1) 수사종결의 의의

수사단서를 시발점으로 개시된 수사절차는 공소제기의 결정이라는 목표를 향하여 나아간다. 공소제기 여부를 결정할 수 있을 정도로 피의사건이 규명되면 수사절차는 종결된다. 수사절차를 종결하는 처분을 수사종결처분이라고 한다.

2020년 개정 전의 형사소송법에 의하면 검사는 수사의 주재자이고(구법 제195조) 사법경찰관리는 수사의 보조자로서 검사의 지휘에 따라야 하였다(구법 제196조 제3항). 그리고 사법경찰관은 범죄를 수사한 때에는 관계 서류와 증거물을 지체 없이 검사에게 송부하여야만 하였다(구법 제196조 제4항). 이는 검사로 하여금 수사종결처분을 내리도록 하기 위함이었다.

2020년 개정된 형사소송법은 검찰과 경찰 사이의 수사권을 조정하면서 양자의 관계를 상호 협력관계로 규정하였다(동법 제195조 제1항). 그와 함께 입법자는 국가경찰공무원인 사법경찰관에게 일차적인 수사종결권을 부여하였다.[79)]

---

78) 형사소송법 제214조의2 제1항, 체포 또는 구속된 피의자 또는 그 변호인, 법정대리인, 배우자, 직계친족, 형제자매나 가족, 동거인 또는 고용주는 관할법원에 체포 또는 구속의 적부심사를 청구할 수 있다.

2020년 2월 4일 법률 제16924호로 개정된 주요내용은 다음과 같다.

가. 검사와 사법경찰관은 수사, 공소제기 및 공소유지에 관하여 서로 협력하도록 함(제195조 신설).

나. 경무관, 총경, 경정, 경감, 경위가 하는 모든 수사에 관하여 검사의 지휘를 받도록 하는 규정 등을 삭제하고, 경무관, 총경 등은 범죄의 혐의가 있다고 사료하는 때에 범인, 범인사실과 증거를 수사하도록 함(제196조).

다. 검사는 송치사건의 공소제기 여부 결정 또는 공소의 유지에 관하여 필요한 경우 등에 해당하면 사법경찰관에게 보완수사를 요구할 수 있고, 사법경찰관은 정당한 이유가 없는 한 지체 없이 이를 이행하도록 함(제197조의2 신설).

라. 검사는 사법경찰관리의 수사과정에서 법령위반, 인권침해 또는 현저한 수사권 남용이 의심되는 사실의 신고가 있거나 그러한 사실을 인식하게 된 경우에는 사법경찰관에게 사건기록 등본의 송부를 요구할 수 있고, 송부를 받은 검사는 필요한 경우 사법경찰관에게 시정조치를 요구할 수 있으며, 검사는 시정조치 요구가 정당한 이유 없이 이행되지 않은 경우에 사법경찰관에게 사건을 송치할 것을 요구할 수 있도록 함(제197조의3 신설).

마. 검사는 사법경찰관과 동일한 범죄사실을 수사하게 된 때에는 사법경찰관에게 사건을 송치할 것을 요구할 수 있고, 요구를 받은 사법경찰관은 지체 없이 검사에게 사건을 송치하도록 하되, 검사가 영장을 청구하기 전에 동일한 범죄사실에 관하여 사법경찰관이 영장을 신청한 경우에는 해당영장에 기재된 범죄사실을 계속 수사할 수 있도록 함(제197조의4 신설).

바. 검사가 사법경찰관이 신청한 영장을 정당한 이유 없이 판사에게 청구하지 아니한 경우 사법경찰관은 관할 고등검찰청에 영장 청구 여부에 대한 심의를 신청할 수 있고, 이를 심의하기 위하여 각 고등검찰청에 외부 위원으로 구성된 영장심의위원회를 둠(제221조의5 신설).

사. 사법경찰관은 범죄를 수사한 때에는 범죄의 혐의가 인정되면 검사에게 사건을 송치하고, 그 밖의 경우에는 그 이유를 명시한 서면과 함께 관계 서류와 증거물을 검사에게 송부하도록 함(제245조의5 신설).

아. 사법경찰관은 사건을 검사에게 송치하지 아니한 경우에는 서면으로

---

79) 신동운, 간추린 신형사소송법, 2020, 223면 참고.

고소인·고발인·피해자 또는 그 법정대리인에게 사건을 검사에게 송치하지 아니하는 취지와 그 이유를 통지하도록 함(제245조의6 신설).

자. 사법경찰관으로부터 사건을 검사에게 송치하지 아니하는 취지와 그 이유를 통지받은 사람은 해당 사법경찰관의 소속 관서의 장에게 이의를 신청할 수 있고, 사법경찰관은 이의신청이 있는 때에는 지체 없이 검사에게 사건을 송치하도록 함(제245조의7 신설).

차. 검사는 사법경찰관이 사건을 송치하지 아니한 것이 위법 또는 부당한 때에는 그 이유를 문서로 명시하여 사법경찰관에게 재수사를 요청할 수 있도록 하고, 사법경찰관은 요청이 있으면 사건을 재수사하도록 함(제245조의8 신설).

카. 특별사법경찰관은 모든 수사에 관하여 검사의 지휘를 받음(제245조의10 신설).

타. 검사가 작성한 피의자신문조서는 공판준비 또는 공판기일에 그 피의자였던 피고인 또는 변호인이 그 내용을 인정할 때에 한하여 증거로 할 수 있음(제312조).

(2) 수사종결처분의 종류

① 공소의 제기: 수사결과 범죄의 혐의가 충분하고 소송조건을 구비하여 유죄판결을 받을 수 있다고 인정할 때 검사는 공소를 제기한다.

② 불기소처분에는 협의의 불기소처분인 혐의없음, 죄안됨, 공소권없음의 처분이 있으며, 광의의 불기소처분에는 협의의 불기소처분외에 기소유예와 기소중지가 있다.

7) 공소의 제기

'공소'란 검사가 법원에 대하여 특정 형사사건의 재판을 요구하는 법률행위적 소송행위를 말한다. '공소의 제기'란 검사가 법원에 특정한 형사사건에 대하여 심판을 청구하는 소송행위를 말한다.[80]

(1) 공소제기의 기본원칙

① 국가소추주의: 누구를 소송제기의 주체로 하는가에 따라 국가소추주의(국가에 공소제기권 인정)와 사인소추주의(사인에 공소제기권 인정)로 나눌

80) 백형구, 알기쉬운 형사소송법, 2007, 91면 참고.

수 있다. 형사소송법 제246조는 "공소의 제기는 검사가 제기하여 수행한다"고 규정함으로써 국가소추주의를 선언하고 있다.

② 기소독점주의: 국가기관 중에서 검사만이 공소를 제기하고 수행할 권한을 갖는 것을 기소독점주의라 하며, 형사소송법 제246조는 국가소추주의와 함께 기소독점주의를 규정하고 있다.

③ 기소편의주의: 범죄의 혐의가 존재하고 소송조건을 갖추고 있음에도 검사의 재량으로 불기소처분을 할 수 있는 것을 기소편의주의라 하며, 형사소송법 제247조 제1항은, 검사는 형법 제51조(범인의 연령·성행·지능과 환경, 피해자에 대한 관계, 범행의 동기·수단과 결과, 범행후의 정황)를 참작하여 기소를 하지 않을 수 있다고 규정하여 기소편의주의를 채택하고 있다.

④ 공소의 취소: 일단 제기한 공소를 검사 스스로 철회하는 법률행위적 소송행위를 공소의 취소라 하며, 형사소송법 제255조 제1항에서 "공소는 제1심판결 선고 전까지 취소할 수 있다"고 규정하여 기소변경주의를 취하고 있다. 공소의 취소는 검사만이 할 수 있으며 취소사유는 제한이 없다. 공소취소는 제1심판결 선고 전까지 가능하다. 공소가 취소된 경우 결정으로 공소를 기각하여야 한다.

(2) 공소제기의 방식

① 필요적 기재사항: 공소장에는 피고인·죄명·공소사실·적용법조를 기재하여야 하며, 피고인의 구속여부도 기재하여야 한다.

② 공소장일본주의: 공소제기시 법원에 제출하는 것은 공소장 하나이며 공소사실에 대한 증거는 물론 법원에 예단을 생기게 할 수 있는 것은 증거가 아니더라도 제출할 수 없다는 원칙을 공소장일본주의라고 한다. 공소장일본주의는 당사자주의, 예단배제원칙, 공판중심주의, 위법증거배제원칙, 전문법칙에 의해 요청된다.

(3) 공소제기의 효과

공소제기에 의해 법원의 공판절차가 개시된다. 공소제기로 인하여 피의자는 피고인으로 전환하여 소송의 주체로서의 지위를 가지게 된다. 공소가 제기되면 당해사건에 대한 공소시효의 진행이 정지되며, 공소기각 또는 관할위반의 재판이 확정된 때로부터 진행한다.

8) 공소시효

공소시효란 검사가 일정한 기간 동안 공소를 제기하지 않고 방치하는 경우에 국가가 소추권을 소멸시키는 제도를 말한다. 공소시효가 완성되면 면소의 판결을 해야 한다.

(1) 공소시효의 기간

공소시효의 기간은 법정형의 경중에 따라 차이가 있다. 즉 ① 사형에 해당하는 범죄는 25년, ② 무기징역 또는 무기금고에 해당하는 범죄는 15년, ③ 장기 10년 이상의 징역 또는 금고에 해당하는 범죄는 10년, ④ 장기 10년 미만의 징역 또는 금고에 해당하는 범죄는 7년, ⑤ 장기 5년 미만의 징역 또는 금고, 장기 10년 이상의 자격정지 또는 벌금에 해당하는 범죄는 5년, ⑥ 장기 5년 이상의 자격정지에 해당하는 범죄는 3년, ⑦ 장기 5년 미만의 자격정지, 구류, 과료 또는 몰수에 해당하는 범죄는 1년이다.

(2) 공소시효의 정지

공소시효는 일정한 사유가 있으면 그 진행이 정지되며, 그 사유가 없어지면 나머지 기간이 다시 진행된다. 공소시효는 ① 공소의 제기, ② 범인의 외국도피, ③ 제정신청, ④ 소년보호사건의 심리개시결정 등의 사유에 의하여 정지된다.

(3) 공소시효 완성의 효과

공소의 제기없이 공소시효기간이 경과하면 그 범죄에 대한 공소권이 소멸한다.

6. 증　　거

1) 증거의 의의와 종류

형사송은 형법의 적정한 적용에 의하여 구체적 법률관계를 형성·확정하는 것을 목적으로 한다. 이러한 사실관계를 확정하는 데 사용되는 자료를 증거라고 한다. 즉, '증거'란 '사실인정의 근거가 되는 것'을 말한다. 현실적으로 증거방법 혹은 증거자료라는 의미로 사용되며, 전자는 '사실인정의 자료가 되는 유형물 자체로 피고인, 증인, 증거물, 증거서류 등이고, 후자는 증거내용 등이다(백형구, 2002: 297). 증거의 종류로는 (1) 직접증거와 간접증거, (2) 실질증거와 탄핵증거, (3) 본증과 반증, (4) 진술증거와 비진술증거, (5) 인증 · 서증 · 물증 등이 있다.[81)]

(1) 직접증거와 간접증거

직접증거란 직접사실을 증명하기 위한 증거로서 피고인의 자백 · 범행의 목격자 등이 있고, 간접증거란 간접사실을 증명하기 위한 증거로서 정황증거라고도 한다. 범행에 남아 있는 지문 · 혈흔 등은 간접증거이다.

(2) 인적증거 · 물적증거 · 증거서류

인적증거란 사람의 진술내용이 증거로 되는 것으로서 인증이라고도 한다. 인적증거로는 증인의 증언, 피고인의 진술 등이 여기에 해당된다. 물적증거란 물건의 존재 또는 상태가 증거로 되는 것으로서 물증이라고도 한다. 물적 증거에는 범행에 사용된 흉기 등이 여기에 해당된다. 증거서류란 증거서류와 증거물인 서면을 총칭한 개념으로 서증이라고도 한다.

(3) 진술증거와 비진술증거

진술증거란 사람의 진술이 증거로 되는 경우로 피고인의 진술 · 증인의 증언 등과 진술이 기재된 서면인 피의자신문조서 · 진술조서 등이 포함된다. 비진술증거란 단순한 증거물이나 사람의 신체상태 등이 증거로 되는 경우이다.

(4) 본증과 반증

검사가 제출하는 증거를 본증이라 하고, 피고인이 제출하는 증거를 반증이라 한다.

(5) 실질증거와 보조증거

실질증거란 범행을 목격한 증인의 증언과 같이 주요사실의 존부를 직 · 간접적으로 사용되는 증거를 말하고, 보조증거는 증명력을 증강하기 위한 증거인 보강증거와 증명력을 감쇄하기 위한 탄핵증거가 있다(김영규 외 8, 2013).

81) 백형구, 알기쉬운 형사소송법, 2007, 307－309면 참고.

2) 증명의 기본원칙

(1) 증거재판주의

① 의의

형사소송에서의 유죄의 인정을 위한 사실인정은 반드시 증거에 의하여야 한다는 이념을 증거재판주의라 한다.[82] 제 307조에서 '사실'이라 함은 엄격한 증명을 요하는 사실을 말하고, 그러한 '사실의 인정'은 증거능력이 있고 적접한 증거조사를 거친 증거에 의하여야 한다.

② 증명의 유형

증명의 유형으로는 엄격한 증명과 자유로운 증명이 있다. 엄격한 증명과 자유로운 증명은 증거능력의 유무와 증거조사의 방법에 차이가 있을 뿐이고, 심증의 정도에 차이가 있는 것은 아니다. 엄격한 증명과 자유로운 증명은 모두 합리적 의심이 없는 증명 또는 확신을 요한다.

③ 엄격한 증명

엄격한 증명이란 어떤 사실을 증명하는 데 있어서 법률상 증거능력이 있고 적법한 증거조사를 거친 증거에 의하여야 하는 증명을 말한다. 엄격한 증명의 대상으로는 공소범죄사실, 법률상 형의 가중·감면의 이유되는 사실, 간접사실, 경험법칙, 법규 등은 엄격한 증명을 요한다.

(2) 거증책임

거증책임이란 요증사실의 존부에 대해 증명이 불충분한 경우, 불이익을 받을 당사자의 법적 지위를 말하는데 형사소송의 거증책임은 원칙적으로 검사에게 있으므로 공소범죄사실, 처벌조건인 사실, 형의 가중·감면의 사유가 되는 사실, 소송법적 사실에 대한 증거를 제출한 책임은 검사에게 있다.

(3) 자유심증주의

자유심증주의란 증거의 증명력을 법관의 자유로운 판단에 맡기는 주위를 말한다.[83] 즉 자유심증주의에 의하여 법관은 사실을 인정하는 데 아무런 법률적 구속을 받지 아니하고 구체적으로 타당한 증거가치를 판단하여 사안의 진상을 파악할 수 있게 된다.

---

82) 형사소송법 제307조 제1항, 사실의 인정은 증거에 의하여야 한다.
83) 형사소송법 제308조, 증거의 증명력은 법관의 자유판단에 의한다.

3) 자백배제법칙

피고인이 자백을 하더라도 그 자백이 고문·폭행·협박·신체구속의 장기화 또는 기망 기타의 방법으로 임의로 진술한 것이 아니라고 의심할 만한 이유가 있는 때에는 증거능력이 부정된다(김영규 외 8, 2013).

관련판례

30시간 잠재우지 않고 받아낸 자백의 증거능력을 부정한 사례.

피고인의 검찰에서의 자백은 피고인이 검찰에 연행된 때로부터 약 30시간 동안 잠을 재우지 아니한 채 검사 2명이 교대로 신문을 하면서 회유한 끝에 받아낸 것으로 임의로 진술한 것이 아니라고 의심할 만한 이유가 있는 때에 해당한다고 보아, 형사소송법 제309조의 규정에 의하여 그 피의자신문조서의는 증거능력이 없다.(대판, 1997.6.27. 95도1964 판결)

4) 위법수집증거배제법칙

위법한 절차에 의하여 수집된 증거의 증거능력은 부정된다.[84] 위법수집증거배제법칙은 증거수집절차에 중대한 위법이 있는 경우(영장주의에 위반하여 수집한 증거, 적정절차에 위반한 압수·수색 등)에 한하여 적용되므로 위법의 정도가 경미한 경우에는 증거능력이 부정되지 않는다(김영규 외 8, 2013).

5) 전문법칙

사실인정의 기초가 되는 경험적 사실을 경험자 자신이 직접 법원에 진술하지 않고 다른 형태에 의하여 간접적으로 보고하는 것을 전문증거라 하며 이러한 전문증거는 증거로 사용될 수 없는데 이와 같이 전문증거에 대하여 증거능력이 인정될 수 없다는 원칙을 전문법칙이라 한다. 그러나 전문증거의 경우에도 특신성(공판정 외에서의 진술의 진실성을 인용할 수 있는 상황)과 필요성(증거로 사용할 필요성이 있는 특수한 사정의 존재)이 있는 경우 등에는 전문법칙의 예외를 인정하여 전문증거에 대하여도 증거능력을 인정한다.

---

84) 형사소송법 제308조의 2, 적법한 절차에 따르지 아니하고 수집한 증거는 증거로 할 수 없다.

6) 당사자의 동의와 증거능력

검사와 피고인이 증거로 할 수 있음을 동의한 서류 또는 물건은 진정한 것으로 인정한 때에는 증거로 할 수 있다.[85]

7) 탄핵증거

증거능력이 없는 전문증거로서 증인뿐만 아니라 증인 이외의 자의 진술의 증명력을 다투기 위한 증거로 사용할 수 있다.[86]

8) 증명력

(1) 자유심증주의

자유심증주의란 증거의 증명력을 적극적 또는 소극적으로 법정하지 아니하고 법관의 자유로운 판단에 맡기는 원칙을 말한다. 이와 같이 사실인정은 법관의 자유판단에 의하지만, 통상인이면 누구나 의심하지 않을 정도로 보편타당성을 가져야 한다. 이러한 보편타당성을 확보하기 위해서는 법관의 사실인정이 논리와 경험법칙에 위배되지 않아야 한다.

(2) 자백보강법칙

피고인이 임의로 한 자백이 증거능력이 있고 신빙성이 있어서 법관이 유죄의 심증을 얻었다 할지라도, 자백이 유일한 증거이고 다른 보강증거가 없는 경우에는 유죄로 할 수 없다.

(3) 공판조서의 증명력

공판기일의 소송절차로서 공판조서에 기재된 것은 그 조서만으로 증명력을 인정한다.[87]

---

85) 형사소송법 제308조 제1항, 검사와 피고인이 증거로 할 수 있음을 동의한 서류 또는 물건은 진정한 것으로 인정한 때에는 증거로 할 수 있다.

86) 형사소송법 제318조의2 제1항, 증거로 할 수 없는 서류나 진술이라도 공판준비 또는 공판기일에서의 피고인 또는 피고인 아닌 자(공소제기 전에 피고인을 피의자로 조사하였거나 그 조사에 참여하였던 자를 포함한다)의 진술의 증명력을 다투기 위하여 증거로 할 수 있다.

87) 형사소송법 제56조, 공판기일의 소송절차로서 공판조서에 기재된 것은 그 조서만으로써 증명한다.

7. 공 판

1) 공판절차의 의의와 기본원칙

(1) 공판절차의 의의

'공판' 또는 '공판절차'는 공판심리절차와 판결절차로 구분되며 "수소법원이 공판기일에 공판정에서 형사피고인에 대하여 행하는 심판절차"[88]를 말한다. 공판절차에는 공판기일의 절차와 공판기일외의 절차로 구분된다. 공판기일의 절차를 협의의 공판절차라고 한다.[89]

(2) 공판절차의 기본원칙

① 공개주의: 공개주의란 일반 국민에게 법원의 재판과정에 대한 방청을 허용하는 것을 말한다. 공개주의는 일체의 방청을 허용하지 않고 비밀로 심판을 행하는 밀행주의와 대립되는 개념이다. 헌법 제27조 제3항은 공개재판을 받을 권리를 기본권으로 보장하고 있으며, 동법 제109조는 다시 재판의 심리와 판결은 공개한다고 하여 공개주의를 명백히 규정하고 있다.

② 구두변론주의: 구두변론주의란 법원이 당사자의 구두에 의한 공격·방어를 기초로 하여 심판을 해야 한다는 원칙이다. 구두변론주의는 구두주의와 변론주의를 내용으로 한다. 구두주의란 구두에 의하여 제공된 소송자료에 의하여 재판을 행하는 주의를 말한다. 변론주의는 당사자의 변론에 의하여 재판하는 주의를 말하며 이는 당사자주의의 중요한 내용이 된다.

③ 직접주의: 직접주의란 공판정에서 직접 조사한 증거만을 재판의 증거로 삼을 수 있다는 주의를 말한다. 직접주의는 심증형성의 합리성 또는 진실발견이념에 봉사하고 피고인에게 반대신문의 기회를 주어 피고인을 보호하며 공개주의를 실현하는 바탕이 된다.

④ 집중심리주의: 집중심리주의란 심리에 2일 이상을 요하는 사건은 연일 계속하여 심리해야 한다는 원칙을 말한다. 집중심리주의는 소송의 촉진과 신속한 재판의 이념을 실현할 수 있다.

---

88) 백형구, 알기쉬운 형사소송법, 2007, 135면 참고.
89) 김영규 외 8, 법학개론, 2013, 491면 참고.

2) 공판심리의 범위

(1) 심판의 대상

법원의 심판대상은 공소장에 기재된 사실이 심판대상이다. 이러한 공소사실은 범죄의 일시・장소와 방법을 명시하여 사실을 특정할 수 있어야 한다.[90)]

(2) 공소장 변경

검사가 공소사실의 동일성을 해하지 않는 한도에서 법원의 허가를 얻어 공소장에 기재된 공소사실 또는 적용법조를 추가・철회 또는 변경하는 것을 공소장 변경이라고 한다. 공소장 변경은 공소사실의 동일성이 인정되는 범위 내에서만 허용되며,[91)] 수검사의 신청으로 법원의 허가를 얻어 하는 경우와 법원의 요구에 의하여 행하여지는 경우가 있다(김영규 외 8, 2013).

(3) 공판정의 구성

공판기일에는 공판정에서 심리하며,[92)] 공판정이란 공개된 법정을 의미한다. 공판정은 판사와 검사, 법원사무관 등이 출석하여 개정한다.[93)]

① 피고인의 출석: 피고인이 공판기일에 출석하지 아니한 때에는 특별한 규정이 없으면 개정하지 못한다. 피고인에게는 출석의 의무가 있을 뿐만 아니라 재정의무(在廷義務)까지 있다. 따라서 출석한 피고인은 재판장의 허가 없이 퇴정하지 못한다.

② 검사의 출석: 검사의 출석은 공판개정요건이다. 따라서 검사의 출석이 없을 때에는 개정하지 못하며, 검사의 출석없이 개정한 때에는 소송절차에 관한 법령에 위반한 경우로 상소이유가 된다.

③ 변호인 등의 출석: 변호인이나 보조인은 소송의 주체가 아니므로 원칙적으로 그 출석이 공판개정요건은 아니다. 그러므로 변호인이 공판기일의 통지를 받고도 출석하지 아니한 때에는 변호인의 출석 없이 개정할 수

---

90) 형사소송법 제254조 제4항, 공소사실의 기재는 범죄의 시일, 장소와 방법을 명시하여 사실을 특정할 수 있도록 하여야 한다.

91) 형사소송법 제298조 제1항, 검사는 법원의 허가를 얻어 공소장에 기재한 공소사실 또는 적용법조의 추가, 철회 또는 변경을 할 수 있다. 이 경우에 법원은 공소사실의 동일성을 해하지 아니하는 한도에서 허가하여야 한다.

92) 형사소송법 제275조 제1항, 공판기일에는 공판정에서 심리한다.

93) 형사소송법 제275조 제2항, 공판정은 판사와 검사, 법원사무관등이 출석하여 개정한다.

있다. 다만 필요적 변호사건과 국선변호사건에 관하여는 변호인 없이 개정하지 못한다. 그러나 판결만을 선고하는 경우에는 예외로 한다(김영규 외 8, 2013).

3) 공판기일의 절차

제1심공판절차는 모두절차 · 사실심리절차 · 판결선고절차로 나뉜다. 모두절차는 진술거부권 고지 ⇒ 인정심문 ⇒ 검사의 모두진술 ⇒ 피고인의 모두진술 ⇒ 재판장의 쟁점정리 및 검사 · 변호인의 증거관계 등 진술의 순서로 진행된다. 그리고 사실심리절차는 증거조사 ⇒ 피고인신문 ⇒ 소송관계인의 의견진술(최후변론)의 순서로 진행된다. 끝으로 판결의 선고는 재판장이 하며, 주문을 낭독하고 이유의 요지를 설명하여야 한다(조만형, 2013).

(1) 모두절차

① 진술거부권의 고지: 재판장은 피고인에게 진술하지 아니하거나 개개의 질문에 대하여 진술을 거부할 수 있음을 고지하여야 한다.

② 인정신문: 인정신문은 재판장이 공판기일에 실질적인 심리에 들어가기 전에 피고인으로 출석한 자가 공소장에 기재된 피고인과 동일인인가를 확인하는 절차이다. 인정신문은 재판장이 피고인의 성명 · 연령 · 등록기준지 · 주거와 직업을 물어서 피고인임이 틀림없음을 확인하여야 한다[94]고 규정하고 있다.

③ 검사의 모두진술: 검사는 공소장에 의하여 공소사실 · 죄명 및 적용법조를 낭독하여야 한다. 다만, 재판장은 필요하다고 인정하는 때에는 검사에게 공소의 요지를 진술하게 할 수 있다.[95] 검사의 모두진술은 사건의 심리에 들어가기 전에 사건개요와 입증의 방침을 명백히 하여 법원의 소송지휘를 가능케 하고 피고인에 대하여는 충분한 방어를 준비할 기회를 보장하기 위한 것이다. 검사의 모두진술은 항소심 또는 상고심에서는 요하지 않는다.

④ 피고인의 모두진술: 피고인의 모두진술은 재판장이 피고인에 대하여 공소사실에 대한 인정, 주장과 신청 등 사건에 대한 총괄적인 진술을 할 기

94) 형사소송법 제284조, 재판장은 피고인의 성명, 연령, 등록기준지, 주거와 직업을 물어서 피고인임에 틀림없음을 확인하여야 한다.

95) 형사소송법 제285조, 검사는 공소장에 의하여 공소사실 · 죄명 및 적용법조를 낭독하여야 한다. 다만, 재판장은 필요하다고 인정할 때에는 검사에게 공소의 요지를 진술하게 할 수 있다.

회를 주기 위한 것이다. 재판장은 피고인에게 그 이익되는 사실을 진술할 기회와 피고인에게 진술거부권과 진술권이 있음을 고지하여야 한다. 그러나 피고인의 진술은 의무적인 것이 아닌 점에서 검사의 모두진술과 구별된다.

(2) 사실심리절차

사실심리절차는 증거조사, 피고인신문, 최종변론 등의 순서로 진행된다.

① 증거조사: 증거조사는 법원이 피고사건의 사실인정과 형의 양형에 관한 심증을 얻기 위하여 인증·서증·물증 등 각종의 증거방법을 조사하여 그 내용을 감지하는 소송행위를 말한다. 증거조사의 주체는 법원이며, 피고인에 대한 신문이 종료한 뒤에 하여야 한다. 사실의 인정은 증거에 의하여야 하며, 합리적인 의심이 없는 정도의 증명에 이르러야 한다.[96] 여기에는 증거의 증거능력과 증명력을 제한하는 증거법칙이 적용된다. 예컨대, 위법수집증거배제법칙, 전문법칙, 자백배제법칙, 자백의 임의성 법칙, 자백의 위법배제법칙, 자백의 보강법칙 등이다. 증거조사의 순서는 법원은 검사가 신청한 증거를 조사한 후 피고인 또는 변호인이 신청한 증거를 조사한다. 조사가 끝난 후 직권으로 결정한 증거를 조사하는 순으로 한다. 그러나 법원은 직권 또는 검사, 피고인·변호인의 신청에 따라 순서를 변경할 수 있다. 법원은 범죄로 인한 피해자 또는 법정대리인의 신청이 있는 때에는 그 피해자 등을 증인으로 신문하여야 하며, 피해자 등은 진술권을 갖는다. 그러나 피해자의 사생활의 비밀이나 신변보호를 위하여 필요하다고 인정하는 때에는 결정으로 심리를 공개하지 아니할 수 있다.

② 피고인신문: 피고인신문은 피고인에 대하여 공소시실과 그 정상에 관한 필요한 사항을 신문하는 절차이다. 사실심리절차는 피고인의 신문부터 시작하며 피고인신문은 증인신문의 방법에 의하여 행하도록 규정되어 있다. 피고인이 공판정에서 공소사실에 대하여 자백한 때에는 법원은 간이공판절차에 의하여 심판할 것을 결정할 수 있다.[97]

96) 형사소송법 제307조 제2항, 범죄사실의 인정은 합리적인 의심이 없는 정도의 증명에 이르러야 한다.

97) 형사소송법 제286조의2, 피고인이 공판정에서 공소사실에 대하여 자백한 때에는 법원은 그 공소사실에 한하여 간이공판절차에 의하여 심판할 것을 결정할 수 있다.

관련판례

피고인이 법정에서 "공소사실은 모두 사실과 다름없다"고 하면서 술에 만취되어 기억이 없다는 취지로 진술한 경우, 간이공판절차에 의하여 심판할 대상에 해당하지 아니한다고 한 사례.

피고인이 법정에서 "공소사실은 모두 사실과 다름없다."고 하면서 술에 만취되어 기억이 없다는 취지로 진술한 경우에, 피고인이 음주상태로 운전하다가 교통사고를 내었고, 또한 사고 후에 도주까지 하였다고 하더라도 피고인이 술에 만취되어 사고 사실을 몰랐다고 범의를 부인함과 동시에 그 범행 당시 심신상실 또는 심신미약의 상태에 있었다는 주장으로서 형사소송법 제323조 제2항에 정하여진 법률상 범죄의 성립을 조각하거나 형의 감면의 이유가 되는 사실의 진술에 해당하므로 피고인은 적어도 공소사실을 부인하거나 심신상실의 책임조각사유를 주장하고 있는 것으로 볼 여지가 충분하므로 간이공판절차에 의하여 심판할 대상에 해당하지 아니한다고 한 사례.(대법원 2004.7.9. 선고 2004도2116 판결)

피고인의 모두 진술이 끝난 다음에 피고인 또는 변호인에게 쟁점의 정리를 위하여 필요한 질문을 할 수 있다. 재판장은 증거조사를 하기에 앞서 검사 및 변호인으로 하여금 공소사실 등의 증명과 관련된 주장 및 입증계획 등을 진술하게 할 수 있다. 다만, 증거로 할 수 없거나 증거로 신청할 의사가 없는 자료에 기초하여 법원에 사건에 대한 예단 또는 편견을 발생하게 할 염려가 있는 사항은 진술할 수 없다. 피고인신문의 방법은 진술을 강요하거나 답변을 유도하거나 그 밖에 위압적, 모욕적 신문을 위하여서는 아니된다. 재판장은 피고인이 어떤 재정인의 면전에서 충분한 진술을 할 수 없다고 인정한 때에는 그 재정인을 퇴정하게 하고, 진술하게 할 수 있다.

③ 최종변론: 피고인신문이 끝나면 당사자의 의견진술이 행하여진다. 먼저 검사의 의견진술에서 검사는 피고인신문과 증거조사가 종료된 때에 사실과 법률적용에 관하여 의견을 진술하여야 한다. 이를 논고라고 하며 검사의 양형에 대한 의견을 구형이라고 한다. 법원은 검사의 구형에 구속되지 않으므로 구형을 초과한 형을 선고할 수 있다. 다음은 피고인과 변호인의 의견진술을 하는데 재판장은 검사의 의견을 들은 후 피고인과 변호인에게 최종의 의견을 진술할 기회를 주어야 한다. 피고인의 최종진술을 끝으로 변

론은 종결된다. 변론이 종결하면 판결만을 기다리게 된다. 이때에도 필요하다고 인정하는 때에는 법원은 직권으로 검사 · 피고인 또는 변호인의 신청에 의하여 결정으로 종결한 변론을 재개할 수 있다.[98)]

(3) 판결선고절차

판결선고절차는 공판절차의 최종단계이다. 판결은 공판정에서 재판서에 의하여 선고한다. 판결의 선고는 재판장이 하며 주문을 낭독하고 이유의 요지를 설명하여야 한다.[99)] 형을 선고하는 경우에는 재판장은 피고인에게 상소할 기간과 상소할 법원을 고지하여야 한다. 판결의 선고에 의하여 당해 심급의 공판절차는 종결되고 상소기간이 진행된다. 판결을 선고한 사실은 공판조서에 기재하여야 한다.

8. 비상구제 · 특별절차

1) 비상구제절차

(1) 재심

'재심'이란 유죄의 확정판결에 대하여 중대한 사실오인이나 그 오인의 의심이 있는 경우에 판결을 받은 자의 이익을 위하여 판결의 부당함을 시정하는 비상구제절차이다. 재심판결의 대상이 유죄의 확정판결이므로 결정과 명령은 재심청구의 대상이 아니다.

(2) 비상상고

비상상고란 확정판결에 대하여 그 심판의 법령위반을 시정하기 위하여 인정되는 비상구제절차이다.[100)]

2) 특별절차

(1) 약식절차

약식절차란 지방법원의 관할사건에 대하여 검사의 청구가 있는 때에 공

---

98) 형사소송법 제305조, 법원은 필요하다고 인정한 때에는 직권 또는 검사, 피고인이나 변호인의 신청에 의하여 결정으로 종결한 변론을 재개할 수 있다.

99) 형사소송법 제43조, 재판의 선고 또는 고지는 재판장이 한다. 판결을 선고함에는 주문을 낭독하라고 이유의 요지를 설명하여야 한다.

100) 형사소송법 제441조, 검찰총장은 판결이 확정한 후 그 사건의 심판이 법령에 위반한 것을 발견한 때에는 대법원에 비상상고를 할 수 있다.

판절차를 경유하지 않고 검사가 제출한 자료만을 조사하여 약식명령으로 피고인에게 벌금·과료·몰수의 형을 선고하는 재판절차를 말한다. 이러한 약식절차에 의한 재판을 약식명령이라 한다. 법원은 검사의 약식명령청구를 심리한 결과 약식명령으로 하는 것이 적당하다고 인정하는 경우에는 약식명령청구가 있은 날로부터 14일 이내에 약식명령을 하여야 한다. 약식명령에 불복이 있는 경우에는 7일 이내에 정식재판을 청구할 수 있다. 정식재판의 청구기간이 경과하거나 그 청구의 취하 또는 청구기각결정이 확정된 때에는 확정판결과 동일한 효력이 있다.[101]

(2) 즉결심판절차

즉결심판절차란 지방법원·지방법원지원·시군법원의 판사가 20만원 이하의 벌금·구류·과료에 처할 경미한 범죄에 대하여 통상의 공판절차에 의하지 아니하고 간단하고 신속한 절차에 의하여 형을 선고하는 절차를 말한다.[102] 즉결심판은 경찰서가 아닌 공개장소에서 열린다. 피고인이 출석하는 것이 원칙이지만, 피고인이 불출석 심판을 청구하여 법원이 이를 허가한 경우에는 불출석 재판을 할 수 있다. 공판절차에 의하지 아니하고 즉결하는 심판절차를 말한다. 즉결심판절차는 공개된 법정에서 직접 심리하는 절차이나 통상의 공판기일에 행하는 형사소송법상의 절차가 아니며 공판전의 절차라고 할 수 있다. 즉결심판은 판사가 피고인에게 사건 내용을 알려주고 변명의 기회도 주며, 피고인은 변호사를 선임할 수도 있지만 신속·간편한 심리를 위하여 피고인의 자백만을 증거로 삼아 유죄를 선고할 수도 있다.

즉결심판이 확정되면 확정판결과 동일한 효력이 생긴다. 즉결심판에 의한 형은 경찰서장이 집행하며, 그 집행결과를 지체없이 관할 검사에게 보고하여야 한다. 판사의 즉결심판에 불복이 있는 피고인 또는 경찰서장은 그 선고 또는 고지를 한 날로부터 7일 이내에 정식재판을 청구할 수 있다. 이 경우 경찰서장은 관할 지방검찰청 또는 지청 검사의 승인을 얻어 정식재판

---

101) 형사소송법 제457조, 약식명령은 정식재판의 청구기간이 경과하거나 그 청구의 취하 또는 청구기각의 결정이 확정한 때에는 확정판결과 동일한 효력이 있다.

102) 즉결심판에관한절차법 제1조, 이 법은 범증이 명백하고 죄질이 경미한 범죄사건을 신속·적정한 절차로 심판하기 위하여 법원조직법 제34조에 의한 즉결심판에 관한 절차를 정함을 목적으로 한다.
제2조, 지방법원 또는 지원의 순회판사(이하 "판사"라 한다) 즉결심판절차에 의하여 피고인에게 20만원 이하의 벌금, 구류 또는 과료를 처할 수 있다.

청구서를 판사에게 제출하여야 한다(김영규 외 8, 2013).

9. 국민참여재판

1) 목적

2007년 6월 1일 "국민의 형사재판 참여에 관한 법률"이 제정되어 2008년 1월 1일부터 우리나라도 중범죄에 대하여 배심원제도가 시행되었다. 배심제는 최근 인쇄 살인사건, 성폭력 범죄 등 사회질서를 혼란시키는 많은 대형 사건들이 발생하면서 사법의 민주적 정당성과 신뢰를 높이고 국민이 형사재판에 참여하는 '국민에 의한 직접적 사법 통제'를 실현하기 위한 목적에서 도입된 제도이다.

배심제도는 일반시민이 재판에 배심원으로 참여하여 판사의 보조역할을 하는 제도로써 일반인들의 사회적인 통념에 의해서 그 행위가 범죄에 해당하느냐의 여부, 사실관계의 확정과 법률적용의 명확화, 법관에 의한 자의적인 재판을 방지할 수 있는 기능을 한다.

2) 배심원

(1) 배심원의 개념

'배심원'이란 국민의 형사재판 참여에 관한 법률에 따라 형사재판에 참여하도록 선정된 사람을 말하며, '국민참여재판'이란 배심원이 참여하는 형사재판을 말한다. 국민참여재판은 누구든지 이 법이 정하는 바에 따라 국민참여재판을 받을 권리가 있으며, 대한민국 국민은 국민참여재판에 참여할 권리와 의무를 가진다.

(2) 배심원의 자격 및 구성

배심원은 만 20세 이상의 대한민국 국민 중에서 배심원 자격의 결격사유, 선정제외사유, 제척·기피사유가 없는 한 누구나 선정될 수 있다. 국민참여재판에 있어서 배심원의 수는 범정형이 사형·무기징역 또는 무기금고에 해당하는 경우에는 9인, 그 외의 경우에는 7인, 피고인 또는 변호인이 공판준비절차에서 공소사실의 주요내용을 인정한 때에는 5인이 참여한다.

(3) 배심원의 권리의무

국민참여재판을 하는 사건에 있어서 배심원은 법령을 준수하고 독립하여 성실히 직무를 수행할 것을 다짐하는 선서를 하고, 사실의 인정, 법령의 적용 및 형의 양정에 관한 의견을 제시할 권한이 있다. 또한 절차상 피고인·증인에 대하여 필요한 사항을 신문하여 줄 것을 재판장에게 요청하거나 필요하다고 인정되는 경우 재판장의 허가를 받아 각자 필기를 하여 평의에 사용할 수 있다.

그리고 재판의 공정을 해하는 행위 예컨대, 심리 도중에 법정을 떠나거나 평의·평결 또는 토의가 완결되기 전에 재판장의 허락 없이 그 장소를 떠나는 행위, 평의가 시작되기 전에 당해 사건에 관한 자신의 견해를 밝히거나 의논하는 행위, 재판절차 외에서 당해 사건에 관한 정보를 수집하거나 조사하는 행위, 평의·평결 또는 토의에 관한 비밀을 누설하는 행위 등을 해서는 안된다. 배심원들은 단지 사실관계만을 파악하고 피고인의 유·무죄만을 결정할 뿐 형량을 결정하거나 하지는 않는다. 즉 배심원은 재판장의 설명을 들은 후 유·무죄에 관하여 평의한다. 전원의 의견이 일치하면 그에 따라 평결하며, 의견이 일치하지 않은 유·무죄의 평결은 다수결에 의한다. 피고인이 유죄로 결정되면 법관이 그에 해당하는 법률을 적용하고 심판하면 판사가 결정한다.

배심원의 공정하고 객관적인 판단을 저해할 우려가 있는 행위, 즉 배심원 또는 예비배심원, 배심원후보자에게 그 직무에 관하여 청탁하거나 배심원이나 그의 친족에게 위협행위를 한 자는 2년 이하의 징역 또는 500만원 이하의 벌금에 처한다, 또한 배심원이 직무상 취득하여 알게 된 비밀을 누설한 경우에는 6월 이하의 징역 또는 300만원 이하의 벌금에 처한다.

3) 대상사건

국민참여재판의 대상이 되는 사건은 모든 형사사건이 아니다. 다음 각호에서 정하는 사건을 대상사건으로 한다(국민의형사재판참여에관한법률 제5조).

1. 「법원조직법」 제32조 제1항에 따른 합의부 관할 사건

⇒ 그러나 민사합의부사건과 지방법원판사에 대한 제척·기피사건은 제외한다.

2. 위 합의부관할사건의 미수죄·교사죄·방조죄·예비죄·음모죄에 해당사건

3. 위 1,2에 해당하는 사건과 「형사소송법」 제11조[103]에 따른 관련사건으로서 병합하여 심리하는 사건

그러나 위 사건의 경우에도 피고인이 국민참여재판을 원하지 아니하거나 법원의 배제결정이 있는 경우는 국민참여재판을 하지 아니한다.

---

103) 형사소송법 제11조, 관련 사건은 다음과 같다.

1. 1인이 범한 수죄
2. 수인이 공동으로 범한 죄
3. 수인이 동시에 동일장소에서 범한 죄
4. 범인은닉죄, 증거인멸죄, 위증죄, 허위감정통역죄 또는 장물에 관한 죄와 그 본범의 죄

제6장

행 정 법

제1절 행정법의 의의

행정법을 "행정을 규율하는 국내공법"(종래의 통설)으로 이해할 경우 이를 해명하기 위하여 '행정이란 무엇인가', '공법이란 무엇인가' 및 '국내법이란 무엇인가' 등이 규명되어야 한다고 본다.[1] 행정법을 연구의 대상으로 하는 행정법학에서는 행정법을 일반적으로 총론과 각론으로 구별한다. (1) 행정법총론에서는 행정법 전 영역에 걸쳐 적용되는 행정법의 공통적인 원리와 이론, 각종 행정작용 · 행정구제 · 행정조직에 대한 형식과 이론 등을 다루고 있고, (2) 행정법각론에서는 이른바 특별행정법 영역으로서 주로 지방자치법, 경찰행정법, 재무행정법 등의 개별행정법분야들을 다루고 있다.

1. 행정의 개념

행정관념은 시대의 산문이다. 19세기 권력분립론을 기초로 하여 형성된 관념이다. 20세기 '사회적 법치국가'는 대다수 사회 · 경제적 약자를 위한 균등배분과 복리증진 등도 행정의 중심대상이 되고 있다.[2]

행정법을 알기 위해서는 '행정이란 무엇인가'가 전제되어야 하지만 한국

1) 김용철, 행정법 I, 2001, 3면 참고.
2) 박은정 외 11, 법학입문, 1999, 159면 참고.

헌법 제66조 제4항에 "행정권은 대통령을 수반으로 하는 정부에 속한다"라고 규정되어 있을 뿐 역사적 경험과 법이론에 일임하고 있다.[3)]

'행정(行政)'은 권력분립제도에 근거한 입법과 사법 및 행정의 구분에 근거하며, 행정이 입법이나 사법으로부터 분립되어 행해지게 된 근대국가가 성립하면서 시작되었다[4)]고 하겠다. 물론 근대국가 이전에는 군주의 통치작용은 있었으나 타작용과 구별되지 않았다.[5)] 특히 행정개념은 권력분립제도를 전제할 경우에 비소로 성립된다.[6)] 이에는 행정부에 속하는 기관에 의하여 행해지는 모든 작용을 말하는 '형식적 의미의 행정'과 법 아래서 행하여지는 국가작용을 말하는 '실질적 의미의 행정'이 있다.[7)]

행정이 너무 방대하기 때문에 "행정은 정의될 수 없고, 단지 묘사될 수 있을 뿐이다"고 포르스토프(Fordthoff)가 말한 것처럼 법집행작용으로서 행정의 개념은 매우 다양성을 띠고 있어 한마디로 요약하기가 힘든 것이 사실이다.[8)] 그러나 '행정법 아래서 사법 이외의 일체의 국가작용을 현실적·구체적으로 실현하기 위하여 행해지는 전체로서의 통일성을 가지는 계속적인 사회형성 활동'이라고 말할 수 있을 것이다.

2. 통치행위

통치행위란 실정법상의 개념이 아니고, 연혁적으로 구미제국의 판례에 의하여 성립되었다.[9)] 통치행위(統治行爲)란 "고도의 정치성을 띤 국가행위 또는 국가적인 이해를 직접 대상으로 하는 국가행위로서 쟁송의 대상으로 하기에 부적당한 성질의 것"[10)]을 의미하며, 통치행위긍정설과 통치행위부정설이 있다.[11)] 오늘날 통치행위는 축소되어 가는 경향이다. 통치행위가 현실의 문제로 논의되기 위해서는 그 전제조건으로 법치주의가 고도로 발달해 있을 필요가 있다.[12)] 한국의 판례가 통치행위로 인정한 경우로 (1) 계엄

---

3) 길준규, 행정법입문, 2008, 3면 참고.
4) 서정범, 행정법, 1998, 8면 참고.
5) 김남진, 행정법 I, 1992, 35면 참고.
6) 김동희, 행정법 I, 1997, 3면 참고.
7) 남궁승태, 법학개론, 2005(초판 1996), 439면 참고.
8) 서정범, 행정법, 1998, 11－12면 참고.
9) 깅동희, 행정법 I, 1997, 9면 참고.
10) 김철용, 행정법 I, 2001, 6면.
11) 서정범, 행정법, 1998, 11－12면 참고.

선포(대판 1979.12.07, 79초70), (2) 대통령 긴급조치(대판 1978.05.23, 78도 813) 등이 있다.[13)]

3. 행정법의 기본원리

행정법은 근대법치국가의 성립·발전과 궤를 같이 하는 것이지만, 행정법의 내용 및 그 역사적 발전과정도 국가별로 차이가 있으므로 행정법을 지배하는 기본원리에 관한 문제는 각국의 실정법상의 문제인 것이었다. 우리 헌법상 행정법의 기본원리로는 법치행정의 원리, 만주행정의 원리, 지방분권주의 및 복지행정주의 등을 들 수 있다(조만형, 2013).

1) 법치행정의 원리

법치주의란 국가의 작용이 법에 의하여 행해져야 함을 그 내용으로 하고 있다. 즉 행정조직이나 작용에 관한 것들은 모두 법으로 정하여야 하는 것이다. 그리하여 근대 행정법의 기본원리를 법률에 의한 행정 또는 법치행정의 원리라고 한다. 우리 헌법은 시대적 요청에 부응하여 실질적 법치주의를 채택하고 있다.

그 내용은 첫째, 기본권의 보장이다. 헌법은 기본권의 불가침·법적 평등을 바탕으로 고전적 기본권인 자유권적 기본권뿐만 아니라 오늘날 사회국가에서 중시하고 있는 인간다운 생활을 보장하기 위한 사회권적 기본권의 보장 등으로 실질적인 자유와 권리의 보장을 내용으로 하고 있다. 둘째, 법률의 지배의 확대·강화이다. 행정은 헌법에 적합한 법률에 근거하여 행해져야 할 뿐만 아니라 합헌적 법률의 우위에 담보하기 위해 위헌법률심사제도가 마련되어 있다. 셋째, 행정구제제도의 확충이다. 법치행정을 최후의 담보하는 것은 행정구제제도라고 볼 수 있는데, 행정사건에 대한 국민의 권리구제제도로서 행정쟁송·손해전보 등이 보장되고 있다.

2) 민주행정의 원리

우리 헌법에 의하면 행정권은 대통령을 수반으로 하는 행정부에 속하며, 대통령의 행정에 관한 중요한 사항은 국무회의의 심의를 요하며, 국회는 국

12) 김남진, 행정법 I, 1992, 42면 참고.
13) 서점범, 행정법, 1998, 13면 참고.

무총리, 국무위원에 대하여 개별적으로 그 해임을 결의할 수 있고, 대통령도 탄핵소추의 대상으로 된다. 그리고 행정을 직접 담당하는 공무원도 국민전체의 봉사자로서 국민에 대하여 항상 책임을 부담하게 되어 있고, 또한 행정각부의 설치·조직·직무범위는 벌률로써 정하도록 하여 행정의 책임화와 행정조직의 민주화를 추구하고 있다. 뿐만 아니라 지방행정에 있어서도 지방자치제가 보장되고 있다,

3) 복리국가의 원리

오늘날 현대국가가 사회적 복리국가로서 국민의 복리를 향상·발전시키기 위하여 적극적인 행정작용을 펼쳐야 한다는 것은 일반적으로 승인되고 있다. 따라서 우리 헌법도 복리국가의 실현을 도모하기 위하여 헌법 제31조 이하의 일변의 생존권적 기본권의 보장조항과 헌법 제119조 이하의 경제조항을 두고 있는 것이다.

4) 사법국가의 원리

헌법은 행정재판소제도를 두지 아니하고 일반사법법원이 민사·형사사건 외에 행정사건도 함께 관할하게 하고, 위법한 행정작용에 대해서는 제한 없이 법원에 제소하여 재판을 받을 수 있게 하고 있다(헌법 제27조 제1항).

5) 지방분권주의

우리 헌법은 「지방자치단체는 국민의 복리에 관한 사무를 처리하고, 재산을 관리하며, 법령의 범위안에서 자치에 관한 규정을 제정할 수 있다」(헌법 제117조 제1항).고 규정함으로써 지방자치단체의 존재를 전제로 하여 그에 의한 지방자치행정의 수행을 보장하고 있다. 이는 지방적인 사무를 중앙집권적 국가행정조직에 분리시켜 지방자치단체가 그 주민의 자치의사에 따라 처리하도록 함으로써 지방행정의 민주화와 효율화를 도모하려는 것이다.

제2절 행정법관계

1. 행정법관계의 개념 및 성질

행정권을 담당하는 당사자를 행정주체라고 한다. 행정주체에는 국가와 지방자치단체, 공공조합(상공회의소 등), 영조물법인(한국도로공사, 서울메트로 등), 공법상의 재단(한국연구재단 등)이 있다. 행정주체가 일반당사자인 법률관계를 행정상 법률관계라 부른다. 행정상 법률관계에는 통상 사법(私法)이 지배하는 경우와 공법(公法)이 지배하는 경우가 있다. 전자를 통상 행정상의 사법관계 또는 국고관계라 부르고, 후자를 행정법관계 또는 공법관계라 부른다. 후자에 관한 연구가 행정법학의 중심이 된다(김영규 외 8, 2013).

1) 권력관계

권력관계란 특별한 공법적 규율을 받는 부대등자 사이의 법률관계인 권력관계는 행정주체인 국가 또는 공공단체가 공권력의 우월한 주체로서 국민에 대하여 명령·강제하는 관계이다. 행정행위에는 공정력·강제력·자력집행 등이 인정된다. 따라서 권력적 관계에 대한 법적 분쟁은 행정쟁송의 관할사항이 된다.

2) 관리관계

행정주체가 재산관리권의 주체로서 맺는 관계인 까닭에 본질적으로 대등한 사이의 상호관계와 다름이 없다. 다만 특정한 행정목적의 달성을 위하여 공물을 관리한다든가 공기업을 경영하는 관계이므로, 그 목적달성에 필요한 한도 내에서 실정법상 특별한 공법적 규율을 받을 뿐이다. 따라서 특별한 규정이 없는 한 사법원리가 적용된다.

2. 행정법관계의 특질

행정법관계는 법률에 의하여 인정된 권리·의무의 관계라는 점에서 본질적으로 사인상호간의 법률관계와 다름이 없지만, 실정법상 행정법관계는 공법적 특수성을 가지므로 사법관계에서는 볼 수 없는 여러 가지 특성이 인정되고 있다(조만형, 2013).

1) 행정의사의 공정력

행정관계에 있어서는 국가의사가 일단 성립되면 당연무효인 경우를 제외하고는 비록 흠(하자)이 있다 할지라도 권한 있는 기관에 의하여 취소당하지 않는 한, 항상 적법이라는 추정을 받게 되어 상대방, 제3자, 국가기관도 이에 구속되고 그 효력을 부정할 수 없다. 이것을 행정법에 있어서 행정의사의 공정력이라 한다.

2) 행정의사의 확정력

행정법관계에 있어서의 행정주체의 처분에 대하여 다툴 수 있는 사유가 발행한다 할지라도 일정기간 경과된 뒤에는 그에 대하여 다툴 수 없게 된다. 이것을 행정법관계에 있어서의 확정력이라 한다.

3) 행정행위의 강제력

행정법관계에 있어서는 국가의사의 실효성을 확보하기 위하여 사인의 경우와는 달리 강제력을 인정한다. 그러므로 행정주체의 의사에 위배되는 행위에 대하여는 일정한 행정법상의 제재를 과하거나 당해 행정청에 강제집행이 행하여진다.

4) 권리구제수단의 특수성

행정법관계에 있어서는 국가가 개인에 대하여 가지는 권리의무는 물론, 개인이 국가에 대하여 가지는 권리의무도 국가적인 견지에서 필요로 하기 때문에 인정되고 있다. 그러므로 행정법관계에 있어서는 권리와 동시에 의무라는 상대적인 성질을 가지고 있다.

행정법관계에 있어서는 국민의 권리가 침해되었을 때 특별한 구제수단이 따르는 것이 특색이다. 예를 들면 행정상 공무원의 위법행위로 인한 권리침해에 대하여는 행정상의 손해배상, 적법행위로 인한 권리침해에 대하여는 행정상 손실보상제도가 인정되고 있으며 그 외에도 행정상 쟁송수단을 인정하고 있다.

3. 행정법관계의 내용

행정법관계의 내용이란 행정법관계의 당사자가 행정법관계에서 가지는 권리와 의무를 말한다. 행정법관계의 권리의무의 관계라는 점에서는 본질적으로 사법관계와 다를 것이 없지만, 사법관계에서는 원칙적으로 사인의 자유의사에 의하여 발생·변경·소멸되는데 반하여, 행정법관계에서의 득실·변경은 법령에 의거한 행정주체의 일방적인 의사에 따라 결정되는 것이 원칙이라고 하는 차이점이 있다(조만형, 2013).

1) 국가적 공권

국가나 지방자치단체가 법령이 정하는 바에 따라 국민이나 주민에게 과세처분을 할 수 있는 권리를 가질 뿐만 아니라, 현실적으로 국민이나 주민에게 과세처분을 하면, 국가나 지방자치단체는 국민이나 주민에 대하여 세금을 징수할 수 있는 권리를 갖게 되는데, 이와 같이 행정법관계에서 국가 등 행정주체가 사인에 대해 갖는 권리를 국가적 공권이라 한다. 일반적으로 행정법학은 국민이나 주민의 입장에서 어떠한 권리와 의무를 갖는지를 중심으로 서술되며 따라서 국가적 공권은 국민의 의무로 효현하는 것이 일반적이다.

2) 개인적 공권

개인적 공권이란 개인의 공법상 자기의 고유한 이익을 추구하기 위해 국가 등 행정주체에 대하여 일정한 행위를 요구할 수 있도록 개인에게 주어진 법적인 힘을 말한다. 오늘날의 통설에 의하면, 개인적 공권은 행정권에 대하여 일정한 행위를 의무지우는 공법규정이 공익뿐만 아니라 사익에도 기여하는 것을 내용으로 하고 있을 때에 인정된다.[14] 개인적 공권은 주관적 공권으로 불리기도 한다.

개인적 공권(법률상 이익)과 구별하여야 할 개념으로 반사적 이익이 있다. 국가가 일정한 제도를 시행함으로 인해 국민들이 이익을 받는다고 하여도, 그 이익이 침해되는 경우에 법적으로 보호받지 못하는 경우, 그러한 이익을 반사적 이익이라 한다.[15] 개인적 공권과 반사적 이익의 구별필요성은

14) 김영규 외 8, 법학개론, 2013, 123면 참고.

개인적 공권을 가진 자만이 행정심판이나 행정소송을 제기할 수 있고 반사적 이익을 가진 자는 그것이 침해되어도 소송이나 심판에 의하여 구제받을 수 없다는 데 있다. 따라서 권리와 반사적 이익의 구별은 법에서 특정 개인의 보호가 인정될 수 있는지의 여부에 달려 있다. 이 기준은 바로 권리(개인적 공권)의 성립요소의 문제가 된다.

(1) 문제 상황

개인적 공권은 자연권으로서 헌법에서 직접 인정되는 것(예, 구속된 피고인・피의자의 접견권)도 있고, 법률의 규정에 의해 성립되는 것도 있고, 집행행위(예, 행정행위나 공법상계약)에 의해 성립되는 경우도 있다. 행정법상 다투어지는 논의의 중점은 법률의 규정에 의한 성립의 경우이다. 이하에서 이에 관해 살펴 보기로 한다. 오늘날의 이론은 공권의 성립요소로 ⓐ 강행규범성과 ⓑ 사익보호성의 존재의 2요소를 취한다.[16]

(2) 행정청의 의무의 존재(강행규범의 존재)

개인적 공권성립의 제1요소로는 국가 기타 행정주체에게 특별한 행정의무(예, 작위・급부 등)를 부과하는 강제규범이 존재해야 한다는 것이다. 상대방에게 의무가 있어야만 반대당사자에게 권리가 발생하기 때문이다.

(3) 사익보호목적의 존재(사익 보호성)

개인적 공권성립의 제2요소는 관련법규가 공익보호뿐 아니라 사익보호를 목적으로 하는 것이어야 한다는 점이다. 여기의 법규에는 성문법 외에 불문법이나 일반법원칙도 포함된다. 공익보호만을 목적으로 하는 경우 그로 인한 이익은 전술한 반사적이익에 불과하게 된다. 예컨대, 甲이 음식점을 경영하기 위하여 근거법률인 식품위생법이 정하는 요건을 모두 갖추어 영업허가를 신청하였음에도 구청장이 거부하였다고 하면 구청장은 甲의 영업의 자유라는 개인적 공권을 침해한 것이 된다. 왜냐하면 식품위생법상 구청장은 음식점 영업허가 신청에 대하여 처분이라는 행정행위를 부담하고 있을 뿐만 아니라, 식품위생법상 음식점 영업의 허가제는 오로지 공익을 위한 제도라고 볼 것은 아니고 오히려 공익을 도모함과 동시에 법령이 정하

---

15) 김영규 외 8, 법학개론, 2013, 123면 참고.
16) 김영규 외 8, 법학개론, 2013, 124면 참고.

는 요건을 구비하여 음식점을 경영하려고 하는 사인을 보호하는 목적도 가진다고 볼 것이기 때문이다.

사익보호 여부와 관련하여 특히 문제되는 것은 제3자효 있는 행정행위의 경우이다. 제3자효 있는 행정행위의 경우에 제3자의 공권도 성립할 수 있는가의 문제에 있어서도 적용되는 법규범이 제3자의 이익의 보호를 목표로 하고 있는가의 여부가 역시 결정적인 기준이 된다고 하겠다. 판례는 건축법 · 경제법 · 환경법 분양에서 제3자의 보호와 관련하여 경쟁자소송(경업자소송) · 경원자소송 · 이웃소송(인인소송)을 인정하고 있다(김영규 외 8, 2013).

3) 개인의 권리 · 지위강화

과거에 비해 오늘날에는 개인의 지위가 향상되고 권리보호가 확대됨에 따라 공권 개념의 확장 경향이 나타나고 있다. 이와 관련해서 일련의 개인적 공권이 행정법학자들에게 큰 관심의 대상이 되고 있다. 이러한 권리의 예로 행정절차상 개인의 참여권, 무하자재량행사청구권, 행정개입청구권 및 정보청구권 등을 들 수 있다.

4) 행정법 관계 당사자들의 공법행위

공법행위란 공법적 법률효과의 발생을 목적으로 하는 모든 행위를 말한다. 행정법관계에 있어서 당사자들이 행하는 공법행위는 행정주체의 공법행위와 사인의 공법행위로 나뉜다.

행정주체의 공법행위는 그 형식이 다양하다. 구체적으로 나열하면 행정입법, 행정행위, 행정계획, 사실행위 등이 존재한다.

사인의 공법행위란 공법관계에서 사인이 공법적 효과의 발생을 목적으로 하는 행위를 말한다. 사인이 행정법관계에서 국가기관과 독자적인 입장에서 인격주체로서의 지위가 인정될 수 있으므로, 사인이 행정과정에서 주체적으로 참여하는 것이 가능하다. 사인의 공법행위에는, ① 사인의 행위만으로 법적 효과가 완성되는 경우와 ② 사인의 행위는 다만 국가나 지방자치단체의 행위의 전제요건이 될 뿐이고, 국가나 지방자치단체의 행위에 의해 법적 효과가 완성되는 경우가 있다. ①의 예로 전입신고 · 혼인신고 · 출생신고 · 사망신고 등을 볼 수 있고, ②의 예로 건축허가신청 · 단란주점영업허가신청 · 운전면허신청 · 행정심판제기 등을 볼 수 있다. ①에 속하는 사인의 공법행위를 자체완성적 사인의 공법행위라 부르며, ②에 속하는 사인의 공법행위는 행정요건적 사인의 공법행위라 부른다(김영규 외 9, 2013).

제3절 행정작용법

1. 행정행위

행정작용법이란 국가나 지방자치단체 등의 행정주체가 행정상의 목적을 실현하기 위하여 행하는 일체의 법적·사실적 작용을 규율하는 법을 말한다. 행정조직은 행정작용을 위하여 필요한 것이므로 행정작용법이 행정법의 중심이 된다. 행정작용법은 특히 법치주의의 출현과 함께 발달하여 왔기 때문에 행정작용은 언제나 법률을 근거로 하여 행하여지지 않으면 안된다고 하는 법치행정의 원칙이 현대행정의 기본원리가 된 것이다(조만형, 2013).

1) 행정행위의 개념과 특성

행정행위라는 용어는 실정법상의 용어가 아니라 학문상의 용어이다. 실정법상으로는 허가·면허·특허·확인·면제 등의 다양한 용어가 사용된다. 학문상 이들이 가진 공통의 성질에 착안하여 이들을 포괄하는 개념으로 사용하는 것이 바로 '행정행위'이다.

행정행위는 행정재판제도를 가지고 있는 독일, 프랑스 등 유럽국가에서 형성된 개념이다. 이들 국가에서 행정작용 가운데 특히 재판의 대상이 되는 작용을 행정행위라고 부른데서 비롯된 것이다. 독자들은 '행정청의 행위'가 '행정행위'가 아니라는 기본적 사실을 잘 파악하여야 한다. 행정청의 여러 행위는 "행정의 행정형식"이라 부르며 행정행위는 그 여러 가지 행위 형식 중에서 '행정청이 법 아래서 구체적 사실에 대한 법집행으로서 행하는 권력적 단독행위로서 공법행위'[17]를 말한다.

행정행위와 행정소송법, 행정심판법에서의 '처분'이라는 용어의 구별이 문제되는데 법학개론 수준에서는 같은 개념으로 이해해도 좋다. 정확하게

17) 김영규 외 8, 법학개론, 2013, 132면 참고.

는 행정소송법, 행정심판법이 처분의 개념으로 행정행위보다 다소 넓게 정의하고 있으므로 쟁송법상의 처분개념이 학문상의 행정행위보다 다소 넓다(김영규 외 8, 2013).

행정행위는 공권력의 발동으로서 단독행위인 까닭에 대등한 당사자간의 행위인 사법상의 법률행위와는 달리 공정성, 강제성, 불가쟁성 및 불가변성, 권리의무의 특수성 등의 성질을 갖는다.[18)]

2) 행정행위의 종류

행정행위의 종류에는 (1) 법률행위적 행정행위(명령적 행위로 하명과 허가 및 면제, 형성적 행위로 특허와 인가 및 공법상 대리행위)와 준법률행위적 행정행위(확인, 공증, 통지 및 수리 등이며, 행정청의 판단 내지 인식에 대해 법률에서 일정한 효과를 부여하는 결과로 행정행위가 되는 행위),[19)] (2) 기속행위와 재량행위, (3) 수익적 행정행위와 침해적 행정행위 등이 있다.[20)]

여기서 기속행위란 법규가 행정기관에게 재량의 여지를 주지 아니하고, 행정기관은 다만 법규의 내용을 그대로 집행하는데 그치는 행위를 말하고, 재량행위란 법규가 공익목적의 구체적 실현을 하기 위하여 법규가 허용한 범위내에서 행정기관에 자유재량행위를 허용하고 있는 행위를 말한다.

3) 행정행위의 부관

행정행위의 부관이라 함은 행정행위의 일반적인 효과를 제한하기 위하여 그 행위의 요소인 의사표시의 주된 내용에 부가되는 종된 의사표시를 말한다.

(1) 조건

조건이라 함은 행정행위의 효과의 발생 또는 소멸을 발생불확실한 장래의 사실에 의존케 하는 행정권의 의사표시를 말한다. 그 조건인 사실의 성부가 미정인 동안에 행정행위의 효력은 불확정상태에 있고, 조건성위에 의하여 당연히 그 효력을 발생하는 경우(정지조건)와 당연히 그 효력을 상실하는 경우(해제조건)가 있다.

---

18) 조만형, 법학개론, 2013, 381-382면 참고.
19) 백승주, 행정법총론강의, 2009, 255면 참고.
20) 남궁승태, 법학개론, 2005(초판 1996), 447-449면 참고.

(2) 기한

기한이라 함은 행정행위의 효과의 발생 또는 소멸이 도래한 확실한 장래의 사실에 의존케 하는 행정권의 의사표시를 말한다.

(3) 부담

부담이라 함은 행정행위의 주된 의사표시에 부가하여 그 효과를 받는 상대편에 대하여 이에 따르는 특별한 의무를 명하는 행정권의 의사표시를 말한다. 부담은 허가·특허 등과 같은 수익적 행정행위에 흔히 붙여진다.

(4) 철회권의 유보

철회권의 유보라 함은 행정행위의 주된 의사표시에 부가하여, 장래의 일정한 사유가 발생하는 경우에 행정행위를 철회할 수 있는 권리를 유보하는 행정권의 의사표시를 말한다.

(5) 법률효과의 일부제한

행정행위의 주된 의사표시에 부가하여 법령에서 일반적으로 그 행위에 부여하고 있는 법률효과의 일부의 발행을 배제하는 뜻의 행정권의 의사표시를 말한다.

4) 행정행위의 하자

행정행위가 법이 정하는 요건을 결하는 경우 또는 공익에 반하는 경우에는 행정행위로서 완전한 효력을 발생할 수 없다. 이러한 행정행위의 효력의 발생을 방해하는 사정을 행정행위의 하자라고 한다.

행정행위에 있어 하자의 종류·정도에 따라 무효인 행정행위와 취소할 수 있는 행정행위로 구별하고 있다. 무효인 행정행위란 행정행위로서는 존재하고 있으나 정당한 권한을 갖는 행정청이나 법원에 의한 취소를 기다릴 것도 없이 처음부터 행정행위의 내용에 적합한 법률적 효과를 전혀 발생할 수 없는 경우를 말한다. 즉 무효인 행정행위는 그 효력이라는 점에서 전혀 행정행위가 없었던 것과 마찬가지로 된다. 취소할 수 있는 행정행위는 그 성립에 하자가 있기는 하나 일단은 유효한 행정행위로서 그 효력을 발생하며, 다만 정당한 권한을 가지는 행정청 또는 법원에 의하여 취소됨으로써 비로소 그 효력을 상실하는 행위를 말한다. 따라서 그것이 취소되기 전까지는 그 행정행위의 효력은 유효한다.

법이 규정하는 행정행위의 성립요건을 결여하여 외관상 아직 행정행위라고 부를 만한 형태를 갖추지 못한 경우, 또한 아직 행정행위로서 외부에 표시되지 않은 경우에는 이를 행정행위의 부존재라 한다.

행정행위의 철회란 그 성립에 하자없는 행위에 대하여 공익상 그 효력을 존속시킬 수 없는 새로운 사유가 발생한 까닭에 장래에 향하여 그 효력을 상실시키기 위하여 행하는 독립적인 행정행위를 말한다. 행정행위의 철회는 처분행정청만이 이를 할 수 있다. 철회는 그 성질상 새로운 동일한 행정행위를 하는 것과 같다(조만형, 2013).

5) 행정행위의 효력

행정행위가 성립하고 그 효력요건이 갖추어지면 완전한 효력이 현실적으로 발생한다. 일반적으로 행정행위는 구속력·공정력·존속력·집행력과 같은 효력이 발생한다.

(1) 구속력

행정행위가 유효요건을 갖추어 행하여진 경우에는 그 내용에 따라 상대방과 행정청 및 관계인을 구속하는 힘이 발생하는데 이를 구속력이라 한다.

(2) 공정력

공정력이란 행정행위의 성립에 비록 하자가 있더라도 중대하고 명백하여 당연히 무효로 인정되는 경우를 제외하고는 적법한 행위로 추정되어 권한있는 기관에 의해 취소되기 전까지는 상대방 및 제3자에 대하여 일응 구속력이 있는 것으로 통용되는 힘을 말한다.

공정력의 이론적 근거는 행정목적의 효율적 수행·법적 안정성·신뢰보호라는 기술적·정책적 측면에서 구할 수 있다고 보며, 실정법적 근거로는 행정심판법이나 행정소송법의 항고쟁송 및 집행부정지원칙 등에서 구할 수 있다고 본다.

공정력은 행정의사에 대하여 인정된 우월한 힘이므로 권력적 행정의 영역에서만 인정되고 행정청의 비권력행위·사실행위·사법행위(私法行爲)에서는 인정되지 않는다. 또한 무효인 행정행위에는 상대방 및 제3자의 신뢰를 보호함이 불필요하므로 공정력이 인정되지 아니한다.

(3) 존속력

행정행위는 일단 유효하게 성립되면 법적 안정성과 행정목적달성을 위해 일정한 경우에는 그 효력을 다툴 수 없고(불가쟁력), 취소·변경됨이 없이 그 효력을 계속적으로 존속시키는 힘이 있는바(불가변력), 이를 행정행위의 존속력이라 한다. 불가쟁력은 행정행위의 효력을 신속하게 안정시키기 위하여 제소기간이 경과·심급(審級)의 종료 등이 존재하는 경우에는 법상의 쟁송수단에 의하여 그 효력을 다툴 수 없게 되는 힘이며, 불가변력은 법원의 판결과 유사한 행정심판·합격자결정·통고처분·국가배상심의회의 결정 등 행정청의 준사법적 행위의 경우에는 행정청 자신도 직권으로 자유로이 당해 행정행위를 취소·변경·철회할 수 없는 효력이다.

(4) 집행력(강제력)

행정행위의 집행력이란 행정행위의 내용을 행정청이 스스로의 강제력에 의하여 실현시킬 수 있는 힘을 말한다. 자력집행력을 행사하기 위해서는 별도로 그 자체의 수권법규가 필요하다.

2. 행정벌과 행정강제

1) 행정벌

행정목적의 실현을 위하여 행정법상의 의무위반에 대하여 일반통치권에 의거하여 과하는 제재로서의 처벌이 행정벌(行政罰)이다. 행정벌은 그 성격이 형사법과 비슷한 점이 있으나 전자는 단순한 반행정적 행위에 대한 제재인 반면에 후자는 반윤리적 행위에 대한 제재하는 점에 차이가 있다. 실제로 행정벌에는 법인의 형사책임 인정, 행위자와 법인의 양자를 처벌하는 양벌주의의 채택, 타인의 비행에 대한 책임의 인정, 형법총칙의 규정이 적용되지 않는 등의 특징이 있다. 행정범의 경우 반드시 고의가 있어야 하는가에 대하여 과실이 있으면 족하고 반드시 고의는 없어도 좋다는 설이 있어 형사범좌 비교하여 큰 차이점이 된다. 행정벌도 역시 죄형법정주의가 적용되는 결과 반드시 처벌의 법적 근거가 있어야 하나, 법규의 위임에 의하여 법규명령에 의한 처벌도 가능하다. 행정벌에는 형법에 규정된 것과 같은 종류의 형벌을 과하는 행정형벌과 행정상 질서유지를 위하여 과태료를 부과하는 행정질서벌이 있다.

2) 행정강제

행정강제는 행정상의 목적을 달성하기 위하여 행정권이 사람의 신체 또는 재산에 직접 실력을 행사하여 행정상 필요한 상태를 실현하는 작용이다. 행정강제에는 행정상의 강제집행과 행정상의 즉시강제가 있다.

(1) 행정상의 강제집행

행정상 강제집행은 행정상 의무의 불이행에 대하여 행정권이 실력을 가하여 강제로 그것을 이행된 상태로 만드는 것인데, 행정상 강제집행의 근거로는 각 단행법규 외에 일반법으로 행정대집행법과 국세징수법이 있다. 행정상 강제집행의 방법에는 대집행·집행벌·직접강제·행정상 강제징수의 네 가지가 있으나 집행벌과 직접강제는 몇몇 단행법에 예외적으로 규정되어 있을 뿐이다.

① 대집행(代執行): 대집행은 대체적 작위의무의 불이행에 대해 행정청이 의무자가 행할 작위를 스스로 행하거나 제3자로 하여금 이를 행하게 하고 그 비용을 의무자로부터 징수하는 것이다. 대체적 작위의무란 무허가건물의 철거와 같이 다른 사람이 대신하여 행할 수 있는 의무를 말한다. 대집행을 하려면 일반적으로 그에 앞서 상당한 이행기간을 정하여 알리는 계고와, 대집행영장에 의한 통고를 하고 대집행을 한 다음, 일체의 비용을 의무자로부터 징수하는 비용징수의 4단계를 거친다. 대집행을 하려 할 때는 대집행에 의하여 상대방이 받게 될 불이익과 대집행을 행할 공익상의 필요성 등에 관한 구체적인 이익의 형량이 필요하다.

② 집행벌(執行罰): 집행벌은 비대체적 작위의무 또는 부작위의무를 이행하지 않는 경우에 그 의무자에게 심리적 압박을 가하여 의무의 이행을 장래에 향하여 간접적으로 강제하기 위하여 과하는 금전벌이다.

③ 직접강제: 직접강제는 의무자가 의무를 이행하지 않는 경우에 직접적으로 의무자의 신체 또는 재산에 실력을 가함으로써 행정상 필요한 상태를 실현하는 작용이다.

④ 행정상 강제징수: 행정상 강제징수는 국민이 국가나 지방자치단체에 대하여 부담하고 있는 공법상의 금전급부의무를 이행하지 않는 경우에 강

제적으로 의무가 이행된 것과 같은 상태를 실현하는 작용이다. 행정상 강제징수의 절차는 국세징수법상 독촉과 체납처분절차로 되어 있다.

(2) 행정상 즉시강제

행정상 즉시강제는 급박한 행정상 장해를 제거하여야 할 필요가 있는 경우에 의무를 미리 명할 시간이 없거나, 그 성질상 의무를 명해가지고는 그 목적을 달성하기 곤란할 때에 직접 국민의 신체 또는 재산에 실력을 가하여 행정상 필요한 상태를 실현하는 작용이다. 행정상 즉시강제는 의무를 명하지도 않고 바로 강제적 실현을 하는 것이므로 더욱 엄격한 법률의 근거가 필요하며, 그 행사의 한계도 행정목적 달성을 위해 불가피하고 다른 수단이 전혀 없을 때 최소한의 정도에 그치는 것을 필요로 한다. 행정상 즉시강제에 영장을 필요로 하는가에 대하여 학설이 대립되고 있으나 다수설은 행정목적의 달성을 위한 합리적 이유가 있는 특수한 경우에 한하여 영장이 필요없다고 한다. 행정상 즉시강제의 법적 근거로는 각 단행법 외에 일반법으로서 경찰관직무집행법이 있다. 행정상 즉시강제의 예로는 위험발생방지조치 · 무기사용 · 강제격리 · 교통차단 · 물건의 폐기와 압수 · 가택출입 등이 있다(김향기, 2013).

3. 행정절차

1) 행정절차의 의의

행정절차란 넓은 의미로는 행정과정에 있어서 행정청이 밟아야 할 모든 절차를 말하나, 통설의 견해인 좁은 의미로는 행정청이 공권력을 행사하여 행정에 관한 제1차적인 결정을 함에 있어서 밟아야 할 외부와의 교섭과정을 말한다. 이러한 행정절차는 기본권보장을 이념으로 하는 오늘날 실질적 법치국가에서는 행정의 민주화와 행정의 공정화 · 적정화를 위하여 필요하게 되었다. 행정절차는 원래 영국에서 보통법상의 자연적 정의의 원칙과 미국헌법상의 적법절차조항에 기초를 두고 발달한 것이다. 미국은 1946년 행정절차법(APA)이 제정되고, 1925년 오스트리아 일반행정절차법(AVG), 1977년 독일연방행정절차법(VwVfG), 1994년 일본의 행정절차법이 각각 제정되고, 우리나라는 1996년 12월에 제정되어 1998년부터 시행되고 있다.

2) 행정절차의 내용

현행 행정절차법은 총칙, 처분절차, 신고절차, 행정상 입법예고절차, 행정예고절차, 행정지도절차, 보칙 등 총 54조 부칙 2조로 구성되어 있다. 행정청은 직무를 수행함에 있어서 신의에 따라 성실히 하여야 하며, 행정작용은 그 내용이 구체적이고 명확해야 한다. 행정청이 당사자에게 의무를 부과하거나 권익을 제한하는 처분을 하는 경우에는 미리 일정한 사항을 당사자 등에게 통지하여야 하며, 행정청이 처분을 하는 때에는 당사자에게 그 근거와 이유를 제시하여야 한다. 행정청은 청문을 실시하고자 하는 경우에는 청문이 시작되는 날로부터 10일전까지 당사자에게 통지하여야 한다. 법령 등에서 청문 또는 공청회를 실시하도록 규정하고 있는 경우와 행정청이 필요하다고 인정하는 경우에는 청문 또는 공청회의 경우 외에는 당사자에게 의견제출의 기회를 주어야 한다. 청문은 청문주재자가 예정된 청문의 내용을 설명하고 당사자 등의 의견을 진술하고 증거를 제출하며 참고인・감정인 등에 대하여 질문하는 절차에 따라 진행된다.

3) 행정절차의 하자의 효과

행정절차의 하자란 행정절차로서의 유효요건을 결여한 행정절차를 말한다. 행정절차법은 절차하자의 효과에 대해 명문규정을 두고 있지 않기 때문에 절차상의 하자가 해당 행정행위의 독자적 위법사유가 되는지에 대하여 견해가 나뉘고 있다. 통설과 판례는 처분에 절차적 하자가 존재하는 경우에는 실체적 하자가 없어도 해당처분이 위법하게 되며, 그 위법의 정도는 중대・명확한 절차하자 이외에는 원칙적으로 취소원인에 불과하다고 본다.

절차하자의 치유가능여부와 관련하여, 통설과 판례는 행정처분의 무용한 반복을 피하고 당사자의 법적 생활안정을 위하여 절차하자의 치유를 긍정한다(김향기, 2013).

제4절 행정구제법

1. 행정구제의 개념

행정구제란 행정기관의 행정작용으로 인해 권리·이익이 침해되었거나 될 것으로 주장하는 자가 행정기관이나 법원에 원상회복, 손해전보 또는 당해 행정작용의 취소·변경을 청구하거나 기타 피해구제 또는 예방을 청구하는 일체의 절차를 말한다. 이와 같이 행정권의 남용으로부터 국민의 자유와 재산을 보호하기 위한 행정구제제도가 마련되어야 한다는 것은 법률에 의한 행정의 원칙의 확립과 기본권 보장을 핵심으로 하는 실질적 법치주의의 당연한 요청이라 하겠다.

국민의 권리·이익을 구제하는 방법으로는 정당방위, 행정절차, 직권시정, 민정관(Ombudsman)제도 등의 사전적·직접적 구제제도와 당해 공무원의 징계, 처벌 등의 간접적 구제 등의 방법이 있으나, 가장 중요하고 일반적으로 널리 이용되는 방법은 사후구제제도로 손해전보제도와 행정상 쟁송제도가 있다.

2. 행정상의 손해전보

행정상의 손해전보제도는 행정작용으로 말미암아 발생한 국민의 재산상의 손해를 국가 또는 공공단체가 갚아주는 실체적 구제제도이다. 사유재산제도를 취하는 이상 아무리 국가적 목적 수행을 위한 행정권의 발동이라 하더라도 그로써 일정한 개인이 손해를 입은 이상 이를 전보해 주는 것이 정의와 공평의 원리에 합치하는 것이라 할 것이다. 행정상 손해전보에는 그 원인행위에 따라 위법한 행정작용으로 인한 행정상 손해전배상과 적법한 행정작용으로 인한 행정상 손실보상이 있다(김향기, 2013).

1) 행정상 손해배상

행정상 손해배상이란 위법한 행정작용으로 개인에게 끼친 손해를 국가나 공공단체가 배상해 주는 제도로서, 원래 위법한 행위로 타인에게 손해를 가한 경우에는 일반적으로 민법상 불법행위에 의한 배상책임을 지는 것이나 다만 그 주체가 국가 등의 행정주체라는 점과 공행정이 그 원인이 되었다는 점에서 약간의 특칙을 규정하고 있다. 역사적으로 보면 근대국가 초기에는 국가무책임의 원칙이 지배하여 당해 공무원 자신이 개인적인 민사책임을 지는 것에 그쳤으나, 점차 정의공평의 원칙에 국가 자신도 책임을 지게 된 것이다. 우리나라에서도 헌법 제29조에서 국가배상청구권을 규정하고 그에 따라 국가배상법이 제정되어 있다.

다만, 국가배상책임은 군인·군무원·경찰공무원 기타 법률로 정한 자가 전쟁·훈련 등 직무집행과 관련하여 받은 손해에 대해서는 법률이 정하는 보상외에는 따로 청구할 수 없는 등 특칙이 있다. 국가배상의 유형으로는 공무원의 위법한 직무행위로 인한 것과 영조물의 설치·권리의 하자로 인한 것의 둘로 나누어져 있다.

(1) 공무원의 위법한 직무행위로 인한 손해배상

국가배상법은 '국가나 지방자치단체는 공무원 또는 공무를 위탁받은 사인이 직무를 집행하면서 고의 또는 과실로 법령을 위반하여 타인에게 손해를 입히거나, 자동차손해배상보장법에 따라 손해배상의 책임이 있을 때에는 이 법에 따라 그 손해를 배상하여야 한다'는 것과 '공무원에게 고의 또는 중대한 과실이 있으면 국가나 지방자치단체는 그 공무원에게 구상할 수 있다'라고 규정하고 있다.

여기서 공무원에는 국가공무원, 지방공무원뿐만 아니라 널리 공무를 위탁받아 실질적으로 이에 종사하는 자를 포함한다. 직무행위는 권력작용과 비권력적 공행정작용을 포함하며, 작위·부작위 또는 법률행위·사실행위와 입법·사법·행정의 모든 작용을 포함한다. 직무행위의 판단기준은 공무원의 의사여부와 관계없이 객관적으로 직무행위의 외형을 갖추고 있는지의 여부(외형주의)에 의한다. 법령위반은 조리법위반도 포함되며, 손해는 재산적·신체적·정신적·적극적·소극적인 모든 손해를 말하고 불법행위와 손해발생과의 상당인과관계가 있는 손해를 말한다. 배상책임자는 국가 또는 지방자치단체인데, 그 배상책임의 성질에 대하여는 대위책임설과 자기책임설이 대립되고 있으나 과실책임주의를 취한 우리 국가배상법의 구조로 보아 가해 공무원이 부담할 책임을 국가 등이 대신하여 지는 대위책임으로 보는 견해가 통설이다.

(2) 영조물의 설치 · 관리의 하자로 인한 손해배상

국가배상법은 '도로 · 하천 그 밖에 공공의 영조물의 설치나 하자가 있기 때문에 타인에게 손해를 발생하게 하였을 때에는 국가나 지방자치단체는 그 손해를 배상하여야 한다.' 여기서 공공의 영조물이란 행정주체에 의하여 공공목적에 제공되는 유체물, 즉 학문상의 공물을 뜻하며, 설치 · 관리란 설치 · 유지 · 보관 · 수선 등의 작용을 말하고, 하자 유무의 판단은 객관적인 물적 안정성의 유무로 한다. 하자의 발생원인은 자연력에 의하든 인력에 의하든 불문하고 관리자의 과실의 유무도 불문한다(무과실책임).

국가 또는 지방자치단체가 배상한 경우에 손해의 원인에 대하여 책임질 자가 따로 있을 때에는 그 자에게 구상(求償)할 수 있고, 설치 · 관리와 비용 부담자가 다른 경우에도 내부관계에서 그 배상책임이 있는 자에게 구상할 수 있다.

2) 행정상 손실보상

(1) 개설

행정상 손실보상이란 공공필요에 의한 적법한 공권력행사에 의하여 사유재산에 가해진 특별한 희생에 대하여 전체적인 공평부담의 견지에서 행정주체가 하는 조직적인 재산적 전보를 말한다. 행정작용은 국방 · 질서유지 · 공공복리 등의 공공필요를 위하여 부득이하게 국민의 사유재산에 대한 침해를 필요로 하는 경우가 있다.

이러한 경우는 법이 예상한 것이므로 위법한 행정작용이 아니어서 국가배상책임이 생기는 것이 아니고, 행정작용이 국민 일반의 전체적 이익을 위하여 특정의 개인의 재산에 손실을 주었다면 그가 입은 손실을 국가가 보상하여 주는 것이 공평부담의 원칙상 타당하다는 이유에서 행정상 손실보상이 인정되게 된 것이다. 우리 헌법 제23조 제3항은 "공공필요에 의한 재산권의 수용 · 사용 또는 제한 및 그에 대한 보상은 법률로써 하되, 정당한 보상을 지급하여야 한다"라고 규정하여 그 근거가 되고 있다.

(2) 보상의 원인

행정상 손실보상의 원인은 공공필요를 위한 타인의 재산권에 대한 적법한 공권적 침해로 인하여 사유재산에 가해진 특별한 희생이다. 즉 사회적 제약을 넘는 특별한 희생인 때 보상이 가능하다. 따라서 손실이 일반적인 경우(예, 조세), 재산권 자체에 내재하는 일반적인 사회적 제약 등의 경우나, 벌금이나 과태료, 부담금 등 손실을 감수할 지위에 있는 경우에는 특별한 희생이라고 볼 수 없으므로 손실보상을 받지 못한다. 손실의 내용으로서 수용이란 재산권의 박탈을, 사용이란 재산권의 박탈에 이르지 아니하는 일시적 사용을, 제한이란 재산권의 박탈에 이르지 아니하는 권리자에 대한 사용수익의 제한을 말한다(김향기, 2013).

(3) 보상의 기준과 방법

보상의 기준에 대해서는 피침해재산의 시가에 의한 객관적 가치 전부의 보상을 요한다는 완전보상설과, 완전보상이 원칙이지만 공익상의 합리적 이유가 있을 때에는 그것보다 낮은 정도의 보상도 가능하다는 상당보상설이 있다. 우리 현행 헌법은 정당한 보상을 지급한다고 규정하여 완전보상설을 취하고 있다. 그리고 개발이익의 사회환수제도가 채택되고 있으며, 공시지가가 보상의 기준이 되고 있다. 오늘날의 보상기준으로서 무엇보다 중요한 것은 생활보상의 이념인데 현재 우리나라에서는 각 단행법에 차츰 그 정신이 규정되고 있다.

보상의 방법은 현금보상이 원칙이나, 특별한 경우 법률로 국채·증권 등에 의한 보상방법을 규정한 경우가 있고, 현물보상·매수보상의 경우도 있다. 보상에 대한 불복이 있는 경우에는 민사소송 또는 행정소송을 제기할 수 있다.

3. 행정쟁송

1) 행정의 절차적 구제

행정상의 쟁송이란 행정작용에 관한 분쟁이 생겼을 때 이를 일련의 절차를 거쳐서 유기적으로 심리·판정하는 절차를 말한다. 행정상의 법률관계에 관하여 분쟁이 있는 경우에 행정심판과 행정소송은 행정의 절차적 구제방법이다. 행정쟁송은 행정상의 법률기관에 관한 분쟁의 모든 심판을 의미한다. 좁은 의미의 행정쟁송은 행정부의 기관에 의하여 행정상의 법률관계에 관한 분쟁이 심판되는 것을 말한다.

행정쟁송에는 행정청 자체가 재판기관이 되는 행정심판(헌법 제107조 제3항)으로서 이의신청과 행정심판이 있고, 법원이 재판기관이 되는 행정소송이 있다.

2) 행정심판

(1) 행정심판의 의의

행정심판이란 행정기관이 재결청이 되는 행정쟁송을 총칭하는 것으로써 행정청의 위법 또는 부당한 처분 그 밖에 공권력의 행사·불행사 등으로 인한 국민의 권익의 침해를 구제하고 이울러 행정의 적정한 운영을 기하기 위한 제도이다. 행정청의 처분 또는 부작위에 대하여 다른 법률에 특별한 규정이 있는 경우를 제외하고는 행정심판법에 의하여 행정심판을 제기할 수 있다. 다만 대통령의 처분 또는 부작위에 대하여는 다른 법률에 특별한 규정이 있는 경우를 제외하고는 행정심판을 청구할 수 없다(행정심판법 제3조).

여기에서 "처분"이란 행정청이 행하는 구체적 사실에 관한 법집행으로서의 공권력의 행사 또는 그 거부와 그 밖에 이에 준하는 행정작용을 말한다. "부작위"란 행정청이 당사자의 신청에 대하여 상당한 기간내에 일정한 처분을 하여야 할 법률상 의무가 있음에도 불구하고 이를 하지 아니하는 것을 말한다(동법 제2조).

(2) 행정심판의 종류

행정청의 불법 또는 부당한 처분의 취소 또는 변경을 구하는 취소심판, 행정청의 처분의 효력무효 또는 존재여부에 대한 확인심판, 행정청의 위법 또는 부당한 거부처분이나 부작위에 대하여 일정한 처분을 하도록 하는 의무이행심판 등이 있다(동법 제4조).

(3) 행정심판의 당사자 및 관계인

행정심판절차에 참가하는 자에는 당사자로서 심판을 청구하는 청구인, 심판청구의 상대방인 피청구인, 그리고 심판청구에 이해관계 있는 자가 있다.

① 청구인: 취소심판청구는 처분의 취소 또는 변경을 구할 법률상 이익이 있는 자이어야 하며, 무효등확인심판청구는 처분의 효력 유무 또는 존재여부에 대한 확인을 구할 법률상 이익이 있는 자이어야 하고, 의무이행심판

청구는 행정청의 거부처분 또는 부작위에 대하여 일정한 처분을 구할 법률상 이익이 있는 자이어야 한다(동법 제9조). 청구인이 사망한 때에는 상속인 그 밖에 법령에 의하여 심판청구의 대상인 처분에 관계되는 권리 또는 이익을 승계한 자가 그 청구인의 지위를 승계한다. 법인 아닌 사단 또는 재단으로서 대표자 또는 관리인이 정하여져 있는 경우에는 그 이름으로 심판청구를 할 수 있다(동법 제10조).

여기서 법률상 이익이란 관련법규 등에서 일정한 이익을 특정인을 위하여 보호하고 있는 것으로 판단되는 경우의 이익을 말한다.

② 심판청구인: 심판청구는 행정청(처분청 또는 부작위청)을 피청구인으로 하여 제기하여야 한다. 법령에 의하여 권한을 위임 또는 위탁을 받은 행정기관, 공공단체 또는 그 기관 또는 사인도 여기의 행정청에 해당한다. 다만 그 처분이나 부작위와 관계되는 권한이 다른 행정청에 승계된 때에는 이를 승계한 행정청을 피청구인으로 하여야 한다.

③ 이해관계인: 심판결과 이해관계가 있는 제3자와 행정청은 행정심판위원회의 허가를 받아 그 사건에 참가할 수 있으며, 위원회는 필요하다고 인정할 경우 이해관계인에게 그 사건에 참가를 요구할 수 있다(동법 제16조).

(4) 행정심판의 청구

행정심판은 심판청구서를 처분한 행정청 또는 직 상급행정기관에 제출하여야 한다(동법 제17조 제1항). 행정심판을 청구할 수 있는 기간은 원칙적으로 처분이 있음을 안 날로부터 90일 이내, 처분이 있은 날로부터 180일 이내이다. 청구인의 천재 · 지변 · 전쟁 · 사변 그 밖에 불가항력으로 인하여 제1항에 정한 기간내에 심판청구를 할 수 없었을 때에는 그 사유가 소멸한 날로부터 14일 이내에 심판청구를 제기할 수 있다.

3) 행정소송

(1) 행정소송의 의의

행정소송은 행정상의 법률관계에 관하여 다툼이나 이의가 있는 경우에 법원이 정식의 소송절차에 따라 이를 심리 · 판단하는 소송절차를 말한다. 예를 들면, 세무서의 조세부과처분이나 경찰청의 운전면허정지처분이 잘못되었다고 주장하면서 그 취소를 청구하는 소송이 행정소송이다. 행정소송에 있어서 심판기관은 지위의 독립성을 지니는 법원이며, 소송은 당사자의 대립과 구두변론 등 정식의 절차에 의하여 진행된다. 행정소송은 법의 지배에 의한 행정을 확립하여 국민의 권리를 보장하고 행정법규의 정당한 적용을 촉구하는 기능을 하며 행정작용에 대한 권리구제의 주된 방법이 된다(조만형, 2013).

(2) 행정소송의 종류

① 항고소송: 항고소송은 행정청의 처분등이나 부작위에 대하여 제기하는 소송이다. 즉 모든 위법한 행정처분으로 인하여 권익의 침해를 받은 자가 당해 행정청을 피고로 하여 그 처분·부작위에 대하여 제기하는 소송이다. 이 항고소송이 행정소송의 중심적인 지위에 있다.

항고소송에는 행정청의 위법한 처분 등을 취소 또는 변경하는 취소소송, 행정청의 처분등의 효력 유무 또는 존재여부를 확인하는 무효등 확인소송, 행정청의 부작위가 위법하다는 것을 확인하는 부작위위법확인소송 등이 있다.

② 당사자소송: 행정청의 처분 등을 원인으로 하는 법률관계에 관한 소송 그밖에 공법상의 법률관계에 관한 소송으로서 그 법률관계의 한쪽 당사자를 피고로 하는 소송이다. 당사자소송은 대등하게 대립되고 있는 당사자 사이에 있어서의 공법상의 권리관계에 관한 소송으로써 행정청의 처분 등을 원인으로 하는 법률관계에 관한 소송이다.

③ 민중소송: 민중소송이란 국가 또는 지방자치단체의 기관이 법률에 위반되는 행위를 한 때에 직접 자기의 법률상 이익과 관계없이 그 시정을 구하기 위하여 제시하는 소송이다.

④ 기관소송: 기관소송이란 국가 또는 공공단체의 기관상호간에 있어서의 권한의 존부 또는 그 행사에 관한 다툼이 있을 때에 이에 대하여 제기하는 소송이다. 다만, 헌법재판소법 제2조의 규정에 의하여 헌법재판소의 관장사항으로 되는 소송은 제외한다.

(3) 행정소송의 관할

종래에는 행정소송을 제기할 법원은 피고의 소재지를 관할하는 고등법원에서 제1심을 하였다. 그러나 행정소송법은 행정소송의 제1심을 전담할 행정법원을 서울지역에 설치하고, 행정법원이 설치되지 않은 지역은 지방법원 본원합의부에서 관할함으로써 종전의 2심제를 3심제로 바꾸었다.

(4) 행정소송의 당사자

행정소송을 제기할 수 있는 자는 취소소송의 경우에는 처분 등의 취소를 구할 법률상의 이익이 있는 자, 무효등확인소송은 처분 등의 효력유무 또는 존재여부의 확인을 구할 법률상 이익이 있는 자, 부작위위법확인소송은 처분의 신청을 한 자로서 부작위의 위법을 구할 법률상의 이익이 있는 자 등이다. 여기서 법률상 이익이란 행정심판의 경우와 동일하다. 법률상 이익에는 반사적 이익은 포함되지 아니한다.

행정소송의 상대방은 다른 법률에 특별한 규정이 없는 한 취소소송이나 무효등확인소송의 경우에는 그 처분 등을 행한 행정청이 피고가 되고, 부작위위법확인소송의 경우에는 부작위 행정청이 피고가 된다. 그리고 당사자소송의 경우에는 국가·공공단체 그 밖의 권리주체이다. 그리고 소송과 이해관계에 있는 제3자나 다른 행정청은 소송에 참가할 수 있다.

(5) 행정소송의 판결

행정소송의 제기요건이 구비되지 못한 경우에는 소 각하판결을 내리며, 계쟁행정처분이 적법하거나 소송계속 중 소의 목적이 소멸되거나, 청구에 이유가 있으나 공공복리에 적합한 경우에는 청구를 기각한다. 특히 행정행위를 취소·변경함이 현저하게 공공복리에 반한다고 인정되는 때에는 기각판결을 할 수 있는데 이를 사정판결이라 한다. 또한 청구가 이유있는 경우에는 행정처분의 무효확인(확인판결), 행정처분의 일부 또는 전부의 취소(형성판결)의 판결을 한다. 당사자소송에서는 일정한 행위를 할 것을 명하는 이행판결도 가능하다(조만형, 2013).

제5절 경찰행정법

1. 경찰의 개념과 종류

경찰의 개념은 형식적으로 볼 때는 실정법상 보통경찰행정기관에 의하여 관장되는 행정작용을 의미하며, 실질적 의미로는 '직접 사회공공의 안녕과 질서유지를 위하여 일반통치권에 의거하여 국민에게 명령·강제하여 그 자연적 자유를 제한하는 작용'이라고 하겠다.

경찰은 실질적 의미의 경찰인 행정경찰과 범죄의 수사, 범인의 체포 등을 위한 사법경찰로 나눌 수 있으며, 행정경찰은 다시 보통경찰기관의 소관사무를 행하는 보안경찰과 다른 행정작용에 수반하여 그 행정작용에서 생길 수 있는 사회공공의 안녕질서를 유지하기 위한 경찰작용인 협의의 행정경찰로 나눌 수 있다. 그 밖에 예방을 위한 예방경찰과 이미 발생한 경찰상의 위해를 제거하기 위한 진압경찰로도 나눌 수 있고, 정치경찰인 고등경찰과 일반사회의 안녕질서를 위한 보통경찰, 평시경찰과 비상경찰, 국가경찰과 지방자치단체경찰로 나눌 수 있다.

2. 경찰의 조직

우리나라 경찰조직은 소방을 제외하고는 국가경찰로 일원화되어 있으며, 보통경찰기관과 협의의 해정경찰기관 및 비상경찰기관이 있다.

보통경찰기관이란 다른 행정작용과 직접 관련이 없이 그 자체 공공의 안전과 질서유지를 위한 경찰작용을 주된 관장사무로 하는 경찰기관이며, 경찰관청과 집행기관으로 나누어진다.

보통경찰관청은 경찰에 관한 국가의 의사를 결정표시하는 권한을 가진 경찰행정기관이며, 경찰청장(치안총감)·지방경찰청장(치안정감·치안감 또는 경무관)·경찰서장(총경) 등이 있다. 또한 경찰행정에 관한 의결기관으로 행정자치부에 두는 경찰위원회가 있다. 보통경찰집행기관은 소속경찰관청의 명을 받아 경찰에 관한 국가의사를 실력으로써 사실상 집행하는 기관으로 경찰공무원을 들 수 있다. 특별경찰집행기관으로는 소방공무원·전투경찰대·해양경찰청·헌병 등이 있다.

특별경찰기관은 협의의 행정경찰기관(예, 위생경찰에 관해서는 보건복지부장관, 철도경찰에 관해서는 철도청장), 비상경찰기관(계엄사령관·위수사령관)이 있다.

3. 경찰권의 근거와 한계

1) 경찰권의 근거

경찰작용은 사회질서유지를 목적으로 국민에게 명령·강제하는 권력작용으로 포괄적 재량권을 부여하는 경우가 많아 국민의 기본권침해의 가능성이 많다. 따라서 법치행정의 원리에 의해 법규의 근거가 필요하며, 재량이 인정되는 경우에도 조리상의 제한을 받는다.

경찰작용에 관한 기본법으로는 경찰관직무집행법이 있으며, 소방기본법, 총포도검화약류단속법 등 개별법이 있다.

2) 경찰권의 한계

경찰권발동은 제1단계 계약으로서 법규에 근거하고 법규의 한도 내에서만 발동되어야 한다. 다음 경찰권의 제2단계 제약원리로서 다음과 같은 조리상의 한계가 있다.

(1) 경찰소극목적의 원칙

경찰권은 직접 사회공공의 안녕과 질서유지를 위하여 그 위반상태의 예방과 제거를 위하여 발동하는데 그친다.

(2) 경찰공공의 원칙

경찰권은 사회공공의 안녕질서를 유지하기 위해서만 발동될 수 있으며, 그것과 직접 관계없는 생활관계에 원칙적으로 관여할 수 없다. 이 원칙은 다시 사생활불가침의 원칙, 사주소불가침의 원칙 및 민사관계불간섭의 원칙으로 나뉘어진다.

(3) 경찰책임의 원칙

경찰권은 원칙적으로 질서위반 행위 또는 상태의 발생이나 발생위험에 대하여 직접 책임질 지위에 있는 자에게만 발동할 수 있다.

(4) 경찰비례의 원칙

경찰권은 사회질서유지를 위하여 묵과할 수 없는 위해 또는 위해발생의 위험을 제거하기 위하여 필요한 최소한도내에서만 발동될 수 있다.

(5) 경찰평등의 원칙

경찰권의 행사에는 상대방의 성별・신앙・사회적 신분 등을 이유로 불합리한 차별을 하여서는 안된다.

4. 경찰작용

경찰목적을 달성하기 위한 경찰작용으로는 경찰하명, 경찰허가, 경찰강제 및 경찰벌 등이 있다. 경찰하명은 국가의 일반통치권에 의거하여 개인에게 특정한 작위・부작위・수인・급부의 의무를 명하는 경찰작용이다. 경찰하명의 형식은 법령에 의하여 직접 일정한 경찰의무를 발생하는 법규하명의 형식은 법령에 의하여 직접 일정한 경찰의무를 발생하는 법규하명과, 법규에 의거한 행정처분으로 행하여지는 경찰처분이 있다.

경찰허가는 일반적인 경찰금지를 특정한 경우에 해제함으로써 적법하게 일정한 행위를 할 수 있도록 자연의 자유를 회복시켜주는 경찰처분이다. 경찰허가는 보통 신청에 의하여 행하여지는 쌍방적 행정행위이며, 법령이 수수료의 납부를 그 요건으로 할 때도 있다.

경찰강제는 경찰목적을 달성하기 위하여 개인의 신체・재산 또는 가택에 실력을 가하여 경찰상 필요한 상태를 실현하는 것으로, 경찰상 강제집행과 경찰상 즉시강제가 있으며, 일반적 근거법으로 경찰관직무집행법과 행정대집행법이 있다.

경찰벌은 경찰법상의 의무위반에 대한 제재로서 과하는 벌이다(김향기, 2013).

제7장

사 회 법

제1절 사회법 총설

1. 사회법의 개념

공법과 사법의 구별이 부각된 자본주의 사회가 발전함에 따라, 형식적인 법 앞에서의 평등은 실질적인 평등을 보장하는데 한계를 보이기 시작했고, 이로써 만들어진 역사적 산물이 바로 사회법이다. 이처럼 사회법은 사법 영역에 공법적 요소가 가미되어 사회적 약자 보호를 통한 인간의 실질적인 평등 보장이라는 이념을 바탕으로 형성된 것이다. 즉 사회법은 경제적 약자의 보호와 구제를 목적으로 하여 그 생존권 확보를 위해 국가권력이 사적 자치에 개입하고 규제를 가한 것이다(정지숙, 2008: 9).

사회법은 처음에 노동자에게 인간다운 생활을 보장하기 위하여 사법 중에서 특히 고용계약법을 수정하여 노동법의 발전을 보게 되었으며, 그리고 노동법 외에 경제법, 사회보장법 등의 사회 정책적 입법을 포함하는 사회법이 형성되었다(남궁승태, 2015: 473). 이러한 관점에서 사회법의 개념은 단일법전 체계로 보는 형식적 접근이 아니라 실질적으로 파악하여야 할 것이며, 사회법을 협의의 사회보장법으로 보거나, 노동법과 사회보장법 그리고 경제법으로 보는 광의의 견해 보다 사회정책에 관계된 모든 법을 사회법으로 보는 최광의의 입장이 타당할 것이다(정지숙, 2008: 10).

2. 사회법의 기능과 특징

1) 사회법의 기능

사회법은 개인에게 최저의 생활을 보장하여 인간의 존엄성을 유지하는데 목적이 있으며 개인이 가지는 능력과 재능의 계발이 경제적 이유로 좌절되지 않도록 기회를 부여하는 인간다운 생활의 보장기능을 가지고 있다. 또한 사회법은 장애인을 위한 재활교육·직업교육 실시, 정신질환자·마약중독자에 대한 재활치료를 통해 사회 복귀에 도움을 주고 노인에 대한 의료보장 및 소득보장 그리고 여성에 대한 지원을 통해 노인과 여성의 지위를 크게 향상시키는 사회복지 증진 기능을 수행한다. 그리고 사회보험의 기여금 총액과 경제생활로 다시 투입되는 사회급여비 그리고 경제면에서의 소득재분배를 통해 경제적 기능을 수행한다. 마지막으로 사회법을 통한 사회보장은 확고한 중산층을 형성시켜 극단주의 내지 국민계층간의 위화감을 제거하고 정치적 안정감을 형성케 하는 정치적 기능도 가지고 있다(정지숙, 2008: 11-12).

2) 사회법의 특징

사회법은 그 개념의 유동성에 의하여 인식대상의 유동성을 특징으로 한다. 또한 사회보장은 항상 사회적·경제적 제 조건 속에서 고찰되고 이러한 조건의 변동에 따라 사회법도 함께 변동하는 특성을 가져 기능의 역동성을 특징으로 하며, 개별성의 원리와 적정성의 원리 그리고 보충성의 원리를 포함하는 합목적성의 고려가 필요하다는 특징을 가지고 있다(정지숙, 2008: 13-14).

이 외에도 사회법은 시민법에 대하여 여러 특징을 가지고 있다. 먼저 사회법은 시민법을 부정하는 것이 아니고 시민법을 수정 내지 보완함으로써 서로 독립적인 시민법과 사회법으로서 현대사회의 법체계 안에서 공존하고 있다. 그로 사회법은 독점자본주의가 야기한 각종 사회적·경제적 폐해를 시정하여 균형 있는 국민경제의 발전을 기하고 사회적·경제적 약자의 권익을 보호하여 국민 복지의 균등실현을 도모함을 그 이념으로 채택한 국민경제 발전의 목적이라는 특징이 있다. 그리고 사적자치가 아닌 국가의 규제를 수단 내지 도구로 하여 그 이념이나 목적을 실현하며, 적극적인 복지국가기능을 기본전제로 하고 있다. 마지막으로 종래 사법의 영역에 공권력이 개입함으로써 사법의 원리와 공법의 원리가 서로 교차하는 사법의 공법화 현상을 보이고 있다(EBS, 2015: 476).

제2절 노 동 법

1. 노동법 서설

1) 노동법의 의의 및 체계

노동법이란 자본주의 사회에서 근로자가 인간다운 생활을 할 수 있도록 노동관계를 규율하는 법규범의 총체를 말한다(임종률, 2015: 3). 노동법은 그 규율대상에 따라 개별적 노동관계법과 집단적 노동관계법으로 구분된다. 개별적 노동관계법이란 개별적 노동관계, 즉 근로자 개인과 사용자 사이의 노동관계의 성립·전개·종료를 둘러싼 관계를 규율하는 법을 말한다. 이에 대하여 집단적 노동관계법이란 집단적 노동관계, 즉 근로자의 노동관계상의 이익을 대변하는 노동단체의 조직·운영 및 이 노동단체와 사용자측 사이의 단체교섭을 중심으로 전개되는 관계를 규율하는 법을 말한다(임종률, 2015: 12).

2) 노동법의 법원

노동법의 법원이란 노동법상 분쟁을 해결하기 위하여 법관이 기준으로 삼아야 할 규율근거의 존재형식을 말한다. 그 중 노동관계법령은 국가가 제정한 노동법을 말한다(임종률, 2015: 13). 이에는 노동단체법 부분으로 노동조합 및 노동관계조정법, 국가공무원법 중 노동운동에 관한 규정, 공무원직장협의회의 설립·운영에 관한 법률, 교원의 노동조합설립 및 운영 등에 관한 법률이 있다. 근로계약법 부분에는 근로기준법, 최저임금법, 임금채권보장법, 근로자의 날 제정에 관한 법률, 남녀고용평등과 일·가정 양립 지원에 관한 법률, 산업안전보건법, 산업재해보상보험법, 선원법, 파견근로자보호 등에 관한 법률 등이 있다. 마지막으로 특수부분에는 근로자참여 및 협력증진에 관한 법률, 노동위원회법, 고용정책기본법, 직업안정법, 건설근로자의 고용개선 등에 관한 법률, 근로자직업능력개발법, 고용보험법 등이 있다(EBS, 2015: 478).

두 번째로, 조약·단체협약·근로계약 등이 있다. 헌법에 따라 체결·공포된 조약은 국내법과 같은 효력을 가지므로(헌법 제6조), 조약도 노동법의 법원이 되며, 단체협약·취업규칙·조합규약·근로계약은 노동법의 법원이 될 수 있다. 세 번째로 노동관행도 법원이 될 수 있다. 원칙으로 반복된 관행과 이에 대한 법적 확신이 존재하면 관습법으로서 법원이 된다. 노동법 분야에서도 동일하게 노동관행이 일정한 요건을 갖추게 되면 법원으로 인정될 수 있다.

그러나 판례와 행정규칙 등은 법원이 될 수 없다. 우리 법계는 영미법계가 아닌 대륙법계로서 원칙적으로 대륙법계에서의 판례는 사실상의 구속력을 가질 뿐이므로 법원이 될 수 없다. 또한 예규, 질의회신 등의 행정해석 내지 행정규칙은 외부적 효력이 없기 때문에 법원이 될 수 없다.

법원의 적용순서와 관련해서는 헌법, 법률, 명령, 단체협약, 취업규칙과 조합규약, 근로계약 순으로 적용이 되나, 하위규범이 근로자에게 더 유리할 때에는 하위규범이 우선적으로 적용된다.[1] 또한 신법우선의 원칙과 특별법 우선의 원칙도 타 분야와 마찬가지로 적용된다.

2. 노동법의 내용

1) 노동법의 헌법적 근거

헌법은 노동자의 생존권확보를 위하여 근로의 권리(헌법 제32조)와 노동 3권(헌법 제33조)을 두고 있다.

(1) 근로권

헌법은 제32조에서 ① 모든 국민은 근로의 권리를 가진다. 국가는 사회적·경제적 방법으로 근로자의 고용의 증진과 적정임금의 보장에 노력하여야 하며, 법률이 정하는 바에 의하여 최저임금제를 시행하여야 한다. ② 모든 국민은 근로의 의무를 진다. 국가는 근로의 의무의 내용과 조건을 민주

---

1) 이를 유리의 원칙이라 한다.

주의원칙에 따라 법률로 정한다. ③ 근로조건의 기준은 인간의 존엄성을 보장하도록 법률로 정한다. ④ 여자의 근로는 특별한 보호를 받으며, 고용·임금 및 근로조건에 있어서 부당한 차별을 받지 아니한다. ⑤ 연소자의 근로는 특별한 보호를 받는다. ⑥ 국가유공자·상이군경 및 전몰군경의 유가족은 법률이 정하는 바에 의하여 우선적으로 근로의 기회를 부여받는다(헌법 제32조)고 규정하고 있다. 이러한 근로권의 주체는 국민 및 근로자이다.

(2) 노동3권

헌법은 제33조에서 ① 근로자는 근로조건의 향상을 위하여 자주적인 단결권·단체교섭권 및 단체행동권을 가진다. ② 공무원인 근로자는 법률이 정하는 자에 한하여 단결권·단체교섭권 및 단체행동권을 가진다. ③ 법률이 정하는 주요방위산업체에 종사하는 근로자의 단체행동권은 법률이 정하는 바에 의하여 이를 제한하거나 인정하지 아니할 수 있다(헌법 제33조)고 규정하고 있다. 먼저 단결권은 근로조건의 유지·개선을 목적으로 노동조합을 설립·운영·가입하거나 노동조합을 운영·유지할 수 있는 권리이며, 단체교섭권은 근로자가 조직한 노동조합이 근로조건을 유지·개선하기 위하여 사용자 또는 사용자단체와 단체교섭을 행하는 것을 보장한 권리로서 노동3권 중 가장 중심적인 권리이다. 단체행동권은 근로자가 근로조건의 유지·개선을 목적으로 집단적인 활동을 할 수 있는 권리를 말하며 쟁의권이라고도 한다(홍완식 외, 2015: 380).

2) 근로기준법

(1) 의의 및 목적

근로기준법은 근로자의 채용에서 퇴직까지의 적정한 근로조건을 국가의 공권력을 배경으로 확보시켜 주려는 것으로 근로조건의 최저기준을 법으로 정하여 이를 사업주가 지키도록 근로자의 권리로서 보장하는 법이다(홍완식 외, 2015: 383). 근로기준법은 헌법에 따라 근로조건의 기준을 정함으로써 근로자의 기본적 생활을 보장, 향상시키며 균형 있는 국민경제의 발전을 꾀하는 것을 목적으로 한다(근로기준법 제1조).

(2) 근로기준법상의 정의

① 근로자란 직업의 종류와 관계없이 임금을 목적으로 사업이나 사업장에 근로를 제공하는 자를 말한다. ② 사용자란 사업주 또는 사업 경영 담당자, 그 밖에 근로자에 관한 사항에 대하여 사업주를 위하여 행위하는 자를 말한다. ③ 근로란 정신노동과 육체노동을 말한다. ④ 근로계약이란 근로자가 사용자에게 근로를 제공하고 사용자는 이에 대하여 임금을 지급하는 것을 목적으로 체결된 계약을 말한다. ⑤ 임금이란 사용자가 근로의 대가로 근로자에게 임금, 봉급 그 밖에 어떠한 명칭으로든지 지급하는 일체의 금품을 말한다. ⑥ 평균임금이란 이를 산정하여야 할 사유가 발생한 날 이전 3개월 동안에 그 근로자에게 지급된 임금의 총액을 그 기간의 총일수로 나눈 금액을 말한다. 근로자가 취업한 후 3개월 미만인 경우도 이에 준한다(근로기준법 제2조).

(3) 근로조건의 기준 등

근로조건의 기준 등과 관련된 내용은 다음과 같다.

① 근로조건은 최저기준이므로 근로 관계 당사자는 이 기준을 이유로 근로조건을 낮출 수 없다(근로기준법 제3조). ② 근로조건은 근로자와 사용자가 동등한 지위에서 자유의사에 따라 결정하여야 한다(근로기준법 제4조). ③ 근로자와 사용자는 각자가 단체협약, 취업규칙과 근로계약을 지키고 성실하게 이행할 의무가 있다(근로기준법 제5조). ④ 사용자는 근로자에 대하여 남녀의 성을 이유로 차별적 대우를 하지 못하고, 국적·신앙 또는 사회적 신분을 이유로 근로조건에 대한 차별적 처우를 하지 못한다(근로기준법 제6조). ⑤ 사용자는 폭행, 협박, 감금, 그 밖에 정신상 또는 신체상의 자유를 부당하게 구속하는 수단으로써 근로자의 자유의사에 어긋나는 근로를 강요하지 못한다(근로기준법 제7조). ⑥ 사용자는 사고의 발생이나 그 밖의 어떠한 이유로도 근로자에게 폭행을 하지 못한다(근로기준법 제8조). ⑦ 누구든지 법률에 따르지 아니하고는 영리로 다른 사람의 취업에 개입하거나 중간인으로서 이익을 취득하지 못한다(근로기준법 제9조). ⑧ 사용자는 근로자가 근로시간 중에 선거권, 그 밖의 공민권 행사 또는 공의 직무를 집행하기 위하여 필요한 시간을 청구하면 거부하지 못한다. 다만, 그 권리 행사나 공의 직무를 수행하는 데에 지장이 없으면 청구한 시간을 변경할 수 있다

(근로기준법 제10조). ⑨ 상시 5명 이상의 근로자를 사용하는 모든 사업 또는 사업장에 적용한다. 다만, 동거하는 친족만을 사용하는 사업 또는 사업장과 가사 사용인에 대하여는 적용하지 아니한다(근로기준법 제11조).

(4) 근로계약

① 의의

근로계약이란 근로자가 사용자에게 근로를 제공하고 사용자는 이에 대하여 임금을 지급하는 것을 목적으로 체결된 계약을 말한다(근로기준법 제2조). 근로기준법이 정하는 기준에 미치지 못하는 근로조건을 정한 근로계약은 그 부분에 한하여 무효로 하며, 무효부분은 근로기준법상 기준에 따르게 된다(근로기준법 제15조).

② 계약기간과 근로조건의 명시

근로계약은 기간을 정하지 아니한 것과 일정한 사업의 완료에 필요한 기간을 정한 것 외에는 그 기간은 1년을 초과하지 못하며(근로기준법 제16조), 사용자는 임금, 소정근로시간, 휴일, 연차 유급휴가, 대통령령으로 정하는 근로조건에 대하여 근로계약을 체결할 때와 해당 사항을 변경 시에 근로자에게 명시하여야 한다. 그리고 임금의 구성항목·계산방법·지급방법과 나머지 사항에 대하여 근로자에게 교부하여야 하고 변경 시에도 요구가 있으면 교부하여야 한다(근로기준법 제17조).

③ 근로조건의 위반

제17조에 따라 명시된 근로조건이 사실과 다를 경우에 근로자는 근로조건 위반을 이유로 손해의 배상을 청구할 수 있으며 즉시 근로계약을 해제할 수 있고, 근로자가 손해배상을 청구할 경우에는 노동위원회에 신청할 수 있으며, 근로계약이 해제되었을 경우에는 사용자는 취업을 목적으로 거주를 변경하는 근로자에게 귀향 여비를 지급하여야 한다(근로기준법 제19조).

④ 사용자의 금지사항

사용자는 근로계약 불이행에 대한 위약금 또는 손해배상액을 예정하는 계약을 체결하지 못한다(근로기준법 제20조). 또한 전차금 상계(근로기준법 제21조)와 강제 저금(근로기준법 제22조)이 금지된다.

또한 사용자는 근로자에게 정당한 이유 없이 해고, 휴직, 정직, 전직, 감봉, 그 밖의 징벌을 하지 못한다(근로기준법 제23조). 만일 사용자가 경영상

이유에 의하여 근로자를 해고하려면 긴박한 경영상의 필요가 있어야 한다. 이 경우 경영 악화를 방지하기 위한 사업의 양도・인수・합병은 긴박한 경영상의 필요가 있는 것으로 본다(근로기준법 제24조). 이 경우에도 사용자는 우선재고용(근로기준법 제25조) 등의 노력을 하여야 한다.

(5) 근로시간과 휴식

① 근로시간

1주 간의 근로시간은 휴게시간을 제외하고 40시간을 초과할 수 없으며, 1일의 근로시간은 휴게시간을 제외하고 8시간을 초과할 수 없다(근로기준법 제50조). 다만 당사자 간에 합의하면 1주 간에 12시간을 한도로 제50조의 근로시간을 연장할 수 있다(근로기준법 제53조).

② 휴게 및 휴일

사용자는 근로시간이 4시간인 경우에는 30분 이상, 8시간인 경우에는 1시간 이상의 휴게시간을 근로시간 도중에 주어야 하며, 휴게시간은 근로자가 자유롭게 이용할 수 있다(근로기준법 제54조). 또한 사용자는 근로자에게 1주일에 평균 1회 이상의 유급휴일을 주어야 한다(근로기준법 제55조). 또한 사용자는 연장근로와 야간근로 또는 휴일근로에 대하여는 통상임금의 100분의 50 이상을 가산하여 지급하여야 한다(근로기준법 제56조).

(6) 여성과 소년

15세 미만인 자는 근로자로 사용하지 못한다. 다만, 대통령령으로 정하는 기준에 따라 고용노동부장관이 발급한 취직인허증을 지닌 자는 근로자로 사용할 수 있다(근로기준법 제64조). 또한 사용자는 임신 중이거나 산후 1년이 지나지 아니한 여성과 18세 미만자를 도덕상 또는 보건상 유해・위험한 사업에 사용하지 못한다(근로기준법 제65조).

(7) 재해보상

근로자가 업무상 부상 또는 질병에 걸리면 사용자는 그 비용으로 필요한 요양을 행하거나 필요한 요양비를 부담하여야 한다(근로기준법 제78조). 그리고 사용자는 요양 중에 있는 근로자에게 그 근로자의 요양 중 평균임금의 100분의 60의 휴업보상을 하여야 한다(근로기준법 제79조).

또한 근로자가 업무상 부상 또는 질병에 걸리고, 완치된 후 신체에 장해가 있으면 사용자는 그 장해 정도에 따라 평균임금에 별표에서 정한 일수를 곱한 금액의 장해보상을 하여야 한다(근로기준법 제80조). 유족보상도 규정되어 있는데 근로자가 업무상 사망한 경우에는 사용자는 근로자가 사망한 후 지체 없이 그 유족에게 평균임금 1,000일분의 유족보상을 하여야 한다(근로기준법 제82조). 이러한 보상을 받을 권리는 퇴직으로 인하여 변경되지 아니하고, 양도나 압류하지 못한다(근로기준법 제86조).

3) 노동조합 및 노동관계 조정법

(1) 의의

노동조합 및 노동관계조정법은 헌법에 의한 근로자의 단결권·단체교섭권 및 단체행동권을 보장하여 근로조건의 유지·개선과 근로자의 경제적·사회적 지위의 향상을 도모하고, 노동관계를 공정하게 조정하여 노동쟁의를 예방·해결함으로써 산업평화의 유지와 국민경제의 발전에 이바지함을 목적으로 하고 있다(노동조합 및 노동관계 조정법 제1조 이하법이라 한다).

(2) 법상 정의

이 법에서 사용하는 용어의 정의는 다음과 같다.

① 근로자라 함은 직업의 종류를 불문하고 임금·급료 기타 이에 준하는 수입에 의하여 생활하는 자를 말한다. ② 사용자라 함은 사업주, 사업의 경영담당자 또는 그 사업의 근로자에 관한 사항에 대하여 사업주를 위하여 행동하는 자를 말한다. ③ 사용자단체라 함은 노동관계에 관하여 그 구성원인 사용자에 대하여 조정 또는 규제할 수 있는 권한을 가진 사용자의 단체를 말한다. ④ 노동조합이라 함은 근로자가 주체가 되어 자주적으로 단결하여 근로조건의 유지·개선 기타 근로자의 경제적·사회적 지위의 향상을 도모함을 목적으로 조직하는 단체 또는 그 연합단체를 말한다. 다만, 다음에 해당하는 경우에는 노동조합으로 보지 아니한다. 사용자 또는 항상 그의 이익을 대표하여 행동하는 자의 참가를 허용하는 경우, 경비의 주된 부분을 사용자로부터 원조받는 경우, 공제·수양 기타 복리사업만을 목적으로 하는 경우, 근로자가 아닌 자의 가입을 허용하는 경우. 다만, 해고된 자가 노동위원회에 부당노동행위의 구제신청을 한 경우에는 중앙노동위원회의 재심판정이 있을 때까지는 근로자가 아닌 자로 해석하여서는 아니 됨,

주로 정치운동을 목적으로 하는 경우. ⑤ 노동쟁의라 함은 노동조합과 사용자 또는 사용자단체간에 임금·근로시간·복지·해고 기타 대우 등 근로조건의 결정에 관한 주장의 불일치로 인하여 발생한 분쟁상태를 말한다. 이 경우 주장의 불일치라 함은 당사자 간에 합의를 위한 노력을 계속하여도 더 이상 자주적 교섭에 의한 합의의 여지가 없는 경우를 말한다. ⑥ 쟁의행위라 함은 파업·태업·직장폐쇄 기타 노동관계 당사자가 그 주장을 관철할 목적으로 행하는 행위와 이에 대항하는 행위로서 업무의 정상적인 운영을 저해하는 행위를 말한다(법 제2조).

(3) 노동조합

① 의의 및 설립

노동조합이라 함은 근로자가 주체가 되어 자주적으로 단결하여 근로조건의 유지·개선 기타 근로자의 경제적·사회적 지위의 향상을 도모함을 목적으로 조직하는 단체 또는 그 연합단체를 말하며, 그 규약이 정하는 바에 의하여 법인으로 할 수 있다(법 제6조). 근로자는 자유로이 노동조합을 조직하거나 이에 가입할 수 있다. 다만, 공무원과 교원에 대하여는 따로 법률로 정한다(법 제5조). 노동조합을 설립하고자 하는 자는 신고서에 규약을 첨부하여 연합단체인 노동조합과 2 이상의 특별시·광역시·특별자치시·도·특별자치도에 걸치는 단위노동조합은 고용노동부장관에게, 2 이상의 시·군·구에 걸치는 단위노동조합은 특별시장·광역시장·도지사에게, 그 외의 노동조합은 특별자치시장·특별자치도지사·시장·군수·구청장에게 제출하여야 한다(법 10조).

② 보호요건

이 법에 의하여 설립된 노동조합이 아니면 노동위원회에 노동쟁의의 조정 및 부당노동행위의 구제를 신청할 수 없으며 노동조합이라는 명칭을 사용할 수 없다(법 7조). 또한 노동조합에 대하여는 그 사업체를 제외하고는 세법이 정하는 바에 따라 조세를 부과하지 아니하며(법 제8조), 조합원은 어떠한 경우에도 인종, 종교, 성별, 연령, 신체적 조건, 고용형태, 정당 또는 신분에 의하여 차별대우를 받지 아니한다(법 제9조).

③ 노동조합의 운영

노동조합은 매년 1회 이상 총회를 개최하여야 하며, 노동조합의 대표자는 총회의 의장이 된다(법 제15조). 총회는 재적조합원 과반수의 출석과 출석조합원 과반수의 찬성으로 의결한다(법 제16조). 또한 노동조합은 규약으로 총회에 갈음할 대의원회를 둘 수 있으며(법 제17조). 노동조합의 대표자는 필요하다고 인정할 때에는 임시총회 또는 임시대의원회를 소집할 수 있다(법 제18조).

(4) 단체교섭 및 단체협약

① 의의 및 교섭, 체결권한

단체교섭은 노동조합이나 그 밖의 노동단체가 교섭대표를 통하여 사용자측과 근로조건 등에 관하여 합의에 도달할 것을 주된 목적으로 하여 교섭하는 것을 말하며(임종률, 2015: 112), 단체협약은 단체교섭에서의 합의사항을 문서화한 것이다(임종률, 2015: 142). 노동조합의 대표자는 그 노동조합 또는 조합원을 위하여 사용자나 사용자단체와 교섭하고 단체협약을 체결할 권한을 가진다(법 제29조).

② 공정대표의무, 교섭 등의 원칙

교섭대표노동조합과 사용자는 교섭창구 단일화 절차에 참여한 노동조합 또는 그 조합원 간에 합리적 이유 없이 차별을 하여서는 아니 된다(법 제29조의4). 또한 노동조합과 사용자 또는 사용자단체는 신의에 따라 성실히 교섭하고 단체협약을 체결하여야 하며 그 권한을 남용하여서는 아니 되며, 정당한 이유 없이 교섭 또는 단체협약의 체결을 거부하거나 해태하여서는 아니 된다(법 제30조).

③ 단체협약의 유효기간

단체협약에는 2년을 초과하는 유효기간을 정할 수 없으며, 단체협약에 그 유효기간을 정하지 아니한 경우 또는 기간을 초과하는 유효기간을 정한 경우에 그 유효기간은 2년으로 한다(법 제32조).

④ 기준의 효력 및 구속력

단체협약에 정한 근로조건 기타 근로자의 대우에 관한 기준에 위반하는 취업규칙 또는 근로계약의 부분은 무효로 한다(법 제33조). 그리고 하나의 사업 또는 사업장에 상시 사용되는 동종의 근로자 반수 이상이 하나의 단체협약의 적용을 받게 된 때에는 당해 사업 또는 사업장에 사용되는 다른 동종의 근로자에 대하여도 당해 단체협약이 적용된다(법 제35조). 지역과 관련하여 하나의 지역에 있어서 종업하는 동종의 근로자 3분의 2 이상이 하나의 단체협약의 적용을 받게 된 때에는 행정관청은 당해 단체협약의 당사자의 쌍방 또는 일방의 신청에 의하거나 그 직권으로 노동위원회의 의결을 얻어 당해 지역에서 종업하는 다른 동종의 근로자와 그 사용자에 대하여도 당해 단체협약을 적용한다는 결정을 할 수 있다(법 제36조).

(5) 쟁의행위

① 의의 및 기본원칙

쟁의행위는 협의로 파업·태업 등 노동조합이나 그 밖의 단결체가 그 주장을 관철할 목적으로 하는 행위로서 업무의 정상적인 운영을 저해하는 행위를 말한다(임종률, 2015: 200). 쟁의행위는 그 목적·방법 및 절차에 있어서 법령 기타 사회질서에 위반되어서는 아니 되며, 노동조합에 의하여 주도되지 아니한 쟁의행위를 하여서는 아니 된다(법 제37조).

② 노동조합의 지도와 책임

쟁의행위는 그 쟁의행위와 관계없는 자 또는 근로를 제공하고자 하는 자의 출입·조업 기타 정상적인 업무를 방해하는 방법으로 행하여져서는 아니 되며 쟁의행위의 참가를 호소하거나 설득하는 행위로서 폭행·협박을 사용하여서는 아니 된다. 또한 작업시설의 손상이나 원료·제품의 변질 또는 부패를 방지하기 위한 작업은 쟁의행위 기간 중에도 정상적으로 수행되어야 하며, 노동조합은 쟁의행위가 적법하게 수행될 수 있도록 지도·관리·통제할 책임이 있다(법 제38조).

③ 쟁의행위의 제한과 금지

노동조합의 쟁의행위는 그 조합원의 직접·비밀·무기명투표에 의한 조합원 과반수의 찬성으로 결정하지 아니하면 이를 행할 수 없다. 그리고 방위사업법에 의하여 지정된 주요방위산업체에 종사하는 근로자중 전력, 용수 및 주로 방산물자를 생산하는 업무에 종사하는 자는 쟁의행위를 할 수 없다(법 제41조).

그 외에도 쟁의행위는 폭력이나 파괴행위 또는 생산 기타 주요업무에 관련되는 시설과 이에 준하는 시설로서 대통령령이 정하는 시설을 점거하는 형태로 이를 행할 수 없으며, 사업장의 안전보호시설에 대하여 정상적인 유지·운영을 정지·폐지 또는 방해하는 행위는 쟁의행위로서 이를 행할 수 없다(법 제42조). 또한 사용자는 관계없는 자의 대체 내지 채용과 도급 내지 하도급이 금지된다.

사용자는 쟁의행위에 참가하여 근로를 제공하지 아니한 근로자에 대하여는 그 기간 중의 임금을 지급할 의무가 없다(법 제44조).

(6) 부당노동행위

① 의의

법은 부당노동행위라는 이름으로 노동조합이나 근로자에 대한 사용자의 일정한 행위를 금지하고 이 금지의 위반에 대하여 노동위원회를 통한 특별한 구제절차와 처벌을 정하고 있는데, 이러한 절차와 처벌이 부당노동행위 제도라 할 수 있다(임종률, 2015: 266).

② 부당노동행위 유형

근로자가 노동조합에 가입 또는 가입하려고 하였거나 노동조합을 조직하려고 하였거나 기타 노동조합의 업무를 위한 정당한 행위를 한 것을 이유로 그 근로자를 해고하거나 그 근로자에게 불이익을 주는 행위.

근로자가 어느 노동조합에 가입하지 아니할 것 또는 탈퇴할 것을 고용조건으로 하거나 특정한 노동조합의 조합원이 될 것을 고용조건으로 하는 행위. 다만, 노동조합이 당해 사업장에 종사하는 근로자의 3분의 2 이상을 대표하고 있을 때에는 근로자가 그 노동조합의 조합원이 될 것을 고용조건으로 하는 단체협약의 체결은 예외로 하며, 이 경우 사용자는 근로자가 그 노동조합에서 제명된 것 또는 그 노동조합을 탈퇴하여 새로 노동조합을 조직하거나 다른 노동조합에 가입한 것을 이유로 근로자에게 신분상 불이익한 행위를 할 수 없다.

노동조합의 대표자 또는 노동조합으로부터 위임을 받은 자와의 단체협약체결 기타의 단체교섭을 정당한 이유 없이 거부하거나 해태하는 행위.

근로자가 노동조합을 조직 또는 운영하는 것을 지배하거나 이에 개입하는 행위와 노동조합의 전임자에게 급여를 지원하거나 노동조합의 운영비를 원조하는 행위. 다만, 근로자가 근로시간 중에 제24조 제4항에 따른 활동을 하는 것을 사용자가 허용함은 무방하며, 또한 근로자의 후생자금 또는 경제상의 불행 기타 재액의 방지와 구제 등을 위한 기금의 기부와 최소한의 규모의 노동조합사무소의 제공은 예외로 한다.

근로자가 정당한 단체행위에 참가한 것을 이유로 하거나 또는 노동위원회에 대하여 사용자가 이 조의 규정에 위반한 것을 신고하거나 그에 관한 증언을 하거나 기타 행정관청에 증거를 제출한 것을 이유로 그 근로자를 해고하거나 그 근로자에게 불이익을 주는 행위(법 제81조).

③ 구제신청

사용자의 부당노동행위로 인하여 그 권리를 침해당한 근로자 또는 노동조합은 노동위원회에 그 구제를 신청할 수 있다.

이러한 구제의 신청은 부당노동행위가 있은 날(계속하는 행위는 그 종료일)부터 3월 이내에 이를 행하여야 한다(법 제82조).

4) 기타관계 법령

(1) 근로자참여 및 협력증진에 관한 법률

근로자와 사용자 쌍방이 참여와 협력을 통하여 노사 공동의 이익을 증진함으로써 산업 평화를 도모하고 국민경제 발전에 이바지함을 목적으로 하는 법률이다(근로자참여 및 협력증진에 관한 법률 제1조).

(2) 최저임금법

근로자에 대하여 임금의 최저수준을 보장하여 근로자의 생활안정과 노동력의 질적 향상을 꾀함으로써 국민경제의 건전한 발전에 이바지하는 것을 목적으로 하는 법률이다(최저임금법 제1조).

(3) 남녀고용평등과 일·가정 양립 지원에 관한 법률

헌법의 평등이념에 따라 고용에서 남녀의 평등한 기회와 대우를 보장하고 모성 보호와 여성 고용을 촉진하여 남녀고용평등을 실현함과 아울러 근로자의 일과 가정의 양립을 지원함으로써 모든 국민의 삶의 질 향상에 이바지하는 것을 목적으로 하는 법률이다(남녀고용평등과 일·가정 양립 지원에 관한 법률 제1조).

(4) 노동위원회법

노동관계에 관한 판정 및 조정 업무를 신속·공정하게 수행하기 위하여 노동위원회를 설치하고 그 운영에 관한 사항을 규정함으로써 노동관계의 안정과 발전에 이바지함을 목적으로 하는 법률이다(노동위원회법 제1조).

제3절 사회보장법

1. 사회보장법의 개념

광의의 사회보장법이란 주체와 방법을 불문하고 개인의 사회적 위험으로부터 보호하는 기능을 수행하는 모든 법영역이라고 넓게 정의할 수 있다. 이러한 광의의 사회보장법 개념으로 이해하는 경우에는 사실상 헌법의 사회적 기본권을 구체화하는 모든 법이 이에 해당된다고 볼 수 있다. 그러나 광의의 사회보장법이 내포하는 개방성과 비체계성은 오히려 헌법이 규정하고 있는 추상적 내용의 범위를 벗어나 논의될 수 없다는 점에서 보다 세분화된 기준을 제시하여 독립된 법영역을 정립하기 위한 노력이 필요하다. 그 기준에는 개인의 생활위험으로부터 보호하는 것을 직접적인 목적으로 하는 급여관계를 규율하는 법만을 사회보장법으로 분류하여야 할 것이며, 둘째 사회환경을 구조적으로 개선하는 목적을 갖는 각종 구조정책은 제외하여야 할 것이다. 셋째, 사회보장을 제1차적인 목적으로 하지만, 사법의 영역에 있는 사보험을 규율하는 법률도 제외하여야 할 것이다. 이러한 관점에서 사회보장법이라 함은 국가 혹은 공법인 주체가 되어 개인을 생활위험으로부터 보호하는 것을 제1차적인 목적으로 제공되는 급여관계를 규율하는 공법체계라 할 수 있을 것이다(원용립, 2007: 4−5). 실정법상으로는 사회보장이란 질병·노령·실업·사망 등의 사회적 위험으로부터 모든 국민을 보호하고 빈곤을 해소하며, 국민생활의 질을 향상시키기 위하여 제공되는 사회보험·공공부조, 사회복지서비스 및 관련 복지제도로 정의되고 있다(사회보장기본법 제3조 제1호).

2. 사회보장법의 내용

1) 헌법적 근거

헌법은 모든 국민에게 인간다운 생활을 할 권리를 보장하고 있다(헌법 제34조 제1항). 이 기본권의 실효성을 확보하기 위하여 의무를 강조하고 있는데, 국가는 사회보장·사회복지의 증진에 노력할 의무를 진다(헌법 제34

조 제2항), 국가는 여자의 복지와 권익의 향상을 위하여 노력하여야 한다(헌법 제34조 제3항), 국가는 노인과 청소년의 복지향상을 위한 정책을 실시할 의무를 진다(헌법 제34조 제4항), 신체장애자 및 질병·노령 기타의 사유로 생활능력이 없는 국민은 법률이 정하는 바에 의하여 국가의 보호를 받는다(헌법 제34조 제5항). 국가는 재해를 예방하고 그 위험으로부터 국민을 보호하기 위하여 노력하여야 한다(헌법 제34조 제6항)가 바로 그것이다.

인간다운 생활의 권리라 함은 물질적인 궁핍으로부터의 해방을 그 주내용으로 하는 물질적인 최저생활권을 말한다. 즉 우리 헌법질서의 가치적인 핵이라고 볼 수 있는 인간의 존엄성과 가치는 최소한도 최저한의 물질적인 생활보장을 전제로 해서만 논할 수 있기 때문에, 우리 헌법은 모든 국민에게 최저한의 물질적인 생활을 할 수 있는 권리를 기본권으로 보장하고 있다(허영, 1996: 490). 이에 근거하여 사회보장기본법, 국민연금법, 국민건강보험법 등이 제정되게 되었다.

2) 사회보장기본법

(1) 목적과 기본이념

사회보장기본법은 사회보장에 관한 국민의 권리와 국가 및 지방자치단체의 책임을 정하고 사회보장정책의 수립·추진과 관련 제도에 관한 기본적인 사항을 규정함으로써 국민의 복지증진에 이바지하는 것을 목적으로 한다(사회보장기본법 제1조).

사회보장은 모든 국민이 다양한 사회적 위험으로부터 벗어나 행복하고 인간다운 생활을 향유할 수 있도록 자립을 지원하며, 사회참여·자아실현에 필요한 제도와 여건을 조성하여 사회통합과 행복한 복지사회를 실현하는 것을 기본 이념으로 한다(사회보장기본법 제2조).

(2) 사회보장기본법상의 정의(사회보장기본법 제3조)

이 법에서 사용하는 용어의 뜻은 다음과 같다.

① 사회보장이란 출산, 양육, 실업, 노령, 장애, 질병, 빈곤 및 사망 등의 사회적 위험으로부터 모든 국민을 보호하고 국민 삶의 질을 향상시키는 데 필요한 소득·서비스를 보장하는 사회보험, 공공부조, 사회서비스를 말한다.

② 사회보험이란 국민에게 발생하는 사회적 위험을 보험의 방식으로 대처함으로써 국민의 건강과 소득을 보장하는 제도를 말한다.

③ 공공부조란 국가와 지방자치단체의 책임 하에 생활 유지 능력이 없거나 생활이 어려운 국민의 최저생활을 보장하고 자립을 지원하는 제도를 말한다.

④ 사회서비스란 국가·지방자치단체 및 민간부문의 도움이 필요한 모든 국민에게 복지, 보건의료, 교육, 고용, 주거, 문화, 환경 등의 분야에서 인간다운 생활을 보장하고 상담, 재활, 돌봄, 정보의 제공, 관련 시설의 이용, 역량 개발, 사회참여 지원 등을 통하여 국민의 삶의 질이 향상되도록 지원하는 제도를 말한다.

⑤ 평생사회안전망이란 생애주기에 걸쳐 보편적으로 충족되어야 하는 기본욕구와 특정한 사회위험에 의하여 발생하는 특수욕구를 동시에 고려하여 소득·서비스를 보장하는 맞춤형 사회보장제도를 말한다.

(3) 국가와 지방자치단체의 책임

사회보장기본법은 국가와 지방자치단체의 책임을 규정하고 있다. 구체적인 책임의 내용은 다음과 같다.

① 국가와 지방자치단체는 모든 국민의 인간다운 생활을 유지·증진하는 책임을 가진다. ② 국가와 지방자치단체는 사회보장에 관한 책임과 역할을 합리적으로 분담하여야 한다. ③ 국가와 지방자치단체는 국가 발전수준에 부응하고 사회환경의 변화에 선제적으로 대응하며 지속가능한 사회보장제도를 확립하고 매년 이에 필요한 재원을 조달하여야 한다. ④ 국가는 사회보장제도의 안정적인 운영을 위하여 중장기 사회보장 재정추계를 격년으로 실시하고 이를 공표하여야 한다(사회보장기본법 제5조).

또한 국가 및 지방자치단체와 가정 간의 관계를 규정하여, 국가와 지방자치단체는 가정이 건전하게 유지되고 그 기능이 향상되도록 노력하여야 하며, 사회보장제도를 시행할 때에 가정과 지역공동체의 자발적인 복지활동을 촉진하여야 한다고 하고 있다(사회보장기본법 제6조).

(4) 국민의 책임

국가 및 지방자치단체의 책임에 대비하여 국민의 책임도 규정하고 있다. 모든 국민은 자신의 능력을 최대한 발휘하여 자립·자활할 수 있도록 노력하여야 하며, 경제적·사회적·문화적·정신적·신체적으로 보호가 필요하다고 인정되는 사람에게 지속적인 관심을 가지고 이들이 보다 나은 삶을 누릴 수 있는 사회환경 조성에 서로 협력하고 노력하여야 한다는 것이 그 내용이며 그 외 모든 국민은 관계 법령에서 정하는 바에 따라 사회보장급여에 필요한 비용의 부담, 정보의 제공 등 국가의 사회보장정책에 협력하여야 한다는 내용도 규정하고 있다(사회보장기본법 제7조).

(5) 국민의 권리

사회보장기본법은 사회보장수급권을 규정하여 모든 국민은 사회보장 관계 법령에서 정하는 바에 따라 사회보장급여를 받을 권리를 가진다고 규정하고 있다(사회보장기본법 제9조).

이러한 사회보장급여 수준향상을 위해 국가와 지방자치단체는 모든 국민이 건강하고 문화적인 생활을 유지할 수 있도록 노력하여야 한다. 또한 국가는 관계 법령에서 정하는 바에 따라 최저보장수준과 최저임금을 매년 공표하여야 하며, 최저보장수준과 최저임금 등을 고려하여 사회보장급여의 수준을 결정하여야 한다고 규정하고 있다(사회보장기본법 제10조). 이러한 사회보장급여를 받으려는 사람은 관계 법령에서 정하는 바에 따라 국가나 지방자치단체에 신청하여야 하며(사회보장기본법 제11조), 사회보장수급권은 관계 법령에서 정하는 바에 따라 다른 사람에게 양도하거나 담보로 제공할 수 없으며, 이를 압류할 수 없다고 하여 사회보장수급권을 보호하고 있다(사회보장기본법 제12조).

3) 사회보험제도

(1) 개념

보험은 장래의 불확실한 위험에 대비하며, 이를 피보험자 전체에게 분산시키는 역할을 한다. 그 가운데서도 사회보험은 사회에서 발생 가능한 위험을 당해 사회의 공동책임으로 인식하고 이에 대비하는 것을 목적으로 한다. 즉 사회보험은 사회정책을 실현하기 위한 보험으로서 국가가 사회정책을 수행하기 위해서 보험의 원리와 방식을 도입하여 만든 사회경제제도이다(박명순, 2009: 5). 실정법상으로 사회보험이라 함은 국민에게 발생하는 사회적 위험을 보험방식에 의하여 대처함으로써 국민건강과 소득을 보장하는 제도를 말한다(사회보장기본법 제3조). 이를 종합하여 보면 사회보험제도는 사회보장의 목적을 실현하는 하나의 수단과 방식으로 기여에 대한 보장이라는 보험방식을 도입해서 피보험자가 사회적 위험에 처할 때 국가가 직접 또는 위탁하여 소정의 급여를 지급하여 경제적 불안정으로부터 보호하는 사회보장정책을 말한다고 볼 수 있다(박명순, 2009: 6).

(2) 특징

사회보험은 사보험에 대비하여 여러 특징을 가지고 있다. 첫째, 사회보험 재원은 통상 가입자와 사용자가 부담하는 갹출금을 기초로 한다. 둘째, 사회보험은 방빈적 소득보장 수단이다. 셋째, 사회보험은 강제가입을 특징으로 한다. 넷째, 사회보험은 비영리적 국가사업이다. 다섯째, 사회보험은 현대산업사회에서의 사회적 위험의 보편성과 그로 인한 생활붕괴의 가능성 속에서 위험의 분산과 소득의 재분배를 그 기본이념으로 한다(박명순, 2009: 8).

제8장

국 제 법

제1절 국제법의 의의와 법원

1. 국제법의 의의

국제법이란 국제사회의 법으로서 주로 국가 간의 관계를 규율하는 법이다. 어느 나라나 사회의 질서 유지를 위해 국내법이 필요하듯이 주로 국가로 구성된 국제사회의 질서를 위해 만들어진 법이 국제법이다.

역사적으로 국제법은 국가 간의 관계를 규율하는 법으로 시작되었으며, 오랫동안 국가 간의 법으로만 인식되어 왔다. 그러나 20세기 이후 국제사회의 조직화와 국제교류의 확대를 배경으로 국제법의 적용영역이 크게 확대되었다. 이제 국제사회에는 국가 이외의 국제법적 실체가 등장하였고, 그 대표적이 예가 UN과 같은 국제기구이다. 최근에는 개인에게도 제한적이나마 국제법 주체성이 인정된다. 이러한 국제사회의 변화로 인하여 국제법이 국가 간의 관계만을 규율하는 법이라는 전통적 생각은 더 이상 현실에 맞지 않게 되었다. 이제 국제사회의 법으로서 국제법은 국가와 국제기구는 물론 제한적이나마 개인도 직접 규율하고 있다(정원섭, 2014: 1).

즉 국제법은 국제기구 및 개인의 행위를 규율하고 이들 상호관계나 국가와의 관계도 규율하는 것으로 변화되었다. 따라서 국제법에 대한 현대적 정의는 국제법이라 함은 국가, 국제기구 및 개인 등을 포함한 다양한 실체

(entity)를 규율하는 국제사회의 법이라 할 수 있다(홍완식 외, 2015: 213).

국제법은 바로 이 규율 기준으로서 역할을 한다. 그런데 특기할 점은 국제법이 주로 '국가 간'의 관계를 규율하는 역할을 한다는 점이다. 현대 국제사회에는 국가 외에도 국제기구와 개인 등 다양한 행위자가 존재한다. 이들의 등장 이전에 국제법은 '국가 간의 법'으로 인식되었다. 하지만 국제기구와 개인의 등장으로 이들 간의 관계도 규율할 필요성이 대두되었고 국제법의 개념 역시 국제사회의 법 내지는 국제공통체의 법으로 변화하기 시작했다(최원엽 외, 2013: 21).

2. 국제법의 법원

1) 조약

국가 간의 합의를 내용으로 한 문서를 말하는데, 이 조약의 내용인 상호간의 약정이 국제법이 된다. 조약이 국제법의 법원이 되기 위해서는 보편적・일반적인 것, 즉 모든 국가에 개방되고 모든 국가가 가입할 수 있는 조약임을 요한다(남궁승태, 2015: 478).

2) 국제관습법

국제관습법은 국제법규의 일종으로 성문의 국제법규와 구분되는 것이다(허영, 1996: 177). 국제관습법이 성립되기 위해서는 객관적 요건으로 국가들의 일반적 관행과 주관적 요건으로 법적 확신이 요구된다(최원엽 외, 2013: 84).

3) 법의 일반원칙

국제사법재판소 규정 제38조는 재판의 준칙으로서 조약과 국제관습법 이외에 '문명국에 의하여 승인된 법의 일반원칙'을 들고 있다. 법의 일반원칙은 모든 국가의 국내법에서 공통적으로 인정되고 있는 일반원칙들로, 신의성실의 원칙, 권리남용금지의 원칙, 기판력의 원칙, 손해배상원칙, 금반언의 원칙 등이 이에 해당한다. 법의 일반원칙이 법원인가의 여부에 대해 찬반의 의견이 있으나 국제법의 흠결로 인한 재판 불능의 방지와 법관의 자의적・독단적 재판의 방지 등의 기능을 한다(홍완식 외, 2015: 216).

4) 국제법과 국내법의 관계

국제법과 국내법의 관계에 대한 검토는 양자의 내용이 충돌되는 경우 국내의 행정부나 법원은 국제법과 국내법 중 어느 편을 우선하여 적용할 것인가 또는 국제재판소에서는 어느 편을 우선시할 것인가의 문제이다. 국제법과 국내법의 관계를 설명하려는 이론은 전통적으로 국내법 우위론, 이원론, 국제법 우위론으로 대별되어 왔다. 국내법 우위론은 국내법이 국제법보다 항상 우월한 효력을 지니며, 양자가 서로 모순되는 경우 국내법이 우선 적용되어야 한다는 이론이다. 이원론은 국제법과 국내법을 상호 독립적으로 존재하는 별개의 법체계로 인식하는 이론이다. 국제법 우위론은 국제법이 국내법의 타당근거이며, 양자가 충돌되는 경우 국제법을 적용해야 한다는 입장이다(정인섭, 2014: 37－40).

제2절 국제법의 주체

1. 국 가

국제법상 국가라 함은 일정한 영역의 일정한 인민에게 주권을 행사할 수 있는 권능을 가진 주권국가를 말하며, 국가는 국제법상 가장 기본적인 주체이며, 전형적·능동적·영구적·완전한 주체이다(홍완식 외, 2015: 217).

국가는 국제법의 주체로서 중요한 지위를 차지하고 있다. 대다수의 국가는 완전한 국제법상의 능력을 가지고 있으나, 일부국가는 불완전한 주체로서 국제법상의 능력이 제한되어 있다. 완전한 주체인 국가를 독립국 또는 주권국이라 부르며, 불완전한 국가를 비독립국이라 한다(남궁승태, 2015: 478). 이런 다양한 경우에도 불구하고 공통적으로 국가로 인정받기 위해서 1933년 '국가의 권리 의무에 관한 몬테비데오 협약'에서 제시된 ① 항구적 인민, ② 확정된 영토, ③ 정부, ④ 다른 국가들과 관계를 맺을 수 있는 능력의 요건을 갖추어야 한다. 국가 승인 행위를 위해서는 ① 객관적 요건과 ② 주관적 요건이 갖추어야 한다. 먼저 객관적 요건으로는 승인의 대상이 되는 국가의 성립이 이루어져야 한다. 주관적 요건으로 그 국가의 국제법 준수 의사와 능력이 갖추어져야 한다(최원엽 외, 2013: 110-112). 그러나 어떤 정치적 실체가 외형상 국민, 영토, 정부의 3요소를 갖추면 자동적으로 국제법상의 국가성을 인정받는가? 국제법에 위반되어 탄생한 국가라도 당연히 인정되는가? 라는 문제점에서 민족자결을 요건으로 들고 있는 입장도 있다(정인섭, 2014: 54-55).

2. 국제기구

국제기구란 공동의 이익이나 목적을 달성하기 위하여 조약에 의해 성립된 국가 상호 간의 결합체를 의미한다. 일반적으로 국제기구라 함은 정부간 기구를 의미한다. 민간단체인 비정부 간 국제기구는 일반적으로 말하는 국제기구의 범주에 포함되지 않는다. 하지만 국제사회의 변화와 성격변화로 인해 NGO의 역할과 위상도 높아지고 있는 것은 사실이다.

국제기구는 회원국의 범위를 기준으로 보편적 국제기구와 지역적 국제기구로 분류한다. 국제연합과 같이 세계의 어느 국가든지 회원국이 될 수 있는 국제기구를 보편적 국제기구라 하며, 아프리카 연합이나 북대서양조약기구와 같이 특정 지역의 국가만이 회원국이 될 수 있는 국제기구를 지역적 국제기구라 한다(최원엽 외, 2013: 171).

국제기구는 회원국들과는 별개의 법인격을 가지며 그 목적 내에서 국제법의 주체성을 인정받는다. 다만 국가와는 달리 해당 국제기구의 목적과 임무의 범위 내에서 법인격을 향유한다. 보통 국제기구는 설립헌장에 근거하여 설립된다. 어떤 국제기구가 법인격을 가지는가는 1차적으로 설립헌장에 의하여 판단한다(홍완식 외, 2015: 225).

3. 개 인

개인의 국제법 주체성을 인정한다는 것은 개인이 그 자신의 이름으로 국제법상 권리·의무의 주체가 된다는 것을 의미한다. 오늘날 국제사회에서 개인의 역할이 증가함에 따라 개인의 국제법 주체성 인정에 대한 견해와 실행이 긍정적으로 축적되는 경향이 강하다. 하지만 전통적으로 국제법상 국가만이 국제법의 주체로 인식되어 온 것도 사실이다. 그동안 개인이 국제법의 객체라는 점에는 의문의 여지가 없었으나 국제법의 주체가 될 수 있는지에 관해서는 대립되는 견해가 존재했다(최원엽 외, 2013: 197).

종래의 통설은, 개인은 국제법상 아무런 지위를 가지지 못하며 권리·의무의 주체가 될 수 없다고 하였으며, 비록 개인의 권리·의무가 국제법상에 규정된 경우라도 국가를 통하여 개인에 귀속되는 것으로 해석되어 왔었다. 그러나 제2차대전 후 연합국이 패전국의 전쟁범죄인에 대하여 국제법을 적용하여 처벌한 것은 개인도 국제법상의 주체가 될 수 있다는 것을 보여주고 있다. 더욱이 제2차대전 후 국제연합헌장을 비롯한 여러 조약에서 개인의 기본적 인권을 국제적으로 보장하고 있는 것은 개인의 국제적인 지위가 점차적으로 커져 가고 있다는 것을 시사하고 있다(남궁승태, 2015: 479).

제3절 국가영역

1. 국가영역 구성

국가영역은 일국가가 국제법의 제한 아래 자유로이 통치할 수 있는 지역을 말한다. 영역은 일정한 토지를 중심으로 하여 그 주위의 일정한 바다와 그 상공의 공간으로 나누어지는데, 그 토지를 영토라 하고, 바다를 영해, 공간을 영공이라 한다(남궁승태, 2015: 479).

2. 영토 · 영수 · 영공

영토는 국가영역 중 가장 기본적인 영역이다. 즉 영토를 기준으로 영해가 정해지고 영토와 영해를 기준으로 영공이 정해진다. 영토는 국가영역권이 가장 강하게 적용되는 지역이다. 국가영토의 한계는 국경선에 의해서 정해진다. 국경선은 국가 간의 합의를 통해 결정된다. 하천이 국경선인 경우 그에 대한 당사국간의 명시적 합의가 없을 때에는 가항 수로의 중앙을 국경선으로 한다. 이를 Thalweg원칙이라 한다. 산맥이 국경선인 경우에는 분수령이 그 선이 된다(홍완식 외, 2015: 241).

그리고 영수는 수역으로 이루어진 국가 영역으로 내수, 군도수역, 영해, 해협으로 구성된다. 접속 수역이나 배타적 경제수역(EEZ), 대륙붕은 영수의 범위에 속하지 아니하지만 하천, 만, 항구 등은 영수에 포함된다. 또한 영공이란 영토와 영수의 수직 상공으로 구성된 국가 영역을 말하는데, 영공주권의 절대성에 의하여 영해에서 인정되는 무해통항권이나 통과통항권 같은 권리가 영공에서는 인정되지 않는다. 따라서 영공비행이나 착륙은 영토국의 허가가 있어야 하며 허가가 없는 비행 및 착륙은 국제법상 위법 행위로 인정된다(최원엽 외, 2013: 242-243).

3. 국가영역의 취득

현재 국가영역의 취득으로서는 선점, 할양, 첨부, 정복 등이 인정되고 있다. 국가가 영토취득의 의사를 가지고 무주지를 실효적으로 지배함으로써 완성되는 권원이 선점이다. 할양이란 국가가 자국 영토를 타국으로 이양하는 합의에 근거한 영토주권의 이전이다. 첨부란 자연현상에 의한 영토의 변경을 가리킨다. 무력에 의한 영토취득은 과거 가장 일반적인 영토취득의 방법이었다. 무력에 의한 외국 영토의 점령과 이를 자국 영토로 삼겠다는 국가의 의사, 그리고 그 상태를 유지할 수 있는 국가의 능력이 갖추어지면 정복에 의한 영토취득이 완성된다고 생각하였다(정인섭, 2014: 174-178).

4. 해양법

1) 의의

해양법은 수역의 설정과 이용, 생물과 광물자원의 개발, 항행, 해양환경보호 등 해양과 관련된 국제 관계를 규율하는 법으로써 국제법에서의 중요한 부분이다. 해양은 오랜 전통을 지니고 있으며 특히 1982년 'UN 해양법협약'을 통하여 획기적인 발전을 이루었다. 우리나라는 3면이 바다로 둘러싸인 국가로 어업자원을 비롯한 각종 해양자원의 이용과 개발에 있어 인접국과의 분쟁이 끊이지 않고 있다. 따라서 해양자원의 보존과 관리에 관한 법체계의 정확한 이해와 연구가 필요하다(최원엽 외, 2013: 248).

2) 영해의 법적 지위

영해의 법적 지위란 연안국이 영해에 대하여 갖는 권리를 말한다. 현재 영해에 대한 연안국의 권리는 주권이라는 주장이 우세하고, 이에 대해서 1958년 영해 및 접속수역에 관한 협약 제1조와 제2조 그리고 해양법협약 제2조는 연안국이 영토, 내수, 군도수역 및 영해에 대해 갖는 권리는 주권으로 규정하여 주권설을 따르고 있다. 오늘날 주권개념을 절대적인 것으로 보지 않고 주권도 국제법에 의해 제한된다는 점을 인정하고 있는 사실에 비추어 본다면 영해에서 외국선박에 무해통항권을 인정하고 재판관할권 행사가 제한된다고 하지만 본질적으로는 주권이 미치는 국가영역으로 보아야 할 것이다(홍완식 외, 2015: 244).

영토와 영공과 마찬가지로 영해에 대한 우리나라의 국가권력은 국제법상의 무해항해권 등에 의해서 제약을 받는 경우도 있으나 그것은 국제법상의 상호주의원칙에 따라 우리의 영토고권의 본질이 침해되지 않는 범위 내에서만 허용된다(허영, 1996: 183).

제4절 국제분쟁

1. 개　　념

국제분쟁이란 법률이나 사실에 관한 국가 간 의견의 불일치, 즉 법률적 견해나 이해관계의 충돌이다. 다만 단순히 국가 간의 견해나 이해의 충돌만으로 국제분쟁이 발생하는 것은 아니며, 일방 당사자의 청구에 대해 타방당사자의 적극적 반대가 있어야만 분쟁이 성립한다(정인섭, 2014: 343).

2. 비사법적 해결

국제 분쟁의 비사법적 분쟁 해결 수단이란 국가 간 분쟁을 재판 절차와 같은 사법적 수단에 의하지 아니하고 정치적 혹은 외교적 수단을 동원하여 해결하는 것을 말한다. 이러한 비사법적 해결 수단으로는 직접교섭, 주선,

중개, 사실심사, 조정 등이 있다(최원엽 외, 2013: 293).

현실에서 발생하는 대부분의 분쟁은 당사국간의 직접적인 교섭을 통해 해결된다. 교섭이란 단순한 항의나 논박과는 다르며, 분쟁 당사국이 문제의 분쟁을 해결하기 위해 상대방과의 협의를 진행하려는 진정한 의도를 가지고 임해야 한다. 교섭은 당사국이 원하는 기간 동안 계속될 수 있다. 교섭으로 해결을 기대하기 어렵다고 판단하는 당사국은 교섭을 중단할 수 있고, 합의가 된다면 언제든지 다시 교섭을 재개할 수 있다. 그 외 주선, 중개, 심사 조정 등이 있다. 주선은 제3자가 분쟁의 내용에는 개입하지 않고 당사자 간의 외교교섭의 타결에 조력하는 방안이다. 알선이라고도 한다. 오늘날 UN 사무총장과 같이 국제적으로 비중 있는 인물이 이러한 역할을 하는 경우가 많다. 중개는 중립적인 제3자가 분쟁의 내용에도 개입하여 분쟁 당사국들의 의견을 조정하거나 스스로 해결책을 제시함으로써 분쟁의 타결을 도모하는 방안이다. 주선과의 차이는 제3자의 개입 정도에 있다. 심사란 제3자가 분쟁의 원인이 된 사실을 명확히 함으로써 분쟁의 해결을 도모하는 방안이다. 과거 많은 국제분쟁은 그 원인인 사실을 정확히 알지 못해 발생했거나 악화된 사례가 많았다. 조정은 제3자에게 사실심사를 맡기는 데 그치지 않고 제3자가 그 해결조건까지 제시하는 방안이다. 심사와 중개의 기능이 결합된 형태이다(정인섭, 2014: 344–345).

3. 사법적 해결

국제 분쟁의 사법적 해결 수단은 국제재판소가 국제법에 기초한 구속력 있는 결정을 내림으로써 분쟁을 해결하는 것을 말한다. 이러한 사법적 해결은 중재재판과 사법재판으로 구분된다. 사법재판은 판결을 내리는 기관의 구성과 운영이 분쟁 당사국과 독립되어 그들의 통제권 밖에 있다는 점에서 당사국들의 합의가 중시되는 중재재판과 구별된다(최원엽 외, 2013: 295).

국제재판은 보통 독립적 지위에 있는 제3자인 재판소가 원칙적으로 국제법에 의거하여 국제분쟁을 해결하는 것이다. 국제재판은 원칙적으로 법에 의거하여 행하여지며 그 판결은 법적 구속력이 있어 분쟁당사국은 이를 수락하여야 할 법적의무를 지는데, 이것은 다른 분쟁해결 방법과 다른 점인 동시에 또한 다른 방법에 비하여 훨씬 진보된 방법이라는 것을 뜻한다. 이와 같이 분쟁이 재판에 부탁되기만 하면 반드시 확정적으로 해결되므로 국제재판은 전쟁을 방지하고 나아가서는 국제평화를 유지하는데 대단히 중요한 것이다. 따라서 국제재판의 확립은 현 국제사외에 있어서 중대한 당면과제라 할 수 있다(홍완식 외, 2015: 250).

중재재판이란 분쟁 당사국이 스스로 선정한 재판관에 의하여 법에 대한 존중을 바탕으로 분쟁을 구속력 있는 판정으로 해결함을 목적으로 하는 제도이다. 중재재판은 그 결과가 분쟁 당사국에 대해 구속력을 지닌다는 점에서 조정, 심사 등과 같은 분쟁의 비사법적 해결방법과 차이가 있고, 분쟁당사국이 재판관과 재판의 준칙을 직접 결정한다는 점에서 이러한 제도가 사전에 마련되어 있는 사법재판과 구별된다. 중재재판이란 절차의 진행은 당사국의 의상에 따르나, 그 결과는 구속력을 갖는 제도이다. 중재재판에서는 재판관을 통행 Judge라고 칭하지 않고 Arbitrator라고 부르며, 재판결과를 Judgement라고 칭하지 않고 Award라고 부른다(정인섭, 2014: 360).

제9장

경비업법

제1절 의 의

1. 경비업의 개념

경비업은 법인이 아니면 영위할 수 없으며[1], 시설경비업무, 호송경비업무, 신변보호업무, 기계경비업무, 특수경비업무의 전부 또는 일부를 도급받아 행하는 영업을 말한다.

2. 경비업의 종류

1) 시설경비업무

경비를 필요로 하는 시설 및 장소(이하 "경비대상시설"이라 한다)에서의 도난・화재, 그 밖의 혼잡 등으로 인한 위험발생을 방지하는 업무를 말한다.

2) 호송경비업무

운반중에 있는 현금・유가증권・귀금속・상품 그 밖의 물건에 대하여 도난・화재 등 위험발생을 방지하는 업무를 말한다.

---

1) 경비업법 제3조(법인): 경비업은 법인이 아니면 이를 영위할 수 없다.

3) 신변보호업무

사람의 생명이나 신체에 대한 위해의 발생을 방지하고 그 신변을 보호하는 업무를 말한다.

4) 기계경비업무

경비대상시설에 설치한 기기에 의하여 감지・송신된 정보를 그 경비대상시설외의 장소에 설치한 관제시설의 기기로 수신하여 도난・화

재 등 위험발생을 방지하는 업무를 말한다.

5) 특수경비업무

공항(항공기를 포함한다) 등 대통령령이 정하는 국가중요시설(이하 "국가중요시설"이라 한다)의 경비 및 도난・화재 그 밖의 위험발생을 방지하는 업무를 말한다.

3. 경비지도사와 경비원

1) 경비지도사

"경비지도사"라 함은 경비원을 지도・감독 및 교육하는 자를 말하며 일반경비지도사와 기계경비지도사로 구분한다.

2) 경비원

"경비원"이라 함은 경비업의 허가를 받은 법인(이하 "경비업자"라 한다)이 채용한 고용인으로서 일반경비원과 특수경비원으로 구성된다.

"무기"라 함은 인명 또는 신체에 위해를 가할 수 있도록 제작된 권총・소총 등을 말한다.

제2절 경비업의 허가 등

1. 경비업의 허가[2)]

경비업을 영위하고자 하는 법인은 도급받아 행하고자 하는 경비업무를 특정하여 그 법인의 주사무소의 소재지를 관할하는 지방경찰청장의 허가를 받아야 한다. 도급받아 행하고자 하는 경비업무를 변경하는 경우에도 또한 같다.

경비업의 허가를 받고자 하는 법인은 다음의 요건을 갖추어야 한다.

① 대통령령으로 정하는 1억원 이상의 자본금의 보유

② 다음 각 목의 경비인력 요건

가. 시설경비업무: 경비원 20명 이상 및 경비지도사 1명 이상

나. 시설경비업무 외의 경비업무: 대통령령으로 정하는 경비 인력

위의 경비인력을 교육할 수 있는 교육장을 포함, 대통령령으로 정하는 시설과 장비의 보유를 하여야 한다.

그 밖에 경비업무 수행을 위하여 대통령령으로 정하는 사항

2. 법인의 신고사항

경비업의 허가를 받은 법인은 다음의 사유에 해당하는 때에는 지방경찰청장에게 신고하여야 한다.

① 영업을 폐업하거나 휴업한 때

② 법인의 명칭이나 대표자·임원을 변경한 때

③ 법인의 주사무소나 출장소를 신설·이전 또는 폐지한 때

④ 기계경비업무의 수행을 위한 관제시설을 신설·이전 또는 폐지한 때

⑤ 특수경비업무를 개시하거나 종료한 때

⑥ 그 밖에 대통령령이 정하는 중요사항을 변경한 때

---

2) 경비업법 제4조 제1항, 경비업을 영위하고자 하는 법인은 도급받아 행하고자 하는 경비업무를 특정하여 그 법인의 주사무소의 소재지를 관할하는 지방경찰청장의 허가를 받아야 한다. 도급받아 행하고자 하는 경비업무를 변경하는 경우에도 또한 같다.

3. 임원의 결격사유

다음에 해당하는 자는 경비업을 영위하는 법인의 임원이 될 수 없다.

① 피성년후견인 또는 피한정후견인

② 파산선고를 받고 복권되지 아니한 자

③ 금고 이상의 형의 선고를 받고 그 형이 실효되지 아니한 자

④ 이 법 또는 「대통령 등의 경호에 관한 법률」에 위반하여 벌금형의 선고를 받고 3년이 지나지 아니한 자

⑤ 이 법(제19조 제1항 제2호[3] 및 제7호[4]는 제외한다) 또는 이 법에 의한 명령에 위반하여 허가가 취소된 법인의 허가취소 당시의 임원이었던 자로서 그 취소 후 3년이 지나지 아니한 자

⑥ 제19조 제1항 제2호 및 제7호의 사유로 허가가 취소된 법인의 허가 취소 당시의 임원이었던 자로서 허가가 취소된 날부터 5년이 지나지 아니한 자

4. 허가의 취소

허가관청은 경비업자가 다음 각 호의 어느 하나에 해당하는 때에는 그 허가를 취소하여야 한다.

① 허위 그 밖의 부정한 방법으로 허가를 받은 때

② 제7조 제5항[5]의 규정에 위반하여 허가받은 경비업무외의 업무에 경비원을 종사하게 한 때

5. 허가의 유효기간

① 경비업 허가의 유효기간은 허가받은 날부터 5년으로 한다.

---

3) 경비업법 제19조 제1항 제2호, 제7조 제5항(경비업자는 허가받은 경비업무외의 업무에 경비원을 종사하게 하여서는 아니된다)의 규정에 위반하여 허가받은 경비업무외의 업무에 경비원을 종사하게 한 때

4) 경비업법 제19조 제1항 제7호, 제15조의2 제2항(누구든지 경비원으로 하여금 경비업무의 범위를 벗어난 행위를 하게 하여서는 아니된다)을 위반하여 소속 경비원으로 하여금 경비업무의 범위를 벗어난 행위를 하게 한 때

5) 경비업법 제7조 제5항, 경비업자는 허가받은 경비업무외의 업무에 경비원을 종사하게 하여서는 아니된다.

② 유효기간이 만료된 후 계속하여 경비업을 하고자 하는 법인은 행정자치부령이 정하는 바에 의하여 갱신허가를 받아야 한다.

6. 경비업자의 의무

① 경비업자는 경비대상시설의 소유자 또는 관리자(이하 "시설주"라 한다)의 관리권의 범위안에서 경비업무를 수행하여야 하며, 다른 사람의 자유와 권리를 침해하거나 그의 정당한 활동에 간섭하여서는 아니된다.

②경비업자는 경비업무를 성실하게 수행하여야 하고, 도급을 의뢰받은 경비업무가 위법 또는 부당한 것일 때에는 이를 거부하여야 한다.

③경비업자는 불공정한 계약으로 경비원의 권익을 침해하거나 경비업의 건전한 육성과 발전을 해치는 행위를 하여서는 아니된다.

④ 경비업자의 임·직원이거나 임·직원이었던 자는 다른 법률에 특별한 규정이 있는 경우를 제외하고는 그 직무상 알게 된 비밀을 누설하거나 다른 사람에게 제공하여 이용하도록 하는 등 부당한 목적을 위하여 사용하여서는 아니된다.

⑤ 경비업자는 허가받은 경비업무외의 업무에 경비원을 종사하게 하여서는 아니된다.

⑥ 경비업자는 집단민원현장에 경비원을 배치하는 때에는 경비지도사를 선임하고 그 장소에 배치하여 행정자치부령으로 정하는 바에 따라 경비원을 지도·감독하게 하여야 한다.

⑦ 특수경비업무를 수행하는 경비업자(이하 "특수경비업자"라 한다)는 제4조제3항제5호[6]의 규정에 의한 특수경비업무의 개시신고를 하는 때에는 국가중요시설에 대한 특수경비업무의 수행이 중단되는 경우 시설주의 동의를 얻어 다른 특수경비업자중에서 경비업무를 대행할 자(이하 "경비대행업자"라 한다)를 지정하여 허가관청에 신고하여야 한다. 경비대행업자의 지정을 변경하는 경우에도 또한 같다.

⑧ 특수경비업자는 국가중요시설에 대한 특수경비업무를 중단하게 되는 경우에는 미리 이를 제7항의 규정에 의한 경비대행업자에게 통보하여야 하

---

6) 경비업법 제4조 제3항 제5호, 특수경비업무를 개시하거나 종료한 때에는 지방경찰청장에게 신고하여야 한다.

며, 경비대행업자는 통보받은 즉시 그 경비업무를 인수하여야 한다. 이 경우 제7항의 규정은 경비대행업자에 대하여 이를 준용한다.

⑨ 특수경비업자는 이 법에 의한 경비업과 경비장비의 제조・설비・판매업, 네트워크를 활용한 정보산업, 시설물 유지관리업 및 경비원 교육업 등 대통령령이 정하는 경비관련업외의 영업을 하여서는 아니된다.

7. 경비업무 도급인 등의 의무

① 누구든지 제4조제1항[7]에 따른 허가를 받지 아니한 자에게 경비업무를 도급하여서는 아니 된다.

② 누구든지 집단민원현장에 경비인력을 20명 이상 배치하려고 할 때에는 그 경비인력을 직접 고용하여서는 아니 되고, 경비업자에게 경비업무를 도급하여야 한다. 다만, 시설주 등이 집단민원현장 발생 3개월 전까지 직접 고용하여 경비업무를 수행하는 피고용인의 경우에는 그러하지 아니하다.

③ 위 제1항 및 제2항에 따라 경비업무를 도급하는 자는 그 경비업무를 수급한 경비업자의 경비원 채용 시 무자격자나 부적격자 등을 채용하도록 관여하거나 영향력을 행사해서는 아니 된다.

④ 위 제3항에 따른 무자격자 및 부적격자의 구체적인 범위 등은 대통령령으로 정한다.

제3절 기계경비업무

1. 대응체제

기계경비업무를 수행하는 경비업자(이하 "기계경비업자"라 한다)는 경비대상시설에 관한 경보를 수신한 때에는 신속하게 그 사실을 확인하는 등 필요한 대응조치를 취하여야 하며, 이를 위한 대응체제를 갖추어야 한다.

---

7) 경비업법 제4조 제1항, 경비업을 영위하고자 하는 법인은 도급받아 행하고자 하는 경비업무를 특정하여 그 법인의 주사무소의 소재지를 관할하는 지방경찰청장의 허가를 받아야 한다. 도급받아 행하고자 하는 경비업무를 변경하는 경우에도 또한 같다.

2. 오경보의 방지 등

① 기계경비업자는 경비계약을 체결하는 때에는 오경보를 막기 위하여 계약상대방에게 기기사용요령 및 기계경비운영체계 등에 관하여 설명하여야 하며, 각종 기기가 오작동되지 아니하도록 관리하여야 한다.

② 기계경비업자는 대응조치 등 업무의 원활한 운영과 개선을 위하여 대통령령이 정하는 바에 따라 관련 서류를 작성·비치하여야 한다.

제4절 경비지도사 및 경비원

1. 경비지도사 및 경비원의 결격사유

다음에 해당하는 자는 경비지도사 또는 일반경비원이 될 수 없다.

① 만 18세 미만인 자, 피성년후견인, 피한정후견인

② 파산선고를 받고 복권되지 아니한 자

③ 금고 이상의 실형의 선고를 받고 그 집행이 종료(집행이 종료된 것으로 보는 경우를 포함한다)되거나 집행이 면제된 날부터 5년이 지나지 아니한 자

④ 금고 이상의 형의 집행유예선고를 받고 그 유예기간중에 있는 자

⑤ 다음 각 목의 어느 하나에 해당하는 죄를 범하여 벌금형을 선고받은 날부터 10년이 지나지 아니하거나 금고 이상의 형을 선고받고 그 집행이 종료된(종료된 것으로 보는 경우를 포함한다) 날 또는 집행이 유예·면제된 날부터 10년이 지나지 아니한 자

가. 「형법」 제114조의 죄(범죄단체 등의 조직)

나. 「폭력행위 등 처벌에 관한 법률」 제4조의 죄(범죄를 목적으로 한 단체 또는 집단을 구성하거나 그러한 단체 또는 집단에 가입하거나 그 구성원으로 활동한 자)

다. 「형법」 제297조(강간), 제297조의2(유사강간), 제298조(강제추행)부터 제301조(강간 등 상해·치사)까지, 제301조의2(강간 등 살인·치사), 제302

조(미성년자 등에 대한 간음), 제303조(업무상위력 등에 의한 간음), 제305조(미성년자에 대한 간음, 추행), 제305조의2(상습범)의 죄

라. 「성폭력범죄의 처벌 등에 관한 특례법」 제3조부터 제11조까지 및 제15조(제3조부터 제9조까지의 미수범만 해당한다)의 죄

마. 「아동・청소년의 성보호에 관한 법률」 제7조 및 제8조의 죄

바. 다목부터 마목까지의 죄로서 다른 법률에 따라 가중처벌되는 죄

⑥ 다음 각 목의 어느 하나에 해당하는 죄를 범하여 벌금형을 선고받은 날부터 5년이 지나지 아니하거나 금고 이상의 형을 선고받고 그 집행이 유예된 날부터 5년이 지나지 아니한 자

가. 「형법」 제329조(절도)부터 제331조(특수절도)까지, 제331조의2(자동차등 불법사용) 및 제332조(상습범)부터 제343조(예비, 음모)까지의 죄

나. 가목의 죄로서 다른 법률에 따라 가중처벌되는 죄

⑦ 제5호 다목부터 바목까지의 어느 하나에 해당하는 죄를 범하여 치료감호를 선고받고 그 집행이 종료된 날 또는 집행이 면제된 날부터 10년이 지나지 아니한 자 또는 제6호 각 목의 어느 하나에 해당하는 죄를 범하여 치료감호를 선고받고 그 집행이 면제된 날부터 5년이 지나지 아니한 자

⑧ 이 법이나 이 법에 따른 명령을 위반하여 벌금형을 선고받은 날부터 5년이 지나지 아니하거나 금고 이상의 형을 선고받고 그 집행이 유예된 날부터 5년이 지나지 아니한 자

2. 특수경비원의 결격사유

① 만 18세 미만 또는 만 60세 이상인 자, 피성년후견인, 피한정후견인

② 위 경비지도사 또는 일반경비원의 결격사유 (2)～(8)까지의 어느 하나에 해당하는 자

③ 금고 이상의 형의 선고유예를 받고 그 유예기간중에 있는 자

④ 행정자치부령이 정하는 신체조건에 미달되는 자

3. 경비지도사의 시험 등

1) 경비지도사의 시험

① 경비지도사는 제10조 제1항 각호의 1(만 18세 미만인 자, 피성년후견인, 피한정후견인 등 8가지 규정)에 해당하지 아니하는 자로서 경찰청장이 시행하는 경비지도사시험에 합격하고 행정자치부령이 정하는 교육을 받은 자이어야 한다.

② 경찰청장은 제1항의 규정에 의한 교육을 받은 자에게 행정자치부령이 정하는 바에 따라 경비지도사자격증을 교부하여야 한다.

③ 경비지도사시험의 시험과목, 시험공고, 시험의 일부가 면제되는 자의 범위 그 밖에 경비지도사시험에 관하여 필요한 사항은 대통령령으로 정한다.

2) 경비지도사의 선임

① 경비업자는 대통령령이 정하는 바에 따라 경비지도사를 선임하여야 한다.

② 제1항의 규정에 의하여 선임된 경비지도사의 직무는 다음과 같다.

가. 경비원의 지도·감독·교육에 관한 계획의 수립·실시 및 그 기록의 유지

나. 경비현장에 배치된 경비원에 대한 순회점검 및 감독

다. 경찰기관 및 소방기관과의 연락방법에 대한 지도

라. 집단민원현장에 배치된 경비원에 대한 지도·감독

마. 그 밖에 대통령령이 정하는 직무

③ 선임된 경비지도사는 제2항 각호의 규정에 의한 직무를 대통령령이 정하는 바에 따라 성실하게 수행하여야 한다.

4. 경비원의 교육 등

① 경비업자는 경비업무를 적정하게 실시하기 위하여 경비원으로 하여금 대통령령으로 정하는 바에 따라 경비원 신임교육 및 직무교육을 받게 하여야 한다. 다만, 경비업자는 대통령령으로 정하는 경력 또는 자격을 갖춘 일반경비원을 신임교육 대상에서 제외할 수 있다.

② 경비원이 되려는 사람은 대통령령으로 정하는 교육기관에서 미리 일반경비원 신임교육을 받을 수 있다.

③ 특수경비업자는 대통령령으로 정하는 바에 따라 특수경비원으로 하여금 특수경비원 신임교육과 정기적인 직무교육을 받게 하여야 하고, 특수경비원 신임교육을 받지 아니한 자를 특수경비업무에 종사하게 하여서는 아니 된다.

④ 제3항에 의한 특수경비원의 교육시 관할경찰서 소속 경찰공무원이 교육기관에 입회하여 대통령령이 정하는 바에 따라 지도·감독하여야 한다.

5. 특수경비원의 직무 및 무기사용 등

① 특수경비업자는 특수경비원으로 하여금 배치된 경비구역안에서 관할 경찰서장 및 공항경찰대장 등 국가중요시설의 경비책임자(이하 "관할 경찰관서장"이라 한다)와 국가중요시설의 시설주의 감독을 받아 시설을 경비하고 도난·화재 그 밖의 위험의 발생을 방지하는 업무를 수행하게 하여야 한다.

② 특수경비원은 국가중요시설에 대한 경비업무 수행중 국가중요시설의 정상적인 운영을 해치는 장해를 일으켜서는 아니된다.

③ 지방경찰청장은 국가중요시설에 대한 경비업무의 수행을 위하여 필요하다고 인정하는 때에는 시설주의 신청에 의하여 무기를 구입한다. 이 경우 시설주는 그 무기의 구입대금을 지불하고, 구입한 무기를 국가에 기부채납하여야 한다.

④ 지방경찰청장은 국가중요시설에 대한 경비업무의 수행을 위하여 필요하다고 인정하는 때에는 관할경찰관서장으로 하여금 시설주의 신청에 의하여 시설주로부터 국가에 기부채납된 무기를 대여하게 하고, 시설주는 이를 특수경비원으로 하여금 휴대하게 할 수 있다. 이 경우 특수경비원은 정당한 사유없이 무기를 소지하고 배치된 경비구역을 벗어나서는 아니된다.

⑤ 시설주가 제4항의 규정에 의하여 대여받은 무기에 대하여 시설주 및 관할 경찰관서장은 무기의 관리책임을 지고, 관할 경찰관서장은 시설주 및 특수경비원의 무기관리상황을 대통령령이 정하는 바에 따라 지도·감독하여야 한다.

⑥ 관할 경찰관서장은 무기의 적정한 관리를 위하여 제4항의 규정에 의

하여 무기를 대여받은 시설주에 대하여 필요한 명령을 발할 수 있다.

⑦ 시설주로부터 무기의 관리를 위하여 지정받은 책임자(이하 "관리책임자"라 한다)는 다음 각항에 의하여 이를 관리하여야 한다.

가. 무기출납부 및 무기장비운영카드를 비치·기록하여야 한다.

나. 무기는 관리책임자가 직접 지급·회수하여야 한다.

⑧ 특수경비원은 국가중요시설의 경비를 위하여 무기를 사용하지 아니하고는 다른 수단이 없다고 인정되는 때에는 필요한 한도안에서 무기를 사용할 수 있다. 다만, 다음 각항에 해당하는 때를 제외하고는 사람에게 위해를 끼쳐서는 아니된다.

가. 무기 또는 폭발물을 소지하고 국가중요시설에 침입한 자가 특수경비원으로부터 3회 이상 투기(투기) 또는 투항(투항)을 요구받고도 이에 불응하면서 계속 항거하는 경우 이를 억제하기 위하여 무기를 사용하지 아니하고는 다른 수단이 없다고 인정되는 때

나. 국가중요시설에 침입한 무장간첩이 특수경비원으로부터 투항을 요구받고도 이에 불응한 때

⑨ 특수경비원의 무기휴대, 무기종류, 그 사용기준 및 안전검사의 기준 등에 관하여 필요한 사항은 대통령령으로 정한다.

6. 특수경비원의 의무

특수경비원은 직무를 수행함에 있어 시설주·관할 경찰관서장 및 소속상사의 직무상 명령에 복종하여야 한다.

특수경비원은 소속상사의 허가 또는 정당한 사유없이 경비구역을 벗어나서는 아니된다.

특수경비원은 파업·태업 그 밖에 경비업무의 정상적인 운영을 저해하는 일체의 쟁의행위를 하여서는 아니된다.

특수경비원이 무기를 휴대하고 경비업무를 수행하는 때에는 다음 각항에 정하는 무기의 안전사용수칙을 지켜야 한다.

① 특수경비원은 사람을 향하여 권총 또는 소총을 발사하고자 하는 때에는 미리 구두 또는 공포탄에 의한 사격으로 상대방에게 경고하여야 한다. 다만, 다음의 경우로서 부득이한 때에는 경고하지 아니할 수 있다.

가. 특수경비원을 급습하거나 타인의 생명·신체에 대한 중대한 위험을 야기하는 범행이 목전에 실행되고 있는 등 상황이 급박하여 경고할 시간적 여유가 없는 경우

나. 인질·간첩 또는 테러사건에 있어서 은밀히 작전을 수행하는 경우

② 특수경비원은 무기를 사용하는 경우에 있어서 범죄와 무관한 다중의 생명·신체에 위해를 가할 우려가 있는 때에는 이를 사용하여서는 아니된다. 다만, 무기를 사용하지 아니하고는 타인 또는 특수경비원의 생명·신체에 대한 중대한 위협을 방지할 수 없다고 인정되는 때에는 필요한 최소한의 범위 안에서 이를 사용할 수 있다.

③ 특수경비원은 총기 또는 폭발물을 가지고 대항하는 경우를 제외하고는 14세 미만의 자 또는 임산부에 대하여는 권총 또는 소총을 발사하여서는 아니된다.

7. 경비원 등의 의무

① 경비원은 직무를 수행함에 있어 타인에게 위력을 과시하거나 물리력을 행사하는 등 경비업무의 범위를 벗어난 행위를 하여서는 아니된다.

② 누구든지 경비원으로 하여금 경비업무의 범위를 벗어난 행위를 하게 하여서는 아니된다.

8. 경비원의 복장 등

① 경비업자는 경찰공무원 또는 군인의 제복과 색상 및 디자인 등이 명확히 구별되는 소속 경비원의 복장을 정하고 이를 확인할 수 있는 사진을 첨부하여 주된 사무소를 관할하는 지방경찰청장에게 행정자치부령으로 정하는 바에 따라 신고하여야 한다.

② 경비업자는 경비업무 수행 시 경비원에게 소속 경비업체를 표시한 이름표를 부착하도록 하고, 제1항에 따라 신고된 동일한 복장을 착용하게 하여야 하며, 복장에 소속 회사를 오인할 수 있는 표시를 하거나 다른 회사의 복장을 착용하게 하여서는 아니 된다. 다만, 집단민원현장이 아닌 곳에서 신변보호업무를 수행하는 경우 또는 경비업무의 성격상 부득이한 사유가 있어 관할 경찰관서장이 허용하는 경우에는 그러하지 아니하다.

③ 지방경찰청장은 제1항에 따라 제출받은 사진을 검토한 후 경비업자에게 복장 변경 등에 대한 시정명령을 할 수 있다.

④ 제3항에 따른 시정명령을 받은 경비업자는 이를 이행하여야 하고, 지방경찰청장에게 행정자치부령으로 정하는 바에 따라 이행보고를 하여야 한다.

⑤ 그 밖에 경비원의 복장 등에 필요한 사항은 행정자치부령으로 정한다.

9. 경비원의 장비 등

① 경비원이 휴대할 수 있는 장비의 종류는 경적·단봉·분사기 등 행정자치부령으로 정하되, 근무 중에만 이를 휴대할 수 있다.

② 경비업자가 경비원으로 하여금 분사기를 휴대하여 직무를 수행하게 하는 경우에는 「총포·도검·화약류 등 단속법」에 따라 미리 분사기의 소지허가를 받아야 한다.

③ 누구든지 제1항의 장비를 임의로 개조하여 통상의 용법과 달리 사용함으로써 다른 사람의 생명·신체에 위해를 가하여서는 아니 된다.

④ 경비원은 경비업무를 위하여 필요하다고 인정되는 상당한 이유가 있을 때에는 필요한 최소한도에서 제1항의 장비를 사용할 수 있다.

⑤ 그 밖에 경비원의 장비 등에 관하여 필요한 사항은 행정자치부령으로 정한다.

10. 출동차량 등

① 경비업자는 출동차량 등의 도색 및 표지를 경찰차량 및 군차량과 명확히 구별될 수 있게 하여야 한다.

② 경비업자는 출동차량 등의 도색 및 표지를 정하고 이를 확인할 수 있는 사진을 첨부하여 주된 사무소를 관할하는 지방경찰청장에게 행정자치부령으로 정하는 바에 따라 신고하여야 한다.

③ 지방경찰청장은 제2항에 따라 제출받은 사진을 검토한 후 경비업자에게 도색 및 표지 변경 등에 대한 시정명령을 할 수 있다.

④ 제3항에 따른 시정명령을 받은 경비업자는 이를 이행하여야 하고, 지방경찰청장에게 행정자치부령으로 정하는 바에 따라 이행보고를 하여야

한다.

⑤ 그 밖에 출동차량 등에 필요한 사항은 행정자치부령으로 정한다.

11. 결격사유 확인을 위한 범죄경력조회 등

① 경찰청장, 지방경찰청장 또는 관할 경찰관서장은 직권으로 또는 제2항에 따른 범죄경력조회 요청이 있는 경우에는 경비업자의 임원, 경비지도사 또는 경비원이 제5조 제3호·제4호, 제10조 제1항 제3호부터 제8호까지 또는 같은 조 제2항 제2호·제3호에 따른 결격사유에 해당하는지를 확인하기 위하여 「형의 실효 등에 관한 법률」 제6조[8]에 따른 범죄경력조회를 할 수 있다.

② 경비업자는 선출·선임·채용 또는 배치하려는 임원, 경비지도사 또는 경비원이 제5조 제3호·제4호, 제10조 제1항 제3호부터 제8호까지 또는 같은 조 제2항 제2호·제3호에 따른 결격사유에 해당하는지를 확인하기 위하여 주된 사무소, 출장소 또는 배치장소를 관할하는 지방경찰청장 또는 경찰관서장에게 「형의 실효 등에 관한 법률」 제6조에 따른 범죄경력조회를 요청할 수 있다.

---

8) 형의실효등에관한법률 제6조(범죄경력조회·수사경력조회 및 회보의 제한 등): ① 수사자료 표에 의한 범죄경력조회 및 수사경력조회와 그에 대한 회보는 다음 각 호의 어느 하나에 해당하는 경우에 그 전부 또는 일부에 대하여 조회 목적에 필요한 최소한의 범위에서 할 수 있다. 1. 범죄 수사 또는 재판을 위하여 필요한 경우 2. 형의 집행 또는 사회봉사명령, 수강명령의 집행을 위하여 필요한 경우 3. 보호감호, 치료감호, 보호관찰 등 보호처분 또는 보안 관찰업무의 수행을 위하여 필요한 경우 4. 수사자료표의 내용을 확인하기 위하여 본인이 신청하거나 외국 입국·체류 허가에 필요하여 본인이 신청하는 경우 5. 「국가정보원법」 제3조 제2항에 따른 보안업무에 관한 대통령령에 근거하여 신원조사를 하는 경우 6. 외국인의 귀화·국적회복·체류 허가에 필요한 경우 7. 각군 사관생도의 입학 및 장교의 임용에 필요한 경우 8. 병역의무 부과와 관련하여 현역병 및 사회복무요원의 입영(입영)에 필요한 경우 9. 다른 법령에서 규정하고 있는 공무원 임용, 인가·허가, 서훈(서훈), 대통령 표창, 국무총리 표창 등의 결격사유, 징계절차가 개시된 공무원의 구체적인 징계 사유(범죄경력조회와 그에 대한 회보에 한정한다) 또는 공무원연금 지급 제한 사유 등을 확인하기 위하여 필요한 경우 10. 그 밖에 다른 법률에서 범죄경력조회 및 수사경력조회와 그에 대한 회보를 하도록 규정되어 있는 경우 ② 수사자료표를 관리하는 사람이나 직무상 수사자료표에 의한 범죄경력조회 또는 수사경력조회를 하는 사람은 그 수사자료표의 내용을 누설하여서는 아니 된다. ③ 누구든지 제1항에서 정하는 경우 외의 용도에 사용할 목적으로 범죄경력자료 또는 수사경력자료를 취득하여서는 아니 된다. ④ 제1항에 따라 범죄경력자료 또는 수사경력자료를 회보받거나 취득한 자는 법령에 규정된 용도 외에는 이를 사용하여서는 아니 된다. ⑤ 제1항 각 호에 따라 범죄경력조회 및 수사경력조회와 그에 대한 회보를 할 수 있는 구체적인 범위는 대통령령으로 정한다.

③ 제2항에 따른 범죄경력조회 요청을 받은 지방경찰청장 또는 관할 경찰관서장은 경비업자에게 그 결과를 통보할 때에는 경비업자의 임원, 경비지도사 또는 경비원이 제5조 제3호・제4호, 제10조 제1항 제3호부터 제8호까지 또는 같은 조 제2항 제2호・제3호에 따른 결격사유에 해당하는지 여부만을 통보하여야 한다.

④ 지방경찰청장 또는 관할 경찰관서장은 경비업자의 임원, 경비지도사 또는 경비원이 제5조 각 호, 제10조 제1항 각 호 또는 제2항 각 호의 결격사유에 해당하는 사실을 알게 되거나 이 법 또는 이 법에 따른 명령을 위반한 때에는 경비업자에게 그 사실을 통보하여야 한다.

12. 경비원의 명부와 배치허가 등

경비업자는 행정자치부령이 정하는 바에 따라 경비원의 명부를 작성・비치하여야 한다. 다만, 집단민원현장에 배치되는 일반경비원의 명부는 그 경비원이 배치되는 장소에도 작성・비치하여야 한다.

경비업자가 경비원을 배치하거나 배치를 폐지한 경우에는 행정자치부령이 정하는 바에 따라 관할 경찰관서장에게 신고하여야 한다. 다만, 다음의 경우에는 경비원을 배치하기 48시간 전까지 행정자치부령으로 정하는 바에 따라 배치허가를 신청하고, 관할 경찰관서장의 배치허가를 받은 후에 경비원을 배치하여야 하며(제2호 및 제3호의 경우에는 경비원을 배치하기 전까지 신고하여야 한다), 이 경우 관할 경찰관서장은 배치허가를 함에 있어 필요한 조건을 붙일 수 있다.

① 제2조 제1호 가목에 따른 시설경비업무 또는 같은 호 다목에 따른 신변보호업무 중 집단민원현장에 배치된 일반경비원

② 집단민원현장이 아닌 곳에서 제2조 제1호 다목의 규정에 의한 신변보호업무를 수행하는 일반경비원

③ 특수경비원

관할 경찰관서장은 제2항 각 호 외의 부분 단서에 따른 배치허가 신청을 받은 경우 다음의 사유에 해당하는 때에는 배치허가를 하여서는 아니된다. 이 경우 관할 경찰관서장은 다음 각 호의 사유를 확인하기 위하여 소속 경찰관으로 하여금 그 배치장소를 방문하여 조사하게 할 수 있다.

① 제15조의2 제1항 및 제2항을 위반하여 경비업무의 범위를 벗어난 행위를 할 우려가 있는 경우

② 경비원 중 제10조 제1항 또는 제2항에 해당하는 결격자나 제13조에 따른 신임교육을 받지 아니한 사람이 대통령령으로 정하는 기준 이상으로 포함되어 있는 경우

③ 제24조에 따라 경비원의 복장·장비 등에 대하여 내려진 필요한 명령을 이행하지 아니하는 경우

제2항 각 호 외의 부분 단서에 따른 배치허가 신청을 받은 관할 경찰관서장은 배치되는 경비원 중 제10조 제1항 또는 제2항에 해당하는 결격자가 있는 경우에는 그 사람을 제외하고 배치허가를 하여야 한다.

경비업자는 경비원을 배치하여 경비업무를 수행하게 하는 때에는 행정자치부령으로 정하는 바에 따라 배치된 경비원의 인적사항과 배치일시·배치장소 등 근무상황을 기록하여 보관하여야 한다.

경비업자는 다음 각 호의 어느 하나에 해당하는 죄를 범하여 벌금형을 선고받고 5년이 지나지 아니하거나 금고 이상의 형을 선고받고 그 집행이 유예된 날부터 5년이 지나지 아니한 자를 집단민원현장에 일반경비원으로 배치하여서는 아니 된다.

①「형법」 제257조(상해)부터 제262조(폭행치사상)까지, 제264조(상습범), 제276조(체포)부터 제281조(체포 등의 치사상)까지의 죄, 제284조(특수협박)의 죄, 제285조(상습범)의 죄, 제320조(특수주거침입)의 죄, 제324조 제2항(인질강요)의 죄, 제350조의2(공갈)의 죄, 제351조(상습범)의 죄(제350조, 제350조의2의 상습범으로 한정한다), 제369조 제1항(특수손괴)의 죄

②「폭력행위 등 처벌에 관한 법률」 제2조 또는 제3조의 죄

경비업자는 제1항에 따른 경비원 명부에 없는 자를 경비업무에 종사하게 하여서는 아니 되고, 제2항에 따라 경비원을 배치하는 경우에는 제13조(경비원의 교육 등)에 따른 신임교육을 이수한 자를 배치하여야 한다.

관할 경찰관서장은 경비업자가 다음 각 호의 어느 하나에 해당하는 때에는 배치폐지를 명할 수 있다.

① 제2항 각 호 외의 부분 단서를 위반하여 배치허가를 받지 아니하고 경비원을 배치하거나 경비원 명단 및 배치일시·배치장소 등 배치허가 신청의 내용을 거짓으로 한 때

② 제6항의 결격사유에 해당하는 자를 집단민원현장에 일반경비원으로 배치한 때

③ 제7항을 위반하여 신임교육을 이수하지 아니한 자를 제2항 각 호의 경비원으로 배치한 때

④ 경비업자 또는 경비원이 위력이나 흉기 또는 그 밖의 위험한 물건을 사용하여 집단적 폭력사태를 일으킨 때

⑤ 경비업자가 제2항 각 호 외의 부분 본문을 위반하여 신고하지 아니하고 일반경비원을 배치한 때

제5절 행정처분 등

1. 경비업 허가의 취소

허가관청은 경비업자가 다음의 어느 하나에 해당하는 때에는 그 허가를 취소하여야 한다.

① 허위 그 밖의 부정한 방법으로 허가를 받은 때

② 제7조 제5항의 규정에 위반하여 허가받은 경비업무외의 업무에 경비원을 종사하게 한 때

③ 제7조 제9항의 규정에 위반하여 경비업 및 경비관련업외의 영업을 한 때

④ 정당한 사유없이 허가를 받은 날부터 1년 이내에 경비 도급실적이 없거나 계속하여 1년 이상 휴업한 때

⑤ 정당한 사유없이 최종 도급계약 종료일의 다음 날부터 1년 이내에 경비 도급실적이 없을 때

⑥ 영업정지처분을 받고 계속하여 영업을 한 때

⑦ 제15조의2 제2항을 위반하여 소속 경비원으로 하여금 경비업무의 범위를 벗어난 행위를 하게 한 때

⑧ 제18조 제8항에 따른 관할 경찰관서장의 배치폐지 명령에 따르지 아니한 때

허가관청은 경비업자가 다음 각 호의 어느 하나에 해당하는 때에는 대통령령으로 정하는 행정처분의 기준에 따라 그 허가를 취소하거나 6개월 이내의 기간을 정하여 영업의 전부 또는 일부에 대하여 영업정지를 명할 수 있다.

① 제4조 제1항 후단을 위반하여 지방경찰청장의 허가 없이 경비업무를 변경한 때

② 제7조 제2항을 위반하여 도급을 의뢰받은 경비업무가 위법한 것임에도 이를 거부하지 아니한 때

③ 제7조 제6항을 위반하여 경비지도사를 집단민원현장에 선임・배치하지 아니한 때

④ 제8조를 위반하여 경비대상 시설에 관한 경보 대응체제를 갖추지 아니한 때

⑤ 제9조 제2항을 위반하여 관련 서류를 작성・비치하지 아니한 때

⑥ 제10조 제3항을 위반하여 결격사유에 해당하는 경비원을 배치하거나 결격사유에 해당하는 경비지도사를 선임・배치한 때

⑦ 제12조 제1항을 위반하여 경비지도사를 선임한 때

⑧ 제13조를 위반하여 경비원으로 하여금 교육을 받게 하지 아니한 때

⑨ 제16조에 따른 경비원의 복장 등에 관한 규정을 위반한 때

⑩ 제16조의2에 따른 경비원의 장비 등에 관한 규정을 위반한 때

⑪ 제16조의3에 따른 경비원의 출동차량 등에 관한 규정을 위반한 때

⑫ 제18조 제1항 단서를 위반하여 집단민원현장에 일반경비원 명부를 작성・비치하지 아니한 때

⑬ 제18조제2항 각 호 외의 부분 단서를 위반하여 배치허가를 받지 아니하고 경비원을 배치하거나 경비원 명단 및 배치일시・배치장소 등 배치허가 신청의 내용을 거짓으로 한 때

⑭ 제18조 제6항을 위반하여 결격사유에 해당하는 일반경비원을 집단민원현장에 배치한 때

⑮ 제24조에 따른 감독상 명령에 따르지 아니한 때

⑯ 제26조를 위반하여 손해를 배상하지 아니한 때

허가관청은 제1항 및 제2항에 의하여 허가취소 또는 영업정지처분을 하는 때에는 경비업자가 허가받은 경비업무중 허가취소 또는 영업정지사유에

해당되는 경비업무에 한하여 처분을 하여야 한다. 다만, 제1항 제2호 및 제7호에 해당하여 허가취소를 하는 때에는 그러하지 아니하다.

2. 경비지도사자격의 취소 등

경찰청장은 경비지도사가 다음의 조건에 해당하는 때에는 그 자격을 취소하여야 한다.

① 제10조 제1항 각호의 결격사유에 해당하게 된 때

② 허위 그 밖의 부정한 방법으로 경비지도사자격증을 교부받은 때

③ 경비지도사자격증을 다른 사람에게 빌려주거나 양도한 때

④자격정지 기간 중에 경비지도사로 선임되어 활동한 때

경찰청장은 경비지도사가 다음의 조건에 해당하는 때에는 대통령령이 정하는 바에 따라 1년의 범위 내에서 그 자격을 정지시킬 수 있다.

① 제12조 제3항의 규정에 위반하여 직무를 성실하게 수행하지 아니한 때

② 제24조의 규정에 의한 경찰청장 또는 지방경찰청장의 명령을 위반한 때

경찰청장은 제1항의 규정에 의하여 경비지도사의 자격을 취소한 때에는 경비지도사자격증을 회수하여야 하고, 제2항의 규정에 의하여 경비지도사의 자격을 정지한 때에는 그 정지기간동안 경비지도사자격증을 회수하여 보관하여야 한다.

3. 청 문

경찰청장 또는 지방경찰청장은 다음의 처분을 하고자 하는 경우에는 청문을 실시하여야 한다.

① 제19조의 규정에 의한 경비업 허가의 취소[9] 또는 영업정지

---

9) 경비업법 제19조 제1항(허가의 취소): 허가관청은 경비업자가 다음 각 호의 어느 하나에 해당하는 때에는 그 허가를 취소하여야 한다. 1. 허위 그 밖의 부정한 방법으로 허가를 받은 때 2. 제7조 제5항의 규정에 위반하여 허가받은 경비업무외의 업무에 경비원을 종사하게 한 때 3. 제7조 제9항의 규정에 위반하여 경비업 및 경비관련업외의 영업을 한 때 4. 정당한 사유없이 허가를 받은 날부터 1년 이내에 경비 도급실적이 없거나 계속하여 1년 이상 휴업한 때 5. 정당한 사유없이 최종 도급계약 종료일의 다음 날부터 1년 이내에 경비 도급실적이 없을 때 6. 영업정지처분을 받고 계속하여 영업을 한 때 7. 제15조의2 제2항을 위반하여 소속 경비원으로 하여금 경비업무의 범위를 벗어난 행위를 하게 한 때 8. 제18조 제8항에 따른 관할 경찰관서장의 배치폐지 명령에 따르지 아니한 때

② 제20조 제1항 또는 제2항의 규정에 의한 경비지도사자격의 취소 또는 정지

제6절 경비협회

1. 경비협회

① 경비업자는 경비업무의 건전한 발전과 경비원의 자질향상 및 교육훈련 등을 위하여 대통령령이 정하는 바에 따라 경비협회를 설립할 수 있다.

② 경비협회는 법인으로 한다.

③ 경비협회의 업무는 다음과 같다.

가. 경비업무의 연구

나. 경비원 교육·훈련 및 그 연구

다. 경비원의 후생·복지에 관한 사항

라. 경비진단에 관한 사항

마. 그 밖에 경비업무의 건전한 운영과 육성에 관하여 필요한 사항

④ 경비협회에 관하여 이 법에 특별한 규정이 있는 것을 제외하고는 민법중 사단법인에 관한 규정을 준용한다.

2. 공제사업

경비협회는 다음의 공제사업을 할 수 있다.

① 제26조에 따른 경비업자의 손해배상책임을 보장하기 위한 사업

② 경비업자가 경비업을 운영할 때 필요한 입찰보증, 계약보증(이행보증을 포함한다), 하도급보증을 위한 사업

③ 경비원의 복지향상과 업무상 재해로 인한 손실을 보상하는 사업

④ 경비업무와 관련한 연구 및 경비원 교육·훈련에 관한 사업

경비협회는 제1항의 규정에 의한 공제사업을 하고자 하는 때에는 공제규정을 제정하여야 한다.

제2항의 공제규정에는 공제사업의 범위, 공제계약의 내용, 공제금, 공제

료 및 공제금에 충당하기 위한 책임준비금 등 공제사업의 운영에 관하여 필요한 사항을 정하여야 한다.

경찰청장은 제1항에 따른 공제사업의 건전한 육성과 가입자의 보호를 위하여 공제사업의 감독에 관한 기준을 정할 수 있다.

경찰청장은 제2항에 따른 공제규정을 승인하거나 제4항에 따라 공제사업의 감독에 관한 기준을 정하는 경우에는 미리 금융위원회와 협의하여야 한다.

경찰청장은 제1항에 따른 공제사업에 대하여 「금융위원회의 설치 등에 관한 법률」에 따른 금융감독원의 원장에게 검사를 요청할 수 있다.

제7절 보 칙

1. 감 독

경찰청장 또는 지방경찰청장은 경비업무의 적정한 수행을 위하여 경비업자 및 경비지도사를 지도·감독하며 필요한 명령을 할 수 있다.

지방경찰청장 또는 관할 경찰관서장은 소속 경찰공무원으로 하여금 관할구역안에 있는 경비업자의 주사무소 및 출장소와 경비원배치장소에 출입하여 근무상황 및 교육훈련상황 등을 감독하며 필요한 명령을 하게 할 수 있다. 이 경우 출입하는 경찰공무원은 그 권한을 표시하는 증표를 관계인에게 내보여야 한다.

지방경찰청장 또는 관할 경찰관서장은 경비업자 또는 배치된 경비원이 이 법이나 이 법에 따른 명령, 「폭력행위 등 처벌에 관한 법률」을 위반하는 행위를 하는 경우 그 위반행위의 중지를 명할 수 있다.

지방경찰청장 또는 관할 경찰관서장은 경비업무 장소가 집단민원현장으로 판단되는 경우에는 그 때부터 48시간 이내에 경비업자에게 경비원 배치허가를 받을 것을 고지하여야 한다.

2. 보안지도 · 점검 등

지방경찰청장은 대통령령이 정하는 바에 따라 특수경비업자에 대하여 보안지도·점검을 실시하여야 하고, 필요한 경우 관계기관에 보안측정을 요청하여야 한다.

3. 손해배상 등

경비업자는 경비원이 업무수행중 고의 또는 과실로 경비대상에 손해가 발생하는 것을 방지하지 못한 때에는 그 손해를 배상하여야 한다.

경비업자는 경비원이 업무수행중 고의 또는 과실로 제3자에게 손해를 입힌 경우에는 이를 배상하여야 한다.

4. 위임 및 위탁

이 법에 의한 경찰청장의 권한은 대통령령이 정하는 바에 따라 그 일부를 지방경찰청장에게 위임할 수 있다.

경찰청장은 제11조[10]의 규정에 의한 경비지도사의 시험 및 교육에 관한 업무를 대통령령이 정하는 바에 따라 관계전문기관 또는 단체에 위탁할 수 있다.

이때, 위탁받은 업무에 종사하는 관계전문기관 또는 단체의 임직원은 형법 제129조부터 제132조까지(수뢰·사전수뢰, 제삼자뇌물제공, 수뢰후부정처사·사후수뢰, 알선수뢰)의 규정을 적용할 때에는 공무원으로 본다.[11]

---

10) 경비업법 제11조(경비지도사의 시험 등): ① 경비지도사는 제10조 제1항 각호의 1에 해당하지 아니하는 자로서 경찰청장이 시행하는 경비지도사시험에 합격하고 행정자치부령이 정하는 교육을 받은 자이어야 한다. ② 경찰청장은 제1항의 규정에 의한 교육을 받은 자에게 행정자치부령이 정하는 바에 따라 경비지도사자격증을 교부하여야 한다 ③ 경비지도사시험의 시험과목, 시험공고, 시험의 일부가 면제되는 자의 범위 그 밖에 경비지도사시험에 관하여 필요한 사항은 대통령령으로 정한다.

11) 경비업법 제27조의3(벌칙 적용에서 공무원 의제): 제27조제2항(위임 및 위탁)에 따라 위탁받은 업무에 종사하는 관계전문기관 또는 단체의 임직원은 형법 제129조부터 제132조까지의 규정을 적용할 때에는 공무원으로 본다[본조 신설 2019.4.16].

5. 수수료

이 법에 따른 경비업의 허가를 받거나 허가증을 재교부 받고자 하는 자는 대통령령이 정하는 바에 따라 수수료를 납부하여야 한다.

제8절 벌 칙

1. 법 제28조

제14조 제2항의 규정에 위반하여 국가중요시설의 정상적인 운영을 해치는 장해를 일으킨 특수경비원은 7년 이하의 징역 또는 5천만원 이하의 벌금에 처한다.

다음의 어느 하나에 해당하는 자는 3년 이하의 징역 또는 3천만원 이하의 벌금에 처한다.

① 제4조 제1항의 규정에 의한 허가를 받지 아니하고 경비업을 영위한 자

② 제7조 제4항의 규정에 위반하여 직무상 알게 된 비밀을 누설하거나 부당한 목적을 위하여 사용한 자

③ 제7조 제8항의 규정에 위반하여 경비업무의 중단을 통보하지 아니하거나 경비업무를 즉시 인수하지 아니한 특수경비업자 또는 경비대행업자

④ 집단민원현장에 경비원을 배치하면서 제7조의2 제1항을 위반하여 제4조제1항에 따른 허가를 받지 아니한 자에게 경비업무를 도급한 자

⑤ 제7조의2 제2항을 위반하여 집단민원현장에 20명 이상의 경비인력을 배치하면서 그 경비인력을 직접 고용한 자

⑥ 제7조의2 제3항을 위반하여 경비업자의 경비원 채용 시 무자격자나 부적격자 등을 채용하도록 관여하거나 영향력을 행사한 도급인

⑦ 과실로 인하여 제14조 제2항의 규정에 위반하여 국가중요시설의 정상적인 운영을 해치는 장해를 일으킨 특수경비원

⑧ 특수경비원으로서 경비구역 안에서 시설물의 절도, 손괴, 위험물의 폭발 등의 사유로 인한 위급사태가 발생한 때에 제15조 제1항 또는 제2항

의 규정에 위반한 자

⑨ 제15조의2 제2항의 규정을 위반하여 경비원에게 경비업무의 범위를 벗어난 행위를 하게 한 자

제14조 제4항 후단의 규정에 위반하여 정당한 사유없이 무기를 소지하고 배치된 경비구역을 벗어난 특수경비원은 2년 이하의 징역 또는 2천만원 이하의 벌금에 처한다.

다음의 어느 하나에 해당하는 자는 1년 이하의 징역 또는 1천만원 이하의 벌금에 처한다.

① 제14조 제7항의 규정에 위반한 관리책임자

② 제15조 제3항의 규정에 위반하여 쟁의행위를 한 특수경비원

③ 제15조의2 제1항을 위반하여 경비업무의 범위를 벗어난 행위를 한 경비원

④ 제16조의2 제1항에서 정한 장비 외에 흉기 또는 그 밖의 위험한 물건을 휴대하고 경비업무를 수행한 경비원 또는 경비원에게 이를 휴대하고 경비업무를 수행하게 한 자

⑤ 제18조 제8항을 위반하여 경찰관서장의 배치폐지 명령을 따르지 아니한 자

⑥ 제24조 제3항에 따른 지방경찰청장 또는 관할 경찰관서장의 중지명령에 따르지 아니한 자

2. 형의 가중처벌

특수경비원이 무기를 휴대하고 경비업무를 수행중에 제14조 제8항의 규정 및 제15조 제4항의 규정에 의한 무기의 안전수칙을 위반하여 「형법」 제258조의2 제1항(제257조 제1항의 죄로 한정한다) · 제2항(제258조 제1항 · 제2항의 죄로 한정한다), 제259조 제1항, 제260조 제1항, 제262조, 제268조, 제276조 제1항, 제277조 제1항, 제281조 제1항, 제283조 제1항, 제324조 제2항, 제350조의2 및 제366조의 죄를 범한 때에는 그 죄에 정한 형의 2분의 1까지 가중처벌한다.

경비원이 경비업무 수행 중에 제16조의2 제1항에서 정한 장비 외에 흉기 또는 그 밖의 위험한 물건을 휴대하고 「형법」 제258조의2 제1항(제257

조제1항의 죄로 한정한다)·제2항(제258조 제1항·제2항의 죄로 한정한다), 제259조 제1항, 제261조, 제262조, 제268조, 제276조 제1항, 제277조 제1항, 제281조 제1항, 제283조 제1항, 제324조 제2항, 제350조의2 및 제366조의 죄를 범한 때에는 그 죄에 정한 형의 2분의 1까지 가중처벌한다.

3. 양벌규정

법인의 대표자나 법인 또는 개인의 대리인, 사용인, 그 밖의 종업원이 그 법인 또는 개인의 업무에 관하여 제28조의 위반행위를 하면 그 행위자를 벌하는 외에 그 법인 또는 개인에게도 해당 조문의 벌금형을 과한다. 다만, 법인 또는 개인이 그 위반행위를 방지하기 위하여 해당 업무에 관하여 상당한 주의와 감독을 게을리하지 아니한 경우에는 그러하지 아니하다.

4. 과태료

다음의 어느 하나에 해당하는 경비업자에게는 3천만원 이하의 과태료를 부과한다.

① 제16조 제1항을 위반하여 경비원의 복장에 관한 신고를 하지 아니하고 집단민원현장에 경비원을 배치한 자

② 제16조 제2항을 위반하여 이름표를 부착하게 하지 아니하거나, 신고된 동일 복장을 착용하게 하지 아니하고 집단민원현장에 경비원을 배치한 자

③ 제18조 제1항 단서를 위반하여 집단민원현장에 일반경비원을 배치하면서 경비원의 명부를 배치장소에 작성·비치하지 아니한 자

④ 제18조 제2항 각 호 외의 부분 단서를 위반하여 배치허가를 받지 아니하고 경비원을 배치하거나 경비원 명단 및 배치일시·배치장소 등 배치허가 신청의 내용을 거짓으로 한 자

⑤ 제18조 제7항을 위반하여 제13조에 따른 신임교육을 이수하지 아니한 자를 제18조 제2항 각 호의 경비원으로 배치한 자

다음 각 호의 어느 하나에 해당하는 경비업자 또는 시설주에게는 500만원 이하의 과태료를 부과한다.

① 제4조 제3항 또는 제18조 제2항의 규정에 위반하여 신고를 하지 아니한 자

② 제7조 제7항의 규정에 위반하여 경비대행업자 지정신고를 하지 아니한 자

③ 제9조 제1항의 규정에 위반하여 설명의무를 이행하지 아니한 자

④ 제12조 제1항의 규정에 위반하여 경비지도사를 선임하지 아니한 자

⑤ 제14조 제6항의 규정에 의한 감독상 필요한 명령을 정당한 이유없이 이행하지 아니한 자

⑥ 제10조 제3항을 위반하여 결격사유에 해당하는 경비원을 배치하 거나 결격사유에 해당하는 경비지도사를 선임・배치한 자

⑦ 제16조 제1항의 복장 등에 관한 신고규정을 위반하여 신고를 하지 아니한 자

⑧ 제16조 제2항을 위반하여 이름표를 부착하게 하지 아니하거나, 신고된 동일 복장을 착용하게 하지 아니하고 경비원을 경비업무에 배치한 자

⑨ 제18조 제1항 본문을 위반하여 명부를 작성・비치하지 아니한 자

⑩ 제18조 제5항을 위반하여 경비원의 근무상황을 기록하여 보관하지 아니한 자

제1항 및 제2항의 규정에 의한 과태료는 대통령령이 정하는 바에 의하여 지방경찰청장 또는 경찰관서장이 부과・징수한다.

참고문헌

강동욱・김형만, (2000), 「요약 형사소송법」, 서울: 고시각.

고문현, (2009), 「헌법학」, 서울: 법원사.

고시면, (2011), 「법학개론」, 서울: 인사동문화.

권순한, (2009), 「친족・상속법」, 서울: fides.

권영성, (2001), 「헌법학원론」, 법문사.

금동흠, (2012), 「핵심정리헌법」, 아름다운새벽.

길준규, (2008), 「행법정입문」, 박영사.

김남진, (1992), 「행법법Ⅰ」, 법문사.

김동희, (1997), 「행정법Ⅰ」, 박영사.

김백유, (2009), 「헌법학」, 서울: 한성대학교출판부.

김상수, (2009), 「민사소송법개론」, 서울: 법우사.

김상용, (2009), 「민법총칙」, 서울: 화산미디어.

______, (2009), 「채권총론」, 서울: 화산미디어.

김성돈, (2014). 「형법총론」, 성균관대학교 출판부.

김승봉, (2007), 「요약 형사소송법」, 서울: 박문각.

김영규・김정환・나달숙・박영준・박종선・안은진・이우진・최호진・하정철, (2013), 「법학개론」, 박영사.

김용진, (2008), 「민사소송법」, 서울: 신영사.

김용한・정조근, (1976), 「법학통론」, 서울: 교문사.

김철수, (2006), 「헌법개설」, 박영사.

김철용, (2001), 「행정법Ⅰ」, 박영사.

김향기, (2013), 「법학개론」, 대명출판사.

김현석, (2001), 「헌법」, 서울: 화학사.

김형배, (2001), 「민법학강의」, 서울: 신조사.

김형청, (2012), 「형법」, 진영사.

나달숙, (2008), 「헌법Ⅰ」, 서울: 청목출판사.

남궁승태, (2015), 「법학개론」, 엑스퍼트.

________, (2005), 「경비지도사, 법학개론」, 엑스퍼트.

남궁승태・이용박, (2008), 「생활법률」, 엑스퍼트.

남궁승태・이철호, (2009), 「헌법강의」, 서울: 21세기사.

노병호・이영진, (2001), 「신법학개론」, 법문사.

대한법률편찬연구회, (2017), 「판례와 같이보는 소법전」, 법문북스.
박명순, (2009), "사회보험제도에서의 중복급여 조정방안에 관한 연구", 「석사학위논문」, 고려대학교 노동대학원.
박병식 · 이용박, (1996), 「경비법학개론」, 서울: 법률출판사.
박은정 외 11, (1999), 「법학입문」, 법문사.
박종국 · 박영철 · 지규철, (1992), 「신법학개론」, 서울: 교서관.
백승주, (2009), 「행정법총론강의」, 서울: 동방문화사.
백형구, (2007), 「알기쉬운 형사소송법」, 박영사.
서정범, (1998), 「행정법」, 서울: 고시연구원.
소성규, (2009), 「채권총론」, 서울: 동방문화사.
송상현 · 박익환, (2008), 「민사소송법」, 박영사.
송헌철, (2003), 「형법신강」, 도서출판 문성.
신동운, (2020), 「간추린 신형사소송법」, 법문사.
연정열 · 이동영, (1993), 「법학개설」, 서울: 창문각.
오경식, (2002), 「요약 형사소송법」, 서울: 학우출판사.
______, (1994), 「법과 사회생활」, 서울: 법경출판사.
오세경, (2016), 「대법전」, 법전출판사.
오시영, (2008), 「민법총칙」, 서울: 학현사.
오영근, (2014), 「신형법입문」, 박영사.
원영철, (2003), 「법과생활」, 삼영사.
원용립, (2007), "한국사회보장법의 이념과 기본원리", 「석사학위논문」, 경북대학교 대학원.
윤경근, (2007), 「형사소송법」, 서울: 경찰승진연구회.
이기수 · 최병규 · 김인현, (2008), 「보험 · 해상법」, 박영사.
이범찬 · 최준선, (2001), 「상법개론」, 서울: 삼영사.
이상수, (2002), 「상법기본강의」, 서울: 형설출판사.
이상철 · 김성주, (2009), 「헌법학개론」, 박영사.
이재상, (2001), 「형법총론」, 박영사.
임종률, (2015), 「노동법」, 박영사.
전광석, (2009), 「한국헌법론」, 법문사.
전병서, (2009), 「강의민사소송법」, 서울: 홍문사.
정영일, (2013), 「형법강의 총론」, 도서출판 학림.
정우용, (2002), 「상법강의」, 서울: 탁월.
정인섭, (2014), 「신국제법입문」, 박영사.

정일배, (2009), 「친족상속법」, 서울: 보광.
정지숙, (2008), “법적 사고력 신장을 위한 사회법 단원의 재구성”, 「석사학위 논문」, 한국교원대학교 교육대학원.
조만형, (2013), 「법학개론」, 서울: 박문각.
지원림, (2008), 「민법강의」, 서울: 홍문사.
최기원, (2001), 「상법학원론」, 박영사.
최성호, (2009), 「민사소송법」, 서울: 동방문화사.
최원엽 · 정대진, (2013), 「국제법의 이해」, 책마루.
최종고, (1994), 「법학통론」, 박영사.
최준선, (2009), 「어음 · 수표법」, 서울: 삼영사
______, (2008), 「상법총칙 · 상행위법」, 서울: 삼영사.
함순용 · 김광선 · 남현우, (1999), 「생활 법학개론」, 법문사.
허영, (1996), 「한국헌법론」, 박영사.
호문혁, (2009), 「민사소송법」, 법문사.
홍완식 · 곽관훈 · 권순현 · 김명엽 · 김재윤 · 박규용 · 박병도 · 장교식 · 정대 · 최관호 · 황대성, (2015), 「법학개론」, 피엔씨미디어.
EBS교수진, (2015), 「법학개론」, 시대고시기획.

부 록

- 대한민국헌법
- 헌법재판소법
- 경비업법

대한민국헌법

[시행 1988.2.25.] [헌법 제10호, 1987.10.29., 전부개정]

전 문

유구한 역사와 전통에 빛나는 우리 대한국민은 3·1운동으로 건립된 대한민국임시정부의 법통과 불의에 항거한 4·19민주이념을 계승하고, 조국의 민주개혁과 평화적 통일의 사명에 입각하여 정의·인도와 동포애로써 민족의 단결을 공고히 하고, 모든 사회적 폐습과 불의를 타파하며, 자율과 조화를 바탕으로 자유민주적 기본질서를 더욱 확고히 하여 정치·경제·사회·문화의 모든 영역에 있어서 각인의 기회를 균등히 하고, 능력을 최고도로 발휘하게 하며, 자유와 권리에 따르는 책임과 의무를 완수하게 하여, 안으로는 국민생활의 균등한 향상을 기하고 밖으로는 항구적인 세계평화와 인류공영에 이바지함으로써 우리들과 우리들의 자손의 안전과 자유와 행복을 영원히 확보할 것을 다짐하면서 1948년 7월 12일에 제정되고 8차에 걸쳐 개정된 헌법을 이제 국회의 의결을 거쳐 국민투표에 의하여 개정한다.

제1장 총 강

제1조 ① 대한민국은 민주공화국이다.
② 대한민국의 주권은 국민에게 있고, 모든 권력은 국민으로부터 나온다.

제2조 ① 대한민국의 국민이 되는 요건은 법률로 정한다.
② 국가는 법률이 정하는 바에 의하여 재외국민을 보호할 의무를 진다.

제3조 대한민국의 영토는 한반도와 그 부속도서로 한다.

제4조 대한민국은 통일을 지향하며, 자유민주적 기본질서에 입각한 평화적 통일 정책을 수립하고 이를 추진한다.

제5조 ① 대한민국은 국제평화의 유지에 노력하고 침략적 전쟁을 부인한다.
② 국군은 국가의 안전보장과 국토방위의 신성한 의무를 수행함을 사명으로 하며, 그 정치적 중립성은 준수된다.

제6조 ① 헌법에 의하여 체결·공포된 조약과 일반적으로 승인된 국제법규는 국내법과 같은 효력을 가진다.
② 외국인은 국제법과 조약이 정하는 바에 의하여 그 지위가 보장된다.

제7조 ① 공무원은 국민전체에 대한 봉사자이며, 국민에 대하여 책임을 진다.
② 공무원의 신분과 정치적 중립성은 법률이 정하는 바에 의하여 보장된다.

제8조 ① 정당의 설립은 자유이며, 복수정당제는 보장된다.
② 정당은 그 목적·조직과 활동이 민주적이어야 하며, 국민의 정치적 의사형성에 참여하는데 필요한 조직을 가져야 한다.
③ 정당은 법률이 정하는 바에 의하여 국가의 보호를 받으며, 국가는 법률이 정하는 바에 의하여 정당운영에 필요한 자금을 보조할 수 있다.
④ 정당의 목적이나 활동이 민주적 기본질서에 위배될 때에는 정부는 헌법재판소에 그 해산을 제소할 수 있고, 정당은 헌법재판소의 심판에 의하여 해산된다.

제9조 국가는 전통문화의 계승·발전과 민족문화의 창달에 노력하여야 한다.

제2장 국민의 권리와 의무

제10조 모든 국민은 인간으로서의 존엄과 가치를 가지며, 행복을 추구할 권리를 가진다. 국가는 개인이 가지는 불가침의 기본적 인권을 확인하고 이를 보장할 의무를 진다.

제11조 ① 모든 국민은 법 앞에 평등하다. 누구든지 성별·종교 또는 사회적 신분에 의하여 정치적·경제적·사회적·문화적 생활의 모든 영역에 있어서 차별을 받지 아니한다.
② 사회적 특수계급의 제도는 인정되지 아니하며, 어떠한 형태로도 이를 창설할 수 없다.
③ 훈장등의 영전은 이를 받은 자에게만 효력이 있고, 어떠한 특권도 이에 따르지 아니한다.

제12조 ① 모든 국민은 신체의 자유를 가진다. 누구든지 법률에 의하지 아니하고는 체포·구속·압수·수색 또는 심문을 받지 아니하며, 법률과 적법한 절차에 의하지 아니하고는 처벌·보안처분 또는 강제노역을 받지 아니한다.
② 모든 국민은 고문을 받지 아니하며, 형사상 자기에게 불리한 진술을 강요당하지 아니한다.
③ 체포·구속·압수 또는 수색을 할 때에는 적법한 절차에 따라 검사의 신청에 의하여 법관이 발부한 영장을 제시하여야 한다. 다만, 현행범인인 경우와 장기 3년 이상의 형에 해당하는 죄를 범하고 도피 또는 증거인멸의 염려가 있을 때에는 사후에 영장을 청구할 수 있다.
④ 누구든지 체포 또는 구속을 당한 때에는 즉시 변호인의 조력을 받을 권리를 가진다. 다만, 형사피고인이 스스로 변호인을 구할 수 없을 때에는 법률이 정하는 바에 의하여 국가가 변호인을 붙인다.
⑤ 누구든지 체포 또는 구속의 이유와 변호인의 조력을 받을 권리가 있음을 고지받지 아니하고는 체포 또는 구속을 당하지 아니한다. 체포 또는 구속을 당한 자의 가족등 법률이 정하는 자에게는 그 이유와 일시·장소가 지체없이 통지되어야 한다.

⑥ 누구든지 체포 또는 구속을 당한 때에는 적부의 심사를 법원에 청구할 권리를 가진다.

⑦ 피고인의 자백이 고문·폭행·협박·구속의 부당한 장기화 또는 기망 기타의 방법에 의하여 자의로 진술된 것이 아니라고 인정될 때 또는 정식재판에 있어서 피고인의 자백이 그에게 불리한 유일한 증거일 때에는 이를 유죄의 증거로 삼거나 이를 이유로 처벌할 수 없다.

제13조 ① 모든 국민은 행위시의 법률에 의하여 범죄를 구성하지 아니하는 행위로 소추되지 아니하며, 동일한 범죄에 대하여 거듭 처벌받지 아니한다.

② 모든 국민은 소급입법에 의하여 참정권의 제한을 받거나 재산권을 박탈당하지 아니한다.

③ 모든 국민은 자기의 행위가 아닌 친족의 행위로 인하여 불이익한 처우를 받지 아니한다.

제14조 모든 국민은 거주·이전의 자유를 가진다.

제15조 모든 국민은 직업선택의 자유를 가진다.

제16조 모든 국민은 주거의 자유를 침해받지 아니한다. 주거에 대한 압수나 수색을 할 때에는 검사의 신청에 의하여 법관이 발부한 영장을 제시하여야 한다.

제17조 모든 국민은 사생활의 비밀과 자유를 침해받지 아니한다.

제18조 모든 국민은 통신의 비밀을 침해받지 아니한다.

제19조 모든 국민은 양심의 자유를 가진다.

제20조 ① 모든 국민은 종교의 자유를 가진다.

② 국교는 인정되지 아니하며, 종교와 정치는 분리된다.

제21조 ① 모든 국민은 언론·출판의 자유와 집회·결사의 자유를 가진다.

② 언론·출판에 대한 허가나 검열과 집회·결사에 대한 허가는 인정되지 아니한다.

③ 통신·방송의 시설기준과 신문의 기능을 보장하기 위하여 필요한 사항은 법률로 정한다.

④ 언론·출판은 타인의 명예나 권리 또는 공중도덕이나 사회윤리를 침해하여서는 아니된다. 언론·출판이 타인의 명예나 권리를 침해한 때에는 피해자는 이에 대한 피해의 배상을 청구할 수 있다.

제22조 ① 모든 국민은 학문과 예술의 자유를 가진다.

② 저작자·발명가·과학기술자와 예술가의 권리는 법률로써 보호한다.

제23조 ① 모든 국민의 재산권은 보장된다. 그 내용과 한계는 법률로 정한다.

② 재산권의 행사는 공공복리에 적합하도록 하여야 한다.

③ 공공필요에 의한 재산권의 수용·사용 또는 제한 및 그에 대한 보상은 법률로써 하되, 정당한 보상을 지급하여야 한다.

제24조 모든 국민은 법률이 정하는 바에 의하여 선거권을 가진다.

제25조 모든 국민은 법률이 정하는 바에 의하여 공무담임권을 가진다.

제26조 ① 모든 국민은 법률이 정하는 바에 의하여 국가기관에 문서로 청원할 권리를 가진다.

② 국가는 청원에 대하여 심사할 의무를 진다.

제27조 ① 모든 국민은 헌법과 법률이 정한 법관에 의하여 법률에 의한 재판을 받을 권리를 가진다.

② 군인 또는 군무원이 아닌 국민은 대한민국의 영역안에서는 중대한 군사상 기밀·초병·초소·유독음식물공급·포로·군용물에 관한 죄중 법률이 정한 경우와 비상계엄이 선포된 경우를 제외하고는 군사법원의 재판을 받지 아니한다.

③ 모든 국민은 신속한 재판을 받을 권리를 가진다. 형사피고인은 상당한 이유가 없는 한 지체없이 공개재판을 받을 권리를 가진다.

④ 형사피고인은 유죄의 판결이 확정될 때까지는 무죄로 추정된다.

⑤ 형사피해자는 법률이 정하는 바에 의하여 당해 사건의 재판절차에서 진술할 수 있다.

제28조 형사피의자 또는 형사피고인으로서 구금되었던 자가 법률이 정하는 불기소처분을 받거나 무죄판결을 받은 때에는 법률이 정하는 바에 의하여 국가에 정당한 보상을 청구할 수 있다.

제29조 ① 공무원의 직무상 불법행위로 손해를 받은 국민은 법률이 정하는 바에 의하여 국가 또는 공공단체에 정당한 배상을 청구할 수 있다. 이 경우 공무원 자신의 책임은 면제되지 아니한다.

② 군인·군무원·경찰공무원 기타 법률이 정하는 자가 전투·훈련등 직무집행과 관련하여 받은 손해에 대하여는 법률이 정하는 보상외에 국가 또는 공공단체에 공무원의 직무상 불법행위로 인한 배상은 청구할 수 없다.

제30조 타인의 범죄행위로 인하여 생명·신체에 대한 피해를 받은 국민은 법률이 정하는 바에 의하여 국가로부터 구조를 받을 수 있다.

제31조 ① 모든 국민은 능력에 따라 균등하게 교육을 받을 권리를 가진다.

② 모든 국민은 그 보호하는 자녀에게 적어도 초등교육과 법률이 정하는 교육을 받게 할 의무를 진다.

③ 의무교육은 무상으로 한다.

④ 교육의 자주성·전문성·정치적 중립성 및 대학의 자율성은 법률이 정하는 바에 의하여 보장된다.

⑤ 국가는 평생교육을 진흥하여야 한다.

⑥ 학교교육 및 평생교육을 포함한 교육제도와 그 운영, 교육재정 및 교원의 지위에 관한 기본적인 사항은 법률로 정한다.

제32조 ① 모든 국민은 근로의 권리를 가진다. 국가는 사회적·경제적 방법으로 근로자의 고용의 증진과 적정임금의 보장에 노력하여야 하며, 법률이 정하는 바에 의하여 최저임금제를 시행하여야 한다.

② 모든 국민은 근로의 의무를 진다. 국가는 근로의 의무의 내용과 조건을 민주주의원칙에 따라 법률로 정한다.

③ 근로조건의 기준은 인간의 존엄성을 보장하도록 법률로 정한다.

④ 여자의 근로는 특별한 보호를 받으며, 고용·임금 및 근로조건에 있어서 부당한 차별을 받지 아니한다.

⑤ 연소자의 근로는 특별한 보호를 받는다.

⑥ 국가유공자·상이군경 및 전몰군경의 유가족은 법률이 정하는 바에 의하여 우선적으로 근로의 기회를 부여받는다.

第33조 ① 근로자는 근로조건의 향상을 위하여 자주적인 단결권·단체교섭권 및 단체행동권을 가진다.

② 공무원인 근로자는 법률이 정하는 자에 한하여 단결권·단체교섭권 및 단체행동권을 가진다.

③ 법률이 정하는 주요방위산업체에 종사하는 근로자의 단체행동권은 법률이 정하는 바에 의하여 이를 제한하거나 인정하지 아니할 수 있다.

第34조 ① 모든 국민은 인간다운 생활을 할 권리를 가진다.

② 국가는 사회보장·사회복지의 증진에 노력할 의무를 진다.

③ 국가는 여자의 복지와 권익의 향상을 위하여 노력하여야 한다.

④ 국가는 노인과 청소년의 복지향상을 위한 정책을 실시할 의무를 진다.

⑤ 신체장애자 및 질병·노령 기타의 사유로 생활능력이 없는 국민은 법률이 정하는 바에 의하여 국가의 보호를 받는다.

⑥ 국가는 재해를 예방하고 그 위험으로부터 국민을 보호하기 위하여 노력하여야 한다.

第35조 ① 모든 국민은 건강하고 쾌적한 환경에서 생활할 권리를 가지며, 국가와 국민은 환경보전을 위하여 노력하여야 한다.

② 환경권의 내용과 행사에 관하여는 법률로 정한다.

③ 국가는 주택개발정책등을 통하여 모든 국민이 쾌적한 주거생활을 할 수 있도록 노력하여야 한다.

第36조 ① 혼인과 가족생활은 개인의 존엄과 양성의 평등을 기초로 성립되고 유지되어야 하며, 국가는 이를 보장한다.

② 국가는 모성의 보호를 위하여 노력하여야 한다.

③ 모든 국민은 보건에 관하여 국가의 보호를 받는다.

第37조 ① 국민의 자유와 권리는 헌법에 열거되지 아니한 이유로 경시되지 아니한다.

② 국민의 모든 자유와 권리는 국가안전보장·질서유지 또는 공공복리를 위하여 필요한 경우에 한하여 법률로써 제한할 수 있으며, 제한하는 경우에도 자유와 권리의 본질적인 내용을 침해할 수 없다.

第38조 모든 국민은 법률이 정하는 바에 의하여 납세의 의무를 진다.

第39조 ① 모든 국민은 법률이 정하는 바에 의하여 국방의 의무를 진다.

② 누구든지 병역의무의 이행으로 인하여 불이익한 처우를 받지 아니한다.

제3장 국 회

第40조 입법권은 국회에 속한다.

第41조 ① 국회는 국민의 보통·평등·직접·비밀선거에 의하여 선출된 국회의원으로 구성한다.

② 국회의원의 수는 법률로 정하되, 200인 이상으로 한다.

③ 국회의원의 선거구와 비례대표제 기타 선거에 관한 사항은 법률로 정한다.

제42조 국회의원의 임기는 4년으로 한다.

제43조 국회의원은 법률이 정하는 직을 겸할 수 없다.

제44조 ① 국회의원은 현행범인인 경우를 제외하고는 회기중 국회의 동의없이 체포 또는 구금되지 아니한다.

② 국회의원이 회기전에 체포 또는 구금된 때에는 현행범인이 아닌 한 국회의 요구가 있으면 회기중 석방된다.

제45조 국회의원은 국회에서 직무상 행한 발언과 표결에 관하여 국회외에서 책임을 지지 아니한다.

제46조 ① 국회의원은 청렴의 의무가 있다.

② 국회의원은 국가이익을 우선하여 양심에 따라 직무를 행한다.

③ 국회의원은 그 지위를 남용하여 국가·공공단체 또는 기업체와의 계약이나 그 처분에 의하여 재산상의 권리·이익 또는 직위를 취득하거나 타인을 위하여 그 취득을 알선할 수 없다.

제47조 ① 국회의 정기회는 법률이 정하는 바에 의하여 매년 1회 집회되며, 국회의 임시회는 대통령 또는 국회재적의원 4분의 1 이상의 요구에 의하여 집회된다.

② 정기회의 회기는 100일을, 임시회의 회기는 30일을 초과할 수 없다.

③ 대통령이 임시회의 집회를 요구할 때에는 기간과 집회요구의 이유를 명시하여야 한다.

제48조 국회는 의장 1인과 부의장 2인을 선출한다.

제49조 국회는 헌법 또는 법률에 특별한 규정이 없는 한 재적의원 과반수의 출석과 출석의원 과반수의 찬성으로 의결한다. 가부동수인 때에는 부결된 것으로 본다.

제50조 ① 국회의 회의는 공개한다. 다만, 출석의원 과반수의 찬성이 있거나 의장이 국가의 안전보장을 위하여 필요하다고 인정할 때에는 공개하지 아니할 수 있다.

② 공개하지 아니한 회의내용의 공표에 관하여는 법률이 정하는 바에 의한다.

제51조 국회에 제출된 법률안 기타의 의안은 회기중에 의결되지 못한 이유로 폐기되지 아니한다. 다만, 국회의원의 임기가 만료된 때에는 그러하지 아니하다.

제52조 국회의원과 정부는 법률안을 제출할 수 있다.

제53조 ① 국회에서 의결된 법률안은 정부에 이송되어 15일 이내에 대통령이 공포한다.

② 법률안에 이의가 있을 때에는 대통령은 제1항의 기간내에 이의서를 붙여 국회로 환부하고, 그 재의를 요구할 수 있다. 국회의 폐회중에도 또한 같다.

③ 대통령은 법률안의 일부에 대하여 또는 법률안을 수정하여 재의를 요구할 수 없다.

④ 재의의 요구가 있을 때에는 국회는 재의에 붙이고, 재적의원과반수의 출석과 출석의원 3분의 2 이상의 찬성으로 전과 같은 의결을 하면 그 법률안은 법률로서 확정된다.

⑤ 대통령이 제1항의 기간내에 공포나 재의의 요구를 하지 아니한 때에도 그 법률안은 법률로서 확정된다.

⑥ 대통령은 제4항과 제5항의 규정에 의하여 확정된 법률을 지체없이 공포하여야 한다. 제5항에 의하여 법률이 확정된 후 또는 제4항에 의한 확정법률이 정부에 이송된 후 5일 이내에 대통령이 공포하지 아니할 때에는 국회의장이 이를 공포한다.

⑦ 법률은 특별한 규정이 없는 한 공포한 날로부터 20일을 경과함으로써 효력을 발생한다.

第54조 ① 국회는 국가의 예산안을 심의·확정한다.

② 정부는 회계연도마다 예산안을 편성하여 회계연도 개시 90일전까지 국회에 제출하고, 국회는 회계연도 개시 30일전까지 이를 의결하여야 한다.

③ 새로운 회계연도가 개시될 때까지 예산안이 의결되지 못한 때에는 정부는 국회에서 예산안이 의결될 때까지 다음의 목적을 위한 경비는 전년도 예산에 준하여 집행할 수 있다.

1. 헌법이나 법률에 의하여 설치된 기관 또는 시설의 유지·운영
2. 법률상 지출의무의 이행
3. 이미 예산으로 승인된 사업의 계속

第55조 ① 한 회계연도를 넘어 계속하여 지출할 필요가 있을 때에는 정부는 연한을 정하여 계속비로서 국회의 의결을 얻어야 한다.

② 예비비는 총액으로 국회의 의결을 얻어야 한다. 예비비의 지출은 차기국회의 승인을 얻어야 한다.

第56조 정부는 예산에 변경을 가할 필요가 있을 때에는 추가경정예산안을 편성하여 국회에 제출할 수 있다.

第57조 국회는 정부의 동의없이 정부가 제출한 지출예산 각항의 금액을 증가하거나 새 비목을 설치할 수 없다.

第58조 국채를 모집하거나 예산외에 국가의 부담이 될 계약을 체결하려 할 때에는 정부는 미리 국회의 의결을 얻어야 한다.

第59조 조세의 종목과 세율은 법률로 정한다.

第60조 ① 국회는 상호원조 또는 안전보장에 관한 조약, 중요한 국제조직에 관한 조약, 우호통상항해조약, 주권의 제약에 관한 조약, 강화조약, 국가나 국민에게 중대한 재정적 부담을 지우는 조약 또는 입법사항에 관한 조약의 체결·비준에 대한 동의권을 가진다.

② 국회는 선전포고, 국군의 외국에의 파견 또는 외국군대의 대한민국 영역안에서의 주류에 대한 동의권을 가진다.

第61조 ① 국회는 국정을 감사하거나 특정한 국정사안에 대하여 조사할 수 있으며, 이에 필요한 서류의 제출 또는 증인의 출석과 증언이나 의견의 진술을 요구할 수 있다.

② 국정감사 및 조사에 관한 절차 기타 필요한 사항은 법률로 정한다.

제62조 ① 국무총리 · 국무위원 또는 정부위원은 국회나 그 위원회에 출석하여 국정처리상황을 보고하거나 의견을 진술하고 질문에 응답할 수 있다.

② 국회나 그 위원회의 요구가 있을 때에는 국무총리 · 국무위원 또는 정부위원은 출석 · 답변하여야 하며, 국무총리 또는 국무위원이 출석요구를 받은 때에는 국무위원 또는 정부위원으로 하여금 출석 · 답변하게 할 수 있다.

제63조 ① 국회는 국무총리 또는 국무위원의 해임을 대통령에게 건의할 수 있다.

② 제1항의 해임건의는 국회재적의원 3분의 1 이상의 발의에 의하여 국회재적의원 과반수의 찬성이 있어야 한다.

제64조 ① 국회는 법률에 저촉되지 아니하는 범위안에서 의사와 내부규율에 관한 규칙을 제정할 수 있다.

② 국회는 의원의 자격을 심사하며, 의원을 징계할 수 있다.

③ 의원을 제명하려면 국회재적의원 3분의 2 이상의 찬성이 있어야 한다.

④ 제2항과 제3항의 처분에 대하여는 법원에 제소할 수 없다.

제65조 ① 대통령 · 국무총리 · 국무위원 · 행정각부의 장 · 헌법재판소 재판관 · 법관 · 중앙선거관리위원회 위원 · 감사원장 · 감사위원 기타 법률이 정한 공무원이 그 직무집행에 있어서 헌법이나 법률을 위배한 때에는 국회는 탄핵의 소추를 의결할 수 있다.

② 제1항의 탄핵소추는 국회재적의원 3분의 1 이상의 발의가 있어야 하며, 그 의결은 국회재적의원 과반수의 찬성이 있어야 한다. 다만, 대통령에 대한 탄핵소추는 국회재적의원 과반수의 발의와 국회재적의원 3분의 2 이상의 찬성이 있어야 한다.

③ 탄핵소추의 의결을 받은 자는 탄핵심판이 있을 때까지 그 권한행사가 정지된다.

④ 탄핵결정은 공직으로부터 파면함에 그친다. 그러나, 이에 의하여 민사상이나 형사상의 책임이 면제되지는 아니한다.

제4장 정 부

제1절 대통령

제66조 ① 대통령은 국가의 원수이며, 외국에 대하여 국가를 대표한다.

② 대통령은 국가의 독립 · 영토의 보전 · 국가의 계속성과 헌법을 수호할 책무를 진다.

③ 대통령은 조국의 평화적 통일을 위한 성실한 의무를 진다.

④ 행정권은 대통령을 수반으로 하는 정부에 속한다.

제67조 ① 대통령은 국민의 보통 · 평등 · 직접 · 비밀선거에 의하여 선출한다.

② 제1항의 선거에 있어서 최고득표자가 2인 이상인 때에는 국회의 재적의원 과반수가 출석한 공개회의에서 다수표를 얻은 자를 당선자로 한다.

③ 대통령후보자가 1인일 때에는 그 득표수가 선거권자 총수의 3분의 1 이상이 아니면 대통령으로 당선될 수 없다.

④ 대통령으로 선거될 수 있는 자는 국회의원의 피선거권이 있고 선거일 현재 40세에 달하여야 한다.

⑤ 대통령의 선거에 관한 사항은 법률로 정한다.

第68조 ① 대통령의 임기가 만료되는 때에는 임기만료 70일 내지 40일전에 후임자를 선거한다.

② 대통령이 궐위된 때 또는 대통령 당선자가 사망하거나 판결 기타의 사유로 그 자격을 상실한 때에는 60일 이내에 후임자를 선거한다.

第69조 대통령은 취임에 즈음하여 다음의 선서를 한다.

"나는 헌법을 준수하고 국가를 보위하며 조국의 평화적 통일과 국민의 자유와 복리의 증진 및 민족문화의 창달에 노력하여 대통령으로서의 직책을 성실히 수행할 것을 국민 앞에 엄숙히 선서합니다."

第70조 대통령의 임기는 5년으로 하며, 중임할 수 없다.

第71조 대통령이 궐위되거나 사고로 인하여 직무를 수행할 수 없을 때에는 국무총리, 법률이 정한 국무위원의 순서로 그 권한을 대행한다.

第72조 대통령은 필요하다고 인정할 때에는 외교·국방·통일 기타 국가안위에 관한 중요정책을 국민투표에 붙일 수 있다.

第73조 대통령은 조약을 체결·비준하고, 외교사절을 신임·접수 또는 파견하며, 선전포고와 강화를 한다.

第74조 ① 대통령은 헌법과 법률이 정하는 바에 의하여 국군을 통수한다.

② 국군의 조직과 편성은 법률로 정한다.

第75조 대통령은 법률에서 구체적으로 범위를 정하여 위임받은 사항과 법률을 집행하기 위하여 필요한 사항에 관하여 대통령령을 발할 수 있다.

第76조 ① 대통령은 내우·외환·천재·지변 또는 중대한 재정·경제상의 위기에 있어서 국가의 안전보장 또는 공공의 안녕질서를 유지하기 위하여 긴급한 조치가 필요하고 국회의 집회를 기다릴 여유가 없을 때에 한하여 최소한으로 필요한 재정·경제상의 처분을 하거나 이에 관하여 법률의 효력을 가지는 명령을 발할 수 있다.

② 대통령은 국가의 안위에 관계되는 중대한 교전상태에 있어서 국가를 보위하기 위하여 긴급한 조치가 필요하고 국회의 집회가 불가능한 때에 한하여 법률의 효력을 가지는 명령을 발할 수 있다.

③ 대통령은 제1항과 제2항의 처분 또는 명령을 한 때에는 지체없이 국회에 보고하여 그 승인을 얻어야 한다.

④ 제3항의 승인을 얻지 못한 때에는 그 처분 또는 명령은 그때부터 효력을 상실한다. 이 경우 그 명령에 의하여 개정 또는 폐지되었던 법률은 그 명령이 승인을 얻지 못한 때부터 당연히 효력을 회복한다.

⑤ 대통령은 제3항과 제4항의 사유를 지체없이 공포하여야 한다.

第77조 ① 대통령은 전시·사변 또는 이에 준하는 국가비상사태에 있어서 병력으로써 군사상의 필요에 응하거나 공공의 안녕질서를 유지할 필요가 있을 때에는 법률이 정하는 바에 의하여 계엄을 선포할 수 있다.
② 계엄은 비상계엄과 경비계엄으로 한다.
③ 비상계엄이 선포된 때에는 법률이 정하는 바에 의하여 영장제도, 언론·출판·집회·결사의 자유, 정부나 법원의 권한에 관하여 특별한 조치를 할 수 있다.
④ 계엄을 선포한 때에는 대통령은 지체없이 국회에 통고하여야 한다.
⑤ 국회가 재적의원 과반수의 찬성으로 계엄의 해제를 요구한 때에는 대통령은 이를 해제하여야 한다.

第78조 대통령은 헌법과 법률이 정하는 바에 의하여 공무원을 임면한다.

第79조 ① 대통령은 법률이 정하는 바에 의하여 사면·감형 또는 복권을 명할 수 있다.
② 일반사면을 명하려면 국회의 동의를 얻어야 한다.
③ 사면·감형 및 복권에 관한 사항은 법률로 정한다.

第80조 대통령은 법률이 정하는 바에 의하여 훈장 기타의 영전을 수여한다.

第81조 대통령은 국회에 출석하여 발언하거나 서한으로 의견을 표시할 수 있다.

第82조 대통령의 국법상 행위는 문서로써 하며, 이 문서에는 국무총리와 관계 국무위원이 부서한다. 군사에 관한 것도 또한 같다.

第83조 대통령은 국무총리·국무위원·행정각부의 장 기타 법률이 정하는 공사의 직을 겸할 수 없다.

第84조 대통령은 내란 또는 외환의 죄를 범한 경우를 제외하고는 재직중 형사상의 소추를 받지 아니한다.

第85조 전직대통령의 신분과 예우에 관하여는 법률로 정한다.

제2절 행정부

제1관 국무총리와 국무위원

第86조 ① 국무총리는 국회의 동의를 얻어 대통령이 임명한다.
② 국무총리는 대통령을 보좌하며, 행정에 관하여 대통령의 명을 받아 행정각부를 통할한다.
③ 군인은 현역을 면한 후가 아니면 국무총리로 임명될 수 없다.

第87조 ① 국무위원은 국무총리의 제청으로 대통령이 임명한다.
② 국무위원은 국정에 관하여 대통령을 보좌하며, 국무회의의 구성원으로서 국정을 심의한다.
③ 국무총리는 국무위원의 해임을 대통령에게 건의할 수 있다.
④ 군인은 현역을 면한 후가 아니면 국무위원으로 임명될 수 없다.

제2관 국무회의

第88조 ① 국무회의는 정부의 권한에 속하는 중요한 정책을 심의한다.
② 국무회의는 대통령·국무총리와 15인 이상 30인 이하의 국무위원으로 구성한다.

③ 대통령은 국무회의의 의장이 되고, 국무총리는 부의장이 된다.

第89조 다음 사항은 국무회의의 심의를 거쳐야 한다.

1. 국정의 기본계획과 정부의 일반정책
2. 선전·강화 기타 중요한 대외정책
3. 헌법개정안·국민투표안·조약안·법률안 및 대통령령안
4. 예산안·결산·국유재산처분의 기본계획·국가의 부담이 될 계약 기타 재정에 관한 중요사항
5. 대통령의 긴급명령·긴급재정경제처분 및 명령 또는 계엄과 그 해제
6. 군사에 관한 중요사항
7. 국회의 임시회 집회의 요구
8. 영전수여
9. 사면·감형과 복권
10. 행정각부간의 권한의 획정
11. 정부안의 권한의 위임 또는 배정에 관한 기본계획
12. 국정처리상황의 평가·분석
13. 행정각부의 중요한 정책의 수립과 조정
14. 정당해산의 제소
15. 정부에 제출 또는 회부된 정부의 정책에 관계되는 청원의 심사
16. 검찰총장·합동참모의장·각군참모총장·국립대학교총장·대사 기타 법률이 정한 공무원과 국영기업체관리자의 임명
17. 기타 대통령·국무총리 또는 국무위원이 제출한 사항

第90조 ① 국정의 중요한 사항에 관한 대통령의 자문에 응하기 위하여 국가원로로 구성되는 국가원로자문회의를 둘 수 있다.

② 국가원로자문회의의 의장은 직전대통령이 된다. 다만, 직전대통령이 없을 때에는 대통령이 지명한다.

③ 국가원로자문회의의 조직·직무범위 기타 필요한 사항은 법률로 정한다.

第91조 ① 국가안전보장에 관련되는 대외정책·군사정책과 국내정책의 수립에 관하여 국무회의의 심의에 앞서 대통령의 자문에 응하기 위하여 국가안전보장회의를 둔다.

② 국가안전보장회의는 대통령이 주재한다.

③ 국가안전보장회의의 조직·직무범위 기타 필요한 사항은 법률로 정한다.

第92조 ① 평화통일정책의 수립에 관한 대통령의 자문에 응하기 위하여 민주평화통일자문회의를 둘 수 있다.

② 민주평화통일자문회의의 조직·직무범위 기타 필요한 사항은 법률로 정한다.

第93조 ① 국민경제의 발전을 위한 중요정책의 수립에 관하여 대통령의 자문에 응하기 위하여 국민경제자문회의를 둘 수 있다.

② 국민경제자문회의의 조직·직무범위 기타 필요한 사항은 법률로 정한다.

제3관 행정각부

제94조 행정각부의 장은 국무위원 중에서 국무총리의 제청으로 대통령이 임명한다.

제95조 국무총리 또는 행정각부의 장은 소관사무에 관하여 법률이나 대통령령의 위임 또는 직권으로 총리령 또는 부령을 발할 수 있다.

제96조 행정각부의 설치·조직과 직무범위는 법률로 정한다.

제4관 감사원

제97조 국가의 세입·세출의 결산, 국가 및 법률이 정한 단체의 회계검사와 행정기관 및 공무원의 직무에 관한 감찰을 하기 위하여 대통령 소속하에 감사원을 둔다.

제98조 ① 감사원은 원장을 포함한 5인 이상 11인 이하의 감사위원으로 구성한다.

② 원장은 국회의 동의를 얻어 대통령이 임명하고, 그 임기는 4년으로 하며, 1차에 한하여 중임할 수 있다.

③ 감사위원은 원장의 제청으로 대통령이 임명하고, 그 임기는 4년으로 하며, 1차에 한하여 중임할 수 있다.

제99조 감사원은 세입·세출의 결산을 매년 검사하여 대통령과 차년도국회에 그 결과를 보고하여야 한다.

제100조 감사원의 조직·직무범위·감사위원의 자격·감사대상공무원의 범위 기타 필요한 사항은 법률로 정한다.

제5장 법 원

제101조 ① 사법권은 법관으로 구성된 법원에 속한다.

② 법원은 최고법원인 대법원과 각급법원으로 조직된다.

③ 법관의 자격은 법률로 정한다.

제102조 ① 대법원에 부를 둘 수 있다.

② 대법원에 대법관을 둔다. 다만, 법률이 정하는 바에 의하여 대법관이 아닌 법관을 둘 수 있다.

③ 대법원과 각급법원의 조직은 법률로 정한다.

제103조 법관은 헌법과 법률에 의하여 그 양심에 따라 독립하여 심판한다.

제104조 ① 대법원장은 국회의 동의를 얻어 대통령이 임명한다.

② 대법관은 대법원장의 제청으로 국회의 동의를 얻어 대통령이 임명한다.

③ 대법원장과 대법관이 아닌 법관은 대법관회의의 동의를 얻어 대법원장이 임명한다.

제105조 ① 대법원장의 임기는 6년으로 하며, 중임할 수 없다.

② 대법관의 임기는 6년으로 하며, 법률이 정하는 바에 의하여 연임할 수 있다.

③ 대법원장과 대법관이 아닌 법관의 임기는 10년으로 하며, 법률이 정하는

바에 의하여 연임할 수 있다.

④ 법관의 정년은 법률로 정한다.

제106조 ① 법관은 탄핵 또는 금고 이상의 형의 선고에 의하지 아니하고는 파면되지 아니하며, 징계처분에 의하지 아니하고는 정직·감봉 기타 불리한 처분을 받지 아니한다.

② 법관이 중대한 심신상의 장해로 직무를 수행할 수 없을 때에는 법률이 정하는 바에 의하여 퇴직하게 할 수 있다.

제107조 ① 법률이 헌법에 위반되는 여부가 재판의 전제가 된 경우에는 법원은 헌법재판소에 제청하여 그 심판에 의하여 재판한다.

② 명령·규칙 또는 처분이 헌법이나 법률에 위반되는 여부가 재판의 전제가 된 경우에는 대법원은 이를 최종적으로 심사할 권한을 가진다.

③ 재판의 전심절차로서 행정심판을 할 수 있다. 행정심판의 절차는 법률로 정하되, 사법절차가 준용되어야 한다.

제108조 대법원은 법률에 저촉되지 아니하는 범위안에서 소송에 관한 절차, 법원의 내부규율과 사무처리에 관한 규칙을 제정할 수 있다.

제109조 재판의 심리와 판결은 공개한다. 다만, 심리는 국가의 안전보장 또는 안녕질서를 방해하거나 선량한 풍속을 해할 염려가 있을 때에는 법원의 결정으로 공개하지 아니할 수 있다.

제110조 ① 군사재판을 관할하기 위하여 특별법원으로서 군사법원을 둘 수 있다.

② 군사법원의 상고심은 대법원에서 관할한다.

③ 군사법원의 조직·권한 및 재판관의 자격은 법률로 정한다.

④ 비상계엄하의 군사재판은 군인·군무원의 범죄나 군사에 관한 간첩죄의 경우와 초병·초소·유독음식물공급·포로에 관한 죄중 법률이 정한 경우에 한하여 단심으로 할 수 있다. 다만, 사형을 선고한 경우에는 그러하지 아니하다.

제6장 헌법재판소

제111조 ① 헌법재판소는 다음 사항을 관장한다.

1. 법원의 제청에 의한 법률의 위헌여부 심판
2. 탄핵의 심판
3. 정당의 해산 심판
4. 국가기관 상호간, 국가기관과 지방자치단체간 및 지방자치단체 상호간의 권한쟁의에 관한 심판
5. 법률이 정하는 헌법소원에 관한 심판

② 헌법재판소는 법관의 자격을 가진 9인의 재판관으로 구성하며, 재판관은 대통령이 임명한다.

③ 제2항의 재판관중 3인은 국회에서 선출하는 자를, 3인은 대법원장이 지명하는 자를 임명한다.

④ 헌법재판소의 장은 국회의 동의를 얻어 재판관중에서 대통령이 임명한다.

제112조 ① 헌법재판소 재판관의 임기는 6년으로 하며, 법률이 정하는 바에 의하여 연임할 수 있다.

② 헌법재판소 재판관은 정당에 가입하거나 정치에 관여할 수 없다.

③ 헌법재판소 재판관은 탄핵 또는 금고 이상의 형의 선고에 의하지 아니하고는 파면되지 아니한다.

제113조 ① 헌법재판소에서 법률의 위헌결정, 탄핵의 결정, 정당해산의 결정 또는 헌법소원에 관한 인용결정을 할 때에는 재판관 6인 이상의 찬성이 있어야 한다.

② 헌법재판소는 법률에 저촉되지 아니하는 범위안에서 심판에 관한 절차, 내부규율과 사무처리에 관한 규칙을 제정할 수 있다.

③ 헌법재판소의 조직과 운영 기타 필요한 사항은 법률로 정한다.

제7장 선거관리

제114조 ① 선거와 국민투표의 공정한 관리 및 정당에 관한 사무를 처리하기 위하여 선거관리위원회를 둔다.

② 중앙선거관리위원회는 대통령이 임명하는 3인, 국회에서 선출하는 3인과 대법원장이 지명하는 3인의 위원으로 구성한다. 위원장은 위원중에서 호선한다.

③ 위원의 임기는 6년으로 한다.

④ 위원은 정당에 가입하거나 정치에 관여할 수 없다.

⑤ 위원은 탄핵 또는 금고 이상의 형의 선고에 의하지 아니하고는 파면되지 아니한다.

⑥ 중앙선거관리위원회는 법령의 범위안에서 선거관리·국민투표관리 또는 정당사무에 관한 규칙을 제정할 수 있으며, 법률에 저촉되지 아니하는 범위안에서 내부규율에 관한 규칙을 제정할 수 있다.

⑦ 각급 선거관리위원회의 조직·직무범위 기타 필요한 사항은 법률로 정한다.

제115조 ① 각급 선거관리위원회는 선거인명부의 작성등 선거사무와 국민투표사무에 관하여 관계 행정기관에 필요한 지시를 할 수 있다.

② 제1항의 지시를 받은 당해 행정기관은 이에 응하여야 한다.

제116조 ① 선거운동은 각급 선거관리위원회의 관리하에 법률이 정하는 범위안에서 하되, 균등한 기회가 보장되어야 한다.

② 선거에 관한 경비는 법률이 정하는 경우를 제외하고는 정당 또는 후보자에게 부담시킬 수 없다.

제8장 지방자치

제117조 ① 지방자치단체는 주민의 복리에 관한 사무를 처리하고 재산을 관리하며, 법령의 범위안에서 자치에 관한 규정을 제정할 수 있다.

② 지방자치단체의 종류는 법률로 정한다.

제118조 ① 지방자치단체에 의회를 둔다.

② 지방의회의 조직·권한·의원선거와 지방자치단체의 장의 선임방법 기타 지방자치단체의 조직과 운영에 관한 사항은 법률로 정한다.

제9장 경 제

제119조 ① 대한민국의 경제질서는 개인과 기업의 경제상의 자유와 창의를 존중함을 기본으로 한다.

② 국가는 균형있는 국민경제의 성장 및 안정과 적정한 소득의 분배를 유지하고, 시장의 지배와 경제력의 남용을 방지하며, 경제주체간의 조화를 통한 경제의 민주화를 위하여 경제에 관한 규제와 조정을 할 수 있다.

제120조 ① 광물 기타 중요한 지하자원·수산자원·수력과 경제상 이용할 수 있는 자연력은 법률이 정하는 바에 의하여 일정한 기간 그 채취·개발 또는 이용을 특허할 수 있다.

② 국토와 자원은 국가의 보호를 받으며, 국가는 그 균형있는 개발과 이용을 위하여 필요한 계획을 수립한다.

제121조 ① 국가는 농지에 관하여 경자유전의 원칙이 달성될 수 있도록 노력하여야 하며, 농지의 소작제도는 금지된다.

② 농업생산성의 제고와 농지의 합리적인 이용을 위하거나 불가피한 사정으로 발생하는 농지의 임대차와 위탁경영은 법률이 정하는 바에 의하여 인정된다.

제122조 국가는 국민 모두의 생산 및 생활의 기반이 되는 국토의 효율적이고 균형있는 이용·개발과 보전을 위하여 법률이 정하는 바에 의하여 그에 관한 필요한 제한과 의무를 과할 수 있다.

제123조 ① 국가는 농업 및 어업을 보호·육성하기 위하여 농·어촌종합개발과 그 지원등 필요한 계획을 수립·시행하여야 한다.

② 국가는 지역간의 균형있는 발전을 위하여 지역경제를 육성할 의무를 진다.

③ 국가는 중소기업을 보호·육성하여야 한다.

④ 국가는 농수산물의 수급균형과 유통구조의 개선에 노력하여 가격안정을 도모함으로써 농·어민의 이익을 보호한다.

⑤ 국가는 농·어민과 중소기업의 자조조직을 육성하여야 하며, 그 자율적 활동과 발전을 보장한다.

제124조 국가는 건전한 소비행위를 계도하고 생산품의 품질향상을 촉구하기 위한 소비자보호운동을 법률이 정하는 바에 의하여 보장한다.

제125조 국가는 대외무역을 육성하며, 이를 규제·조정할 수 있다.

제126조 국방상 또는 국민경제상 긴절한 필요로 인하여 법률이 정하는 경우를 제외하고는, 사영기업을 국유 또는 공유로 이전하거나 그 경영을 통제 또는 관리할 수 없다.

제127조 ① 국가는 과학기술의 혁신과 정보 및 인력의 개발을 통하여 국민경제의 발전에 노력하여야 한다.

② 국가는 국가표준제도를 확립한다.

③ 대통령은 제1항의 목적을 달성하기 위하여 필요한 자문기구를 둘 수 있다.

제10장 헌법개정

제128조 ① 헌법개정은 국회재적의원 과반수 또는 대통령의 발의로 제안된다.

② 대통령의 임기연장 또는 중임변경을 위한 헌법개정은 그 헌법개정 제안 당시의 대통령에 대하여는 효력이 없다.

제129조 제안된 헌법개정안은 대통령이 20일 이상의 기간 이를 공고하여야 한다.

제130조 ① 국회는 헌법개정안이 공고된 날로부터 60일 이내에 의결하여야 하며, 국회의 의결은 재적의원 3분의 2 이상의 찬성을 얻어야 한다.

② 헌법개정안은 국회가 의결한 후 30일 이내에 국민투표에 붙여 국회의원선거권자 과반수의 투표와 투표자 과반수의 찬성을 얻어야 한다.

③ 헌법개정안이 제2항의 찬성을 얻은 때에는 헌법개정은 확정되며, 대통령은 즉시 이를 공포하여야 한다.

부칙 〈헌법 제10호, 1987.10.29.〉

제1조 이 헌법은 1988년 2월 25일부터 시행한다. 다만, 이 헌법을 시행하기 위하여 필요한 법률의 제정·개정과 이 헌법에 의한 대통령 및 국회의원의 선거 기타 이 헌법시행에 관한 준비는 이 헌법시행 전에 할 수 있다.

제2조 ① 이 헌법에 의한 최초의 대통령선거는 이 헌법시행일 40일 전까지 실시한다.

② 이 헌법에 의한 최초의 대통령의 임기는 이 헌법시행일로부터 개시한다.

제3조 ① 이 헌법에 의한 최초의 국회의원선거는 이 헌법공포일로부터 6월 이내에 실시하며, 이 헌법에 의하여 선출된 최초의 국회의원의 임기는 국회의원선거후 이 헌법에 의한 국회의 최초의 집회일로부터 개시한다.

② 이 헌법공포 당시의 국회의원의 임기는 제1항에 의한 국회의 최초의 집회일 전일까지로 한다.

제4조 ① 이 헌법시행 당시의 공무원과 정부가 임명한 기업체의 임원은 이 헌법에 의하여 임명된 것으로 본다. 다만, 이 헌법에 의하여 선임방법이나 임명권자가 변경된 공무원과 대법원장 및 감사원장은 이 헌법에 의하여 후임자가 선임될 때까지 그 직무를 행하며, 이 경우 전임자인 공무원의 임기는 후임자가

선임되는 전일까지로 한다.

② 이 헌법시행 당시의 대법원장과 대법원판사가 아닌 법관은 제1항 단서의 규정에 불구하고 이 헌법에 의하여 임명된 것으로 본다.

③ 이 헌법중 공무원의 임기 또는 중임제한에 관한 규정은 이 헌법에 의하여 그 공무원이 최초로 선출 또는 임명된 때로부터 적용한다.

제5조 이 헌법시행 당시의 법령과 조약은 이 헌법에 위배되지 아니하는 한 그 효력을 지속한다.

제6조 이 헌법시행 당시에 이 헌법에 의하여 새로 설치될 기관의 권한에 속하는 직무를 행하고 있는 기관은 이 헌법에 의하여 새로운 기관이 설치될 때까지 존속하며 그 직무를 행한다.

헌법재판소법

[시행 2018. 3. 20.] [법률 제15495호, 2018.3.20., 일부개정]

제1장 총 칙

제1조(목적) 이 법은 헌법재판소의 조직 및 운영과 그 심판절차에 관하여 필요한 사항을 정함을 목적으로 한다.
[전문개정 2011·4·5]

제2조(관장사항) 헌법재판소는 다음 각 호의 사항을 관장한다.
1. 법원의 제청(提請)에 의한 법률의 위헌(違憲) 여부 심판
2. 탄핵(彈劾)의 심판
3. 정당의 해산심판
4. 국가기관 상호간, 국가기관과 지방자치단체 간 및 지방자치단체 상호간의 권한쟁의(權限爭議)에 관한 심판
5. 헌법소원(憲法訴願)에 관한 심판

[전문개정 2011·4·5]

제3조(구성) 헌법재판소는 9명의 재판관으로 구성한다.
[전문개정 2011·4·5]

제4조(재판관의 독립) 재판관은 헌법과 법률에 의하여 양심에 따라 독립하여 심판한다.
[전문개정 2011·4·5]

제5조(재판관의 자격) ① 재판관은 다음 각 호의 어느 하나에 해당하는 직(職)에 15년 이상 있던 40세 이상인 사람 중에서 임명한다. 다만, 다음 각 호 중 둘 이상의 직에 있던 사람의 재직기간은 합산한다.
1. 판사, 검사, 변호사
2. 변호사 자격이 있는 사람으로서 국가기관, 국영·공영 기업체, 「공공기관의 운영에 관한 법률」 제4조에 따른 공공기관 또는 그 밖의 법인에서 법률에 관한 사무에 종사한 사람
3. 변호사 자격이 있는 사람으로서 공인된 대학의 법률학 조교수 이상의 직에 있던 사람

② 다음 각 호의 어느 하나에 해당하는 사람은 재판관으로 임명할 수 없다. [개정 2020·6·9]
1. 다른 법령에 따라 공무원으로 임용하지 못하는 사람

2. 금고 이상의 형을 선고받은 사람
3. 탄핵에 의하여 파면된 후 5년이 지나지 아니한 사람
4. 「정당법」 제22조에 따른 정당의 당원 또는 당원의 신분을 상실한 날부터 3년이 경과되지 아니한 사람
5. 「공직선거법」 제2조에 따른 선거에 후보자(예비후보자를 포함한다)로 등록한 날부터 5년이 경과되지 아니한 사람
6. 「공직선거법」 제2조에 따른 대통령선거에서 후보자의 당선을 위하여 자문이나 고문의 역할을 한 날부터 3년이 경과되지 아니한 사람

③ 제2항제6호에 따른 자문이나 고문의 역할을 한 사람의 구체적인 범위는 헌법재판소규칙으로 정한다. [신설 2020·6·9]

[전문개정 2011·4·5][시행일 2020·12·10]

제6조(재판관의 임명) ① 재판관은 대통령이 임명한다. 이 경우 재판관 중 3명은 국회에서 선출하는 사람을, 3명은 대법원장이 지명하는 사람을 임명한다.

② 재판관은 국회의 인사청문을 거쳐 임명·선출 또는 지명하여야 한다. 이 경우 대통령은 재판관(국회에서 선출하거나 대법원장이 지명하는 사람은 제외한다)을 임명하기 전에, 대법원장은 재판관을 지명하기 전에 인사청문을 요청한다.

③ 재판관의 임기가 만료되거나 정년이 도래하는 경우에는 임기만료일 또는 정년도래일까지 후임자를 임명하여야 한다.

④ 임기 중 재판관이 결원된 경우에는 결원된 날부터 30일 이내에 후임자를 임명하여야 한다.

⑤ 제3항 및 제4항에도 불구하고 국회에서 선출한 재판관이 국회의 폐회 또는 휴회 중에 그 임기가 만료되거나 정년이 도래한 경우 또는 결원된 경우에는 국회는 다음 집회가 개시된 후 30일 이내에 후임자를 선출하여야 한다.

[전문개정 2011·4·5]

제7조(재판관의 임기) ① 재판관의 임기는 6년으로 하며, 연임할 수 있다.

② 재판관의 정년은 65세로 한다. 다만, 헌법재판소장인 재판관의 정년은 70세로 한다.

[전문개정 2011·4·5]

제8조(재판관의 신분 보장) 재판관은 다음 각 호의 어느 하나에 해당하는 경우가 아니면 그 의사에 반하여 해임되지 아니한다.

1. 탄핵결정이 된 경우
2. 금고 이상의 형을 선고받은 경우

[전문개정 2011·4·5]

제9조(재판관의 정치 관여 금지) 재판관은 정당에 가입하거나 정치에 관여할 수 없다.

[전문개정 2011·4·5]

제10조(규칙 제정권) ① 헌법재판소는 이 법과 다른 법률에 저촉되지 아니하는 범위에서 심판에 관한 절차, 내부 규율과 사무처리에 관한 규칙을 제정할 수 있다.

② 헌법재판소규칙은 관보에 게재하여 공포한다.

[전문개정 2011 · 4 · 5]

제10조의2(입법 의견의 제출) 헌법재판소장은 헌법재판소의 조직, 인사, 운영, 심판절차와 그 밖에 헌법재판소의 업무와 관련된 법률의 제정 또는 개정이 필요하다고 인정하는 경우에는 국회에 서면으로 그 의견을 제출할 수 있다.

[전문개정 2011 · 4 · 5]

제11조(경비) ① 헌법재판소의 경비는 독립하여 국가의 예산에 계상(計上)하여야 한다.

② 제1항의 경비 중에는 예비금을 둔다.

[전문개정 2011 · 4 · 5]

제2장 조 직

제12조(헌법재판소장) ① 헌법재판소에 헌법재판소장을 둔다.

② 헌법재판소장은 국회의 동의를 받아 재판관 중에서 대통령이 임명한다.

③ 헌법재판소장은 헌법재판소를 대표하고, 헌법재판소의 사무를 총괄하며, 소속 공무원을 지휘 · 감독한다.

④ 헌법재판소장이 궐위(闕位)되거나 부득이한 사유로 직무를 수행할 수 없을 때에는 다른 재판관이 헌법재판소규칙으로 정하는 순서에 따라 그 권한을 대행한다.

[전문개정 2011 · 4 · 5]

제13조 삭제 <91 · 11 · 30>

제14조(재판관의 겸직 금지) 재판관은 다음 각 호의 어느 하나에 해당하는 직을 겸하거나 영리를 목적으로 하는 사업을 할 수 없다.

1. 국회 또는 지방의회의 의원의 직
2. 국회 · 정부 또는 법원의 공무원의 직
3. 법인 · 단체 등의 고문 · 임원 또는 직원의 직

[전문개정 2011 · 4 · 5]

제15조(헌법재판소장 등의 대우) 헌법재판소장의 대우와 보수는 대법원장의 예에 따르며, 재판관은 정무직(政務職)으로 하고 그 대우와 보수는 대법관의 예에 따른다.

[전문개정 2011 · 4 · 5]

제16조(재판관회의) ① 재판관회의는 재판관 전원으로 구성하며, 헌법재판소장이 의장이 된다.

② 재판관회의는 재판관 7명 이상의 출석과 출석인원 과반수의 찬성으로 의결한다.

③ 의장은 의결에서 표결권을 가진다.

④ 다음 각 호의 사항은 재판관회의의 의결을 거쳐야 한다.

1. 헌법재판소규칙의 제정과 개정, 제10조의2에 따른 입법 의견의 제출에 관한 사항
2. 예산 요구, 예비금 지출과 결산에 관한 사항

3. 사무처장, 사무차장, 헌법재판연구원장, 헌법연구관 및 3급 이상 공무원의 임면(任免)에 관한 사항
4. 특히 중요하다고 인정되는 사항으로서 헌법재판소장이 재판관회의에 부치는 사항

⑤ 재판관회의의 운영에 필요한 사항은 헌법재판소규칙으로 정한다.
[전문개정 2011·4·5]

第17條(사무처) ① 헌법재판소의 행정사무를 처리하기 위하여 헌법재판소에 사무처를 둔다.
② 사무처에 사무처장과 사무차장을 둔다.
③ 사무처장은 헌법재판소장의 지휘를 받아 사무처의 사무를 관장하며, 소속 공무원을 지휘·감독한다.
④ 사무처장은 국회 또는 국무회의에 출석하여 헌법재판소의 행정에 관하여 발언할 수 있다.
⑤ 헌법재판소장이 한 처분에 대한 행정소송의 피고는 헌법재판소 사무처장으로 한다.
⑥ 사무차장은 사무처장을 보좌하며, 사무처장이 부득이한 사유로 직무를 수행할 수 없을 때에는 그 직무를 대행한다.
⑦ 사무처에 실, 국, 과를 둔다.
⑧ 실에는 실장, 국에는 국장, 과에는 과장을 두며, 사무처장·사무차장·실장 또는 국장 밑에 정책의 기획, 계획의 입안, 연구·조사, 심사·평가 및 홍보업무를 보좌하는 심의관 또는 담당관을 둘 수 있다.
⑨ 이 법에 규정되지 아니한 사항으로서 사무처의 조직, 직무 범위, 사무처에 두는 공무원의 정원, 그 밖에 필요한 사항은 헌법재판소규칙으로 정한다.
[전문개정 2011·4·5]

第18條(사무처 공무원) ① 사무처장은 정무직으로 하고, 보수는 국무위원의 보수와 같은 금액으로 한다.
② 사무차장은 정무직으로 하고, 보수는 차관의 보수와 같은 금액으로 한다.
③ 실장은 1급 또는 2급, 국장은 2급 또는 3급, 심의관 및 담당관은 2급부터 4급까지, 과장은 3급 또는 4급의 일반직국가공무원으로 임명한다. 다만, 담당관 중 1명은 3급 상당 또는 4급 상당의 별정직국가공무원으로 임명할 수 있다.
④ 사무처 공무원은 헌법재판소장이 임면한다. 다만, 3급 이상의 공무원의 경우에는 재판관회의의 의결을 거쳐야 한다.
⑤ 헌법재판소장은 다른 국가기관에 대하여 그 소속 공무원을 사무처 공무원으로 근무하게 하기 위하여 헌법재판소에의 파견근무를 요청할 수 있다.
[전문개정 2011·4·5]

第19條(헌법연구관) ① 헌법재판소에 헌법재판소규칙으로 정하는 수의 헌법연구관을 둔다. <개정 2011·4·5>
② 헌법연구관은 특정직국가공무원으로 한다. <개정 2011·4·5>
③ 헌법연구관은 헌법재판소장의 명을 받아 사건의 심리(審理) 및 심판에 관

한 조사·연구에 종사한다. <개정 2011·4·5>

④ 헌법연구관은 다음 각 호의 어느 하나에 해당하는 사람 중에서 헌법재판소장이 재판관회의의 의결을 거쳐 임용한다. <개정 2011·4·5>

1. 판사·검사 또는 변호사의 자격이 있는 사람
2. 공인된 대학의 법률학 조교수 이상의 직에 있던 사람
3. 국회, 정부 또는 법원 등 국가기관에서 4급 이상의 공무원으로서 5년 이상 법률에 관한 사무에 종사한 사람
4. 법률학에 관한 박사학위 소지자로서 국회, 정부, 법원 또는 헌법재판소 등 국가기관에서 5년 이상 법률에 관한 사무에 종사한 사람
5. 법률학에 관한 박사학위 소지자로서 헌법재판소규칙으로 정하는 대학 등 공인된 연구기관에서 5년 이상 법률에 관한 사무에 종사한 사람

⑤ 삭제 <2003·3·12>

⑥ 다음 각 호의 어느 하나에 해당하는 사람은 헌법연구관으로 임용될 수 없다. <개정 2011·4·5>

1. 「국가공무원법」 제33조 각 호의 어느 하나에 해당하는 사람
2. 금고 이상의 형을 선고받은 사람
3. 탄핵결정에 의하여 파면된 후 5년이 지나지 아니한 사람

⑦ 헌법연구관의 임기는 10년으로 하되, 연임할 수 있고, 정년은 60세로 한다. <개정 2011·4·5>

⑧ 헌법연구관이 제6항 각 호의 어느 하나에 해당할 때에는 당연히 퇴직한다. 다만, 「국가공무원법」 제33조제5호에 해당할 때에는 그러하지 아니하다. <개정 2011·4·5>

⑨ 헌법재판소장은 다른 국가기관에 대하여 그 소속 공무원을 헌법연구관으로 근무하게 하기 위하여 헌법재판소에의 파견근무를 요청할 수 있다. <개정 2011·4·5>

⑩ 사무차장은 헌법연구관의 직을 겸할 수 있다. <개정 2011·4·5>

⑪ 헌법재판소장은 헌법연구관으로 하여금 사건의 심리 및 심판에 관한 조사·연구업무 외의 직을 겸임하게 할 수 있다. 이 경우 헌법연구관의 수는 헌법재판소규칙으로 정하며, 보수는 그 중 고액의 것을 지급한다. <개정 2011·4·5>

제19조의2(헌법연구관보) ① 헌법연구관을 신규임용하는 경우에는 3년간 헌법연구관보(憲法硏究官補)로 임용하여 근무하게 한 후 그 근무성적을 고려하여 헌법연구관으로 임용한다. 다만, 경력 및 업무능력 등을 고려하여 헌법재판소규칙으로 정하는 바에 따라 헌법연구관보 임용을 면제하거나 그 기간을 단축할 수 있다.

② 헌법연구관보는 헌법재판소장이 재판관회의의 의결을 거쳐 임용한다.

③ 헌법연구관보는 별정직국가공무원으로 하고, 그 보수와 승급기준은 헌법연구관의 예에 따른다.

④ 헌법연구관보가 근무성적이 불량한 경우에는 재판관회의의 의결을 거쳐 면직시킬 수 있다.

⑤ 헌법연구관보의 근무기간은 이 법 및 다른 법령에 규정된 헌법연구관의 재직기간에 산입한다.
[전문개정 2011・4・5]

제19조의3(헌법연구위원) ① 헌법재판소에 헌법연구위원을 둘 수 있다. 헌법연구위원은 사건의 심리 및 심판에 관한 전문적인 조사·연구에 종사한다.
② 헌법연구위원은 3년 이내의 범위에서 기간을 정하여 임명한다.
③ 헌법연구위원은 2급 또는 3급 상당의 별정직공무원이나 「국가공무원법」 제26조의5에 따른 임기제공무원으로 하고, 그 직제 및 자격 등에 관하여는 헌법재판소규칙으로 정한다. <개정 2012・12・11>
[본조신설 2007・12・21]

제19조의4(헌법재판연구원) ① 헌법 및 헌법재판 연구와 헌법연구관, 사무처 공무원 등의 교육을 위하여 헌법재판소에 헌법재판연구원을 둔다.
② 헌법재판연구원의 정원은 원장 1명을 포함하여 40명 이내로 하고, 원장 밑에 부장, 팀장, 연구관 및 연구원을 둔다. <개정 2014・12・30>
③ 원장은 헌법재판소장이 재판관회의의 의결을 거쳐 헌법연구관으로 보하거나 1급인 일반직국가공무원으로 임명한다. [신설 2014・12・30]
④ 부장은 헌법연구관이나 2급 또는 3급 일반직공무원으로, 팀장은 헌법연구관이나 3급 또는 4급 일반직공무원으로 임명하고, 연구관 및 연구원은 헌법연구관 또는 일반직공무원으로 임명한다. <개정 2014・12・30>
⑤ 연구관 및 연구원은 다음 각 호의 어느 하나에 해당하는 사람 중에서 헌법재판소장이 보하거나 헌법재판연구원장의 제청을 받아 헌법재판소장이 임명한다. [신설 2014・12・30]
1. 헌법연구관
2. 변호사의 자격이 있는 사람(외국의 변호사 자격을 포함한다)
3. 학사 또는 석사학위를 취득한 사람으로서 헌법재판소규칙으로 정하는 실적 또는 경력이 있는 사람
4. 박사학위를 취득한 사람

⑥ 그 밖에 헌법재판연구원의 조직과 운영에 필요한 사항은 헌법재판소규칙으로 정한다. [신설 2014・12・30]
[전문개정 2011・4・5]

제20조(헌법재판소장 비서실 등) ① 헌법재판소에 헌법재판소장 비서실을 둔다.
② 헌법재판소장 비서실에 비서실장 1명을 두되, 비서실장은 1급 상당의 별정직국가공무원으로 임명하고, 헌법재판소장의 명을 받아 기밀에 관한 사무를 관장한다.
③ 제2항에 규정되지 아니한 사항으로서 헌법재판소장 비서실의 조직과 운영에 필요한 사항은 헌법재판소규칙으로 정한다.
④ 헌법재판소에 재판관 비서관을 둔다.
⑤ 재판관 비서관은 4급의 일반직국가공무원 또는 4급 상당의 별정직국가공무원으로 임명하며, 재판관의 명을 받아 기밀에 관한 사무를 관장한다.
[전문개정 2011・4・5]

제21조(서기 및 정리) ① 헌법재판소에 서기(書記) 및 정리(廷吏)를 둔다.
② 헌법재판소장은 사무처 직원 중에서 서기 및 정리를 지명한다.
③ 서기는 재판장의 명을 받아 사건에 관한 서류의 작성·보관 또는 송달에 관한 사무를 담당한다.
④ 정리는 심판정(審判廷)의 질서유지와 그 밖에 재판장이 명하는 사무를 집행한다.
[전문개정 2011·4·5]

제3장 일반심판절차

제22조(재판부) ① 이 법에 특별한 규정이 있는 경우를 제외하고는 헌법재판소의 심판은 재판관 전원으로 구성되는 재판부에서 관장한다.
② 재판부의 재판장은 헌법재판소장이 된다.
[전문개정 2011·4·5]

제23조(심판정족수) ① 재판부는 재판관 7명 이상의 출석으로 사건을 심리한다.
② 재판부는 종국심리(終局審理)에 관여한 재판관 과반수의 찬성으로 사건에 관한 결정을 한다. 다만, 다음 각 호의 어느 하나에 해당하는 경우에는 재판관 6명 이상의 찬성이 있어야 한다.
1. 법률의 위헌결정, 탄핵의 결정, 정당해산의 결정 또는 헌법소원에 관한 인용결정(認容決定)을 하는 경우
2. 종전에 헌법재판소가 판시한 헌법 또는 법률의 해석 적용에 관한 의견을 변경하는 경우

[전문개정 2011·4·5]

제24조(제척·기피 및 회피) ① 재판관이 다음 각 호의 어느 하나에 해당하는 경우에는 그 직무집행에서 제척(除斥)된다.
1. 재판관이 당사자이거나 당사자의 배우자 또는 배우자였던 경우
2. 재판관과 당사자가 친족관계이거나 친족관계였던 경우
3. 재판관이 사건에 관하여 증언이나 감정(鑑定)을 하는 경우
4. 재판관이 사건에 관하여 당사자의 대리인이 되거나 되었던 경우
5. 그 밖에 재판관이 헌법재판소 외에서 직무상 또는 직업상의 이유로 사건에 관여한 경우

② 재판부는 직권 또는 당사자의 신청에 의하여 제척의 결정을 한다.
③ 재판관에게 공정한 심판을 기대하기 어려운 사정이 있는 경우 당사자는 기피(忌避)신청을 할 수 있다. 다만, 변론기일(辯論期日)에 출석하여 본안(本案)에 관한 진술을 한 때에는 그러하지 아니하다.
④ 당사자는 동일한 사건에 대하여 2명 이상의 재판관을 기피할 수 없다.
⑤ 재판관은 제1항 또는 제3항의 사유가 있는 경우에는 재판장의 허가를 받아 회피(回避)할 수 있다.
⑥ 당사자의 제척 및 기피신청에 관한 심판에는 「민사소송법」 제44조, 제45조, 제46조제1항·제2항 및 제48조를 준용한다.

[전문개정 2011·4·5]

제25조(대표자·대리인) ① 각종 심판절차에서 정부가 당사자(참가인을 포함한다. 이하 같다)인 경우에는 법무부장관이 이를 대표한다.

② 각종 심판절차에서 당사자인 국가기관 또는 지방자치단체는 변호사 또는 변호사의 자격이 있는 소속 직원을 대리인으로 선임하여 심판을 수행하게 할 수 있다.

③ 각종 심판절차에서 당사자인 사인(私人)은 변호사를 대리인으로 선임하지 아니하면 심판청구를 하거나 심판 수행을 하지 못한다. 다만, 그가 변호사의 자격이 있는 경우에는 그러하지 아니하다.

[전문개정 2011·4·5]

제26조(심판청구의 방식) ① 헌법재판소에의 심판청구는 심판절차별로 정하여진 청구서를 헌법재판소에 제출함으로써 한다. 다만, 위헌법률심판에서는 법원의 제청서, 탄핵심판에서는 국회의 소추의결서(訴追議決書)의 정본(正本)으로 청구서를 갈음한다.

② 청구서에는 필요한 증거서류 또는 참고자료를 첨부할 수 있다.

[전문개정 2011·4·5]

제27조(청구서의 송달) ① 헌법재판소가 청구서를 접수한 때에는 지체 없이 그 등본을 피청구기관 또는 피청구인(이하 "피청구인"이라 한다)에게 송달하여야 한다.

② 위헌법률심판의 제청이 있으면 법무부장관 및 당해 소송사건의 당사자에게 그 제청서의 등본을 송달한다.

[전문개정 2011·4·5]

제28조(심판청구의 보정) ① 재판장은 심판청구가 부적법하나 보정(補正)할 수 있다고 인정되는 경우에는 상당한 기간을 정하여 보정을 요구하여야 한다.

② 제1항에 따른 보정 서면에 관하여는 제27조 제1항을 준용한다.

③ 제1항에 따른 보정이 있는 경우에는 처음부터 적법한 심판청구가 있은 것으로 본다.

④ 제1항에 따른 보정기간은 제38조의 심판기간에 산입하지 아니한다.

⑤ 재판장은 필요하다고 인정하는 경우에는 재판관 중 1명에게 제1항의 보정요구를 할 수 있는 권한을 부여할 수 있다.

[전문개정 2011·4·5]

제29조(답변서의 제출) ① 청구서 또는 보정 서면을 송달받은 피청구인은 헌법재판소에 답변서를 제출할 수 있다.

② 답변서에는 심판청구의 취지와 이유에 대응하는 답변을 적는다.

[전문개정 2011·4·5]

제30조(심리의 방식) ① 탄핵의 심판, 정당해산의 심판 및 권한쟁의의 심판은 구두변론에 의한다.

② 위헌법률의 심판과 헌법소원에 관한 심판은 서면심리에 의한다. 다만, 재판부는 필요하다고 인정하는 경우에는 변론을 열어 당사자, 이해관계인, 그 밖의 참고인의 진술을 들을 수 있다.

③ 재판부가 변론을 열 때에는 기일을 정하여 당사자와 관계인을 소환하여야

한다.
[전문개정 2011 · 4 · 5]

제31조(증거조사) ① 재판부는 사건의 심리를 위하여 필요하다고 인정하는 경우에는 직권 또는 당사자의 신청에 의하여 다음 각 호의 증거조사를 할 수 있다.
1. 당사자 또는 증인을 신문(訊問)하는 일
2. 당사자 또는 관계인이 소지하는 문서 · 장부 · 물건 또는 그 밖의 증거자료의 제출을 요구하고 영치(領置)하는 일
3. 특별한 학식과 경험을 가진 자에게 감정을 명하는 일
4. 필요한 물건 · 사람 · 장소 또는 그 밖의 사물의 성상(性狀)이나 상황을 검증하는 일

② 재판장은 필요하다고 인정하는 경우에는 재판관 중 1명을 지정하여 제1항의 증거조사를 하게 할 수 있다.
[전문개정 2011 · 4 · 5]

제32조(자료제출 요구 등) 재판부는 결정으로 다른 국가기관 또는 공공단체의 기관에 심판에 필요한 사실을 조회하거나, 기록의 송부나 자료의 제출을 요구할 수 있다. 다만, 재판 · 소추 또는 범죄수사가 진행 중인 사건의 기록에 대하여는 송부를 요구할 수 없다.
[전문개정 2011 · 4 · 5]

제33조(심판의 장소) 심판의 변론과 종국결정의 선고는 심판정에서 한다. 다만, 헌법재판소장이 필요하다고 인정하는 경우에는 심판정 외의 장소에서 변론 또는 종국결정의 선고를 할 수 있다.
[전문개정 2011 · 4 · 5]

제34조(심판의 공개) ① 심판의 변론과 결정의 선고는 공개한다. 다만, 서면심리와 평의(評議)는 공개하지 아니한다.
② 헌법재판소의 심판에 관하여는 「법원조직법」 제57조 제1항 단서와 같은 조 제2항 및 제3항을 준용한다.
[전문개정 2011 · 4 · 5]

제35조(심판의 지휘와 법정경찰권) ① 재판장은 심판정의 질서와 변론의 지휘 및 평의의 정리(整理)를 담당한다.
② 헌법재판소 심판정의 질서유지와 용어의 사용에 관하여는 「법원조직법」 제58조부터 제63조까지의 규정을 준용한다.
[전문개정 2011 · 4 · 5]

제36조(종국결정) ① 재판부가 심리를 마쳤을 때에는 종국결정을 한다.
② 종국결정을 할 때에는 다음 각 호의 사항을 적은 결정서를 작성하고 심판에 관여한 재판관 전원이 이에 서명날인하여야 한다.
1. 사건번호와 사건명
2. 당사자와 심판수행자 또는 대리인의 표시
3. 주문(主文)
4. 이유

5. 결정일

③ 심판에 관여한 재판관은 결정서에 의견을 표시하여야 한다.

④ 종국결정이 선고되면 서기는 지체 없이 결정서 정본을 작성하여 당사자에게 송달하여야 한다.

⑤ 종국결정은 헌법재판소규칙으로 정하는 바에 따라 관보에 게재하거나 그 밖의 방법으로 공시한다.

[전문개정 2011・4・5]

제37조(심판비용 등) ① 헌법재판소의 심판비용은 국가부담으로 한다. 다만, 당사자의 신청에 의한 증거조사의 비용은 헌법재판소규칙으로 정하는 바에 따라 그 신청인에게 부담시킬 수 있다.

② 헌법재판소는 헌법소원심판의 청구인에 대하여 헌법재판소규칙으로 정하는 공탁금의 납부를 명할 수 있다.

③ 헌법재판소는 다음 각 호의 어느 하나에 해당하는 경우에는 헌법재판소규칙으로 정하는 바에 따라 공탁금의 전부 또는 일부의 국고 귀속을 명할 수 있다.

1. 헌법소원의 심판청구를 각하하는 경우
2. 헌법소원의 심판청구를 기각하는 경우에 그 심판청구가 권리의 남용이라고 인정되는 경우

[전문개정 2011・4・5]

제38조(심판기간) 헌법재판소는 심판사건을 접수한 날부터 180일 이내에 종국결정의 선고를 하여야 한다. 다만, 재판관의 궐위로 7명의 출석이 불가능한 경우에는 그 궐위된 기간은 심판기간에 산입하지 아니한다.

[전문개정 2011・4・5]

제39조(일사부재리) 헌법재판소는 이미 심판을 거친 동일한 사건에 대하여는 다시 심판할 수 없다.

[전문개정 2011・4・5]

제39조의2(심판확정기록의 열람・복사) ① 누구든지 권리구제, 학술연구 또는 공익 목적으로 심판이 확정된 사건기록의 열람 또는 복사를 신청할 수 있다. 다만, 헌법재판소장은 다음 각 호의 어느 하나에 해당하는 경우에는 사건기록을 열람하거나 복사하는 것을 제한할 수 있다.

1. 변론이 비공개로 진행된 경우
2. 사건기록의 공개로 인하여 국가의 안전보장, 선량한 풍속, 공공의 질서유지나 공공복리를 현저히 침해할 우려가 있는 경우
3. 사건기록의 공개로 인하여 관계인의 명예, 사생활의 비밀, 영업비밀(「부정경쟁방지 및 영업비밀보호에 관한 법률」 제2조 제2호에 규정된 영업비밀을 말한다) 또는 생명・신체의 안전이나 생활의 평온을 현저히 침해할 우려가 있는 경우

② 헌법재판소장은 제1항 단서에 따라 사건기록의 열람 또는 복사를 제한하는 경우에는 신청인에게 그 사유를 명시하여 통지하여야 한다.

③ 제1항에 따른 사건기록의 열람 또는 복사 등에 관하여 필요한 사항은 헌

법재판소규칙으로 정한다.
④ 사건기록을 열람하거나 복사한 자는 열람 또는 복사를 통하여 알게 된 사항을 이용하여 공공의 질서 또는 선량한 풍속을 침해하거나 관계인의 명예 또는 생활의 평온을 훼손하는 행위를 하여서는 아니 된다.
[전문개정 2011・4・5]

제40조(준용규정) ① 헌법재판소의 심판절차에 관하여는 이 법에 특별한 규정이 있는 경우를 제외하고는 헌법재판의 성질에 반하지 아니하는 한도에서 민사소송에 관한 법령을 준용한다. 이 경우 탄핵심판의 경우에는 형사소송에 관한 법령을 준용하고, 권한쟁의심판 및 헌법소원심판의 경우에는 「행정소송법」을 함께 준용한다.
② 제1항 후단의 경우에 형사소송에 관한 법령 또는 「행정소송법」이 민사소송에 관한 법령에 저촉될 때에는 민사소송에 관한 법령은 준용하지 아니한다.
[전문개정 2011・4・5]

제4장 특별심판절차

제1절 위헌법률심판

제41조(위헌 여부 심판의 제청) ① 법률이 헌법에 위반되는지 여부가 재판의 전제가 된 경우에는 당해 사건을 담당하는 법원(군사법원을 포함한다. 이하 같다)은 직권 또는 당사자의 신청에 의한 결정으로 헌법재판소에 위헌 여부 심판을 제청한다.
② 제1항의 당사자의 신청은 제43조제2호부터 제4호까지의 사항을 적은 서면으로 한다.
③ 제2항의 신청서면의 심사에 관하여는 「민사소송법」 제254조를 준용한다.
④ 위헌 여부 심판의 제청에 관한 결정에 대하여는 항고할 수 없다.
⑤ 대법원 외의 법원이 제1항의 제청을 할 때에는 대법원을 거쳐야 한다.
[전문개정 2011・4・5]

제42조(재판의 정지 등) ① 법원이 법률의 위헌 여부 심판을 헌법재판소에 제청한 때에는 당해 소송사건의 재판은 헌법재판소의 위헌 여부의 결정이 있을 때까지 정지된다. 다만, 법원이 긴급하다고 인정하는 경우에는 종국재판 외의 소송절차를 진행할 수 있다.
② 제1항 본문에 따른 재판정지기간은 「형사소송법」 제92조 제1항・제2항 및 「군사법원법」 제132조 제1항・제2항의 구속기간과 「민사소송법」 제199조의 판결 선고기간에 산입하지 아니한다.
[전문개정 2011・4・5]

제43조(제청서의 기재사항) 법원이 법률의 위헌 여부 심판을 헌법재판소에 제청할 때에는 제청서에 다음 각 호의 사항을 적어야 한다.
1. 제청법원의 표시
2. 사건 및 당사자의 표시

3. 위헌이라고 해석되는 법률 또는 법률의 조항
4. 위헌이라고 해석되는 이유
5. 그 밖에 필요한 사항
[전문개정 2011 · 4 · 5]

제44조(소송사건 당사자 등의 의견) 당해 소송사건의 당사자 및 법무부장관은 헌법재판소에 법률의 위헌 여부에 대한 의견서를 제출할 수 있다.
[전문개정 2011 · 4 · 5]

제45조(위헌결정) 헌법재판소는 제청된 법률 또는 법률 조항의 위헌 여부만을 결정한다. 다만, 법률 조항의 위헌결정으로 인하여 해당 법률 전부를 시행할 수 없다고 인정될 때에는 그 전부에 대하여 위헌결정을 할 수 있다.
[전문개정 2011 · 4 · 5]

제46조(결정서의 송달) 헌법재판소는 결정일부터 14일 이내에 결정서 정본을 제청한 법원에 송달한다. 이 경우 제청한 법원이 대법원이 아닌 경우에는 대법원을 거쳐야 한다.
[전문개정 2011 · 4 · 5]

제47조(위헌결정의 효력) ① 법률의 위헌결정은 법원과 그 밖의 국가기관 및 지방자치단체를 기속(羈束)한다.
② 위헌으로 결정된 법률 또는 법률의 조항은 그 결정이 있는 날부터 효력을 상실한다. <개정 2014 · 5 · 20>
③ 제2항에도 불구하고 형벌에 관한 법률 또는 법률의 조항은 소급하여 그 효력을 상실한다. 다만, 해당 법률 또는 법률의 조항에 대하여 종전에 합헌으로 결정한 사건이 있는 경우에는 그 결정이 있는 날의 다음 날로 소급하여 효력을 상실한다. <신설 2014 · 5 · 20>
④ 제3항의 경우에 위헌으로 결정된 법률 또는 법률의 조항에 근거한 유죄의 확정판결에 대하여는 재심을 청구할 수 있다. <개정 2014 · 5 · 20>
⑤ 제4항의 재심에 대하여는 「형사소송법」을 준용한다. <개정 2014 · 5 · 20>
[전문개정 2011 · 4 · 5]

제2절 탄핵심판

제48조(탄핵소추) 다음 각 호의 어느 하나에 해당하는 공무원이 그 직무집행에서 헌법이나 법률을 위반한 경우에는 국회는 헌법 및 「국회법」에 따라 탄핵의 소추를 의결할 수 있다.
1. 대통령, 국무총리, 국무위원 및 행정각부(行政各部)의 장
2. 헌법재판소 재판관, 법관 및 중앙선거관리위원회 위원
3. 감사원장 및 감사위원
4. 그 밖에 법률에서 정한 공무원
[전문개정 2011 · 4 · 5]

제49조(소추위원) ① 탄핵심판에서는 국회 법제사법위원회의 위원장이 소추위원이 된다.

② 소추위원은 헌법재판소에 소추의결서의 정본을 제출하여 탄핵심판을 청구하며, 심판의 변론에서 피청구인을 신문할 수 있다.
[전문개정 2011 · 4 · 5]

제50조(권한 행사의 정지) 탄핵소추의 의결을 받은 사람은 헌법재판소의 심판이 있을 때까지 그 권한 행사가 정지된다.
[전문개정 2011 · 4 · 5]

제51조(심판절차의 정지) 피청구인에 대한 탄핵심판 청구와 동일한 사유로 형사소송이 진행되고 있는 경우에는 재판부는 심판절차를 정지할 수 있다.
[전문개정 2011 · 4 · 5]

제52조(당사자의 불출석) ① 당사자가 변론기일에 출석하지 아니하면 다시 기일을 정하여야 한다.
② 다시 정한 기일에도 당사자가 출석하지 아니하면 그의 출석 없이 심리할 수 있다.
[전문개정 2011 · 4 · 5]

제53조(결정의 내용) ① 탄핵심판 청구가 이유 있는 경우에는 헌법재판소는 피청구인을 해당 공직에서 파면하는 결정을 선고한다.
② 피청구인이 결정 선고 전에 해당 공직에서 파면되었을 때에는 헌법재판소는 심판청구를 기각하여야 한다.
[전문개정 2011 · 4 · 5]

제54조(결정의 효력) ① 탄핵결정은 피청구인의 민사상 또는 형사상의 책임을 면제하지 아니한다.
② 탄핵결정에 의하여 파면된 사람은 결정 선고가 있은 날부터 5년이 지나지 아니하면 공무원이 될 수 없다.
[전문개정 2011 · 4 · 5]

제3절 정당해산심판

제55조(정당해산심판의 청구) 정당의 목적이나 활동이 민주적 기본질서에 위배될 때에는 정부는 국무회의의 심의를 거쳐 헌법재판소에 정당해산심판을 청구할 수 있다.
[전문개정 2011 · 4 · 5]

제56조(청구서의 기재사항) 정당해산심판의 청구서에는 다음 각 호의 사항을 적어야 한다.
1. 해산을 요구하는 정당의 표시
2. 청구 이유
[전문개정 2011 · 4 · 5]

제57조(가처분) 헌법재판소는 정당해산심판의 청구를 받은 때에는 직권 또는 청구인의 신청에 의하여 종국결정의 선고 시까지 피청구인의 활동을 정지하는 결정을 할 수 있다.
[전문개정 2011 · 4 · 5]

제58조(청구 등의 통지) ① 헌법재판소장은 정당해산심판의 청구가 있는 때, 가처분결정을 한 때 및 그 심판이 종료한 때에는 그 사실을 국회와 중앙선거관리위원회에 통지하여야 한다.

② 정당해산을 명하는 결정서는 피청구인 외에 국회, 정부 및 중앙선거관리위원회에도 송달하여야 한다.

[전문개정 2011 · 4 · 5]

제59조(결정의 효력) 정당의 해산을 명하는 결정이 선고된 때에는 그 정당은 해산된다.

[전문개정 2011 · 4 · 5]

제60조(결정의 집행) 정당의 해산을 명하는 헌법재판소의 결정은 중앙선거관리위원회가 「정당법」에 따라 집행한다.

[전문개정 2011 · 4 · 5]

제4절 권한쟁의심판

제61조(청구 사유) ① 국가기관 상호간, 국가기관과 지방자치단체 간 및 지방자치단체 상호간에 권한의 유무 또는 범위에 관하여 다툼이 있을 때에는 해당 국가기관 또는 지방자치단체는 헌법재판소에 권한쟁의심판을 청구할 수 있다.

② 제1항의 심판청구는 피청구인의 처분 또는 부작위(不作爲)가 헌법 또는 법률에 의하여 부여받은 청구인의 권한을 침해하였거나 침해할 현저한 위험이 있는 경우에만 할 수 있다.

[전문개정 2011 · 4 · 5]

제62조(권한쟁의심판의 종류) ① 권한쟁의심판의 종류는 다음 각 호와 같다. [개정 2018 · 3 · 20]

1. 국가기관 상호간의 권한쟁의심판

국회, 정부, 법원 및 중앙선거관리위원회 상호간의 권한쟁의심판

2. 국가기관과 지방자치단체 간의 권한쟁의심판

가. 정부와 특별시 · 광역시 · 특별자치시 · 도 또는 특별자치도 간의 권한쟁의심판

나. 정부와 시 · 군 또는 지방자치단체인 구(이하 "자치구"라 한다) 간의 권한쟁의심판

3. 지방자치단체 상호간의 권한쟁의심판

가. 특별시 · 광역시 · 도 또는 특별자치도 상호간의 권한쟁의심판

나. 시 · 군 또는 자치구 상호간의 권한쟁의심판

다. 특별시 · 광역시 · 도 또는 특별자치도와 시 · 군 또는 자치구 간의 권한쟁의심판

② 권한쟁의가 「지방교육자치에 관한 법률」 제2조에 따른 교육 · 학예에 관한 지방자치단체의 사무에 관한 것인 경우에는 교육감이 제1항 제2호 및 제3호의 당사자가 된다.

[전문개정 2011 · 4 · 5]

제63조(청구기간) ① 권한쟁의의 심판은 그 사유가 있음을 안 날부터 60일 이내에, 그 사유가 있은 날부터 180일 이내에 청구하여야 한다.
② 제1항의 기간은 불변기간으로 한다.
[전문개정 2011・4・5]

제64조(청구서의 기재사항) 권한쟁의심판의 청구서에는 다음 각 호의 사항을 적어야 한다.
1. 청구인 또는 청구인이 속한 기관 및 심판수행자 또는 대리인의 표시
2. 피청구인의 표시
3. 심판 대상이 되는 피청구인의 처분 또는 부작위
4. 청구 이유
5. 그 밖에 필요한 사항

[전문개정 2011・4・5]

제65조(가처분) 헌법재판소가 권한쟁의심판의 청구를 받았을 때에는 직권 또는 청구인의 신청에 의하여 종국결정의 선고 시까지 심판 대상이 된 피청구인의 처분의 효력을 정지하는 결정을 할 수 있다.
[전문개정 2011・4・5]

제66조(결정의 내용) ① 헌법재판소는 심판의 대상이 된 국가기관 또는 지방자치단체의 권한의 유무 또는 범위에 관하여 판단한다.
② 제1항의 경우에 헌법재판소는 권한침해의 원인이 된 피청구인의 처분을 취소하거나 그 무효를 확인할 수 있고, 헌법재판소가 부작위에 대한 심판청구를 인용하는 결정을 한 때에는 피청구인은 결정 취지에 따른 처분을 하여야 한다.
[전문개정 2011・4・5]

제67조(결정의 효력) ① 헌법재판소의 권한쟁의심판의 결정은 모든 국가기관과 지방자치단체를 기속한다.
② 국가기관 또는 지방자치단체의 처분을 취소하는 결정은 그 처분의 상대방에 대하여 이미 생긴 효력에 영향을 미치지 아니한다.
[전문개정 2011・4・5]

제5절 헌법소원심판

제68조(청구 사유) ① 공권력의 행사 또는 불행사(不行使)로 인하여 헌법상 보장된 기본권을 침해받은 자는 법원의 재판을 제외하고는 헌법재판소에 헌법소원심판을 청구할 수 있다. 다만, 다른 법률에 구제절차가 있는 경우에는 그 절차를 모두 거친 후에 청구할 수 있다.
② 제41조제1항에 따른 법률의 위헌 여부 심판의 제청신청이 기각된 때에는 그 신청을 한 당사자는 헌법재판소에 헌법소원심판을 청구할 수 있다. 이 경우 그 당사자는 당해 사건의 소송절차에서 동일한 사유를 이유로 다시 위헌 여부 심판의 제청을 신청할 수 없다.
[전문개정 2011・4・5]

[한정위헌, 2016헌마33, 2016. 4. 28., 헌법재판소법(2011. 4. 5. 법률 제10546호로 개정된 것) 제68조 제1항 본문 중 "법원의 재판을 제외하고는" 부분은, 헌법재판소가 위헌으로 결정한 법령을 적용함으로써 국민의 기본권을 침해한 재판이 포함되는 것으로 해석하는 한 헌법에 위반된다.]

제69조(청구기간) ① 제68조 제1항에 따른 헌법소원의 심판은 그 사유가 있음을 안 날부터 90일 이내에, 그 사유가 있는 날부터 1년 이내에 청구하여야 한다. 다만, 다른 법률에 따른 구제절차를 거친 헌법소원의 심판은 그 최종결정을 통지받은 날부터 30일 이내에 청구하여야 한다.

② 제68조제2항에 따른 헌법소원심판은 위헌 여부 심판의 제청신청을 기각하는 결정을 통지받은 날부터 30일 이내에 청구하여야 한다.

[전문개정 2011·4·5]

제70조(국선대리인) ① 헌법소원심판을 청구하려는 자가 변호사를 대리인으로 선임할 자력(資力)이 없는 경우에는 헌법재판소에 국선대리인을 선임하여 줄 것을 신청할 수 있다. 이 경우 제69조에 따른 청구기간은 국선대리인의 선임신청이 있는 날을 기준으로 정한다.

② 제1항에도 불구하고 헌법재판소가 공익상 필요하다고 인정할 때에는 국선대리인을 선임할 수 있다.

③ 헌법재판소는 제1항의 신청이 있는 경우 또는 제2항의 경우에는 헌법재판소규칙으로 정하는 바에 따라 변호사 중에서 국선대리인을 선정한다. 다만, 그 심판청구가 명백히 부적법하거나 이유 없는 경우 또는 권리의 남용이라고 인정되는 경우에는 국선대리인을 선정하지 아니할 수 있다.

④ 헌법재판소가 국선대리인을 선정하지 아니한다는 결정을 한 때에는 지체 없이 그 사실을 신청인에게 통지하여야 한다. 이 경우 신청인이 선임신청을 한 날부터 그 통지를 받은 날까지의 기간은 제69조의 청구기간에 산입하지 아니한다.

⑤ 제3항에 따라 선정된 국선대리인은 선정된 날부터 60일 이내에 제71조에 규정된 사항을 적은 심판청구서를 헌법재판소에 제출하여야 한다.

⑥ 제3항에 따라 선정한 국선대리인에게는 헌법재판소규칙으로 정하는 바에 따라 국고에서 그 보수를 지급한다.

[전문개정 2011·4·5]

제71조(청구서의 기재사항) ① 제68조 제1항에 따른 헌법소원의 심판청구서에는 다음 각 호의 사항을 적어야 한다.

1. 청구인 및 대리인의 표시
2. 침해된 권리
3. 침해의 원인이 되는 공권력의 행사 또는 불행사
4. 청구 이유
5. 그 밖에 필요한 사항

② 제68조 제2항에 따른 헌법소원의 심판청구서의 기재사항에 관하여는 제43조를 준용한다. 이 경우 제43조 제1호 중 "제청법원의 표시"는 "청구인 및 대리인의 표시"로 본다.

③ 헌법소원의 심판청구서에는 대리인의 선임을 증명하는 서류 또는 국선대리인 선임통지서를 첨부하여야 한다.
[전문개정 2011 · 4 · 5]

제72조(사전심사) ① 헌법재판소장은 헌법재판소에 재판관 3명으로 구성되는 지정재판부를 두어 헌법소원심판의 사전심사를 담당하게 할 수 있다. <개정 2011 · 4 · 5>
② 삭제 <91 · 11 · 30>
③ 지정재판부는 다음 각 호의 어느 하나에 해당되는 경우에는 지정재판부 재판관 전원의 일치된 의견에 의한 결정으로 헌법소원의 심판청구를 각하한다. <개정 2011 · 4 · 5>
1. 다른 법률에 따른 구제절차가 있는 경우 그 절차를 모두 거치지 아니하거나 또는 법원의 재판에 대하여 헌법소원의 심판이 청구된 경우
2. 제69조의 청구기간이 지난 후 헌법소원심판이 청구된 경우
3. 제25조에 따른 대리인의 선임 없이 청구된 경우
4. 그 밖에 헌법소원심판의 청구가 부적법하고 그 흠결을 보정할 수 없는 경우

④ 지정재판부는 전원의 일치된 의견으로 제3항의 각하결정을 하지 아니하는 경우에는 결정으로 헌법소원을 재판부의 심판에 회부하여야 한다. 헌법소원심판의 청구 후 30일이 지날 때까지 각하결정이 없는 때에는 심판에 회부하는 결정(이하 "심판회부결정"이라 한다)이 있는 것으로 본다. <개정 2011 · 4 · 5>
⑤ 지정재판부의 심리에 관하여는 제28조, 제31조, 제32조 및 제35조를 준용한다. <개정 2011 · 4 · 5>
⑥ 지정재판부의 구성과 운영에 필요한 사항은 헌법재판소규칙으로 정한다. <개정 2011 · 4 · 5>

제73조(각하 및 심판회부 결정의 통지) ① 지정재판부는 헌법소원을 각하하거나 심판회부결정을 한 때에는 그 결정일부터 14일 이내에 청구인 또는 그 대리인 및 피청구인에게 그 사실을 통지하여야 한다. 제72조 제4항 후단의 경우에도 또한 같다.
② 헌법재판소장은 헌법소원이 제72조 제4항에 따라 재판부의 심판에 회부된 때에는 다음 각 호의 자에게 지체 없이 그 사실을 통지하여야 한다.
1. 법무부장관
2. 제68조 제2항에 따른 헌법소원심판에서는 청구인이 아닌 당해 사건의 당사자

[전문개정 2011 · 4 · 5]

제74조(이해관계기관 등의 의견 제출) ① 헌법소원의 심판에 이해관계가 있는 국가기관 또는 공공단체와 법무부장관은 헌법재판소에 그 심판에 관한 의견서를 제출할 수 있다.
② 제68조 제2항에 따른 헌법소원이 재판부에 심판 회부된 경우에는 제27조 제2항 및 제44조를 준용한다.
[전문개정 2011 · 4 · 5]

제75조(인용결정) ① 헌법소원의 인용결정은 모든 국가기관과 지방자치단체를 기속한다.
② 제68조 제1항에 따른 헌법소원을 인용할 때에는 인용결정서의 주문에 침해된 기본권과 침해의 원인이 된 공권력의 행사 또는 불행사를 특정하여야 한다.
③ 제2항의 경우에 헌법재판소는 기본권 침해의 원인이 된 공권력의 행사를 취소하거나 그 불행사가 위헌임을 확인할 수 있다.
④ 헌법재판소가 공권력의 불행사에 대한 헌법소원을 인용하는 결정을 한 때에는 피청구인은 결정 취지에 따라 새로운 처분을 하여야 한다.
⑤ 제2항의 경우에 헌법재판소는 공권력의 행사 또는 불행사가 위헌인 법률 또는 법률의 조항에 기인한 것이라고 인정될 때에는 인용결정에서 해당 법률 또는 법률의 조항이 위헌임을 선고할 수 있다.
⑥ 제5항의 경우 및 제68조제2항에 따른 헌법소원을 인용하는 경우에는 제45조 및 제47조를 준용한다.
⑦ 제68조 제2항에 따른 헌법소원이 인용된 경우에 해당 헌법소원과 관련된 소송사건이 이미 확정된 때에는 당사자는 재심을 청구할 수 있다.
⑧ 제7항에 따른 재심에서 형사사건에 대하여는 「형사소송법」을 준용하고, 그 외의 사건에 대하여는 「민사소송법」을 준용한다.
[전문개정 2011·4·5]

제5장 전자정보처리조직을 통한 심판절차의 수행

제76조(전자문서의 접수) ① 각종 심판절차의 당사자나 관계인은 청구서 또는 이 법에 따라 제출할 그 밖의 서면을 전자문서(컴퓨터 등 정보처리능력을 갖춘 장치에 의하여 전자적인 형태로 작성되어 송수신되거나 저장된 정보를 말한다. 이하 같다)화하고 이를 정보통신망을 이용하여 헌법재판소에서 지정·운영하는 전자정보처리조직(심판절차에 필요한 전자문서를 작성·제출·송달하는 데에 필요한 정보처리능력을 갖춘 전자적 장치를 말한다. 이하 같다)을 통하여 제출할 수 있다.
② 제1항에 따라 제출된 전자문서는 이 법에 따라 제출된 서면과 같은 효력을 가진다.
③ 전자정보처리조직을 이용하여 제출된 전자문서는 전자정보처리조직에 전자적으로 기록된 때에 접수된 것으로 본다.
④ 제3항에 따라 전자문서가 접수된 경우에 헌법재판소는 헌법재판소규칙으로 정하는 바에 따라 당사자나 관계인에게 전자적 방식으로 그 접수 사실을 즉시 알려야 한다.
[전문개정 2011·4·5]

제77조(전자서명 등) ① 당사자나 관계인은 헌법재판소에 제출하는 전자문서에 헌법재판소규칙으로 정하는 바에 따라 본인임을 확인할 수 있는 전자서명을 하여야 한다.

② 재판관이나 서기는 심판사건에 관한 서류를 전자문서로 작성하는 경우에「전자정부법」제2조 제6호에 따른 행정전자서명(이하 "행정전자서명"이라 한다)을 하여야 한다.
③ 제1항의 전자서명과 제2항의 행정전자서명은 헌법재판소의 심판절차에 관한 법령에서 정하는 서명·서명날인 또는 기명날인으로 본다.
[본조신설 2009 · 12 · 29]

제78조(전자적 송달 등) ① 헌법재판소는 당사자나 관계인에게 전자정보처리조직과 그와 연계된 정보통신망을 이용하여 결정서나 이 법에 따른 각종 서류를 송달할 수 있다. 다만, 당사자나 관계인이 동의하지 아니하는 경우에는 그러하지 아니하다.
② 헌법재판소는 당사자나 관계인에게 송달하여야 할 결정서 등의 서류를 전자정보처리조직에 입력하여 등재한 다음 그 등재 사실을 헌법재판소규칙으로 정하는 바에 따라 전자적 방식으로 알려야 한다.
③ 제1항에 따른 전자정보처리조직을 이용한 서류 송달은 서면으로 한 것과 같은 효력을 가진다.
④ 제2항의 경우 송달받을 자가 등재된 전자문서를 헌법재판소규칙으로 정하는 바에 따라 확인한 때에 송달된 것으로 본다. 다만, 그 등재 사실을 통지한 날부터 2주 이내에 확인하지 아니하였을 때에는 등재 사실을 통지한 날부터 2주가 지난 날에 송달된 것으로 본다.
⑤ 제1항에도 불구하고 전자정보처리조직의 장애로 인하여 전자적 송달이 불가능하거나 그 밖에 헌법재판소규칙으로 정하는 사유가 있는 경우에는「민사소송법」에 따라 송달할 수 있다.
[전문개정 2011 · 4 · 5]

제6장 벌 칙

제79조(벌칙) 다음 각 호의 어느 하나에 해당하는 자는 1년 이하의 징역 또는 100만원 이하의 벌금에 처한다.

1. 헌법재판소로부터 증인, 감정인, 통역인 또는 번역인으로서 소환 또는 위촉을 받고 정당한 사유 없이 출석하지 아니한 자
2. 헌법재판소로부터 증거물의 제출요구 또는 제출명령을 받고 정당한 사유 없이 이를 제출하지 아니한 자
3. 헌법재판소의 조사 또는 검사를 정당한 사유 없이 거부 · 방해 또는 기피한 자

[전문개정 2011 · 4 · 5]

부칙 〈제15495호, 2018.3.20.〉

이 법은 공포한 날부터 시행한다.

경비업법

[시행 2019. 4. 16] [법률 제16316호, 2019. 4. 16, 일부개정]

제1장 총 칙

제1조(목적) 이 법은 경비업의 육성 및 발전과 그 체계적 관리에 관하여 필요한 사항을 정함으로써 경비업의 건전한 운영에 이바지함을 목적으로 한다.

제2조(정의) 이 법에서 사용하는 용어의 정의는 다음과 같다. <개정 2005. 5. 31., 2013. 6. 7.>

1. "경비업"이라 함은 다음 각목의 1에 해당하는 업무(이하 "경비업무"라 한다)의 전부 또는 일부를 도급받아 행하는 영업을 말한다.
   가. 시설경비업무 : 경비를 필요로 하는 시설 및 장소(이하 "경비대상시설"이라 한다)에서의 도난·화재 그 밖의 혼잡 등으로 인한 위험발생을 방지하는 업무
   나. 호송경비업무 : 운반중에 있는 현금·유가증권·귀금속·상품 그 밖의 물건에 대하여 도난·화재 등 위험발생을 방지하는 업무
   다. 신변보호업무 : 사람의 생명이나 신체에 대한 위해의 발생을 방지하고 그 신변을 보호하는 업무
   라. 기계경비업무 : 경비대상시설에 설치한 기기에 의하여 감지·송신된 정보를 그 경비대상시설외의 장소에 설치한 관제시설의 기기로 수신하여 도난·화재 등 위험발생을 방지하는 업무
   마. 특수경비업무 : 공항(항공기를 포함한다) 등 대통령령이 정하는 국가중요시설(이하 "국가중요시설"이라 한다)의 경비 및 도난·화재 그 밖의 위험발생을 방지하는 업무
2. "경비지도사"라 함은 경비원을 지도·감독 및 교육하는 자를 말하며 일반경비지도사와 기계경비지도사로 구분한다.
3. "경비원"이라 함은 제4조제1항의 규정에 의하여 경비업의 허가를 받은 법인(이하 "경비업자"라 한다)이 채용한 고용인으로서 다음 각목의 1에 해당하는 자를 말한다.
   가. 일반경비원 : 제1호 가목 내지 라목의 경비업무를 수행하는 자
   나. 특수경비원 : 제1호 마목의 경비업무를 수행하는 자
4. "무기"라 함은 인명 또는 신체에 위해를 가할 수 있도록 제작된 권총·소총 등을 말한다.

5. “집단민원현장”이란 다음 각 목의 장소를 말한다.
가. 「노동조합 및 노동관계조정법」에 따라 노동관계 당사자가 노동쟁의 조정신청을 한 사업장 또는 쟁의행위가 발생한 사업장
나. 「도시 및 주거환경정비법」에 따른 정비사업과 관련하여 이해대립이 있어 다툼이 있는 장소
다. 특정 시설물의 설치와 관련하여 민원이 있는 장소
라. 주주총회와 관련하여 이해대립이 있어 다툼이 있는 장소
마. 건물·토지 등 부동산 및 동산에 대한 소유권·운영권·관리권·점유권 등 법적 권리에 대한 이해대립이 있어 다툼이 있는 장소
바. 100명 이상의 사람이 모이는 국제·문화·예술·체육 행사장
사. 「행정대집행법」에 따라 대집행을 하는 장소

제3조(법인) 경비업은 법인이 아니면 이를 영위할 수 없다.

제2장 경비업의 허가 등

제4조(경비업의 허가) ① 경비업을 영위하고자 하는 법인은 도급받아 행하고자 하는 경비업무를 특정하여 그 법인의 주사무소의 소재지를 관할하는 지방경찰청장의 허가를 받아야 한다. 도급받아 행하고자 하는 경비업무를 변경하는 경우에도 또한 같다.
② 제1항에 따른 허가를 받고자 하는 법인은 다음 각 호의 요건을 갖추어야 한다. <개정 2013. 6. 7.>
1. 대통령령으로 정하는 1억원 이상의 자본금의 보유
2. 다음 각 목의 경비인력 요건
가. 시설경비업무: 경비원 20명 이상 및 경비지도사 1명 이상
나. 시설경비업무 외의 경비업무: 대통령령으로 정하는 경비 인력
3. 제2호의 경비인력을 교육할 수 있는 교육장을 포함하여 대통령령으로 정하는 시설과 장비의 보유
4. 그 밖에 경비업무 수행을 위하여 대통령령으로 정하는 사항
③ 제1항의 규정에 의하여 경비업의 허가를 받은 법인은 다음 각호의 1에 해당하는 때에는 지방경찰청장에게 신고하여야 한다.
1. 영업을 폐업하거나 휴업한 때
2. 법인의 명칭이나 대표자·임원을 변경한 때
3. 법인의 주사무소나 출장소를 신설·이전 또는 폐지한 때
4. 기계경비업무의 수행을 위한 관제시설을 신설·이전 또는 폐지한 때
5. 특수경비업무를 개시하거나 종료한 때
6. 그 밖에 대통령령이 정하는 중요사항을 변경한 때
④ 제1항 및 제3항의 규정에 의한 허가 또는 신고의 절차, 신고의 기한 등 허가 및 신고에 관하여 필요한 사항은 대통령령으로 정한다.

제4조의2(허가의 제한) ① 누구든지 제4조제1항에 따른 허가를 받은 경비업체와 동일한 명칭으로 경비업 허가를 받을 수 없다.

② 제19조제1항제2호 및 제7호의 사유로 경비업체의 허가가 취소된 경우 허가가 취소된 날부터 10년이 지나지 아니한 때에는 누구든지 허가가 취소된 경비업체와 동일한 명칭으로 제4조제1항에 따른 허가를 받을 수 없다.

③ 제19조제1항제2호 및 제7호의 사유로 허가가 취소된 법인은 법인명 또는 임원의 변경에도 불구하고 허가가 취소된 날부터 5년이 지나지 아니한 때에는 제4조제1항에 따른 허가를 받을 수 없다.

[본조신설 2013. 6. 7.]

제5조(임원의 결격사유) 다음 각호의 1에 해당하는 자는 경비업을 영위하는 법인(제4호에 해당하는 자의 경우에는 특수경비업무를 수행하는 법인을 말하고, 제5호에 해당하는 자의 경우에는 허가취소사유에 해당하는 경비업무와 동종의 경비업무를 수행하는 법인을 말한다)의 임원이 될 수 없다. ＜개정 2008. 2. 29., 2013. 6. 7., 2014. 12. 30.＞

1. 피성년후견인 또는 피한정후견인
2. 파산선고를 받고 복권되지 아니한 자
3. 금고 이상의 형의 선고를 받고 그 형이 실효되지 아니한 자
4. 이 법 또는 「대통령 등의 경호에 관한 법률」에 위반하여 벌금형의 선고를 받고 3년이 지나지 아니한 자
5. 이 법(제19조제1항제2호 및 제7호는 제외한다) 또는 이 법에 의한 명령에 위반하여 허가가 취소된 법인의 허가취소 당시의 임원이었던 자로서 그 취소 후 3년이 지나지 아니한 자
6. 제19조제1항제2호 및 제7호의 사유로 허가가 취소된 법인의 허가취소 당시의 임원이었던 자로서 허가가 취소된 날부터 5년이 지나지 아니한 자

제6조(허가의 유효기간 등) ① 제4조제1항의 규정에 의한 경비업 허가의 유효기간은 허가받은 날부터 5년으로 한다.

② 제1항의 규정에 의한 유효기간이 만료된 후 계속하여 경비업을 하고자 하는 법인은 행정안전부령으로 정하는 바에 따라 갱신허가를 받아야 한다. ＜개정 2008. 2. 29., 2013. 3. 23., 2014. 11. 19., 2017. 7. 26.＞

제7조(경비업자의 의무) ① 경비업자는 경비대상시설의 소유자 또는 관리자(이하 "시설주"라 한다)의 관리권의 범위안에서 경비업무를 수행하여야 하며, 다른 사람의 자유와 권리를 침해하거나 그의 정당한 활동에 간섭하여서는 아니된다.

② 경비업자는 경비업무를 성실하게 수행하여야 하고, 도급을 의뢰받은 경비업무가 위법 또는 부당한 것일 때에는 이를 거부하여야 한다.

③ 경비업자는 불공정한 계약으로 경비원의 권익을 침해하거나 경비업의 건전한 육성과 발전을 해치는 행위를 하여서는 아니된다.

④ 경비업자의 임·직원이거나 임·직원이었던 자는 다른 법률에 특별한 규정이 있는 경우를 제외하고는 그 직무상 알게 된 비밀을 누설하거나 다른 사람에게 제공하여 이용하도록 하는 등 부당한 목적을 위하여 사용하여서는 아니된다.

⑤ 경비업자는 허가받은 경비업무외의 업무에 경비원을 종사하게 하여서는

아니된다.
⑥ 경비업자는 집단민원현장에 경비원을 배치하는 때에는 경비지도사를 선임하고 그 장소에 배치하여 행정안전부령으로 정하는 바에 따라 경비원을 지도·감독하게 하여야 한다. <신설 2013. 6. 7., 2014. 11. 19., 2017. 7. 26.>
⑦ 특수경비업무를 수행하는 경비업자(이하 "특수경비업자"라 한다)는 제4조제3항제5호의 규정에 의한 특수경비업무의 개시신고를 하는 때에는 국가중요시설에 대한 특수경비업무의 수행이 중단되는 경우 시설주의 동의를 얻어 다른 특수경비업자중에서 경비업무를 대행할 자(이하 "경비대행업자"라 한다)를 지정하여 허가관청에 신고하여야 한다. 경비대행업자의 지정을 변경하는 경우에도 또한 같다. <개정 2013. 6. 7.>
⑧ 특수경비업자는 국가중요시설에 대한 특수경비업무를 중단하게 되는 경우에는 미리 이를 제7항의 규정에 의한 경비대행업자에게 통보하여야 하며, 경비대행업자는 통보받은 즉시 그 경비업무를 인수하여야 한다. 이 경우 제7항의 규정은 경비대행업자에 대하여 이를 준용한다. <개정 2013. 6. 7., 2014. 12. 30.>
⑨ 특수경비업자는 이 법에 의한 경비업과 경비장비의 제조·설비·판매업, 네트워크를 활용한 정보산업, 시설물 유지관리업 및 경비원 교육업 등 대통령령이 정하는 경비관련업외의 영업을 하여서는 아니된다. <개정 2002. 12. 18., 2013. 6. 7.>
[2002. 12. 18. 법률 제6787호에 의하여 2002. 4. 25. 헌법재판소에서 위헌결정된 이 조를 개정함.]

제7조의2(경비업무 도급인 등의 의무) ① 누구든지 제4조제1항에 따른 허가를 받지 아니한 자에게 경비업무를 도급하여서는 아니 된다.
② 누구든지 집단민원현장에 경비인력을 20명 이상 배치하려고 할 때에는 그 경비인력을 직접 고용하여서는 아니 되고, 경비업자에게 경비업무를 도급하여야 한다. 다만, 시설주 등이 집단민원현장 발생 3개월 전까지 직접 고용하여 경비업무를 수행하는 피고용인의 경우에는 그러하지 아니하다.
③ 제1항 및 제2항에 따라 경비업무를 도급하는 자는 그 경비업무를 수급한 경비업자의 경비원 채용 시 무자격자나 부적격자 등을 채용하도록 관여하거나 영향력을 행사해서는 아니 된다. <신설 2015. 7. 20.>
④ 제3항에 따른 무자격자 및 부적격자의 구체적인 범위 등은 대통령령으로 정한다. <신설 2015. 7. 20.>
[본조신설 2013. 6. 7.]

제3장 기계경비업무

제8조(대응체제) 기계경비업무를 수행하는 경비업자(이하 "기계경비업자"라 한다)는 경비대상시설에 관한 경보를 수신한 때에는 신속하게 그 사실을 확인하는 등 필요한 대응조치를 취하여야 하며, 이를 위한 대응체제를 갖추어야 한다.

제9조(오경보의 방지 등) ① 기계경비업자는 경비계약을 체결하는 때에는 오경보를 막기 위하여 계약상대방에게 기기사용요령 및 기계경비운영체계 등에 관하여 설명하여야 하며, 각종 기기가 오작동되지 아니하도록 관리하여야 한다.
② 기계경비업자는 대응조치 등 업무의 원활한 운영과 개선을 위하여 대통령령이 정하는 바에 따라 관련 서류를 작성·비치하여야 한다.

제4장 경비지도사 및 경비원

제10조(경비지도사 및 경비원의 결격사유) ①다음 각호의 1에 해당하는 자는 경비지도사 또는 일반경비원이 될 수 없다. <개정 2013. 6. 7., 2014. 12. 30.>

1. 만 18세 미만인 자, 피성년후견인, 피한정후견인
2. 파산선고를 받고 복권되지 아니한 자
3. 금고 이상의 실형의 선고를 받고 그 집행이 종료(집행이 종료된 것으로 보는 경우를 포함한다)되거나 집행이 면제된 날부터 5년이 지나지 아니한 자
4. 금고 이상의 형의 집행유예선고를 받고 그 유예기간중에 있는 자
5. 다음 각 목의 어느 하나에 해당하는 죄를 범하여 벌금형을 선고받은 날부터 10년이 지나지 아니하거나 금고 이상의 형을 선고받고 그 집행이 종료된(종료된 것으로 보는 경우를 포함한다) 날 또는 집행이 유예·면제된 날부터 10년이 지나지 아니한 자
   가. 「형법」 제114조의 죄
   나. 「폭력행위 등 처벌에 관한 법률」 제4조의 죄
   다. 「형법」 제297조, 제297조의2, 제298조부터 제301조까지, 제301조의2, 제302조, 제303조, 제305조, 제305조의2의 죄
   라. 「성폭력범죄의 처벌 등에 관한 특례법」 제3조부터 제11조까지 및 제15조(제3조부터 제9조까지의 미수범만 해당한다)의 죄
   마. 「아동·청소년의 성보호에 관한 법률」 제7조 및 제8조의 죄
   바. 다목부터 마목까지의 죄로서 다른 법률에 따라 가중처벌되는 죄
6. 다음 각 목의 어느 하나에 해당하는 죄를 범하여 벌금형을 선고받은 날부터 5년이 지나지 아니하거나 금고 이상의 형을 선고받고 그 집행이 유예된 날부터 5년이 지나지 아니한 자
   가. 「형법」 제329조부터 제331조까지, 제331조의2 및 제332조부터 제343조까지의 죄
   나. 가목의 죄로서 다른 법률에 따라 가중처벌되는 죄
   다. 삭제 <2014. 12. 30.>
   라. 삭제 <2014. 12. 30.>
7. 제5호 다목부터 바목까지의 어느 하나에 해당하는 죄를 범하여 치료감호를 선고받고 그 집행이 종료된 날 또는 집행이 면제된 날부터 10년이 지나지 아니한 자 또는 제6호 각 목의 어느 하나에 해당하는 죄를 범하여 치료감호를 선고받고 그 집행이 면제된 날부터 5년이 지나지 아니한 자

8. 이 법이나 이 법에 따른 명령을 위반하여 벌금형을 선고받은 날부터 5년이 지나지 아니하거나 금고 이상의 형을 선고받고 그 집행이 유예된 날부터 5년이 지나지 아니한 자

② 다음 각 호의 어느 하나에 해당하는 자는 특수경비원이 될 수 없다. <개정 2008. 2. 29., 2009. 4. 1., 2013. 3. 23., 2013. 6. 7., 2014. 11. 19., 2014. 12. 30., 2017. 7. 26.>

1. 만 18세 미만 또는 만 60세 이상인 자, 피성년후견인, 피한정후견인
2. 제1항제2호부터 제8호까지의 어느 하나에 해당하는 자
3. 금고 이상의 형의 선고유예를 받고 그 유예기간중에 있는 자
4. 행정안전부령으로 정하는 신체조건에 미달되는 자

③ 경비업자는 제1항 각호 또는 제2항 각호의 결격사유에 해당하는 자를 경비지도사 또는 경비원으로 채용 또는 근무하게 하여서는 아니된다.

제11조(경비지도사의 시험 등) ① 경비지도사는 제10조제1항 각호의 1에 해당하지 아니하는 자로서 경찰청장이 시행하는 경비지도사시험에 합격하고 행정안전부령으로 정하는 교육을 받은 자이어야 한다. <개정 2008. 2. 29., 2013. 3. 23., 2014. 11. 19., 2017. 7. 26.>

② 경찰청장은 제1항의 규정에 의한 교육을 받은 자에게 행정안전부령으로 정하는 바에 따라 경비지도사자격증을 교부하여야 한다. <개정 2008. 2. 29., 2013. 3. 23., 2014. 11. 19., 2017. 7. 26.>

③ 경비지도사시험은 매년 1회 이상 시행하며, 시험과목, 시험공고, 시험의 일부가 면제되는 자의 범위 그 밖에 경비지도사시험에 관하여 필요한 사항은 대통령령으로 정한다. <개정 2017. 10. 24.>

제12조(경비지도사의 선임 등) ① 경비업자는 대통령령이 정하는 바에 따라 경비지도사를 선임하여야 한다.

② 제1항의 규정에 의하여 선임된 경비지도사의 직무는 다음과 같다. <개정 2013. 6. 7.>

1. 경비원의 지도·감독·교육에 관한 계획의 수립·실시 및 그 기록의 유지
2. 경비현장에 배치된 경비원에 대한 순회점검 및 감독
3. 경찰기관 및 소방기관과의 연락방법에 대한 지도
4. 집단민원현장에 배치된 경비원에 대한 지도·감독
5. 그 밖에 대통령령이 정하는 직무

③ 선임된 경비지도사는 제2항 각호의 규정에 의한 직무를 대통령령이 정하는 바에 따라 성실하게 수행하여야 한다.

제13조(경비원의 교육 등) ① 경비업자는 경비업무를 적정하게 실시하기 위하여 경비원으로 하여금 대통령령으로 정하는 바에 따라 경비원 신임교육 및 직무교육을 받게 하여야 한다. 다만, 경비업자는 대통령령으로 정하는 경력 또는 자격을 갖춘 일반경비원을 신임교육 대상에서 제외할 수 있다. <개정 2013. 6. 7., 2016. 1. 26.>

② 경비원이 되려는 사람은 대통령령으로 정하는 교육기관에서 미리 일반경비원 신임교육을 받을 수 있다. <신설 2016. 1. 26.>

③ 특수경비업자는 대통령령으로 정하는 바에 따라 특수경비원으로 하여금 특수경비원 신임교육과 정기적인 직무교육을 받게 하여야 하고, 특수경비원 신임교육을 받지 아니한 자를 특수경비업무에 종사하게 하여서는 아니 된다. <개정 2013. 6. 7., 2016. 1. 26.>

④ 제3항에 의한 특수경비원의 교육시 관할경찰서 소속 경찰공무원이 교육기관에 입회하여 대통령령이 정하는 바에 따라 지도·감독하여야 한다. <개정 2016. 1. 26.>

제14조(특수경비원의 직무 및 무기사용 등) ① 특수경비업자는 특수경비원으로 하여금 배치된 경비구역안에서 관할 경찰서장 및 공항경찰대장 등 국가중요시설의 경비책임자(이하 "관할 경찰관서장"이라 한다)와 국가중요시설의 시설주의 감독을 받아 시설을 경비하고 도난·화재 그 밖의 위험의 발생을 방지하는 업무를 수행하게 하여야 한다.

② 특수경비원은 국가중요시설에 대한 경비업무 수행중 국가중요시설의 정상적인 운영을 해치는 장해를 일으켜서는 아니된다.

③ 지방경찰청장은 국가중요시설에 대한 경비업무의 수행을 위하여 필요하다고 인정하는 때에는 시설주의 신청에 의하여 무기를 구입한다. 이 경우 시설주는 그 무기의 구입대금을 지불하고, 구입한 무기를 국가에 기부채납하여야 한다.

④ 지방경찰청장은 국가중요시설에 대한 경비업무의 수행을 위하여 필요하다고 인정하는 때에는 관할경찰관서장으로 하여금 시설주의 신청에 의하여 시설주로부터 국가에 기부채납된 무기를 대여하게 하고, 시설주는 이를 특수경비원으로 하여금 휴대하게 할 수 있다. 이 경우 특수경비원은 정당한 사유없이 무기를 소지하고 배치된 경비구역을 벗어나서는 아니된다.

⑤ 시설주가 제4항의 규정에 의하여 대여받은 무기에 대하여 시설주 및 관할 경찰관서장은 무기의 관리책임을 지고, 관할 경찰관서장은 시설주 및 특수경비원의 무기관리상황을 대통령령이 정하는 바에 따라 지도·감독하여야 한다. <개정 2014. 12. 30.>

⑥ 관할 경찰관서장은 무기의 적정한 관리를 위하여 제4항의 규정에 의하여 무기를 대여받은 시설주에 대하여 필요한 명령을 발할 수 있다. <개정 2014. 12. 30.>

⑦ 시설주로부터 무기의 관리를 위하여 지정받은 책임자(이하 "관리책임자"라 한다)는 다음 각호에 의하여 이를 관리하여야 한다.

1. 무기출납부 및 무기장비운영카드를 비치·기록하여야 한다.
2. 무기는 관리책임자가 직접 지급·회수하여야 한다.

⑧ 특수경비원은 국가중요시설의 경비를 위하여 무기를 사용하지 아니하고는 다른 수단이 없다고 인정되는 때에는 필요한 한도안에서 무기를 사용할 수 있다. 다만, 다음 각호의 1에 해당하는 때를 제외하고는 사람에게 위해를 끼쳐서는 아니된다.

1. 무기 또는 폭발물을 소지하고 국가중요시설에 침입한 자가 특수경비원으로부터 3회 이상 투기(投棄) 또는 투항(投降)을 요구받고도 이에 불응하면서

계속 항거하는 경우 이를 억제하기 위하여 무기를 사용하지 아니하고는 다른 수단이 없다고 인정되는 때

2. 국가중요시설에 침입한 무장간첩이 특수경비원으로부터 투항(投降)을 요구받고도 이에 불응한 때

⑨ 특수경비원의 무기휴대, 무기종류, 그 사용기준 및 안전검사의 기준 등에 관하여 필요한 사항은 대통령령으로 정한다.

제15조(특수경비원의 의무) ① 특수경비원은 직무를 수행함에 있어 시설주・관할 경찰관서장 및 소속상사의 직무상 명령에 복종하여야 한다.

② 특수경비원은 소속상사의 허가 또는 정당한 사유없이 경비구역을 벗어나서는 아니된다.

③ 특수경비원은 파업・태업 그 밖에 경비업무의 정상적인 운영을 저해하는 일체의 쟁의행위를 하여서는 아니된다.

④ 특수경비원이 무기를 휴대하고 경비업무를 수행하는 때에는 다음 각호의 1에 정하는 무기의 안전사용수칙을 지켜야 한다.

1. 특수경비원은 사람을 향하여 권총 또는 소총을 발사하고자 하는 때에는 미리 구두 또는 공포탄에 의한 사격으로 상대방에게 경고하여야 한다. 다만, 다음 각목의 1에 해당하는 경우로서 부득이한 때에는 경고하지 아니할 수 있다.
   가. 특수경비원을 급습하거나 타인의 생명・신체에 대한 중대한 위험을 야기하는 범행이 목전에 실행되고 있는 등 상황이 급박하여 경고할 시간적 여유가 없는 경우
   나. 인질・간첩 또는 테러사건에 있어서 은밀히 작전을 수행하는 경우
2. 특수경비원은 무기를 사용하는 경우에 있어서 범죄와 무관한 다중의 생명・신체에 위해를 가할 우려가 있는 때에는 이를 사용하여서는 아니된다. 다만, 무기를 사용하지 아니하고는 타인 또는 특수경비원의 생명・신체에 대한 중대한 위협을 방지할 수 없다고 인정되는 때에는 필요한 최소한의 범위안에서 이를 사용할 수 있다.
3. 특수경비원은 총기 또는 폭발물을 가지고 대항하는 경우를 제외하고는 14세 미만의 자 또는 임산부에 대하여는 권총 또는 소총을 발사하여서는 아니된다.

제15조의2(경비원 등의 의무) ① 경비원은 직무를 수행함에 있어 타인에게 위력을 과시하거나 물리력을 행사하는 등 경비업무의 범위를 벗어난 행위를 하여서는 아니된다.

② 누구든지 경비원으로 하여금 경비업무의 범위를 벗어난 행위를 하게 하여서는 아니된다.

[본조신설 2005. 8. 4.]

제16조(경비원의 복장 등) ① 경비업자는 경찰공무원 또는 군인의 제복과 색상 및 디자인 등이 명확히 구별되는 소속 경비원의 복장을 정하고 이를 확인할 수 있는 사진을 첨부하여 주된 사무소를 관할하는 지방경찰청장에게 행정안전부령으로 정하는 바에 따라 신고하여야 한다. <개정 2014. 11. 19., 2017. 7.

26.>

② 경비업자는 경비업무 수행 시 경비원에게 소속 경비업체를 표시한 이름표를 부착하도록 하고, 제1항에 따라 신고된 동일한 복장을 착용하게 하여야 하며, 복장에 소속 회사를 오인할 수 있는 표시를 하거나 다른 회사의 복장을 착용하게 하여서는 아니 된다. 다만, 집단민원현장이 아닌 곳에서 신변보호업무를 수행하는 경우 또는 경비업무의 성격상 부득이한 사유가 있어 관할 경찰관서장이 허용하는 경우에는 그러하지 아니하다.

③ 지방경찰청장은 제1항에 따라 제출받은 사진을 검토한 후 경비업자에게 복장 변경 등에 대한 시정명령을 할 수 있다.

④ 제3항에 따른 시정명령을 받은 경비업자는 이를 이행하여야 하고, 지방경찰청장에게 행정안전부령으로 정하는 바에 따라 이행보고를 하여야 한다. <개정 2014. 11. 19., 2017. 7. 26.>

⑤ 그 밖에 경비원의 복장 등에 필요한 사항은 행정안전부령으로 정한다. <개정 2014. 11. 19., 2017. 7. 26.>

[전문개정 2013. 6. 7.]

제16조의2(경비원의 장비 등) ① 경비원이 휴대할 수 있는 장비의 종류는 경적·단봉·분사기 등 행정안전부령으로 정하되, 근무 중에만 이를 휴대할 수 있다. <개정 2014. 11. 19., 2017. 7. 26.>

② 경비업자가 경비원으로 하여금 분사기를 휴대하여 직무를 수행하게 하는 경우에는 「총포·도검·화약류 등 단속법」에 따라 미리 분사기의 소지허가를 받아야 한다.

③ 누구든지 제1항의 장비를 임의로 개조하여 통상의 용법과 달리 사용함으로써 다른 사람의 생명·신체에 위해를 가하여서는 아니 된다.

④ 경비원은 경비업무를 위하여 필요하다고 인정되는 상당한 이유가 있을 때에는 필요한 최소한도에서 제1항의 장비를 사용할 수 있다.

⑤ 그 밖에 경비원의 장비 등에 관하여 필요한 사항은 행정안전부령으로 정한다. <개정 2014. 11. 19., 2017. 7. 26.>

[본조신설 2013. 6. 7.]

제16조의3(출동차량 등) ① 경비업자는 출동차량 등의 도색 및 표지를 경찰차량 및 군차량과 명확히 구별될 수 있게 하여야 한다.

② 경비업자는 출동차량 등의 도색 및 표지를 정하고 이를 확인할 수 있는 사진을 첨부하여 주된 사무소를 관할하는 지방경찰청장에게 행정안전부령으로 정하는 바에 따라 신고하여야 한다. <개정 2014. 11. 19., 2017. 7. 26.>

③ 지방경찰청장은 제2항에 따라 제출받은 사진을 검토한 후 경비업자에게 도색 및 표지 변경 등에 대한 시정명령을 할 수 있다.

④ 제3항에 따른 시정명령을 받은 경비업자는 이를 이행하여야 하고, 지방경찰청장에게 행정안전부령으로 정하는 바에 따라 이행보고를 하여야 한다. <개정 2014. 11. 19., 2017. 7. 26.>

⑤ 그 밖에 출동차량 등에 필요한 사항은 행정안전부령으로 정한다. <개정 2014. 11. 19., 2017. 7. 26.>

[본조신설 2013. 6. 7.]

제17조(결격사유 확인을 위한 범죄경력조회 등) ① 경찰청장, 지방경찰청장 또는 관할 경찰관서장은 직권으로 또는 제2항에 따른 범죄경력조회 요청이 있는 경우에는 경비업자의 임원, 경비지도사 또는 경비원이 제5조제3호 · 제4호, 제10조제1항제3호부터 제8호까지 또는 같은 조 제2항제2호 · 제3호에 따른 결격사유에 해당하는지를 확인하기 위하여 「형의 실효 등에 관한 법률」 제6조에 따른 범죄경력조회를 할 수 있다.

② 경비업자는 선출 · 선임 · 채용 또는 배치하려는 임원, 경비지도사 또는 경비원이 제5조제3호 · 제4호, 제10조제1항제3호부터 제8호까지 또는 같은 조 제2항제2호 · 제3호에 따른 결격사유에 해당하는지를 확인하기 위하여 주된 사무소, 출장소 또는 배치장소를 관할하는 지방경찰청장 또는 경찰관서장에게 「형의 실효 등에 관한 법률」 제6조에 따른 범죄경력조회를 요청할 수 있다.

③ 제2항에 따른 범죄경력조회 요청을 받은 지방경찰청장 또는 관할 경찰관서장은 경비업자에게 그 결과를 통보할 때에는 경비업자의 임원, 경비지도사 또는 경비원이 제5조제3호 · 제4호, 제10조제1항제3호부터 제8호까지 또는 같은 조 제2항제2호 · 제3호에 따른 결격사유에 해당하는지 여부만을 통보하여야 한다.

④ 지방경찰청장 또는 관할 경찰관서장은 경비업자의 임원, 경비지도사 또는 경비원이 제5조 각 호, 제10조제1항 각 호 또는 제2항 각 호의 결격사유에 해당하는 사실을 알게 되거나 이 법 또는 이 법에 따른 명령을 위반한 때에는 경비업자에게 그 사실을 통보하여야 한다.

[전문개정 2013. 6. 7.]

제18조(경비원의 명부와 배치허가 등) ① 경비업자는 행정안전부령으로 정하는 바에 따라 경비원의 명부를 작성 · 비치하여야 한다. 다만, 집단민원현장에 배치되는 일반경비원의 명부는 그 경비원이 배치되는 장소에도 작성 · 비치하여야 한다. <개정 2008. 2. 29., 2013. 3. 23., 2013. 6. 7., 2014. 11. 19., 2017. 7. 26.>

② 경비업자가 경비원을 배치하거나 배치를 폐지한 경우에는 행정안전부령으로 정하는 바에 따라 관할 경찰관서장에게 신고하여야 한다. 다만, 다음 제1호의 경우에는 경비원을 배치하기 48시간 전까지 행정안전부령으로 정하는 바에 따라 배치허가를 신청하고, 관할 경찰관서장의 배치허가를 받은 후에 경비원을 배치하여야 하며(제2호 및 제3호의 경우에는 경비원을 배치하기 전까지 신고하여야 한다), 이 경우 관할 경찰관서장은 배치허가를 함에 있어 필요한 조건을 붙일 수 있다. <개정 2005. 8. 4., 2008. 2. 29., 2013. 3. 23., 2013. 6. 7., 2014. 11. 19., 2017. 7. 26.>

1. 제2조제1호가목에 따른 시설경비업무 또는 같은 호 다목에 따른 신변보호업무 중 집단민원현장에 배치된 일반경비원
2. 집단민원현장이 아닌 곳에서 제2조제1호 다목의 규정에 의한 신변보호업무를 수행하는 일반경비원
3. 특수경비원

③ 관할 경찰관서장은 제2항 각 호 외의 부분 단서에 따른 배치허가 신청을 받은 경우 다음 각 호의 사유에 해당하는 때에는 배치허가를 하여서는 아니 된다. 이 경우 관할 경찰관서장은 다음 각 호의 사유를 확인하기 위하여 소속 경찰관으로 하여금 그 배치장소를 방문하여 조사하게 할 수 있다. <신설 2013. 6. 7.>

1. 제15조의2제1항 및 제2항을 위반하여 경비업무의 범위를 벗어난 행위를 할 우려가 있는 경우
2. 경비원 중 제10조제1항 또는 제2항에 해당하는 결격자나 제13조에 따른 신임교육을 받지 아니한 사람이 대통령령으로 정하는 기준 이상으로 포함되어 있는 경우
3. 제24조에 따라 경비원의 복장·장비 등에 대하여 내려진 필요한 명령을 이행하지 아니하는 경우

④ 제2항 각 호 외의 부분 단서에 따른 배치허가 신청을 받은 관할 경찰관서장은 배치되는 경비원 중 제10조제1항 또는 제2항에 해당하는 결격자가 있는 경우에는 그 사람을 제외하고 배치허가를 하여야 한다. <신설 2013. 6. 7.>

⑤ 경비업자는 경비원을 배치하여 경비업무를 수행하게 하는 때에는 행정안전부령으로 정하는 바에 따라 배치된 경비원의 인적사항과 배치일시·배치장소 등 근무상황을 기록하여 보관하여야 한다. <신설 2013. 6. 7., 2014. 11. 19., 2017. 7. 26.>

⑥ 경비업자는 다음 각 호의 어느 하나에 해당하는 죄를 범하여 벌금형을 선고받고 5년이 지나지 아니하거나 금고 이상의 형을 선고받고 그 집행이 유예된 날부터 5년이 지나지 아니한 자를 집단민원현장에 일반경비원으로 배치하여서는 아니 된다. <신설 2013. 6. 7., 2016. 1. 6.>

1. 「형법」 제257조부터 제262조까지, 제264조, 제276조부터 제281조까지의 죄, 제284조의 죄, 제285조의 죄, 제320조의 죄, 제324조제2항의 죄, 제350조의2의 죄, 제351조의 죄(제350조, 제350조의2의 상습범으로 한정한다), 제369조제1항의 죄
2. 「폭력행위 등 처벌에 관한 법률」 제2조 또는 제3조의 죄

⑦ 경비업자는 제1항에 따른 경비원 명부에 없는 자를 경비업무에 종사하게 하여서는 아니 되고, 제2항에 따라 경비원을 배치하는 경우에는 제13조에 따른 신임교육을 이수한 자를 배치하여야 한다. <신설 2013. 6. 7.>

⑧ 관할 경찰관서장은 경비업자가 다음 각 호의 어느 하나에 해당하는 때에는 배치폐지를 명할 수 있다. <신설 2013. 6. 7.>

1. 제2항 각 호 외의 부분 단서를 위반하여 배치허가를 받지 아니하고 경비원을 배치하거나 경비원 명단 및 배치일시·배치장소 등 배치허가 신청의 내용을 거짓으로 한 때
2. 제6항의 결격사유에 해당하는 자를 집단민원현장에 일반경비원으로 배치한 때
3. 제7항을 위반하여 신임교육을 이수하지 아니한 자를 제2항 각 호의 경비원으로 배치한 때

4. 경비업자 또는 경비원이 위력이나 흉기 또는 그 밖의 위험한 물건을 사용하여 집단적 폭력사태를 일으킨 때
5. 경비업자가 제2항 각 호 외의 부분 본문을 위반하여 신고하지 아니하고 일반경비원을 배치한 때

[제목개정 2013. 6. 7.]

제5장 행정처분 등

제19조(경비업 허가의 취소 등) ① 허가관청은 경비업자가 다음 각 호의 어느 하나에 해당하는 때에는 그 허가를 취소하여야 한다. <개정 2002. 12. 18., 2013. 6. 7., 2017. 10. 24.>

1. 허위 그 밖의 부정한 방법으로 허가를 받은 때
2. 제7조제5항의 규정에 위반하여 허가받은 경비업무외의 업무에 경비원을 종사하게 한 때
3. 제7조제9항의 규정에 위반하여 경비업 및 경비관련업외의 영업을 한 때
4. 정당한 사유없이 허가를 받은 날부터 2년 이내에 경비 도급실적이 없거나 계속하여 1년 이상 휴업한 때
5. 정당한 사유없이 최종 도급계약 종료일의 다음 날부터 2년 이내에 경비 도급실적이 없을 때
6. 영업정지처분을 받고 계속하여 영업을 한 때
7. 제15조의2제2항을 위반하여 소속 경비원으로 하여금 경비업무의 범위를 벗어난 행위를 하게 한 때
8. 제18조제8항에 따른 관할 경찰관서장의 배치폐지 명령에 따르지 아니한 때

② 허가관청은 경비업자가 다음 각 호의 어느 하나에 해당하는 때에는 대통령령으로 정하는 행정처분의 기준에 따라 그 허가를 취소하거나 6개월 이내의 기간을 정하여 영업의 전부 또는 일부에 대하여 영업정지를 명할 수 있다. <신설 2013. 6. 7.>

1. 제4조제1항 후단을 위반하여 지방경찰청장의 허가 없이 경비업무를 변경한 때
2. 제7조제2항을 위반하여 도급을 의뢰받은 경비업무가 위법한 것임에도 이를 거부하지 아니한 때
3. 제7조제6항을 위반하여 경비지도사를 집단민원현장에 선임·배치하지 아니한 때
4. 제8조를 위반하여 경비대상 시설에 관한 경보 대응체제를 갖추지 아니한 때
5. 제9조제2항을 위반하여 관련 서류를 작성·비치하지 아니한 때
6. 제10조제3항을 위반하여 결격사유에 해당하는 경비원을 배치하거나 결격사유에 해당하는 경비지도사를 선임·배치한 때
7. 제12조제1항을 위반하여 경비지도사를 선임한 때
8. 제13조를 위반하여 경비원으로 하여금 교육을 받게 하지 아니한 때

9. 제16조에 따른 경비원의 복장 등에 관한 규정을 위반한 때
10. 제16조의2에 따른 경비원의 장비 등에 관한 규정을 위반한 때
11. 제16조의3에 따른 경비원의 출동차량 등에 관한 규정을 위반한 때
12. 제18조제1항 단서를 위반하여 집단민원현장에 일반경비원 명부를 작성·비치하지 아니한 때
13. 제18조제2항 각 호 외의 부분 단서를 위반하여 배치허가를 받지 아니하고 경비원을 배치하거나 경비원 명단 및 배치일시·배치장소 등 배치허가 신청의 내용을 거짓으로 한 때
14. 제18조제6항을 위반하여 결격사유에 해당하는 일반경비원을 집단민원현장에 배치한 때
15. 제24조에 따른 감독상 명령에 따르지 아니한 때
16. 제26조를 위반하여 손해를 배상하지 아니한 때

③ 허가관청은 제1항 및 제2항에 의하여 허가취소 또는 영업정지처분을 하는 때에는 경비업자가 허가받은 경비업무중 허가취소 또는 영업정지사유에 해당되는 경비업무에 한하여 처분을 하여야 한다. 다만, 제1항제2호 및 제7호에 해당하여 허가취소를 하는 때에는 그러하지 아니하다. <개정 2013. 6. 7.>

[2002. 12. 18. 법률 제6787호에 의하여 2002. 4. 25. 헌법재판소에서 위헌 결정된 이 조를 개정함.]

제20조(경비지도사자격의 취소 등) ① 경찰청장은 경비지도사가 다음 각호의 1에 해당하는 때에는 그 자격을 취소하여야 한다. <개정 2014. 12. 30.>

1. 제10조제1항 각호의 결격사유에 해당하게 된 때
2. 허위 그 밖의 부정한 방법으로 경비지도사자격증을 교부받은 때
3. 경비지도사자격증을 다른 사람에게 빌려주거나 양도한 때
4. 자격정지 기간 중에 경비지도사로 선임되어 활동한 때

② 경찰청장은 경비지도사가 다음 각호의 1에 해당하는 때에는 대통령령이 정하는 바에 따라 1년의 범위 내에서 그 자격을 정지시킬 수 있다.

1. 제12조제3항의 규정에 위반하여 직무를 성실하게 수행하지 아니한 때
2. 제24조의 규정에 의한 경찰청장 또는 지방경찰청장의 명령을 위반한 때

③ 경찰청장은 제1항의 규정에 의하여 경비지도사의 자격을 취소한 때에는 경비지도사자격증을 회수하여야 하고, 제2항의 규정에 의하여 경비지도사의 자격을 정지한 때에는 그 정지기간동안 경비지도사자격증을 회수하여 보관하여야 한다.

제21조(청문) 경찰청장 또는 지방경찰청장은 다음 각호의 1에 해당하는 처분을 하고자 하는 경우에는 청문을 실시하여야 한다.

1. 제19조의 규정에 의한 경비업 허가의 취소 또는 영업정지
2. 제20조제1항 또는 제2항의 규정에 의한 경비지도사자격의 취소 또는 정지

제6장 경비협회

제22조(경비협회) ① 경비업자는 경비업무의 건전한 발전과 경비원의 자질향상

및 교육훈련 등을 위하여 대통령령이 정하는 바에 따라 경비협회를 설립할 수 있다.
② 경비협회는 법인으로 한다.
③ 경비협회의 업무는 다음과 같다.
1. 경비업무의 연구
2. 경비원 교육·훈련 및 그 연구
3. 경비원의 후생·복지에 관한 사항
4. 경비진단에 관한 사항
5. 그 밖에 경비업무의 건전한 운영과 육성에 관하여 필요한 사항
④ 경비협회에 관하여 이 법에 특별한 규정이 있는 것을 제외하고는 민법중 사단법인에 관한 규정을 준용한다.

제23조(공제사업) ① 경비협회는 다음 각 호의 공제사업을 할 수 있다. <개정 2015. 7. 20.>
1. 제26조에 따른 경비업자의 손해배상책임을 보장하기 위한 사업
2. 경비업자가 경비업을 운영할 때 필요한 입찰보증, 계약보증(이행보증을 포함한다), 하도급보증을 위한 사업
3. 경비원의 복지향상과 업무상 재해로 인한 손실을 보상하는 사업
4. 경비업무와 관련한 연구 및 경비원 교육·훈련에 관한 사업
② 경비협회는 제1항의 규정에 의한 공제사업을 하고자 하는 때에는 공제규정을 제정하여야 한다.
③ 제2항의 공제규정에는 공제사업의 범위, 공제계약의 내용, 공제금, 공제료 및 공제금에 충당하기 위한 책임준비금 등 공제사업의 운영에 관하여 필요한 사항을 정하여야 한다.
④ 경찰청장은 제1항에 따른 공제사업의 건전한 육성과 가입자의 보호를 위하여 공제사업의 감독에 관한 기준을 정할 수 있다. <신설 2015. 7. 20.>
⑤ 경찰청장은 제2항에 따른 공제규정을 승인하거나 제4항에 따라 공제사업의 감독에 관한 기준을 정하는 경우에는 미리 금융위원회와 협의하여야 한다. <신설 2015. 7. 20.>
⑥ 경찰청장은 제1항에 따른 공제사업에 대하여 「금융위원회의 설치 등에 관한 법률」에 따른 금융감독원의 원장에게 검사를 요청할 수 있다. <신설 2015. 7. 20.>

제7장 보 칙

제24조(감독) ① 경찰청장 또는 지방경찰청장은 경비업무의 적정한 수행을 위하여 경비업자 및 경비지도사를 지도·감독하며 필요한 명령을 할 수 있다.
② 지방경찰청장 또는 관할 경찰관서장은 소속 경찰공무원으로 하여금 관할구역안에 있는 경비업자의 주사무소 및 출장소와 경비원배치장소에 출입하여 근무상황 및 교육훈련상황 등을 감독하며 필요한 명령을 하게 할 수 있다. 이 경우 출입하는 경찰공무원은 그 권한을 표시하는 증표를 관계인에게 내보여야

한다.

③ 지방경찰청장 또는 관할 경찰관서장은 경비업자 또는 배치된 경비원이 이 법이나 이 법에 따른 명령, 「폭력행위 등 처벌에 관한 법률」을 위반하는 행위를 하는 경우 그 위반행위의 중지를 명할 수 있다. <신설 2013. 6. 7.>

④ 지방경찰청장 또는 관할 경찰관서장은 경비업무 장소가 집단민원현장으로 판단되는 경우에는 그 때부터 48시간 이내에 경비업자에게 경비원 배치 허가를 받을 것을 고지하여야 한다. <신설 2015. 7. 20.>

第25조(보안지도 · 점검 등) 지방경찰청장은 대통령령이 정하는 바에 따라 특수경비업자에 대하여 보안지도·점검을 실시하여야 하고, 필요한 경우 관계기관에 보안측정을 요청하여야 한다.

第26조(손해배상 등) ① 경비업자는 경비원이 업무수행중 고의 또는 과실로 경비대상에 손해가 발생하는 것을 방지하지 못한 때에는 그 손해를 배상하여야 한다.

② 경비업자는 경비원이 업무수행중 고의 또는 과실로 제3자에게 손해를 입힌 경우에는 이를 배상하여야 한다.

第27조(위임 및 위탁) ① 이 법에 의한 경찰청장의 권한은 대통령령이 정하는 바에 따라 그 일부를 지방경찰청장에게 위임할 수 있다.

② 경찰청장은 제11조의 규정에 의한 경비지도사의 시험 및 교육에 관한 업무를 대통령령이 정하는 바에 따라 관계전문기관 또는 단체에 위탁할 수 있다.

第27조의2(수수료) 이 법에 따른 경비업의 허가를 받거나 허가증을 재교부 받고자 하는 자는 대통령령이 정하는 바에 따라 수수료를 납부하여야 한다.

[본조신설 2005. 5. 31.]

第27조의3(벌칙 적용에서 공무원 의제) 제27조제2항에 따라 위탁받은 업무에 종사하는 관계전문기관 또는 단체의 임직원은 「형법」 제129조부터 제132조까지의 규정을 적용할 때에는 공무원으로 본다.

[본조신설 2019. 4. 16.]

제8장 벌 칙

第28조(벌칙) ① 제14조제2항의 규정에 위반하여 국가중요시설의 정상적인 운영을 해치는 장해를 일으킨 특수경비원은 5년 이하의 징역 또는 5천만원 이하의 벌금에 처한다. <개정 2017. 10. 24.>

② 다음 각 호의 어느 하나에 해당하는 자는 3년 이하의 징역 또는 3천만원 이하의 벌금에 처한다. <개정 2005. 8. 4., 2013. 6. 7., 2015. 7. 20.>

1. 제4조제1항의 규정에 의한 허가를 받지 아니하고 경비업을 영위한 자
2. 제7조제4항의 규정에 위반하여 직무상 알게 된 비밀을 누설하거나 부당한 목적을 위하여 사용한 자
3. 제7조제8항의 규정에 위반하여 경비업무의 중단을 통보하지 아니하거나 경비업무를 즉시 인수하지 아니한 특수경비업자 또는 경비대행업자

4. 집단민원현장에 경비원을 배치하면서 제7조의2제1항을 위반하여 제4조제1항에 따른 허가를 받지 아니한 자에게 경비업무를 도급한 자
5. 제7조의2제2항을 위반하여 집단민원현장에 20명 이상의 경비인력을 배치하면서 그 경비인력을 직접 고용한 자
6. 제7조의2제3항을 위반하여 경비업자의 경비원 채용 시 무자격자나 부적격자 등을 채용하도록 관여하거나 영향력을 행사한 도급인
7. 과실로 인하여 제14조제2항의 규정에 위반하여 국가중요시설의 정상적인 운영을 해치는 장해를 일으킨 특수경비원
8. 특수경비원으로서 경비구역 안에서 시설물의 절도, 손괴, 위험물의 폭발 등의 사유로 인한 위급사태가 발생한 때에 제15조제1항 또는 제2항의 규정에 위반한 자
9. 제15조의2제2항의 규정을 위반하여 경비원에게 경비업무의 범위를 벗어난 행위를 하게 한 자

③ 제14조제4항 후단의 규정에 위반하여 정당한 사유없이 무기를 소지하고 배치된 경비구역을 벗어난 특수경비원은 2년 이하의 징역 또는 2천만원 이하의 벌금에 처한다.

④ 다음 각 호의 어느 하나에 해당하는 자는 1년 이하의 징역 또는 1천만원 이하의 벌금에 처한다. <개정 2005. 8. 4., 2013. 6. 7.>

1. 제14조제7항의 규정에 위반한 관리책임자
2. 제15조제3항의 규정에 위반하여 쟁의행위를 한 특수경비원
3. 제15조의2제1항을 위반하여 경비업무의 범위를 벗어난 행위를 한 경비원
4. 제16조의2제1항에서 정한 장비 외에 흉기 또는 그 밖의 위험한 물건을 휴대하고 경비업무를 수행한 경비원 또는 경비원에게 이를 휴대하고 경비업무를 수행하게 한 자
5. 제18조제8항을 위반하여 경찰관서장의 배치폐지 명령을 따르지 아니한 자
6. 제24조제3항에 따른 지방경찰청장 또는 관할 경찰관서장의 중지명령에 따르지 아니한 자

⑤ 삭제 <2013. 6. 7.>

제29조(형의 가중처벌) ① 특수경비원이 무기를 휴대하고 경비업무를 수행중에 제14조제8항의 규정 및 제15조제4항의 규정에 의한 무기의 안전수칙을 위반하여 「형법」 제258조의2제1항(제257조제1항의 죄로 한정한다) · 제2항(제258조제1항 · 제2항의 죄로 한정한다), 제259조제1항, 제260조제1항, 제262조, 제268조, 제276조제1항, 제277조제1항, 제281조제1항, 제283조제1항, 제324조제2항, 제350조의2 및 제366조의 죄를 범한 때에는 그 죄에 정한 형의 2분의 1까지 가중처벌한다. <개정 2013. 6. 7., 2016. 1. 6.>

② 경비원이 경비업무 수행 중에 제16조의2제1항에서 정한 장비 외에 흉기 또는 그 밖의 위험한 물건을 휴대하고 「형법」 제258조의2제1항(제257조제1항의 죄로 한정한다) · 제2항(제258조제1항 · 제2항의 죄로 한정한다), 제259조제1항, 제261조, 제262조, 제268조, 제276조제1항, 제277조제1항, 제281조제1항, 제283조제1항, 제324조제2항, 제350조의2 및 제366조의 죄를 범한 때에

는 그 죄에 정한 형의 2분의 1까지 가중처벌한다. <신설 2013. 6. 7., 2016. 1. 6.>

제30조(양벌규정) 법인의 대표자나 법인 또는 개인의 대리인, 사용인, 그 밖의 종업원이 그 법인 또는 개인의 업무에 관하여 제28조의 위반행위를 하면 그 행위자를 벌하는 외에 그 법인 또는 개인에게도 해당 조문의 벌금형을 과(科)한다. 다만, 법인 또는 개인이 그 위반행위를 방지하기 위하여 해당 업무에 관하여 상당한 주의와 감독을 게을리하지 아니한 경우에는 그러하지 아니하다.
[전문개정 2008. 12. 26.]

제31조(과태료) ① 다음 각 호의 어느 하나에 해당하는 경비업자에게는 3천만원 이하의 과태료를 부과한다. <신설 2013. 6. 7.>

1. 제16조제1항을 위반하여 경비원의 복장에 관한 신고를 하지 아니하고 집단민원현장에 경비원을 배치한 자
2. 제16조제2항을 위반하여 이름표를 부착하게 하지 아니하거나, 신고된 동일 복장을 착용하게 하지 아니하고 집단민원현장에 경비원을 배치한 자
3. 제18조제1항 단서를 위반하여 집단민원현장에 일반경비원을 배치하면서 경비원의 명부를 배치장소에 작성·비치하지 아니한 자
4. 제18조제2항 각 호 외의 부분 단서를 위반하여 배치허가를 받지 아니하고 경비원을 배치하거나 경비원 명단 및 배치일시·배치장소 등 배치허가 신청의 내용을 거짓으로 한 자
5. 제18조제7항을 위반하여 제13조에 따른 신임교육을 이수하지 아니한 자를 제18조제2항 각 호의 경비원으로 배치한 자

② 다음 각 호의 어느 하나에 해당하는 경비업자 또는 시설주에게는 500만원 이하의 과태료를 부과한다. <개정 2013. 6. 7.>

1. 제4조제3항 또는 제18조제2항의 규정에 위반하여 신고를 하지 아니한 자
2. 제7조제7항의 규정에 위반하여 경비대행업자 지정신고를 하지 아니한 자
3. 제9조제1항의 규정에 위반하여 설명의무를 이행하지 아니한 자
4. 제12조제1항의 규정에 위반하여 경비지도사를 선임하지 아니한 자
5. 제14조제6항의 규정에 의한 감독상 필요한 명령을 정당한 이유없이 이행하지 아니한 자
6. 제10조제3항을 위반하여 결격사유에 해당하는 경비원을 배치하 거나 결격사유에 해당하는 경비지도사를 선임·배치한 자
7. 제16조제1항의 복장 등에 관한 신고규정을 위반하여 신고를 하지 아니한 자
8. 제16조제2항을 위반하여 이름표를 부착하게 하지 아니하거나, 신고된 동일 복장을 착용하게 하지 아니하고 경비원을 경비업무에 배치한 자
9. 제18조제1항 본문을 위반하여 명부를 작성·비치하지 아니한 자
10. 제18조제5항을 위반하여 경비원의 근무상황을 기록하여 보관하지 아니한 자

③ 제1항 및 제2항의 규정에 의한 과태료는 대통령령이 정하는 바에 의하여 지방경찰청장 또는 경찰관서장이 부과·징수한다. <개정 2013. 6. 7.>

④ 삭제 <2013. 6. 7.>
⑤ 삭제 <2013. 6. 7.>

부칙 〈제16316호, 2019. 4. 16.〉
이 법은 공포한 날부터 시행한다.

찾아보기

ㄱ

ㄴ

ㅅ

ㅇ

ㅊ

ㅌ

ㅍ

ㅎ

저자 약력

▪ 박영수

연세대학교 사법・행정전공(행정학 석사)
한성대학교 행정학전공(행정학 박사)
한성대, 한양대 강사
중앙경찰학교 외래교수
(전) 세명대학교 경찰행정학과 교수
한국경찰연구학회 기획이사
한국치안행정학회 이사
한국중독범죄학회 이사
한국경찰학회 이사
경비지도사 출제위원
(현) 한양대학교 겸임교수
한국경찰연구학회 이사
한국기업경영학회 이사
한국범죄학연구소 학술고문

〉〉〉 주요저서 및 최근 논문

행정학입문, 새 미래의 행정, 경찰관리론, 범죄수사론 등
노인학대의 실태분석과 대응방안에 관한 연구(2014)
보험범죄 감소 방안에 관한 연구(2014)
마약중독의 문제인식과 확산방지를 위한 정책적 연구(2014)
가정폭력의 현황과 대책에 관한 연구(2016)
보험범죄 방지를 위한 형사정책적 연구(2019) 등

▪ 김학범

한국외국어대학교 법학과(법학사)
동국대학교 경찰행정학과(경찰학 박사)
(현) 세명대학교 경찰행정학과 교수
한국경찰연구학회 편집이사
한국민간경비학회 감사
한국치안행정학회 이사
한국범죄심리학회 이사
한국경찰학회 이사
한국공안행정학회 이사
한국중독범죄학회 이사
한국해양경찰학회 이사
충북지방경찰청 고객만족평가단 평가위원
순경공채 출제위원
행정고시 출제위원
경비지도사 출제위원

〉〉〉 주요저서 및 최근 논문

협력치안 활동이 경찰의 신뢰도에 미치는 영향에 관한 연구(2015)
민간경비원의 통제위치에 영향을 미치는 요인에 관한 연구(2015)
영아살해죄의 범행 동기에 관한 분석(2015) 등

법학개론 [제 3 판]

2016년 3월 3일 초 판 발행
2017년 2월 28일 제2판 발행
2020년 8월 30일 제3판 발행

저 자 박 영 수 · 김 학 범
발행인 배 효 선
발행처 도서출판 法 文 社

주 소 10881 경기도 파주시 회동길 37-29
등 록 1957년 12월 12일/제2-76호(윤)
전 화 (031)955-6500~6 FAX (031)955-6525
E-mail (영업) bms@bobmunsa.co.kr
(편집) edit66@bobmunsa.co.kr
홈페이지 http://www.bobmunsa.co.kr
조 판 법 문 사 전 산 실

정가 25,000원

ISBN 978-89-18-91128-1